PAULO NEVES DE CARVALHO
SUAS LIÇÕES POR SEUS DISCÍPULOS

MARIA COELI SIMÕES PIRES
LUCIANA MORAES RASO SARDINHA PINTO
Coordenadoras

Antonio Augusto Junho Anastasia
Prefácio

PAULO NEVES DE CARVALHO
SUAS LIÇÕES POR SEUS DISCÍPULOS

Belo Horizonte

2012

© 2012 Editora Fórum Ltda.

É proibida a reprodução total ou parcial desta obra, por qualquer meio eletrônico, inclusive por processos xerográficos, sem autorização expressa do Editor.

Conselho Editorial

Adilson Abreu Dallari
Alécia Paolucci Nogueira Bicalho
Alexandre Coutinho Pagliarini
André Ramos Tavares
Carlos Ayres Britto
Carlos Mário da Silva Velloso
Carlos Pinto Coelho Motta (*in memoriam*)
Cármen Lúcia Antunes Rocha
Cesar Augusto Guimarães Pereira
Clovis Beznos
Cristiana Fortini
Dinorá Adelaide Musetti Grotti
Diogo de Figueiredo Moreira Neto
Egon Bockmann Moreira
Emerson Gabardo
Fabrício Motta
Fernando Rossi
Flávio Henrique Unes Pereira

Floriano de Azevedo Marques Neto
Gustavo Justino de Oliveira
Inês Virgínia Prado Soares
Jorge Ulisses Jacoby Fernandes
José Nilo de Castro (*in memoriam*)
Juarez Freitas
Lúcia Valle Figueiredo (*in memoriam*)
Luciano Ferraz
Lúcio Delfino
Marcia Carla Pereira Ribeiro
Márcio Cammarosano
Maria Sylvia Zanella Di Pietro
Ney José de Freitas
Oswaldo Othon de Pontes Saraiva Filho
Paulo Modesto
Romeu Felipe Bacellar Filho
Sérgio Guerra

Luís Cláudio Rodrigues Ferreira
Presidente e Editor

Coordenação editorial: Olga M. A. Sousa
Supervisão editorial: Marcelo Belico
Revisão: Adalberto Nunes Pereira Filho
Gabriela Sbeghen
Bibliotecários: Ana Carolina Marques – CRB 2933 – 6ª Região
Izabel Antonina A. Miranda – CRB 2904 – 6ª Região
Luciana Gonçalves – CRB 2863 – 6ª Região
Ricardo Neto – CRB 2752 – 6ª Região
Capa e projeto gráfico: Walter Santos
Diagramação: Deborah Alves
Karine Rocha

Av. Afonso Pena, 2770 – 15º/16º andares – Funcionários – CEP 30130-007
Belo Horizonte – Minas Gerais – Tel.: (31) 2121.4900 / 2121.4949
www.editoraforum.com.br – editoraforum@editoraforum.com.br

P331	Paulo Neves de Carvalho: suas lições por seus discípulos / Coordenadoras Maria Coeli Simões Pires ; Luciana Moraes Raso Sardinha Pinto ; prefácio Antonio Augusto Junho Anastasia. – Belo Horizonte : Fórum , 2012.
	359 p.
	ISBN 978-85-7700-599-4
	1. Direito administrativo. 2. Administração Pública. 3. Pedagogia. 4. Biografia. I. Pires, Maria Coeli Simões. II. Pinto, Luciana Moraes Raso Sardinha. III. Anastasia, Antonio Augusto Junho.
	CDD: 342
	CDU: 342.9

Informação bibliográfica deste livro, conforme a NBR 6023:2002 da Associação Brasileira de Normas Técnicas (ABNT):

PIRES, Maria Coeli Simões; PINTO, Luciana Moraes Raso Sardinha. *Paulo Neves de Carvalho*: suas lições por seus discípulos. Belo Horizonte: Fórum, 2012. p. 359. ISBN 978-85-7700-599-4.

À memória do Professor Paulo Neves de Carvalho, homem que (de)compôs epistemologias, arregimentou a tessitura de seus silêncios em preciosas lições e traçou novas percepções de um Direito e de uma Gestão Pública comprometidos com a substância e as minudências do cotidiano.

Agradecimentos

As coordenadoras agradecem a todos os autores e colaboradores desta obra, movidos pelo anseio de resgate do legado do professor Paulo Neves de Carvalho.

Agradecem, igualmente, às Editoras Fórum e Del Rey, e à equipe técnica que auxiliou a organização deste livro.

Reconhecem a presença e a solidez da memória do Professor, perenizada por todos os seus alunos, discípulos e admiradores, multiplicadores das reflexões acadêmicas e do olhar comprometido com as muitas narrativas da realidade.

E ainda àqueles cujos capítulos não se fizeram presentes por razões muitas, também herdeiros da metodologia emancipadora do Professor, nosso sincero agradecimento.

A intenção é a de que a assimilação profunda dos valores, em determinado tempo e lugar do nosso contexto, se consubstancie em uma tessitura consistente, significando afirmação que brote da própria realidade.

(Paulo Neves de Carvalho)

SUMÁRIO

PREFÁCIO
Antonio Augusto Junho Anastasia 17

APRESENTAÇÃO
Maria Coeli Simões Pires, Luciana Moraes Raso Sardinha Pinto 21

PARTE I
DEPOIMENTOS

A ARTE DE ENSINAR
Célia Pimenta Barroso Pitchon 27

A LEI Nº 3.214/64, CONHECIDA COMO "LEI PAULO NEVES DE CARVALHO", E A REFORMA ADMINISTRATIVA NO GOVERNO MAGALHÃES PINTO (31.01.1961-31.01.1966)
Efigenio Meira 31

UMA LIÇÃO SOCIAL DE PAULO NEVES DE CARVALHO
Eurico Bitencourt Neto 37

O PROFESSOR DE MATEMÁTICA
Florivaldo Dutra de Araújo 43

O OUTRO LEGADO DE PAULO NEVES
José Fernandes Filho 47

O HUMANISMO DE PAULO NEVES DE CARVALHO
José Nilo de Castro 51
    Introdução – O homem e o desumano na humanidade 51
I   Independência intelectual 52
II   Audácia profissional 56
III Conclusão – Homem de seu tempo e humanista de
    todos os tempos 58

O ORGULHO SADIO DE SER PROFESSOR
Lourdes Ivo de Sousa 61

O SÓCRATES NACIONAL DA ADMINISTRAÇÃO PÚBLICA
Luciano do Carmo 65

A ESCOLA PAULO NEVES DE CARVALHO
Misabel Abreu Machado Derzi 69

O PROFUNDO SABER JURÍDICO
Oscar Corrêa Júnior 73

REGIME JURÍDICO DO SERVIÇO PÚBLICO – O QUE APRENDI
COM O PROFESSOR PAULO NEVES DE CARVALHO
Raquel Dias da Silveira 79
1   Ser humano raro, professor único, amigo eterno 79
2   Maestro e encantador de plateias 80
3   Dedicação e exigência do orientador 80
4   A menina de sardas 81
5   Sardas na prestação do serviço público 82
6   Conclusão 84

PAULO NEVES DE CARVALHO, O SEMEADOR DE IDEIAS
Rogério Medeiros Garcia de Lima 85

PAULO NEVES – O PROFESSOR
Vicente de Paula Mendes 91

PARTE II
ARTIGOS

ADVOCACIA PÚBLICA ÉTICA E EFICAZ
Alberto Guimarães Andrade 99

A QUESTÃO DA DISCRICIONARIEDADE NO REGIME
DIFERENCIADO DE CONTRATAÇÕES PÚBLICAS (RDC)
Alécia Paolucci Nogueira Bicalho 107
1   Os elementos balizadores da discrição administrativa 107
2   O poder discricionário nas licitações públicas 110
3   A discricionariedade no âmbito do Regime Diferenciado
    das Contratações (RDC) 111
4   Síntese conclusiva 114
5   Um registro final 116
    Referências 116

A DESCENTRALIZAÇÃO SOCIAL, SOB A ÓPTICA DE PAULO NEVES DE CARVALHO, NO CONTEXTO DA REFORMA ADMINISTRATIVA
Ana Luiza Gomes de Araujo 119

O MUNICÍPIO E A COMPETÊNCIA LEGISLATIVA PREVISTA NO ART. 30, INCISO I, DA CONSTITUIÇÃO DA REPÚBLICA
Cristiana Fortini, Maria Fernanda Pires de Carvalho Pereira, Tatiana Martins da Costa Camarão 125
1   Introdução 126
2   O Município e sua competência legislativa – Do conteúdo da expressão "interesse local" 127
3   Conclusão 132

A COMPREENSÃO DO SIGNIFICADO DE INTERESSE PÚBLICO À LUZ DO PARADIGMA DO ESTADO DEMOCRÁTICO DE DIREITO
Daniela Mello Coelho Haikal, Heloisa Helena Nascimento Rocha 133
1   Colocação do problema 133
2   A noção de interesse público à luz do paradigma do Estado Democrático de Direito 135
3   Conclusão 138
     Referências 139

ADMINISTRAÇÃO PÚBLICA LOCAL E A IMPORTÂNCIA DOS FENÔMENOS SOCIAIS
Deborah Fialho Ribeiro Glória 141

IMPROBIDADE E CORRUPÇÃO
Edimur Ferreira Faria 147
1   Introdução 147
2   Visão panorâmica da Administração Pública sob a ótica do Paulo Neves 148
3   Considerações sobre o princípio da moralidade 149
4   Moralidade comum e a moralidade administrativa. Há vinculação entre elas? A segunda decorre da primeira? 150
5   Improbidade administrativa 152
5.1 Agente público e deveres decorrentes de conduta ímproba 152
5.2 Dos atos de improbidade 153
5.3 Sanções 154
6   Corrupção 154
7   Conclusão 156

A OPÇÃO PELA EFETIVIDADE DO SERVIDOR PÚBLICO E O MARCO IMPOSTO PELAS TRANSIÇÕES CONSTITUCIONAIS NO BRASIL – UM BREVE RECORTE NORMATIVO E JURISPRUDENCIAL
Flávio Henrique Unes Pereira, Marilda de Paula Silveira 159

DA REVOGAÇÃO NO DIREITO ADMINISTRATIVO — 60 ANOS DEPOIS — BREVES NOTAS
Jaqueline Grossi Fernandes Carvalho 169
1 Introdução 169
2 Professor Paulo Neves — EUA — 60 anos atrás 169
3 De sua obra escrita mais conhecida entre nós – *Da revogação no direito administrativo* 172
4 Da jurisprudência atual sobre a revogação do ato administrativo 173
5 Conclusão 175

A PERCEPÇÃO DO VALOR ADICIONADO DO ICMS PELO MUNICÍPIO MINERADOR
José Anchieta da Silva, Maria de Lourdes Flecha de Lima Xavier Cançado 177

O MESTRE E O GOSTO PELO NOVO
Juarez Freitas 183

MORALIDADE E EFICIÊNCIA ADMINISTRATIVAS – UMA QUESTÃO DE CULTURA
Lakowsky Dolga 191

CONTROLE DA DISCRICIONARIEDADE ADMINISTRATIVA NA PERSPECTIVA DO PROFESSOR PAULO NEVES DE CARVALHO
Luciana Moraes Raso Sardinha Pinto 197
1 Introdução 197
2 Controle da Discricionariedade da Administração Pública 198
3 Considerações finais 200
Referências 201

CONTROLE EXTERNO E JULGAMENTO DE CONTAS – QUESTÃO DE COMPETÊNCIA
Luciano Ferraz 203
1 Nota introdutória 203
2 Controle externo na Constituição de 1988 204
3 Contas de governo *versus* contas de gestão 205
4 Duplo julgamento dos Chefes do Executivo quando funcionam na qualidade de ordenadores de despesas 207
5 Direito comparado 209
6 Conclusão 210

DIREITO, METALINGUAGEM E INSTITUCIONALIDADES – UMA COMPOSIÇÃO DE REALIDADE, SILÊNCIO E MUITAS PALAVRAS
Maria Coeli Simões Pires 211
1 Introdução 212
2 O Direito Administrativo e suas ressignificações – Uma pedagogia para a epistemologia do cotidiano 213
Referências 226

O DIREITO ADMINISTRATIVO VIVO DE PAULO NEVES DE CARVALHO – O OLHAR DO PASSADO E AS PERSPECTIVAS PARA O FUTURO
Maria Tereza Fonseca Dias 229
1 Introdução 229
2 O "direito livre" e o "direito vivo" – O olhar do passado 231
3 Olhar o passado para construir o futuro – A partir da teoria crítica 234
4 Considerações finais – As lições que não podemos esquecer do Mestre 235

LICITAÇÃO X CORRUPÇÃO – A MORALIDADE REPUBLICANA DESAFIADA
Mônica Aragão Martiniano Ferreira e Costa 237

REFORMA ADMINISTRATIVA – REFLEXÕES
Pedro Paulo de Almeida Dutra 243
Apresentação 243
Introdução 244
1 A vivência de uma reforma administrativa – Lições 244
2 Outra mudança inexplicável 246
3 O direito dos usuários – Breves considerações 247
Conclusão 249

CONCURSO PÚBLICO NAS CONSTITUIÇÕES BRASILEIRAS – ASPECTOS RELEVANTES
Shirlayne M. F. Salgado, Plínio Salgado 251
1 Introdução 251
2 Sistemas de ingresso no serviço público 253
2.1 Sorteio 254
2.2 Eleição 256
2.3 Nomeação 258
3 Concurso público 259
3.1 Breve histórico 259
3.2 Concurso público nas Constituições brasileiras pretéritas 260
3.3 Concurso público na Constituição de 1988 262
4 Concurso público de provas e títulos 265
4.1 Título pelo tempo de serviço público 267
4.2 Requisitos de idade e sexo 268
4.3 Reserva de vagas a pessoas portadoras de deficiência 270
4.4 Direito à nomeação ou expectativa de direito 273
Referências 276

A AUTOTUTELA COMO INSTRUMENTO DE APERFEIÇOAMENTO ADMINISTRATIVO
Raquel Melo Urbano de Carvalho 279
1 Lições primeiras – O interesse público, a transformação da Administração e o controle de legalidade 279

1.1 O instituto da convalidação 281
1.2 A figura da invalidação 284
2 A necessidade de a própria Administração assegurar a correção dos seus comportamentos – A autotutela como dever e alternativas à judicialização recorrente dos conflitos administrativos 290
2.1 Dos riscos da judicialização excessiva 297
2.3 Algumas experiências de autotutela administrativa 307
2.3.1 O Conselho de Administração de Pessoal Mineiro 308
2.3.2 A Junta Administrativa de Indenizações de Porto Alegre 314
2.3.3 O incremento na autotutela no setor da saúde pública no Estado de São Paulo 317
3 Análises conclusivas sobre as experiências de controle administrativo e a autotutela na esfera administrativa como perspectiva de aperfeiçoamento administrativo 323

O PODER NO ESTADO, PODER PESSOAL E PODER INSTITUCIONAL
Ricardo Arnaldo Malheiros Fiuza 329
1 Introdução 329
2 O Poder 330
3 Poder anônimo e Poder individualizado 331
4 Poder pessoal e Poder institucional 331
5 O perigo da confusão 332
6 Um exemplo (bom) 333
7 Nota final 333

INTERESSE PÚBLICO/INTERESSE PRIVADO NO CONTEXTO DO ESTADO DEMOCRÁTICO DE DIREITO
Roberto Sorbilli Filho 335
1 Introdução 335
2 Breves digressões históricas 336
3 Contexto atual 338
4 Considerações finais 339
   Referências 340

ADMINISTRAÇÃO PÚBLICA – CONSENSUALIDADE E EFICIÊNCIA
Sérgio Pessoa de Paula Castro 341

CONSÓRCIO PÚBLICO – INSTRUMENTO DA EFETIVAÇÃO DO PRINCÍPIO DA EFICIÊNCIA
Virginia Kirchmeyer Vieira 349
1 Introdução 350
2 Consórcios públicos – Contornos gerais 351
3 Consórcios públicos e o princípio da eficiência 352
4 Considerações finais 353
   Referências 354

SOBRE OS AUTORES 355

PREFÁCIO

No ano em que se completam vinte anos de existência da Escola de Governo da Fundação João Pinheiro, as editoras *Del Rey* e *Fórum* têm a grandeza de pôr a lume obra coletiva a homenagear o patrono daquela escola — o Professor Paulo Neves de Carvalho. Coube-me, antes por gentileza dos organizadores deste volume, que por precedência intelectual, a elaboração de seu prefácio. Recordo-me sempre com especial carinho do Professor Paulo Neves de Carvalho, de quem pude sorver as mais sólidas lições de Direito, com quem pude compartilhar as dificuldades e agruras de uma carreira que se iniciava, em quem pude me mirar, pelo exemplo de vida e dedicação.

Bem sabemos que o ambiente acadêmico contemporâneo é presidido pela máxima *publish or perish*. Aqueles que não se inclinam às publicações são desentranhados da academia, por obra de mecanismos institucionais preordenados a tanto. Opera-se, em certa medida, em prestígio do *quantum*, mas em detrimento da qualidade. Professor Paulo Neves de Carvalho, porém, não foi senhor de um vasto rol de publicações. Malgrado tenha muito produzido — aulas, seminários, pareceres e conferências —, pouco publicou. Isso não lhe impediu, entretanto, de fazer circular suas ideias e de conseguir perenizar sua contribuição: fê-lo por intermédio de seus discípulos, os quais se converteram em verdadeiros arautos de um Direito Administrativo efetivo e real. Paulo Neves foi Professor em essência, exerceu a docência em seu sentido etimológico: mais que ensinar, fazia aprender.

Era o ano de 1955 — o Brasil vivenciava uma sucessão de Presidentes: o hiato Café Filho, Carlos Luz e Nereu Ramos assumia a presidência da República — e o Professor Paulo Neves defendia tese de doutoramento perante banca examinadora da *University of Southern California*, intitulada *Analysis of control and coordination in the public service*. Sempre teve como princípio norteador de seus trabalhos a indissociabilidade entre Direito e Ciência da Administração Pública. Dispensava-lhes, é claro, o tratamento epistemológico adequado, mas reconhecia, em sua interdependência fática, motivo suficiente para o entrelaçamento de conceitos. Dir-se-ia que, a seu modo, fora uma espécie de *utilitarista-humanista* do Direito Administrativo, que sempre lhe pareceu um instrumento da *praxis* administrativa. Sua sensibilidade fora tão aguçada, que não lhe parecia servir o Direito, senão para a consecução do bem-estar social. Sempre esteve atento à produção intelectual nacional e estrangeira. Acompanhava, com afinco crítico, a doutrina e a jurisprudência, mesmo porque influenciava a ambas. Pouca atenção, contudo, depositava nas discussões estéreis, sempre lhe causando incômodo a afronta ao mundo real feita por institutos obsoletos e bolorentos. Com ele aprendemos que a doutrina deve estar a serviço da efetividade. A dimensão pragmática de seu pensamento destoava da cantilena fastidiosa e prosaica que de certo modo oblitera a razão do Direito.

Das lições de Paulo Neves podemos colher diversas contribuições para a formação de um Direito Administrativo genuinamente nacional. Conquanto formado na tradição norte-americana, soube conciliá-la com a abordagem orgânica do Direito francês, alicerçando suas construções sobre o conceito de interesse público. Conceito que derivou, como antecedente lógico, da ideia de *puissance publique*. Professor Paulo Neves jamais emprestou à expressão *interesse público* uma dimensão positivista, no sentido de que seu conteúdo fosse irrelevante em relação à forma. Repudiava, aliás, o culto à forma pela forma — esse *cosidetto* neopositivismo sociológico. De outro lanço, tampouco identificava o *interesse público* ao *interesse da fazenda*. Nas suas lições, podemos antever a moderna concepção de que interesse público não se opõe, como díade, a interesse individual. Não se cuida aquela de uma categoria autônoma e desvinculada, lógica e faticamente, desta. Sempre defendeu a ideia de um interesse público que corresponda à realização dos direitos individuais enquanto direitos subjetivos em si mesmos e constitucionalmente declarados. Apropriou-se aí da ideia de luta pelo Direito, do opúsculo de *Ihering*, para derivar uma noção mais ampla de Estado, tido como entidade garantidora de Direitos. Dir-se-ia, sob esse prisma, que foi um pensador *avant la lettre* da doutrina dos direitos fundamentais.

Professor Paulo Neves viveu uma vida frugal, simples, sem reclamar galardões. Sabia multiplicar o tempo, o qual, sem embargo, doava a quem lhe parecesse mais dele necessitar. Nesse ritmo, doou sua vida à causa do Estado. Doou sua inteligência à Universidade, sua *alma mater*. Doou suas forças à Administração, nos diversos cargos que republicanamente ocupou. Mais justa teria sido, houvesse recebido esta homenagem em vida. Não que não as tenha recebido. Recebeu-as.

Ocorre, porém, que nós, seus discípulos, preocupados em aprender, fomos avarentos no multiplicar. Rui Barbosa ensina em sua *Oração aos Moços* que mais nos devemos corar de não se emendar, do que de errar. Neste volume promovemos uma espécie de retratação histórica com seu legado, fraqueando àqueles que não puderam usufruir do privilégio de com ele conviver o brilho de suas ideias e a força de seus argumentos. Dificilmente, contudo, poderemos repristinar a afabilidade de sua personalidade, o turbilhão de suas ideias e a amplitude humana de seu caráter.

Cabe-nos, porém, oferecer ao leitor uma primeira incursão sobre seu pensamento. Certamente fazem-no os autores com os ouvidos postos no passado, mas a consciência projetada para o futuro, prestando, desse modo, a maior das homenagens que possa ser conferida a um Professor: o reconhecimento de seus discípulos.

Belo Horizonte, 21 de março de 2012.

Antonio Augusto Junho Anastasia
Governador do Estado de Minas Gerais

APRESENTAÇÃO

Há coisas que estão presas na memória do tempo.[1]

Apresentar este livro é tarefa especial, diante do legado de Paulo Neves de Carvalho. Professor apaixonado, indignado com as conformações dadas ao interesse público e com a formatação epistemológica hermética da Ciência, aramada contra as lições da vida, dedicava todo o seu olhar para o mundo, pelo veio de um "amor desmedido pelo infinito absurdo da realidade".[2] Todos os que conheceram o magistério do Professor guardam o peso da responsabilidade de registrar e perpetuar as nuances e silêncios de um homem que narrava suas próprias epistemologias pela desconstrução de certezas — dele e alheias —, reestruturando o olhar pelo veio da arregimentação plural e coletiva, com cientificidade e sentimento.

A memória, lapidada pela construção coletiva e plural, tornou-se a base metodológica de interlocução escolhida pelos autores desta obra, amalgamados pela tentativa de resgate do conhecimento, pensado e compartilhado por Paulo Neves de Carvalho, durante todo seu magistério — estruturado em esteios de cotidiano amarrados ao Direito e à Ciência da Administração. A obra destina-se, em sincera reflexão, a documentar a história vivida, narrada e garimpada pelo Professor, Advogado, Jurista e Gestor Público, cujo ofício era escavar a ciência, no território do Direito e da Administração, problematizando atos jurídicos e administrativos do cotidiano amargo da vida e estruturando significados pelos sentidos diretos e indiretos[3] de sua própria interpretação.

Este livro contém 37 artigos, testemunhos de discípulos orientados pelo desejo de perpetuação do legado pessoal e científico de um homem vocacionado para a arte de ensinar e questionar pressupostos

---

[1] GROSSI, Yonne de Souza. Modernidade: história e memória. *In*: GUIMARÃES, Euclides et al. *Os deuses e os monstros*. Belo Horizonte: Autêntica, 2001. p. 95.

[2] BRUM, Eliane. *O olho da rua*: uma repórter em busca da literatura da vida real. São Paulo: Globo, 2009. p. 13.

[3] RICOEUR, Paul. *O conflito das interpretações*. Rio de Janeiro: Imago, 1978.

arraigados na alma dos alunos e da própria Ciência. São textos e depoimentos variados sobre o ensino e humanismo do Mestre e temas consagrados pela doutrina, como interesse público, discricionariedade, reforma administrativa, efetividade, ética, moralidade na Administração Pública, serviço público, institucionalidades, Municipalismo; textos e temas ressignificados aos olhos de autores transformados pelo lirismo e pela profundidade do saber reinventado pelo Professor, sempre na vanguarda de seu tempo, e que ganha contornos especiais no ano comemorativo do 20º aniversário da Escola de Governo que leva seu nome.

A criação da Escola de Governo Professor Paulo Neves de Carvalho, pautada no refinamento da formação de quadros técnicos da Administração de intelectuais e futuros servidores, habilitados para a compreensão dos processos de formulação e aplicação de políticas públicas, materializou e institucionalizou práticas de um gestor que era a própria Escola encarnada.

Para o Professor, "na Administração Pública, sobeja a forma; mas há carência de conhecimento dos fenômenos do comportamento humano, no caso, os dos agentes do Estado: não se descobriu, ainda, o que, à margem do simples estruturalismo refletido nos organogramas e regulamentos, descerre os caminhos da verdadeira reforma". O mestre sempre colocou a capacitação e o aperfeiçoamento do servidor como fator fundamental para o êxito de uma Administração: comportamento profissional deve ser pautado em valores éticos e morais. Deixou discípulos que tiveram o privilégio de sua convivência e de sentir e usufruir a liderança natural de sua inteligência criadora: com ele, aprendemos que o "direito deve servir à vida".

Mestre e Doutor em Ciência da Administração Pública, defendia a tese segundo a qual o Direito Administrativo, sozinho, não daria conta de resolver questões organizacionais ou de gestão; precisaria a Ciência da Administração socorrer o Direito Administrativo. Alertava que a Administração pouco se debruçava sobre o comportamento do agente público, como ser humano empenhado na consecução dos objetivos fundamentais do Estado. A Escola, institucionalizada sob a identidade de Paulo Neves de Carvalho, seria, portanto, um espaço para viabilização de uma modelagem de gestão, transmitindo conteúdo valorativo e compromisso com um núcleo de gestão eficiente, moral e responsável.

A Escola de Governo Paulo Neves de Carvalho, alicerçada na legitimidade e institucionalidade da Fundação João Pinheiro, é uma instância de reflexão à disposição do Estado para lidar com a causa pública de modo inovador, desenvolvendo, em seus alunos, e futuros servidores públicos, atributos como autonomia e capacidade de reflexão crítica e reflexiva.

Algumas coisas ficam presas, arraigadas na memória do tempo, como as lições do professor Paulo Neves de Carvalho. Embora atemporais, firmam-se na teia de significados, amarrados aos nossos testemunhos — de vida e de conhecimento partilhados —, discípulos que também acreditam que "o Direito deve servir à vida", sempre comprometido com a realidade.

Maria Coeli Simões Pires
Luciana Moraes Raso Sardinha Pinto
Coordenadoras

PARTE I

DEPOIMENTOS

A ARTE DE ENSINAR

CÉLIA PIMENTA BARROSO PITCHON[1]

> *Não se quedem passivos nas escadarias do tempo, como se os que aprendem fossem alijados do processo participativo ante a proficiência intelectual dos seus mestres. Ponham-se vivamente presentes face aos discursos e aos ensinamentos, às exposições teóricas e às demonstrações práticas que se forem desdobrando nos espaços da inteligência, vez que todos eles são como preciosas projeções para o utilitarismo profissional do amanhã.*
>
> *Esta essencialidade primordial da dignidade humana, que é a participação ativa em cada página da vida — estudantil ou profissional — nós todos que temos a nobre responsabilidade de ensinar queremos ver e sentir em cada um de vocês, nas características da sua personalidade, nas afirmações indesmentidas da sua caminhada pelas estradas da vida, tantas vezes sinuosas, mas sempre encontrando o seu verdadeiro destino.*
>
> (Professor Paulo Neves de Carvalho)

Como despertar jovens estudantes, impelidos a assentar-se, imóveis e silentes, nas cadeiras da vetusta Casa de Afonso Pena, para

---

[1] Ouvidora Geral do Estado de Minas Gerais.

a compreensão da lógica abstrata do arcabouço jurídico dos poderes públicos, seus princípios e conceitos, ciente de que no permear daquelas mentes estouravam em profusão as ideias, a ânsia pela vida, o ardor indomável da juventude?

Como florescer a consciência crítica daqueles adolescentes, habituados a metodologias dogmatizadas de aprendizado, que se limitavam a forçosas introjeções de conceitos e regras?

Como fomentar o gosto pela cultura cívica e jurídica, formando jovens para cerrarem fileira entre aqueles dispostos a lutar não apenas pelo ideal da ética e da justiça, mas pela sua efetiva implementação?

Como evitar, nas breves aulas de Direito Administrativo, que os alunos "não se quedassem passivos nas escadarias do tempo, como se os que aprendem fossem alijados do processo participativo"?

A ARTE DE ENSINAR do Professor Paulo Neves de Carvalho venceu todos os desafios.

E o que é a arte? O *Novo Dicionário Aurélio da Língua Portuguesa* aponta como a "Atividade que supõe a criação de sensações ou de estados de espírito, de caráter estético, carregados de vivência pessoal e profunda, podendo suscitar em outrem o desejo de prolongamento ou renovação".

A ARTE DE ENSINAR do inesquecível Professor foi marcada pelo traço da força e da doçura. Sustentada pelo equilíbrio entre a cultura, a sabedoria e a intuição. Forjada não em mármore, madeira ou tela, mas nas mentes e nos corações. Alimentou a consciência daqueles que tiveram a sorte de auferirem a beleza e a profundidade de suas lições. Suscitou e moldou os mais lídimos e dignificantes valores naqueles que teriam a árdua tarefa de conduzir os destinos da Administração Pública brasileira.

A sua ARTE consistia em serena desconstrução e sábia construção. Desconstruía hábitos autômatos de aprendizado, incapazes de gerar a reflexão e o estado mental que possibilitasse o verdadeiro conhecimento. Suas constantes perguntas, cujas respostas precipitadamente respondíamos por supor conhecer, tornavam evidente a recariedade e a imaturidade de nossa capacidade reflexiva. Duras lições, mas que nos permitiam ir ao encontro do nosso próprio desconhecimento, etapa preliminar e necessária para edificar a capacidade crítica. Mas fazia-o suave e docemente, iniciando a construção do caminho necessário para alcançarmos o verdadeiro saber, motivados por suas aulas memoráveis, extraídas de sua vasta cultura, permitindo a libertação do pensamento criador.

A sua própria vida era o maior exemplo. O artista Paulo Neves de Carvalho pregou aos seus discípulos aquilo que vivia e vivia aquilo que pregava. Fusão entre o ser, o crer e o saber, qualidades que ainda sustentam a solidez inquebrantável de sua obra. Não havia em si qualquer incoerência. Contra ela lutava e bradava críticas, notadamente entre o descompasso inaceitável do Direito ensinado nas faculdades e a realidade da vida. Sonhava com um mundo melhor, ensinando que "é preciso sonhar e viver o sonho, com determinação". O amor e o entusiasmo pela vida, a sua retidão, o seu compromisso com a justiça e o bem-estar social, transformaram e motivaram os jovens alunos, que hoje, seja na advocacia, na política, na Administração Pública, nas salas de aula ou nos Tribunais, replantam para o futuro as suas lições, eternizando a sua obra.

Ao Mestre, o nosso justo tributo, de reconhecimento pelo seu trabalho e de agradecimento pela perfeita lapidação insculpida em tantas mentes e corações.

Sonhou com um mundo melhor e o fez melhor, com a sua dignificante humanidade. Por isso mesmo, como diria Guimarães Rosa, não se foi, mas "entrou em encantamento", com o seu farto e inesquecível sorriso.

Informação bibliográfica deste livro, conforme a NBR 6023:2002 da Associação Brasileira de Normas Técnicas (ABNT):

PITCHON, Célia Pimenta Barroso. A arte de ensinar. In: PIRES, Maria Coeli Simões; PINTO, Luciana Moraes Raso Sardinha (Coord.). *Paulo Neves de Carvalho*: suas lições por seus discípulos. Belo Horizonte: Fórum, 2012. p. 27-29. ISBN 978-85-7700-599-4.

A LEI Nº 3.214/64, CONHECIDA COMO "LEI PAULO NEVES DE CARVALHO", E A REFORMA ADMINISTRATIVA NO GOVERNO MAGALHÃES PINTO (31.01.1961-31.01.1966)

EFIGENIO MEIRA[1]

Historicamente, os estudos para a grande reestruturação da Administração Pública estadual, no âmbito do Poder Executivo, tiveram início no Governo Magalhães Pinto ao convocar para dirigir a recém-criada Secretaria do Estado de Administração o notável Professor Paulo Neves de Carvalho, que recebera *carta-branca* para aquele fim.

A nova Secretaria sucedeu, vale lembrar, o antigo Departamento de Administração Geral (DAG), que teve como modelo o Departamento Administrativo do Pessoal Civil (DASP), órgão federal de diretrizes específicas de Administração Pública, criado no Governo Vargas.

A reforma da estrutura organizacional básica da Administração, isto é, as Secretarias de Estado e órgãos autônomos, teve como fonte originária a Lei nº 2.877, de 04 de outubro de 1963, oriunda de projeto de lei de iniciativa do Executivo, contendo, ainda, autorização legislativa para que a concluísse por via de decreto, ao final consolidada nos Decretos nºs 7.350 a 7.362, todos de 02 de janeiro de 1964, dispondo sobre a estrutura orgânica do Gabinete Civil do Governador do Estado (Decreto nº 7.350); Secretaria de Estado da Fazenda (Decreto nº 7.351); Secretaria

---

[1] Procurador aposentado do Estado de Minas.

de Estado de Administração (Decreto nº 7.352); Departamento Estadual de Estatística, Imprensa Oficial do Estado, Arquivo Público Mineiro e Departamento Geográfico (Decreto nº 7.353); Secretaria de Estado da Agricultura (Decreto nº 7.354); Secretaria de Estado de Saúde (Decreto nº 7 355); Secretaria de Estado de Comunicações e Obras Públicas (Decreto nº 7.356); Secretaria de Estado de Desenvolvimento Econômico (Decreto nº 7.357); Secretaria de Estado do Trabalho e Cultura Popular (Decreto nº 7.358); Secretaria de Estado da Segurança Pública (Decreto nº 7.359); Secretaria de Estado da Educação (Decreto nº 7.360); Secretaria de Estado do Interior e Justiça (Decreto nº 7.361); encerrando com o Decreto nº 7.362, contendo a decorrente nova composição da estrutura administrativa do Poder Executivo.

A segunda fase da corajosa empreitada assumida pelo Professor Paulo Neves foi exatamente a de que resultou a Lei nº 3.214, de 16 de outubro de 1964, reconhecidamente uma lei sem igual de classificação de cargos do pessoal civil do Poder Executivo, de forma a atender à estrutura orgânica básica e complementar realizada, especialmente a sistematização dos cargos de provimento em comissão de direção, chefia e execução, em consonância com essa nova realidade da Administração Pública, no âmbito do Executivo.

Os trabalhos dessa segunda fase começaram com a instituição de outro Grupo de Trabalho, por meio da Portaria nº 10, de 17 de fevereiro de 1964, do Secretário de Estado de Administração, Professor Paulo Neves, com a incumbência de proceder os estudos sobre classificação de cargos e correspondente plano de remuneração.

A partir da segunda fase, participamos, inicialmente, como membro daquele Grupo de Trabalho e, após a vigência da Lei nº 3.214, assumimos a Chefia do Serviço de Classificação de Cargos da Secretaria de Administração, no final de novembro de 1964.

Esses estudos preliminares do Grupo de Trabalho, sob a coordenação direta e permanente do Professor Paulo Neves, seguiram orientação rigorosamente técnica e objetiva, visando à implantação de uma sistemática de cargos necessários ao desenvolvimento racional das atividades atribuídas aos órgãos estruturados, dotando os respectivos quadros de lotação de pessoal quantitativa e qualificativamente apurados. Utopia? Não. Era a meta almejada pelo Professor ou, pelo menos, o lançamento da semente, cujos frutos seriam colhidos em um futuro próximo.

Era sabido que a última estruturação de cargos ocorrera no Governo Juscelino Kubitschek, pela Lei nº 858, de 29 de dezembro de 1951. No entanto, após esta lei, as funções extranumerárias, então existentes em grande número, foram transformadas, por lei, em cargos efetivos isolados, o que exigia uma solução. Apurou-se, por outro lado, a existência de raras carreiras estruturadas, como era o caso das que reuniam as atribuições de Estado. A conclusão foi a de proceder a fusão de classes, transformando o universo de cargos dispersos em quadros transitórios, isolados e suplementares em classes de cargos e estas em séries de classes, respeitadas aquelas destacadas, ao mesmo tempo em que seriam revistas as inúmeras tabelas de vencimento, então vigentes, segundo indicassem os estudos em andamento.

As várias tabelas de vencimento viriam a ser reduzidas, ao final, a apenas quatro, uma que identificou as classes sistematizadas em séries de classes e classes singulares, que passaram a constituir os "grandes grupos ocupacionais", cuja natureza dos trabalhos de cada posto apresentassem afinidade ou semelhança e mesmo título lhe pudesse ser atribuído, de acordo com a dificuldade ou complexidade, procedendo-se, em seguida, a avaliação para a elaboração da correspondente tabela, considerando para esse fim, ainda que por amostragem, isto é, sem pesquisa formal, a remuneração de outras esferas do governo e o mercado privado. As três demais tabelas identificaram os cargos de provimento em comissão, as funções gratificadas e os níveis do quadro de magistério.

Para se ter uma ideia do trabalho, para a formação dos "grupos ocupacionais", foi apurada a existência de 1.506 cargos de provimento efetivo, que, na sistemática da Lei nº 3.214/64, resultaram em apenas 452, na composição das séries de classes e classes singulares.

Ao mesmo tempo, cogitou-se de disciplinar o elenco de cargos de provimento em comissão — em número de 2.070 — reunindo-os em quatro módulos assim agrupados, para atender à nova estrutura orgânica:
 - cargos de chefia de recrutamento amplo;
 - cargos de chefia de recrutamento limitado;
 - cargos executivos de recrutamento amplo;
 - cargos executivos de recrutamento limitado.

Além dos cargos em comissão, restavam, ainda, as funções gratificadas, em número de 1.919, assim classificadas:
 - as chefias que não se comportavam em cargos;
 - as atividades de assessoramento ou secretariado.

O agrupamento dos cargos de provimento em comissão, segundo a forma de recrutamento expressa em lei, foi inaugurada na Administração Pública mineira na Lei nº 3.214/64, destacando-se, também, que o provimento dos cargos de chefia de recrutamento limitado se daria, de preferência, com funcionário possuidor de certificado de habilitação em curso correspondente realizado, promovido ou reconhecido pelo Instituto de Administração Pública (InAP), órgão criado na Reforma Administrativa e que teve larga atuação, sempre prestigiado e acionado pelo Professor Paulo Neves, cuja orientação básica que deveria ser seguida para o êxito da Administração Pública, na gestão de pessoal, consistia em três itens fundamentais: classificação de cargos, sistema de mérito e treinamento, concomitante com plano de vencimento, segundo os fatores de avaliação das atribuições dos cargos, não só os das séries de classes como os em comissão de direção, chefia e execução, o que foi feito, resultando em avançada política de remuneração, tanto que o valor inicial da tabela de vencimento de cargos efetivos foi fixado em Cr$42.000,00, correspondente, na ocasião, ao salário mínimo da Capital, quando o da sub-região estava na casa de Cr$36.400,00; e os de provimento em comissão fixado em Cr$45.000,00, para o símbolo inicial C-1, valendo destacar que o quadro do magistério iniciava com Cr$60.500,00 alcançando até Cr$65.300,00 para a classe de Regente de Ensino Primário, padrão MA-1 a MF-1; e de Cr$66.500,00 a Cr$84.000,00 para a carreira de Professor Primário, padrão M-A a M-H.

Entre outros fatos relevantes da Reforma Administrativa, aqui compreendida a reestruturação organizacional — Decretos nºs 7.350 a 7.362 — todos de 02 de janeiro de 1964, e a Lei nº 3.214, de 16 de outubro de 1964, destacam-se a criação:
- da Corregedoria Administrativa;
- do Instituto de Administração Pública (InAP);
- do Conselho de Administração de Pessoal;
- da Comissão de Acumulação de Cargos;
- da Comissão Central de Controle de Gratificação.

Ressalte-se, ainda, a vedação de provimento de cargo em caráter interino, com a revogação expressa dos dispositivos do Estatuto (Lei nº 869, de 05 de julho 1952), que o previam.

Neste contexto, deve ser destacado o capítulo que cuidou da readaptação, por desvio de função, para o qual o Professor Paulo Neves dedicou particular atenção.

Consistiu na transformação de cargo ou função, ocupado pelo servidor, em cargo de nível não superior ao XVII da nova sistemática de classe singular ou séries de classes, que vinha exercendo ininterruptamente atribuições diversas das próprias da classe a que pertencia o cargo de que era titular, atendidas as condições ali expressas e mais as dispostas no respectivo regulamento baixado pelo Decreto nº 8.119, de 15 de janeiro de 1965, contendo em seu anexo a especificação das atribuições das classes, unificadas em uma só descrição, tratando-se de séries de classes.

Para tanto, foram criados o Grupo Central de Readaptação e Grupos Auxiliares de Readaptação, estes, em número de 11, compostos com representantes das Secretarias de Estado e órgãos autônomos, com a incumbência da análise dos requerimentos e do preenchimento dos requisitos exigidos para o atendimento, competindo-lhes o parecer final.

Neste processo o empenho pessoal do Professor Paulo Neves, que considerou o dispositivo como o mais salutar da Lei nº 3 214/64, arrebatou, com o seu vibrante entusiasmo, todas as equipes envolvidas, que não mediam esforços para o exame dos milhares de pedidos formulados.

No contexto da denominada "Reforma Administrativa Professor Paulo Neves", seja da estrutura orgânica — Decretos nºs 7.350 a 7.362/63 — seja no que podemos chamar de complemento dela, isto é, a Lei nº 3.214/64, cujo conjunto, sem sombra de dúvida, constituiu um "divisor de águas" do antes e do após na Administração Pública, fato considerado como um marco extraordinário no serviço público mineiro, naquela quadra, na visão futurista do mestre Paulo Neves, antecedendo, pioneiramente, o que viria a ser baixado no Governo Federal, em 25 de fevereiro de 1967, ou seja, o Decreto-Lei nº 200.

Essa é a visão histórica que testemunhamos como membro do Grupo de Trabalho instituído pela Portaria nº 10, de 10 de fevereiro de 1964, e Chefe do Serviço de Classificação de Cargos, da Secretaria de Estado de Administração, sobre o notável comando do Prof. Paulo Neves.

Informação bibliográfica deste livro, conforme a NBR 6023:2002 da Associação Brasileira de Normas Técnicas (ABNT):

MEIRA, Efigenio. A Lei nº 3.214/64, conhecida como "Lei Paulo Neves de Carvalho", e a Reforma Administrativa no governo Magalhães Pinto (31.01.1961-31.01.1966). *In*: PIRES, Maria Coeli Simões; PINTO, Luciana Moraes Raso Sardinha (Coord.). *Paulo Neves de Carvalho*: suas lições por seus discípulos. Belo Horizonte: Fórum, 2012. p. 31-35. ISBN 978-85-7700-599-4.

UMA LIÇÃO SOCIAL DE PAULO NEVES DE CARVALHO

EURICO BITENCOURT NETO[1]

Durante os cerca de seis anos em que convivi diariamente com o Professor Paulo Neves de Carvalho, como seu assistente no escritório de advocacia e nos diversos cursos que ministrava por toda Minas Gerais, pude compreender a dimensão da posição ímpar que ocupava no rol dos grandes mestres do Direito Administrativo nacional. A inteligência luminosa, a sensibilidade humanista e a simplicidade de modos, aliadas a uma descomunal e obsessiva capacidade de trabalho, forjaram, naquela altura, no jovem e tímido discípulo, a admiração pelo mestre, o respeito pelo homem e a convicção da insuficiência do Direito como fator de transformação social.

Nesta oportunidade em que, por iniciativa das Professoras Maria Coeli Simões Pires e Luciana Moraes Raso Sardinha Pinto, se presta homenagem ao saudoso inspirador de todos os administrativistas mineiros, cabe trazer à tona, do rol de suas principais lições, aquelas que permitem identificar o seu caráter social. Em outras palavras, trata-se da identificação — sumária, como convém à oportunidade — das lições de Paulo Neves de Carvalho no campo jurídico-dogmático do que pode ser designado um constitucionalismo de matriz social. Para além disso, cabe mencionar a compreensão ampla que tinha do fenômeno jurídico,

---

[1] Mestre em Direito Administrativo pela UFMG. Doutorando em Ciências Jurídico-Políticas pela Universidade de Lisboa. Subsecretário de Casa Civil do Governo de Minas Gerais.

albergando as múltiplas inter-relações entre o Direito e outros campos das Ciências Sociais.

Paulo Neves de Carvalho fundou a chamada Escola Mineira de Direito Administrativo, inaugurando, na Faculdade de Direito da UFMG, o estudo sistemático da disciplina. Sua primeira influência foi, certamente, a clássica escola francesa, mas o mestrado e o doutorado em Administração Pública, na Universidade da Califórnia do Sul, nos Estados Unidos, concluídos na primeira metade da década de 1950, despertaram nele grande interesse pelas relações entre o aparato jurídico-formal do Direito e a realidade na qual incide. A pergunta *What is it for?*, feita por um examinador norte-americano, quando terminou longa e pormenorizada explanação sobre seu projeto de pesquisa, nunca lhe abandonou ao longo da vida, na incessante luta que empreendeu para que os nobres ideais do novo Direito Administrativo Pós-Constituição de 1988 pudessem vingar, em terreno muitas vezes árido.

Importante referência dessa influência norte-americana foi, certamente, a chamada "visão ecológica da administração pública",[2] em voga em seus tempos de pesquisador nos Estados Unidos, segundo a qual, em linhas gerais, as diferenças de cenário social, cultural, histórico e econômico afetam o modo de conduzir a administração e, por consequência, devem ser levados em conta em uma análise ampla do fenômeno administrativo, em especial, na busca da efetividade da Administração Pública.

De sua formação e experiência profissional decorreu forte convicção de que somente a conscientização, ou a assimilação dos valores fundamentais sobre os quais se constrói o edifício jurídico-constitucional pode, como elemento a assegurar densidade às normas jurídicas, garantir a efetividade do novo Direito Administrativo, submetido ao postulado geral da dignidade da pessoa humana. Conforme assinalou, "o ensino do direito administrativo é menos um processo de ensinar coisas, do que carrear mensagens, porque em jogo, essencialmente, a realização da justiça social".[3]

As vibrantes, instigantes e provocativas aulas de Pós-Graduação, os intensos e didáticos cursos para servidores públicos, as densas e

---

[2] Para um exemplo, cf.: RIGGS, F. W. *A ecologia da Administração Pública*. Tradução de Hugo Wahrlich. Rio de Janeiro: USAID, 1964. Em especial o ensaio A Administração Pública americana: uma visão ecológica, p. 3-79.

[3] CARVALHO, Paulo Neves de. Reflexões sobre o direito administrativo. *Revista do Tribunal de Contas do Estado de Minas Gerais*, Belo Horizonte, n. 4, 2002. Disponível em: <http://200.198.41.151:8081/tribunal_contas/2002/04/-sumario>. Acesso em: 31 jan. 2012.

emotivas conferências, todas as suas intervenções visavam, de modo principal, a levar os interlocutores a internalizar sua mensagem mais relevante: a de que só a assimilação consciente dos valores fundamentais do nosso ordenamento jurídico-constitucional pode gerar, de modo contínuo e duradouro, o desenvolvimento humano a que todos aspiram. Sem que tais valores se espraiem sobre o campo das relações sociais, permanecerão belas construções jurídico-formais, solenemente invocados pelos juristas, ao mesmo tempo que rejeitados, na realidade administrativa, por uma sociedade deles ainda muito distante.

Esta preocupação marcou sua atividade docente — o Professor que levava seus alunos à exaustão, com a desconstrução implacável de seus argumentos, seguida da preparação das bases para um enfrentamento autônomo e crítico das questões jurídicas, em geral conduzida por alguma via carregada de emoção. Afetou também sua atividade profissional — o Advogado que despendia horas a explicar a administradores públicos, para além das razões de seu direito, sobretudo o sentido social de sua atividade. Aqui, presente outro dado marcante de sua visão do fenômeno jurídico-administrativo: o papel cimeiro da Pedagogia, como instrumento auxiliar do Direito Aplicado, verdadeira alavanca de conscientização e, por consequência, de efetividade.

A preocupação de disseminação de valores, como instrumento de efetividade do Direito Administrativo, ganhou força e base jurídicoconstitucional, a seu juízo, com a ordem constitucional de 1988. Segundo suas palavras, "Relevante é, então, a convicção de que o novo modelo repousa na idéia-motriz, idéia-força, de que todos os caminhos para o novo tempo vão desaguar no processo de conscientização dos indivíduos — que hão de tornar-se cidadãos — e da sociedade, do significado dos valores e princípios gerados naqueles e nesta".[4]

Trata-se de visão ampla do fenômeno jurídico, afastando a noção de que o Direito — e o Direito Administrativo — é exclusivamente ordem normativa sob o aspecto lógico-formal, mas alcançando, no âmbito jurídico, os valores, como elementos de unidade e mola propulsora da efetividade das normas, tendo como veículo de positivação, no âmbito do aparato formal do Direito, os princípios: "Este, o papel dos valores, na edificação de uma vida em comum, cada ser humano então capaz de apreender — tolere-se a repetição — que ele é a fonte de todo o poder. Este, o papel dos princípios, que são os valores positivados".[5]

---

[4] CARVALHO. Reflexões sobre o direito administrativo. *Revista do Tribunal de Contas do Estado de Minas Gerais*.

[5] CARVALHO. Reflexões sobre o direito administrativo. *Revista do Tribunal de Contas do Estado de Minas Gerais*.

Esta compreensão do Direito Administrativo, de nítido cariz axiológico, tem como fim o desenvolvimento da pessoa humana, não apenas tendo em conta uma ideia formal de liberdade, mas aspirando à conscientização dos indivíduos concretos, em busca de seu pleno desenvolvimento. Neste quadro, os postulados liberais, mesmo que veiculados em nova roupagem, constituem grave obstáculo ao processo de conscientização e desenvolvimento social: "o liberalismo, dito novo, se vai tornando altamente perturbador da implementação do ideário do Estado democrático de direito, em razão de globalizar a sujeição de tudo ao mercado financeiro internacional e especulativo, expressão de capitalismo, na sua concepção pejorativa, em cujas cogitações não se insere a de acudir aos interesses fundamentais dos grupos humanos carentes".[6] Em outra passagem, cita, como força antissocial a ameaçar a condição do Estado como fiador-mor dos interesses sociais fundamentais, "o mercado internacional especulativo, no bojo de um liberalismo redivivo, que não dá sinais de comprometimento com a angústia social".[7]

Dessas rápidas passagens se extraem duas marcas características de sua lição: a) a indispensabilidade da consideração do ambiente — compreendido em sentido lato — em qualquer atividade, analítica ou interventora, do jusadministrativista; e b) o reconhecimento da relevância da Constituição democrática e social de 1988 na construção de uma sociedade mais justa. Uma compreensão ampla do fenômeno jus-administrativo e sua ancoragem numa base constitucional de viés democrático e social alicerçam, de modo geral, a lição social de Paulo Neves de Carvalho.

Cinco são os óbices fundamentais que assinalou à efetividade da Constituição social:[8] a) a ausência ou insuficiência de desenvolvimento econômico; b) o neoliberalismo e o primado do capital financeiro globalizado; c) a exclusão social; d) o enfraquecimento do Estado, em face do crime organizado e da especulação financeira global; e) a corrupção administrativa. Por sua causa, continua desmedido o individualismo, não se assimilam os valores fundamentais do desenvolvimento social, "a sociedade brasileira vive a enorme dificuldade de descobrir seus

---

[6] CARVALHO. Reflexões sobre o direito administrativo. *Revista do Tribunal de Contas do Estado de Minas Gerais.*
[7] CARVALHO. Reflexões sobre o direito administrativo. *Revista do Tribunal de Contas do Estado de Minas Gerais.*
[8] CARVALHO. Reflexões sobre o direito administrativo. *Revista do Tribunal de Contas do Estado de Minas Gerais.*

próprios caminhos, forjar sua própria identidade e convicções, fixar e assimilar o que efetivamente lhe fortaleça a vontade, o genuíno tecido moral".[9]

Daí se conclui que, se tais lições conferem grande prestígio ao papel ativo dos indivíduos e da sociedade, isto é, pressupõem garantia de liberdade para que os indivíduos e as instituições da sociedade possam, eles próprios, buscar os caminhos de seu desenvolvimento, não descuram, por outro lado, do papel indispensável e irrenunciável do Estado, na redução das desigualdades e na correção de desvios que obstaculizam a construção de uma sociedade de bem-estar. Por mais relevantes que sejam os procedimentos de organização e afirmação de uma legitimidade própria de determinados atores sociais, a garantia do primado da dignidade da pessoa humana, em todas as suas múltiplas vertentes e virtualidades, não prescinde do Estado; dito de outro modo, do Estado de Direito democrático e social.

Muito se tem a dizer sobre as lições, o método pedagógico, a obra acadêmica, administrativa e profissional de Paulo Neves de Carvalho. Se não deixou vasta produção bibliográfica, a perenidade dos frutos de seu trabalho se demonstra, para além da presença de seu legado nas administrações públicas de todos os quadrantes do Estado de Minas Gerais, pela plêiade incontável de discípulos que deixou. Do mais alto mandatário do Estado, ao singelo servidor de um pequeno município, todos os que com ele puderam conviver guardam, desta que foi uma relação sempre ímpar, algo de precioso e inesquecível. A indiferença certamente foi uma impossibilidade em qualquer contato travado com Paulo Neves.

Este esforço de síntese de uma das lições fundamentais de Paulo Neves de Carvalho também significa uma tentativa de traduzir, em linhas gerais, uma personalidade complexa: o intelectual sofisticado, o professor devotado, o advogado aguerrido, o gestor inovador, o homem simples. Acima de tudo, guiou-o, em todas as suas múltiplas atividades, um forte sentimento de dever para com o seu semelhante, do qual não conseguiu se desvencilhar, por toda a vida, ainda que, muitas vezes, à custa de seus próprios interesses individuais ou familiares. Tal sentimento certamente decorreu dos auxílios públicos que permitiram ao jovem brilhante, porém desprovido de recursos materiais, chegar aos mais altos postos da Academia e do Estado; traduziram-se, em sua consciência, em permanente obrigação moral de retribuição.

---

[9] CARVALHO. Reflexões sobre o direito administrativo. *Revista do Tribunal de Contas do Estado de Minas Gerais*.

Paulo Neves de Carvalho foi um dos mais belos seres humanos que conheci. Sua lição social, centrada na intervenção transformadora, espelha com fidelidade esta aquilatada humanidade que o caracterizou, fruto de grande e permanente esforço de aperfeiçoamento, de si próprio e de todos que o rodeavam. As marcas de seu exemplo ainda inspiram os que não esmorecem, os que não se conformam, os que sempre se inquietam diante da injustiça.

Informação bibliográfica deste livro, conforme a NBR 6023:2002 da Associação Brasileira de Normas Técnicas (ABNT):

BITENCOURT NETO, Eurico. Uma lição social de Paulo Neves de Carvalho. *In*: PIRES, Maria Coeli Simões; PINTO, Luciana Moraes Raso Sardinha (Coord.). *Paulo Neves de Carvalho*: suas lições por seus discípulos. Belo Horizonte: Fórum, 2012. p. 37-42. ISBN 978-85-7700-599-4.

O PROFESSOR DE MATEMÁTICA

FLORIVALDO DUTRA DE ARAÚJO[1]

Escrever um depoimento — ainda que singelo — sobre o Professor Paulo Neves de Carvalho é tarefa que certamente alegra a todos os que, como eu, tiveram o privilégio de ter sido seu aluno, ou que com ele conviveu. Por outro lado, tantas e tão ricas são as lições transmitidas, que se torna difícil a escolha de uma delas. E, principalmente, grande é o risco de, ao reproduzi-las, de algum modo empobrecê-las.

Nessa empreitada, poderíamos discorrer sobre os mais variados temas do Direito Administrativo, da Ciência da Administração, ou sobre as constantes abordagens sociais dos fenômenos jurídicos, perspectiva tão valorizada por Paulo Neves de Carvalho.

Prefiro, no entanto, relembrar uma lição do Mestre em outro campo, também terreno de sua permanente atenção: o da pedagogia, da docência e do aprendizado em si e, mais especificamente, da postura intelectual adequada ao professor e ao aluno.

Paulo Neves de Carvalho cultivava qualidades essenciais ao trabalho intelectual fecundo, entre elas, a simplicidade, o desprendimento, o espírito crítico, a mente aberta, o respeito às ideias alheias e a capacidade de dialogar.

---

[1] Mestre e Doutor em Direito Administrativo pela UFMG. Professor de Direito Administrativo na UFMG. Procurador da Assembleia Legislativa de Minas Gerais.

Paulo Neves sempre teve inúmeros discípulos, mas nunca quis criar "clones intelectuais". Refiro-me a um traço frequente nas universidades, no Brasil e alhures, consistente no empenho, de muitos professores, em fazer de seus alunos e orientandos meros reprodutores de suas ideias. Buscam "fidelidade intelectual", rechaçam a crítica e o pensamento autônomo. Criam, assim, indivíduos que se contentam em repetir as lições do "mestre" e que, ao se tornarem professores, irão amiúde reproduzir essa mesma postura autoritária, tão nefasta ao trabalho intelectual.

Outro traço negativo das instituições educacionais é a preocupação constante em dar respostas conclusivas para tudo. A indagação é aceita apenas como meio de se exigir "a resposta correta", que o professor, por suposto, sempre deve saber. A dúvida não é aceita, a não ser como um mal provisório dos que "ainda não aprenderam".

Paulo Neves nos ensinava, ao contrário, o valor da interrogação e da dúvida. Suas aulas eram um contínuo processo de indagação, por meio do qual nos incitava a examinar criticamente os temas e as ideias, a compreendê-los em profundidade, mas sem preocupação em encontrar sempre "a resposta certa".

Ensinava-nos, contudo, que estudar não é uma tarefa meramente lúdica, que se possa levar adiante com superficialidade. Por isso, cobrava o adequado rigor na elaboração do pensamento, inclusive no tocante à linguagem, sendo ele próprio profundo conhecedor do vernáculo, tendo sido professor de Português, antes de dedicar-se ao Direito.

A propósito de toda essa postura intelectual, Paulo Neves contou-nos um episódio por ele vivenciado, simples, mas muito expressivo do mito do professor que "tudo sabe".

Ao tempo em que lecionava Português, foi ele Diretor de uma escola tradicional de Belo Horizonte. Seu gabinete era contíguo a uma sala de aula, onde habitualmente lecionava um professor de Matemática, cujas aulas ministrava sempre com vivacidade.

Certo dia, Paulo Neves ouvia o referido professor explicando aos alunos um teorema. Porém, dessa feita, fazia-o com especial entusiasmo, lecionando quase aos brados.

Mais tarde, Paulo Neves encontrou-se com o professor de Matemática e comentou que ficara impressionado com seu entusiasmo na aula daquele dia, parabenizando-o pela especial vivacidade.

Ouvindo isso, o professor de Matemática respondeu-lhe algo como: "Professor Paulo Neves, o meu entusiasmo de hoje tem uma justificativa muito importante: é que há muitos anos eu ensino esse teorema... e hoje eu consegui entendê-lo..."

Informação bibliográfica deste livro, conforme a NBR 6023:2002 da Associação Brasileira de Normas Técnicas (ABNT):

ARAÚJO, Florivaldo Dutra de. O Professor de matemática. In: PIRES, Maria Coeli Simões; PINTO, Luciana Moraes Raso Sardinha (Coord.). *Paulo Neves de Carvalho*: suas lições por seus discípulos. Belo Horizonte: Fórum, 2012. p. 43-45. ISBN 978-85-7700-599-4.

O OUTRO LEGADO DE PAULO NEVES

JOSÉ FERNANDES FILHO[1]

Meu professor, na Faculdade, marcou-me para sempre. Instigava-me aquele homem, louvado nos meios acadêmicos, despojado franciscano na vida. Carro? Para quê, se podia estar pontualmente na sala de aula? Talvez sem alimento, estoico monge urbano. Do início ao final do ofício, a pregar a economia do bem. Ética viva, na Pública Administração; mais, ética, na vida. Não separava as irmãs siamesas: na primeira, a pregação, na segunda, o testemunho. Falava aos Prefeitos, embevecidos com a palavra, arqueados ao grave compromisso de servir, cobrados a cada oportunidade. Aquele homem instigante, olhos a ver além da aparência, não tivera predecessor. Estuante, onde estivesse, líquido espumante libertado à extração da rolha.

Alimentava-se e dormia com extrema parcimônia. Planos para crescer, projetos de enriquecer? Nunca os teve. Seu ideário o excluía de qualquer sucesso pessoal. Outra sua ambição: fazer da vida e do tempo fonte de crescimento dos outros. Destes sempre cuidou, para eles viveu. De si descuidou — pobretão de bens materiais, celeiro de virtudes.

Releitura do dia de eleições gerais: filhos menores a acompanhá-lo na visita às urnas. Cumpria-lhe transmitir-lhes o compromisso cívico, no clima de renovação e esperança, criado pelo acontecimento. No meio da multidão, era um deles; nenhuma diferença; grande diferença, no exemplo, singularíssimo.

---

[1] Ex-Presidente do Tribunal de Justiça do Estado de Minas Gerais.

Dia houve, na nossa convivência, de que não consigo me esquecer. No edifício da Prefeitura de Belo Horizonte, aprazei visita. Ele me esperava, cavalheiro, na Secretaria de Administração. Falei-lhe da razão de minha presença: lembrar-lhe o nome de alguém, de que dava fé, para seu Assistente, na Faculdade de Direito. Ouviu-me com atenção, sem pressa. Olhou-me nos olhos, elogiou o indicado, mas me surpreendeu com a revelação impactante de que seu candidato era quem indicava, não o indicado. Agradeci, mais tonto do que bêbado de botequim. Pernas trôpegas, desci as escadas, tomado de grave inquirição: como explicar o ocorrido a quem deveria indicar para a função, à época de confiança do Titular da Cátedra.

Na casa do cunhado-irmão Luciano, esposo de Léa, diálogo denso, até agora irrevelado. Ao final, despedindo-se: "vele por minha família; se prometer, viajarei em paz". Lágrimas, responsabilidade intransferível, para quem, só promessa, pouco podia.

Dois homens, mais que meu pai, temperaram-me o caráter: Paulo Neves e Seabra Fagundes. Ambos, candeias acesas, transpirando interesse público. Ambos éticos, até a medula. Ambos inquiridores, a cobrar a realização dos ideais. Onde estarão? Podem me ver? Podem ter esperança em quem, passado o tempo, mãos vazias, ao contributo mínimo? Indulgentes, já me perdoaram; ambos.

Do hinário da igreja católica, quase sempre de louvável simplicidade, embora grávido de simbolismo, recolho, pela sua oportunidade, a bela imagem da canção *A Barca*, em que, convocado, o pescador Pedro a tudo abandona, buscando outros mares.

A exemplo de Pedro, acudimos, orgulhosos discípulos, à restrita convocação. De Paulo, também apóstolo. Um e outro, a lançar redes. De libertação e compromisso, as nossas.

O legado de Paulo — a acicatar-me e enriquecer-me — é, para mim, duplamente pesado. Mestre verdadeiro, seu legado acadêmico fortaleceu as bases do ensino universitário. A Escola Paulo Neves de Carvalho está aí, sementeira promissora, frutos abundantes: doutores, muitos, que cobram e inovam, para alegria do orientador severo, do professor justo, do teimoso colecionador de auroras na Administração Pública. Vigoroso, chama viva, aquece e ilumina. Seu legado nos fustiga e assusta. Seremos dignos dele?

Outro legado há, para mim mais duradouro, que ultrapassa os limites da Universidade. Legado vivo, a alcançar outros, não apenas a elite diplomada. Tem como destinatários o povo, os cidadãos, os que acreditam e creem no exercício do bem. Legado de vida exemplar, discreta, voz rouca de tanto clamar no deserto. De oásis, plantas, verde e água, para descanso do beduíno queimado de sol. Cansado, cajado tinto de suor e sangue, o viajor refeito continua a caminhada, até o depois. Encontrar-se-á com ele, testemunho, exemplo, civismo, despojamento e vigorosa ética da alteridade?

Conviver com ele, participar de seus projetos, reconhecer sua humanidade e limitações, mas sobretudo sonhar com ele o sonho do bem comum e da retidão, foi para todos nós mais do que normal privilégio; verdadeira bênção, nos insondáveis desígnios de quem, distante ou próximo, a distribui com cerimonioso recato, como se faz aos óleos sagrados.

Abensonhado Mestre: sua lição germinou. "Abensonhado" cidadão, de bênçãos e de sonhos, profetizou Mia Couto. Seu testemunho nos contagiou.

Mansidão das pombas, sem servilismo. Altivez dos justos, sem jactância. Humildade dos iluminados, sem perda da dignidade. Simplicidade dos santos, sem comprometimento da sua humanidade. Assim o Professor Paulo Neves que conheci: único, infungível.

MESTRE, de títulos e honrarias; mais, muito mais, MESTRE DA VIDA.

Informação bibliográfica deste livro, conforme a NBR 6023:2002 da Associação Brasileira de Normas Técnicas (ABNT):

FERNANDES FILHO, José. O outro legado de Paulo Neves. *In*: PIRES, Maria Coeli Simões; PINTO, Luciana Moraes Raso Sardinha (Coord.). *Paulo Neves de Carvalho*: suas lições por seus discípulos. Belo Horizonte: Fórum, 2012. p. 47-49. ISBN 978-85-7700-599-4.

O HUMANISMO DE PAULO NEVES DE CARVALHO

JOSÉ NILO DE CASTRO[1]

A vida de um ser humano representa um valor mais importante do que a soberania de um Estado.

(Vaclav Havel, Ex-Presidente da República Tcheca)

Introdução – O homem e o desumano na humanidade

1 Dir-se-á que os homens são movidos pelo interesse mais do que pela generosidade.[2] Contrapõe-se à assertiva, no entanto, porque não há vacina contra a generosidade. A generosidade era uma das grandes virtudes de Paulo Neves de Carvalho. Na sua concepção vê-se que a hominização, que é um fato biológico, lhe importava menos que a

---

[1] Advogado municipalista. Mestre e especialista em Direito Público pela UFMG. Doutor de Universidade, especialização em Direito Administrativo, e Doutor de Estado, especialização em Direito Público, pela Université de Paris II (Panthéon-Assas). Ex-Professor Adjunto de Direito Administrativo da Faculdade de Direito Milton Campos (BH). Membro do Instituto dos Advogados de Minas Gerais e da Academia Mineira de Letras Jurídicas. Sócio-fundador e Ex-Presidente do Instituto Brasileiro de Direito Municipal (IBDM). Sócio-fundador e Ex-Diretor Executivo do Instituto Brasileiro de Direito Administrativo (IBDA). Sócio-fundador, Ex-Diretor Secretário e Ex-Presidente do Instituto Mineiro de Direito Administrativo (IMDA). Fundador e Presidente do Instituto de Direito Municipal (JN&C-IDM). Fundador e Diretor da *Revista Brasileira de Direito Municipal – RBDM*.

[2] COMTE-SPONVILLE, André. *Le goût de vivre et cent autres propos*. Paris: Albin Michel, 2010. p. 389.

humanização, que é um fato cultural. Pela primeira, aponta Sponville,[3] somos o que a natureza fez de nós; pela segunda, o que a humanidade fez de nós. A hominização nos distingue dos outros animais, a humanização, da barbárie ou da desumanidade.

2 A questão do humanismo passa pela vida dos seres humanos e a vida dos seres humanos, em toda a sua latitude, possui na compreensão de Paulo Neves, pelo que conhecemos de sua vida e de sua trajetória, valores estruturantes que nunca se dissociaram de seus ensinamentos, de sua atuação profissional e de seu perfil, na medida em que refletir um pouco sobre o seu humanismo é alcançar-lhe o espírito sempre vivificante pela independência intelectual e pela audácia profissional.

I Independência intelectual

1 A teatralidade da vida acumula cenas imensas de espetáculos, a tal ponto de se chamar a sociedade de sociedade de espetáculos,[4] de se ter o Estado como o Estado espetáculo[5] e doutros nominarem o direito administrativo de direito administrativo do espetáculo.[6] Nesse universo de indagações novas na sustentação de novos paradigmas do direito administrativo vivo e transparente percebe-se que Paulo Neves era um intelectual de singularidades e de coerência. É que bem me lembro, na Cidade de Blumenau (SC), em 1992, quando da realização do VIII Congresso Brasileiro de Direito Administrativo, promovido pelo Instituto Brasileiro de Direito Administrativo (IBDA), do qual era ele o Presidente, na abertura do conclave, pois se estava no último decênio do século anterior, dava boas vindas ao milênio que se avizinhava, enfatizando os novos tempos e, consequentemente, os novos rumos do direito administrativo, o direito do administrado e da cidadania. Falava como profeta das transformações jurídicas, notadamente do direito administrativo, e sua fala ecoava em todos nós magistralmente e com norte certo. Pareceu-nos que os temas por ele anunciados e desenvolvidos lhe eram, como foram, bem peculiares. Daí a pouco advieram sucessivamente legislações novas com novos institutos de direito administrativo, como a Lei de Licitação e Contratos

---

[3] COMTE-SPONVILLE. *Le goût de vivre et cent autres propos*, p. 87.
[4] DUBORD, Guy. *La société du spetacle*. 3ᵉ éd. Paris: Gallimard, 1992.
[5] SCHWARTZENBERG, Roger-Gérard. *L'État spetacle 2*. Paris: Plon, 2009.
[6] JUSTEN FILHO, Marçal. Direito administrativo do espetáculo. *In*: ARAGÃO, Alexandre Santos de; MARQUES NETO, Floriano de Azevedo (Coord.). *Direito administrativo e seus novos paradigmas*. Belo Horizonte: Fórum, 2008. p. 65-84.

Administrativos, a Lei de Concessão de Serviços Públicos, a Lei das Agências Reguladoras, a Lei de Responsabilidade Fiscal, o Estatuto da Cidade, a Lei de Parcerias Público-Privadas (a essa época não estava mais entre nós), a Lei dos Consórcios Públicos, a Lei de Saneamento Básico e a Lei de Resíduos Sólidos, entre outras, como a recente Lei da Política Nacional sobre Mobilidade Urbana, temas esses que já faziam parte de suas cogitações, a tal ponto de se consagrar sua visão profética de jurista de transformação, conclamando por novos paradigmas do direito administrativo.[7]

2 Relembrando Montaigne, constata-se que as palavras pertencem metade a quem fala, metade a quem ouve. Por isso o ouvinte possui o alcance da narrativa na dimensão de peso relativo, já que toda opinião é falível, mas nenhuma é sem interesse. Ora, Paulo Neves conferia à sua própria opinião exatamente o mesmo peso que se dava à de Platão, de Sêneca ou de Plutarco, como à de um amigo ou à de um vizinho. Era Paulo Neves um intelectual em movimento, em ação. Não era um pensador estático, perdido em suas reflexões, introvertido; era um transformador de noções e de ideias e repassador de conhecimentos, pelo gosto pessoal de contribuir e pela missão existencial de dividir conhecimentos e lições sobre o direito administrativo, sobre a vida e sobre a humanidade e o humanismo. Quando se pensa em seus ensinamentos, quer nas salas de aula, quer nos congressos e reuniões jurídicas, tem-se, na completude de suas lições e doutrinas quanto vitais e humanas, a condição de os cidadãos, de os homens de bem e de boa vontade (para ele todos os homens, sem distinção) tomarem forças em avançando, como disse Virgílio.[8] Assim, quando o saudoso Urbano Vitalino de Melo Filho escreveu seu *Direito municipal em movimento*, pela Editora Del Rey, em 1999, homenageara a filosofia de vida intelectual de Paulo Neves, que estava sempre em movimentos de ideias e de pensamento sobre o direito público brasileiro. Interessante é que sempre ministrara suas aulas em pé, caminhando pelas salas de aula, em estilo peripatético qual novel estagirita. Tinha sentido essa sua singularidade: sempre se via Paulo Neves preparado para se movimentar fisicamente. Estando em pé, um de seus pés já se antepunha como sinalização de oportunos movimentos. Para ele era assim o direito administrativo, o direito em movimento, pronto, preparado para as transformações. Ensinar supõe

---

[7] Juarez Freitas, em seu magnífico livro *Sustentabilidade, direito ao futuro* (Belo Horizonte: Fórum, 2011. p. 229-280), estaria fazendo eco às lições de Paulo Neves de Carvalho, pelo novo direito administrativo.

[8] VIRGILIUS. *Eneida*. IV, 175: *viresque acquirit eundo*.

um saber: Paulo Neves sabia, conhecia, como mestre e como operador do direito, os intricados institutos de direito administrativo. Ensinava como homem livre e persuadia a todos pelo milagre da leitura e das reflexões. Queria sempre ver a humanidade feliz, por isso seu humanismo transcendia sua geração.

3 Não deixara obra escrita, mas deixara obra viva que são os seus seguidores, discípulos e alunos afeiçoados à sua doutrina humanitária e solidária. Evocam-se de Paulo Neves mensagens de descobertas: a descoberta do outro pelo outro dentro da arquitetura estatal, da coletividade, na qual o homem, que não se desgarra de si, encontra a força para se agregar à alteridade. Tinha-se presente o espírito do homem no Estado e do Estado no homem, na busca de equilíbrio, não do delírio, eis que nem o homem é tão pequeno para se possuir nele mesmo nem o Estado é tão grande para acolher a todos. Homem, vítima da vertigem de sua imaginação; Estado, espaço no qual o universo do sentido pressupõe se abdique de pretensões messiânicas e fundamentalistas,[9] figuras hoje tão comuns, mas não singulares, mesmo porque a ideia de Estado é a de enquadramento, assim como a da sociedade; a ideia da virtude e da religiosidade e da fé é a da liberdade, daí qual a melhor ideia, dentro do humanismo de Paulo Neves? É aquela que faz o homem aproximar-se mais de um e de outro, na dimensão da alteridade, da comunhão e da integração.

4 Porque humanista, de um humanismo solidário na sua intelectualidade, Paulo Neves trabalhava para bem pensar, princípio moral de Pascal, porque o que lhe importava era o que pudesse ganhar para os outros de bem-estar e de paz, no pensar, porque pensar para ele não era um trabalho, mas uma função,[10] reconciliando-se mais em torno do sentimento de uma mesma dignidade humana, na força da imagem social que pode evidentemente suscitar indignação[11] na verticalidade filosófica hegeliana, fazendo-se valer uma estrutura de reciprocidade, com altruísmo e honradez. A honra — é pensamento escocês —, é aquilo que ninguém pode dar e que ninguém pode tirar, enquanto o altruísmo é um presente que a gente se dá. Na concepção intelectual de Paulo Neves, desenha-se-lhe uma via heroica, que recusa o ódio e o ressentimento, porque seu pensamento e sua vida se referem, nuclearmente, à sua identidade como homem e humanista de elevada arquitetura moral. Por que os bambus estão aqui? Para serem tocados pelos ventos

---

[9] CASTRO, José Nilo de. *Hei de vencer*. Belo Horizonte: Fórum, 2011. p. 244.
[10] COMTE-SPONVILLE. *Le goût de vivre et cent autres propos*, p. 39.
[11] HESSEL, Stéphane. *Indignez-vous*. Paris: Indigène éditions, oct. 2010.

e se terem as melodias do tempo. Sabia Paulo Neves que nosso sistema planetário está condenado à morte ou à metamorfose. E a metamorfose somente advirá, pois é a opção humanitária, segundo múltiplos processos reformadores e transformadores, que são denominações de novos tempos e de novos rumos do direito administrativo, cruzada da maturidade de Paulo Neves, para quem a época de transformações seria o prelúdio de uma transformação de época, como acentuam Stéphane Hessel e Edgar Morin, em busca do caminho da esperança.[12]

5 Para assegurar o bem viver, em que se contém o benfazer, é importante revitalizar a solidariedade, a inteligência e a afetividade, trindade virtuosa de Paulo Neves, na medida em que é fundamental ensinar não somente o humanismo, mas também o que é o ser humano em sua tríplice natureza biológica, individual e social,[13] na sua cultura humanista e científica. Sabia, portanto, não somente modernizar a cultura humanista, mas também e sobretudo cultuar a modernidade, como expressam Stéphane Hessel e Edgar Morin.[14] O que contava para Paulo Neves, na inter-relação entre o *eu* e o *nós*, não porque já se encontrava maduro e reconhecido na intelectualidade, não era a experiência, mas a consciência sobre os seres e as coisas, sob o tripé da trindade humana, a que se refere Edgar Morin,[15] *indivíduo/sociedade/ espécie*, a traduzir a ética individual, a ética cívica e a ética do gênero humano. Com efeito, era nessa tomada de consciência que se inseria a comunidade de destino de todos na visão participativa de Paulo Neves. Sua admirável fortuna intelectual, no plano da eticidade, conforma-se com o pensamento silencioso e enriquecedor de Clavel,[16] na medida em que a moral metafísica impende o homem a buscar os porquês dos fenômenos do universo na cobertura que se lhes faz em sociedade. Moral metafísica — não é a moral religiosa —, significa e traduz a parte da filosofia que cuida do princípio e do fim das coisas, dentro do enquadramento de juridicidade.[17] É que a reforma de seu pensamento

---

[12] HESSEL, Stéphane; MORIN, Edgar. *Le chemin de l'espérance*. Paris: Fayard, 2011.
[13] HESSEL; MORIN. *Le chemin de l'espérance*, p. 47.
[14] HESSEL; MORIN. *Le chemin de l'espérance*, p. 49.
[15] MORIN, Edgar. *La voie, pour l'avenir de l'humanité*. Paris: Fayard, 2011. p. 276-277.
[16] CLAVEL, Le Dr. *La morale positiva*. Paris: Librairie Germmer Baillière, 1873.
[17] Em 1986, vindo de Brasília com Paulo Neves, quando lá fomos, ele, então Presidente do IBDA e eu, Secretário Executivo, para divulgar o VI Congresso Brasileiro de Direito Administrativo, que se realizaria em Belo Horizonte, revelara uma preocupação, que me parecia angustiar-lhe o coração, por agredir princípios da moral pública. É que em encontros com autoridades em Brasília, uma delas lhe demonstrara visível contentamento de que membro de sua família, jovem advogado, tinha aberto escritório para advogar nas instâncias superiores e numa delas essa autoridade era juiz. Disse-lhe eu, a princípio, que

e de suas lições, que eram sempre de vanguarda, na aptidão intelectual que requeria a reforma do espírito, não engendrava nem constituía uma simples continuidade ou sequência, mas consequência, porque para ele tudo estava a exigir reformas e transformações, pontificando que todas as reformas e transformações têm que ser movimentos solidários, de uma solidariedade fraternal e humanista, na busca não do melhor dos mundos, mas de um mundo melhor. Paulo Neves, jurista de transformação, humanista por vocação, solidário por dedicação, carregava sempre, em suas atitudes, a mensagem de Ernesto Sabato: *há uma maneira de contribuir para as transformações, é a de não se resignar*. Era Paulo Neves homem de ardor cívico inigualável, *primus inter pares*, na compreensão da vida e na intelectualidade independente e construtiva.

II Audácia profissional

1 Inspirando-se em Eça de Queiroz, *O patriotismo é gerado de afeições, de hábitos, de recordações — estas coisas só se encontram na intimidade serena da vida local*, partira Paulo Neves, com ousadia e coragem, determinação e compromisso, à interiorização do direito administrativo aplicado à vida municipal. Foi o pioneiro nessa iniciativa, levando para

---

não haveria problema de incompatibilidade, desde que o magistrado não participasse dos feitos em que seu filho funcionasse como advogado. "José Nilo, não é essa a questão nem está aí a solução: como captar a integralidade moral, porque não há moral parcial, se os demais magistrados da corte, vendo e reconhecendo que filho de um de seus pares exercia contencioso no tribunal, não teriam isenção no julgamento, porque um de seus colegas, membro da corte, mesmo declarando-se impedido, não aliviaria eventual constrangimento para atender ou negar o pleito judicial pela simples presença inibidora, para os demais juízes, do pai do advogado". Como Paulo Neves estava avançado nos tempos! E como sua presença entre nós faz tanta falta, e como sua combatividade pela defesa da moral pública seria agora portfólio inquebrantável! E ainda mais hoje quando o tráfego de influências nos poderes da República virou cotidiano das práticas públicas, a par da censura. Ora, nos costumes animais que vivem em estado social, como entre as abelhas e as formigas, notadamente, que modificam, como diz Clavel, sua república, mudando de lugares e de climas, tem-se a compreensão de que na sociedade dos homens a República tem passado a ser espaço de satisfação pessoal, de quem está nos poderes e nos órgãos públicos, sem os homens bons saírem do lugar, enfrentado as intempéries, aqui e alhures, dos abalos democráticos e republicanos, num clima de patrimonialismo entre o público e privado, com conflitos de interesse por toda a parte. Entretanto, concordamos com Paulo Neves, e ficamos aqui sempre disponíveis para continuar com suas pregações, para denunciar fatos que desservem a moral republicana, lamentavelmente tão comuns, como os atos de corrupção no Governo Federal e os imbróglios do STF (*triste judiciário*) com o CNJ. A época de Paulo Neves é a nossa época na defesa da moral e das virtudes republicanas. Suas indagações e indignação parecem com as de Montaigne, porque é uma época de instabilidades em que, pelas descobertas científicas e progresso do direito público e especialmente do direito administrativo, começa-se a questionar os saberes na pós-modernidade estatal. O humanismo intui respeito e defesa da moral particular (bons costumes) e da moral pública (eticidade), apanágios da vida de Paulo Neves.

os Municípios a teoria das organizações, a necessidade de os Municípios se reorganizarem dinamicamente, como prestadores de serviços e indutores do progresso comunitário, não assistencialistas e simples empregadores; a necessidade de as Câmaras Municipais exercitarem suas atribuições como um dos poderes municipais. Nessa seara fora o máximo também. Certa feita, enquanto Procurador jurídico da Prefeitura Municipal de Ipatinga, nos idos de 1971, o então Prefeito Darcy de Souza Lima, desejando contratá-lo para continuar com as reformas institucionais e jurídico-administrativas, solicitou-nos exame sobre a sua carta-proposta de serviços jurídicos. De acordo com o Decreto-Lei nº 200, de 25 de fevereiro de 1967, art. 126, letra *"d"*, dispensável a licitação, portanto era hipótese legal de contratação direta. A despeito do parecer jurídico pela contratação direta, Paulo Neves não concordara não com a nossa conclusão, mas com a nossa participação, pois tinha sido aprovado em concurso público, que ele organizara, para Procurador jurídico em 1970. Vira-se aí impedimento para nossa atuação a seu favor, mesmo que a lei autorizasse a contratação. Dizia ele, a lei não tem a capacidade de captar todos os fatos, mas a moral pública, sim. Outro parecerista fora ouvido. Era assim Paulo Neves.

2 Em janeiro de 1974, por ocasião do 1º Encontro Nacional de Procuradores Municipais, realizado no Recife, não podendo ir ao Congresso de Direito Municipal, passara-me cartas de seu próprio punho para algumas celebridades publicistas, apresentando-me a elas,[18] dentre as quais o festejado Caio Tácito, que fizera o seguinte comentário: "Paulo (assim se referia a ele) sempre tomava as estradas de Minas, interiorizando as reformas municipais, como ninguém antes fizera. Admirável homem".[19] Efetivamente, Paulo Neves foi o novel bandeirante do municipalismo moderno ativo e atrativo de boas novas.[20]

3 Trabalhando no interior, somente nos sábados e feriados, porque tinha suas aulas de Graduação e de Pós-Graduação na Federal de Direito, em Belo Horizonte, Paulo Neves não só cumpria o objeto contratual, mas era uma pessoa disponível à resolução até de conflitos

---

[18] M. Seabra Fagundes, Geraldo Ataliba e Celso Antônio Bandeira de Mello.
[19] No nosso livro *Hei de vencer* (p. 93-97), retratamos com mais detalhes essa e outras passagens.
[20] Pena que hoje, devido à falta de escrúpulos e à falta de virtudes republicanas, pulverizaram-se mecanismos de assistência municipal sem correspondência, quer legal, quer moral, com raríssimas exceções, motivo por que o que Paulo Neves fizera e pregara passa, lamentavelmente, para descompasso censurável avizinhando-se das quietudes de Barrabás. No editorial da *Revista Brasileira de Direito Municipal – RBDM*, Belo Horizonte, ano, 12, n. 41, p. 7, jul./set. 2011, denunciamos facetas de como se tem reproduzido a prestação de serviços jurídicos terceirizados, situação essa que Paulo Neves abominaria.

pessoais de servidores e de pessoas da comunidade, que acorriam à sua sabedoria, como a um verdadeiro mestre hindu. Era a transparência de sua generosidade e de seu humanismo.

4 Audacioso, Paulo Neves, na aplicação do direito administrativo e da ciência da administração, tinha a cidadania como a modalidade de expressão de uma sociedade que ele queria de iguais. Dizia sempre, se a lei não serve ao social, à coletividade, ela não serve. Por isso, o cidadão para ele é um indivíduo, portador de direitos próprios e membro da comunidade. Ele é indivíduo e povo, como acentua Pierre Rosanvallon.[21]

5 Olavo Bilac dizia que o *aspecto de uma cidade é sempre a reprodução da fisionomia moral do povo que nela vive*. Homem de sorrisos permanentes, introduzia-se assim nas cidades, encontrando nelas, porque procurava, a fisionomia moral de seus habitantes, na certeza de que ali era a morada do ser humano com os prodígios de sua interioridade e de sua relação com o outro, porque acreditava na progressão da democracia e jamais na regressão da cidadania e do humanismo. Os desafios que encontrara no interior de Minas Gerais foram ingentes, como grandes são suas obras por onde passou e deixou sua marca, porque fora na melhor compreensão da expressão homem de seu tempo.

III Conclusão – Homem de seu tempo e humanista de todos os tempos

1 Com grande audácia e a liberdade de espírito nos seus trabalhos e pensamentos, Paulo Neves, como pensador, cultor do direito e seu operador dinâmico e como mestre de gerações, tinha a humildade, porque sábio, de um Montaigne, que nos *Ensaios* chegara a dizer, *je n'enseigne point, je raconte*. As ensinanças de Paulo Neves revelam-lhe a história, porque diante de tantas opressões e injustiças, que o magoavam profundamente, sem ser um homem revoltado, era indignado com o *status quo*, não era conformista, sabendo dizer *sim* e *não*. Como afirma Camus, dizer *não* às injustiças e à opressão, mas *sim* à realidade.[22] O homem para Paulo Neves não é figura reducionista da história, mas é a própria história, que somente ele sabe escrever e contar inteiramente. Antes então de escrever, aprenda a pensar.[23] Paulo Neves pensava, refletia e concebia bem, daí porque, ao se conceber bem, enuncia-se melhor.

---

[21] ROSANVALLON, Pierre. *La sociétés des égaux*. Paris: Seuil, 2011. p. 55.
[22] CAMUS, Albert. *L'homme révolté*. Paris: Gallimard, 1951.
[23] BOILEAU, Nicolas. *Art poétique*. Paris: Chant 1, 1674.

2 Detentor de imorredouras lições e insuperáveis exemplos de virtudes humanas, de um humanismo solidário e fraterno, Paulo Neves, homem de seu tempo e humanista de todos os tempos, portanto do hoje, concita-me a terminar esse artigo com um poema de um colega seu e fraternal amigo, de admirações recíprocas, Oscar Dias Corrêa:

Hoje
Para mim um dia é o dia,
Sem ontem, que não relembro para não sofrer
Nem amanhã, que não descortino, nem sonho,
para a desilusão.
Hoje, o dia é como se fosse sempre,
Ao amanhecer quero ver a noite,
porque vivi o dia;
ao anoitecer anseio pelo amanhecer,
como a alvorada de um novo dia,
que é hoje.
O hoje é a vida, que se conquista,
instante a instante,
como se durasse o agora ou o eterno,
que, no fim, é o mesmo hoje, o sempre.
Só Ele sabe do hoje, que passa,
como do ontem, que passou,
e do amanhã, se passar,
de nada vale sofrer o inevitável,
prever o imprevisível, sonhar o insonhável, que tudo é vão!
O hoje não é meu, é d'Ele,
que predispõe e dispõe.
Que mais quero e posso?
Quero o hoje, que só Ele me dá.
Enquanto hoje e sempre n'Ele,
Enquanto Ele julgar que devo vivê-lo.

Informação bibliográfica deste livro, conforme a NBR 6023:2002 da Associação Brasileira de Normas Técnicas (ABNT):

CASTRO, José Nilo de. O humanismo de Paulo Neves de Carvalho. *In*: PIRES, Maria Coeli Simões; PINTO, Luciana Moraes Raso Sardinha (Coord.). *Paulo Neves de Carvalho*: suas lições por seus discípulos. Belo Horizonte: Fórum, 2012. p. 51-59. ISBN 978-85-7700-599-4.

O ORGULHO SADIO DE SER PROFESSOR

LOURDES IVO DE SOUSA[1]

Aconteceu em agosto de 1990, quando conheci Roberto de Melo Pinheiro, naquela época, Prefeito Municipal de Mateus Leme. Roberto de Melo convidou-me para trabalhar no escritório de advocacia de seu tio, por quem nutria imensurável admiração: o Prof. Paulo Neves.

Convite aceito, marcou-se um encontro no escritório localizado na rua da Bahia nº 1.148, em Belo Horizonte. De repente chega aquele senhor, já de cabelos brancos, uma educação invejável e perguntou-me o que eu desejava. Apresentei-me e falei que a partir daquele dia, eu iria trabalhar com ele, o que o deixou surpreso.

No início, houve um pouco de resistência por parte dele, pois era acostumado a fazer tudo sozinho, utilizando sua velha máquina de escrever ele datilografava, atendia telefone, clientes e ainda acompanhava processos nos mais diversos tribunais.

O escritório naquele momento precisava de uma boa reforma. Começamos a organizar tudo. Aos poucos foi-se acostumando com as mudanças, até porque era tudo novidades para ele. Depois de organizado o escritório, o cadastramento dos clientes, tudo ficou mais fácil e ele parecia mais satisfeito. Era o começo de uma nova fase profissional.

Passados trinta dias, ele me chamou e disse: – "Lurdinha temos que ir a Brasília". Chegando ao aeroporto, um tapete vermelho foi

---

[1] Graduada em Letras, natural de Felisburgo, cidade do coração – Ataleia, atualmente está subordinada à Assessoria do Governador do Estado de Minas Gerais.

estendido para que ele passasse; ele, com sua simplicidade, parecia indiferente. Quando retornamos ao hotel em Brasília, já era noite e ainda foi necessário datilografar uma petição que deveria ser protocolizada no dia seguinte. Fui até a recepção do hotel, solicitei uma máquina de escrever e resolvemos o problema. Sugeri a Roberto Pinheiro que comprasse uma máquina de escrever portátil para o Professor, no que fui prontamente atendida. Assim, o Professor passou a portá-la com orgulho, como se fosse um *notebook*.

Mais tarde veio o computador, mas ele sempre repetia que preferia os livros. Para mim foi um grande avanço, já que um parecer, por menor que fosse, era, geralmente, composto por mais de cem laudas, redigidas por ele à mão e por mim digitadas.

No dia de seu aniversário, 20 de dezembro, preparei-lhe uma bela festa surpresa e convidei sua família, alguns amigos, ele estava feliz como uma criança. Mais tarde veio a cobrança de alguns de seus amigos ilustres: o senhor não nos convidou para o seu aniversário, ao que ele sorria e respondia: — "a Lurdinha convida aqueles de quem ela gosta".

Mais tarde, ele confessou a sua vontade de retornar à Cantina do Ângelo, situada na rua Tupinambás. Solicitei novamente a Roberto Pinheiro que atendesse aquele desejo. Fomos, o Professor, o Professor Vicente de Paula Mendes, Roberto e eu. Naquela noite, ele contou sua história, bebeu sua caipirinha, sua bebida preferida; notava-se estampado no seu rosto o quanto estava feliz.

Os anos foram se passando e a nossa relação se tornava mais sólida, não mais de Secretária e Patrão, mas sim de verdadeiros amigos. Era uma nova etapa de nossas vidas que começava ali. Ele, muito independente e indisciplinado, viajava às escondidas, solicitava aos motoristas que o esperassem na Av. Augusto de Lima. Tantas vezes atrasava, que os motoristas me ligavam perguntando se ele já tinha descido; então, eu acabava descobrindo que estava de partida, tantas vezes para municípios distantes. Eu ficava muito brava, ameaçava de deixá-lo, ele sorria e dizia, — "vou melhorar". Nessas viagens, alimentava-se quase que exclusivamente de pão com linguiça. Era um apaixonado por pão com linguiça e o doce pé de moleque.

Muitos motoristas relatavam que, quando partiam com certo atraso, ele pedia para correr mais, que estavam muito lentos.

Um belo dia chegou ao escritório e disse, — "hoje não posso atender ninguém, nem mesmo ao telefone", eu estranhei. Começava a redigir, com seu português impecável, o discurso do seu amigo Celso Melo de Azevedo. Dedicou-se àquele trabalho por dois dias. Foram muitos discursos. Celso, seu verdadeiro amigo, tantas vezes dizia: Paulo! trabalhe menos, e ele respondia mais uma vez — "vou melhorar", só promessa. Sua vida era seu trabalho.

Seu maior orgulho — ser "Professor" da Faculdade de Direito —, Casa de Afonso Pena — sua verdadeira casa. Falava do sucesso de seus alunos — que eram tantos. — "Estou realizado, Lurdinha" — os olhos brilhavam de tanta felicidade.

Regularmente participava de seminários promovidos por Câmaras, Prefeituras e outros inúmeros órgãos públicos; não media esforços; locomovia-se por meio de avião, automóvel, qualquer outro meio de transporte, houve até situações em que utilizou de cavalo, o importante era chegar e transmitir às pessoas fragmentos de sua farta sabedoria.

Em todos os congressos e palestras em que era solicitado se dedicava totalmente, preparava como se fosse participar pela primeira vez.

Era extremamente simples, desconhecia o que fosse vaidade. Sempre com seu pequeno pente de bolso, penteava os cabelos, tinha o hábito de não olhar no espelho. Quando alguém perguntava pela sua idade, ele respondia — "alguns anos" e mudava de assunto imediatamente.

Tantas vezes me surpreendia. Em uma bela tarde ensolarada, aproximou-se da janela, olhou por alguns instantes e me disse: — "Lurdinha, eu tenho vontade de escutar uma música de que gosto tanto". Perguntei o nome, ele me falou. No outro dia dei-lhe de presente o CD de Cauby Peixoto, a cuja música *Tarde Fria* se referiu.

Time do coração: *Cruzeiro*

Publicação de artigos e livros — Ah! Que luta, cobrava sempre, perguntava, quando vai começar escrever o livro, ou pelo menos publicar um artigo? Ele ria como sempre e dizia, — "no próximo mês começo escrever, você vai ver". Não acontecia. Única explicação, a perfeição. Era extremamente perfeccionista.

Ex-alunos — Chegava de todos os cantos do Brasil: Minas Gerais, Mato Grosso, Espírito Santo, Bahia, Ceará... O sucesso de cada um deles era mais uma de suas vitórias, a satisfação do dever cumprido de um Grande Mestre. Sentia-se realizado.

Guardava um carinho e sentia um orgulho especial de seu ex-aluno e atual Governador do Estado de Minas Gerais, e a ele se dirigia com reverência e respeito, falava sempre da sua inteligência e capacidade com a afeição de pai, de mestre, de amigo. Tratava-se de mais um de seus grandes ex-alunos que voou alto. Apesar do vínculo, jamais o chamou de Anastasia, sempre a ele se referia como Antonio Augusto.

Paulo Neves — imortal, mais do que um jurista proeminente, um grande homem, um sábio. Simples, humilde, honesto, bondoso, possuidor de grande sensibilidade que lhe permitia conhecer a psicologia humana. Por fim, a potência do Direito Administrativo. Foram quatorze anos de muito trabalho, de aprendizado, de felicidade. Sou grata pela oportunidade de ter convivido com ele. Saudades, tantas saudades. Obrigada ao amigo Professor Paulo Neves de Carvalho.

Informação bibliográfica deste livro, conforme a NBR 6023:2002 da Associação Brasileira de Normas Técnicas (ABNT):

SOUSA, Lourdes Ivo de. O orgulho sadio de ser Professor. In: PIRES, Maria Coeli Simões; PINTO, Luciana Moraes Raso Sardinha (Coord.). *Paulo Neves de Carvalho*: suas lições por seus discípulos. Belo Horizonte: Fórum, 2012. p. 61-64. ISBN 978-85-7700-599-4.

O SÓCRATES NACIONAL DA ADMINISTRAÇÃO PÚBLICA

LUCIANO DO CARMO[1]

Passados oito anos da perda do nosso Paulo Neves, é com inegável constrangimento que, cunhado a quem entregou irmã e mãe, abalançamo-nos a evocação pública de traços e momentos que, embora tenuemente, espelhem o saudoso homenageado, tão generosamente lembrado, ainda agora, pelos seus colegas, ex-alunos e amigos, em sua maioria juristas já renomados, agentes dedicados dos Poderes Públicos, de quem ainda muito podemos esperar.

Falar de Paulo Neves é lembrar do professor, por todos os títulos emérito, do conferencista primoroso, de fluidez do discurso em linguagem simples e vernáculo irretocável, do parecerista sempre seguro, do implantador de ideias-força. Formação humanística e dialética privilegiada, alguns dos que privaram do seu relacionamento o tinham em conta de "o mais democrático centralizador" deles conhecido, trabalhador incansável, sua jornada excedia dezoito horas, com frequência, consequência mesmo de não saber dizer não a encargos frequentes que amigos confiados lhe impunham.

---

[1] Bacharel em Ciências Contábeis e Atuariais pela UFMG. Extensão em Administração pela Universidade de Toledo (Estados Unidos). Ex-Professor de Administração nas Escolas de Engenharia e Farmácia da UFMG. Diretor Administrativo do Metrô em Belo Horizonte. Especialista em Treinamento Industrial.

Em que pesem todos estes atributos, publicou muito pouco. Diria ter sido ele, com o perdão pela imodéstia, o Sócrates nacional da Administração Pública e do nosso Direito Administrativo. Paulo Neves foi um "encantador" de Presidente e Governadores do nosso Estado. Aos dez anos encantou, com a sua vivacidade, Olegário Maciel, então Presidente do Estado, em audiência da qual já saiu com uma bolsa de estudos, para o colégio estadual e não parou mais de se destacar, como aluno, onde quer que tenha estudado. Mais adiante encantaria contemporâneos seus, um Prefeito da Capital e, outros três, Governadores do nosso Estado, junto aos quais desempenhou funções de consultoria e coordenação superior. Raras vezes aceitou cargos executivos e jamais qualquer sinecura.

Sua aura de encantador de executivos se firmou, quando ainda no início de sua vida profissional. Ela o acompanhou, desde então, por federações e confederação nacional de classes produtoras, ampliando-se, mais tarde ao nível da Administração Municipal, a dezenas de Prefeitos em Municipalidades do interior do Estado que o cumularam com títulos de "cidadão honorário". Diga-se, de passagem, que poucas vezes se prestou a solenidades para recebimento dessas honrarias.

Como parecerista e jurista fez-se admirado pelos Conselhos de Tribunais de Justiça estaduais e federais, vários deles contando com magistrados ex-alunos seus e coparticipantes conferencistas em conclaves de expressão nacional.

Era um motivador inato, formador de equipes e lideranças a quem sempre entregou a implantação das iniciativas e atividades criadas.

Admirador de Machado de Assis e, igualmente pessimista quanto aos homens, estamos certos de que ele, pelo menos em dois momentos da sua vida, coincidentemente vividos em nossa residência, motivou-se diferentemente. O primeiro quando, há mais de cinco décadas, em companhia de cinco colegas de especialização, homenageou seu Mestre da Universidade da Carolina do Sul, que veio visitá-los. É que confirmavam-se, então as convicções para o longo caminho de administrador percorrido por ele.

O segundo momento, já no seu leito de moribundo, a visita carinhosa que lhe fez plêiade de juristas de que participantes magistrado do Supremo Tribunal Federal; ex-aluna que pouco depois seria conduzida àquele mesmo grau da magistratura; ilustre ex-aluno e companheiro de escritório, em seguida conduzido a Governador de Estado; outro ex-aluno, continuador do seu esforço para manter atuante a reunião periódica, no Estado, de certame nacional de Direito Administrativo; seu ex-aluno a quem delegou a defesa oral da sua última causa, junto ao STF, e mais uma aluna dileta. Para ele se revelou ali a mais completa consagração.

Naquela oportunidade terá sentido, por certo, que não foi vã a estima e dedicação consagradas aos amigos, nem estéril o campo escolhido para amadurecer a sua seara. Esses e tantos juristas mais são os que, através das suas obras, vão divulgando e vivenciando as ideias-força que Paulo Neves proclamava ao longo de sua frutífera vida profissional, homenageada tão oportunamente com a criação da Escola de Governo Professor Paulo Neves de Carvalho.

Informação bibliográfica deste livro, conforme a NBR 6023:2002 da Associação Brasileira de Normas Técnicas (ABNT):

CARMO, Luciano do. O Sócrates nacional da Administração Pública. In: PIRES, Maria Coeli Simões; PINTO, Luciana Moraes Raso Sardinha (Coord.). *Paulo Neves de Carvalho*: suas lições por seus discípulos. Belo Horizonte: Fórum, 2012. p. 65-67. ISBN 978-85-7700-599-4.

A ESCOLA PAULO NEVES DE CARVALHO

MISABEL ABREU MACHADO DERZI[1]

Já na década de cinquenta, o Professor Paulo Neves de Carvalho era livre-docente da Faculdade de Direito da Universidade Federal de Minas Gerais. Tornar-se-ia também mestre e doutor pela Universidade da Califórnia do Sul nos E.E.U.U. e Professor-Assistente daquela mesma Universidade. Em 1961, portanto há mais de quarenta anos, já era Professor-Catedrático de Organização, Contabilidade Pública e Direito Administrativo da UFMG.

Desde então, só cumulou experiências, como pensador do Direito, cientista, professor, planejador e administrador. Experiências tão socialmente úteis e profícuas, que mereceram o reconhecimento público oficial, exteriorizado em títulos, medalhas e tantas outras honrarias, conferidas por diferentes instituições públicas e órgãos de governo estaduais e municipais, em diferentes ocasiões e por distintos fundamentos.

Compulsoriamente aposentado aos setenta anos de idade, jamais se afastou da sala de aula e prosseguiu, por mais quatorze anos, a exercer o magistério, em especial nos Cursos de Pós-Graduação em Direito da UFMG (Mestrado e Doutorado). Durante esse longo período, nenhuma remuneração, honraria ou gratificação pleiteou, nem recebeu.

---

[1] Ex-aluna do Prof. Paulo Neves. Professora Titular de Direito Financeiro e Tributário da UFMG. Professora Titular da Faculdade de Direito Milton Campos/MG. Advogada. Consultora de Empresas.

Contentou-se o amado Professor em lançar seu magnífico trabalho docente, com o mesmo empenho notável, que sempre tivera.

Se a relação universitária professor-aluno supusesse apenas domínio completo do conhecimento, no sentido estático, apropriação do saber por meio de adequada formação teórica e prática do docente, o Professor Paulo Neves de Carvalho já seria modelo ímpar, dificilmente igualável. Mas a relação de ensino-aprendizagem é muito mais complexa e, por isso, todo reconhecimento ao trabalho docente do Professor deve louvar também outras qualidades, que não são transparentemente identificáveis, pela simples leitura de seu currículo brilhante.

Toda a obra de Paulo Neves de Carvalho, pensador incansável, é mera parada, meta, que após alcançada, converte-se em nova busca da verdade e da compreensão da realidade, de modo que os caminhos sempre prosseguem, sem cessar.

Abrindo caminhos ao conhecimento, ao redor de Paulo Neves, desabrocharam talentos. Seus alunos transformaram-se em homens cultos, de visão ampla, crítica e criativa, profissionais e pesquisadores competentes, voltados para o serviço adequado ao meio socioeconômico em que se inserem. Modelados no e pelo Mestre, são vocações jurídicas despertadas, que logo se multiplicam em atividades férteis, levando progresso e desenvolvimento.

Não criou o Professor repetidores acomodados. Nem seres improdutivos, alienados ou não sociais. O que impressiona, o que é notável e raro, é o processo educacional que utilizou. Seus caminhos pedagógicos não estão impressos nem disponíveis à consulta, mas são sem dúvida os melhores, aqueles que permitem colher o resultado ideal para o ensino e a mais alta produtividade da Universidade.

São esses caminhos pedagógicos que seus ex-alunos sempre homenageiam, porque nunca foram os caminhos da opressão, simples maneira de vencer, de produzir batalhas e vitórias para apenas um dos interlocutores, como tantos que caracterizam as relações do saber. Seus caminhos eram um esforço estratégico de libertação, pois baseados no impulso sincero de colaboração científica e de solidariedade.

Michel Foucault, em obra publicada pela PUC-RJ (*A Verdade e as Formas Jurídicas*. 4. ed. Cadernos, 1979), afirmou que "com Platão se inicia um grande mito ocidental: o de que há antinomia entre saber e poder. Esse grande mito precisa ser liquidado. Foi esse mito que Nietzsche começou a demolir ao mostrar, em numerosos textos, que, por trás de todo o saber, de todo o conhecimento, o que está em jogo, é uma luta de poder. O poder político não está ausente do saber, ele é tramado com o saber" (p. 40). E diz mais: "a universidade reconstitui as relações de poder. Mas há algumas universidades que tentaram e tentam não desempenhar essa função" (p. 127).

Por que esse esforço?

Porque, como ensinou Noam Chomsky (*In: Por Razões de Estado*, p. 27), inseridas no meio social, as universidades não podem ser muito diferentes desse meio e tendem a reproduzir as injustiças reinantes, as formas de dominação e opressão que deveriam combater. Poucas são aquelas que guardam a necessária visão crítica, livre, questionadora e independente com que poderiam transformar a realidade e aperfeiçoar as instituições políticas, jurídicas e sociais.

Pois bem. Os caminhos peculiares de Paulo Neves de Carvalho conseguiram partir de um discurso mais amplo, não apenas teórico, mas voltado para as práticas sociais, que ele conheceu por longa convivência com a Administração Pública, especialmente em território mineiro. Talvez por necessidade, aferrou-se aos melhores princípios jurídicos. Legitimidade, legalidade, moralidade, em especial moralidade na Administração, estruturada de forma democrática, a servir o administrado, o cidadão. Unindo então seu pendor democrático ao espírito público que davam a seu apego telúrico uma dimensão social, incita os jovens socraticamente a ultrapassarem os argumentos de autoridade, a pensarem por si mesmos, a corrigirem e melhorarem a realidade que os circunda.

A Escola Paulo Neves de Carvalho é a Universidade de nossos sonhos. Como conseguiu cumprir tarefa tão difícil, de transmitir conhecimento sem oprimir, de formar sem deformar o espírito, de inserir o aluno no contexto social de forma crítica, de modo que ele se vocacionasse a servir para aperfeiçoar as instituições jurídico-sociais, eu não explico. Apenas constato e admiro. E também homenageio.

Não explico nem por sua inteligência superior, nem por sua dedicação extremada. Porque já vi essas qualidades reunidas em outros mestres, que não conseguem colher os mesmos frutos.

Não posso explicar, mas agradeço ao Professor Paulo Neves de Carvalho, como um de seus ex-alunos mais modestos, gratificada por esses caminhos que abriram nosso espírito e enriqueceram nossas mentes.

Porque não posso explicar as verdadeiras vocações e o forte apelo das inclinações do espírito, sobretudo de um espírito superiormente dotado. Nem posso explicar a generosidade extrema, a colaboração científica, o compartilhamento irrestrito de ideias e pesquisas, nem seu comportamento social e profissional incensuráveis. A Escola Paulo

Neves de Carvalho será sempre única, insubstituível, irrepetível e, sobretudo, inalcançável, mesmo para aqueles docentes que, como eu, mirando-se em seu exemplo, em esforço diário e vão, prezam os mesmos valores e gostariam de auferir os mesmos resultados.

Informação bibliográfica deste livro, conforme a NBR 6023:2002 da Associação Brasileira de Normas Técnicas (ABNT):

DERZI, Misabel Abreu Machado. A escola Paulo Neves de Carvalho. *In*: PIRES, Maria Coeli Simões; PINTO, Luciana Moraes Raso Sardinha (Coord.). *Paulo Neves de Carvalho*: suas lições por seus discípulos. Belo Horizonte: Fórum, 2012. p. 69-72. ISBN 978-85-7700-599-4.

O PROFUNDO SABER JURÍDICO

OSCAR CORRÊA JÚNIOR[1]

Foi com enorme prazer que recebi o honroso convite para participar, como autor deste depoimento, da homenagem que se presta ao ilustre Professor e advogado Paulo Neves de Carvalho.

A satisfação é maior porque ao reverenciar a sua história e vida permito-me, com gostosa saudade, repassar momentos e fatos que me são, pela proximidade familiar, extremamente caros.

Conheci o Professor Paulo Neves de Carvalho, acreditem se quiser, antes mesmo de nascer.

Colega de turma do meu pai, no ginásio, no pré-universitário, e na Faculdade de Direito da UFMG, Paulo Neves de Carvalho esteve ao seu lado nos momentos mais difíceis de sua vida, quando acometido, na juventude, por grave doença, era o companheiro, o colega, que com ele estudava, copiava as matérias e o atualizava nas disciplinas da escola, viajando quase que diariamente para Itaúna, onde o amigo repousava no leito. Nunca lhe faltou com a solidariedade e o apoio, indispensáveis naquele momento crítico, características pessoais, próprias, aliás, de sua personalidade, preocupado, sempre, com todos que o cercavam.

Foi Oscar Dias Corrêa, inclusive, que em depoimento prestado à Assembleia Legislativa de Minas Gerais afirmou que "Paulo Neves possuía uma das melhores culturas humanísticas do meu tempo, de

---

[1] Formado em Direito pela UFMG. Advogado.

modo que eu não o esqueço", confirmando a participação do ilustre professor e colega na sua formação cultural.

Casados, Oscar e Paulo Neves continuaram a relação pessoal dos tempos de escola, a tal ponto que Oscar foi chamado para ser padrinho de Maria Irene, filha mais velha de Paulo Neves, privilégio que naquele tempo era reservado aos amigos de verdade.

Já nesse mundo de Deus visitava-o, na sua casa, onde acompanhava meus pais, seja na visita protocolar do padrinho, seja na conversa informal dos bons amigos

E, Oscarzinho, para cá, para lá, ficava eu a admirar-lhe a palavra fácil e serena.

Lembro-me bem que não havia assunto de relevância jurídica, em especial, no campo do direito administrativo, que na área de interesse de meu pai, não merecesse a palavra abalizada, o conselho preciso e direto de Paulo Neves. Era como uma pá de cal em qualquer assunto.

Isso sem falar no mestre da língua Portuguesa, que a conhecia como poucos, a ponto de receber de meu pai, crítico apurado da melhor gramática, a incumbência de muitas das vezes revisar textos de sua autoria.

De tal modo Paulo Neves se dedicava à cultura do Direito, ao seu permanente estudo, que na renúncia de Jânio Quadros tentou-se falar-lhe da notícia fresca de Brasília, mas, em vão, porque absorto no seu trabalho e trancado no escritório, nem mesmo Irene, sua companheira inseparável e poeta de escol, conseguiu alcançá-lo.

Foi assim a vida inteira, e se não tive o privilégio de ser seu aluno na Faculdade de Direito, já que transferido da Faculdade Nacional do Rio de Janeiro aqui cheguei após suas aulas regulares de Direito Administrativo, pude com ele conviver, mais intensamente no governo de Rondon Pacheco, igualmente seu colega de turma, e depois, já como Deputado Estadual e Federal pelo nosso Estado.

Como Deputado, em várias oportunidades recorri aos seus ensinamentos para melhor orientar os Prefeitos que representava e, em nenhum momento, faltou a sua palavra, a sua lição, o seu conceito, o parecer mais adequado para o caso específico.

Marcou-nos, em particular, a sua paciência, calma e tranquilidade ao transmitir-nos, de forma absolutamente didática, sem nenhum ar professoral, o profundo saber jurídico que adquirira no tempo na prática e nos estudos, lidando com dezenas e dezenas de agentes administrativos, pelo País afora, na companhia, única e solitária de uma surrada pasta, carregada de papéis que, descobriu-se depois, tinha um terço dentro.

Encantava-nos em Paulo Neves a solução simples e prática para os problemas que lhe eram apresentados e mais que isso, nada transformava o seu humor por mais graves e agudos fossem as questões que lhe eram apresentadas.

Em casa era o chefe de família exemplar, o pai carinhoso e cheio de afeto e preocupações, e mesmo distante do lar, por razões profissionais, não se descuidava da formação dos filhos, sua preocupação permanente.

O seu desaparecimento, juntamente com o do meu pai, e os constantes afazeres do dia a dia, acabaram por nos afastar da convivência dos seus, mas ainda me lembro e já se vão muitos anos, de agradável festa junina que participamos em sua casa, agora na Barroca, e que mesmo longínqua no tempo, é imagem que preservo com especial carinho, por vê-la representando os melhores valores e exemplos de estrutura familiar.

O Professor Paulo Neves tinha tempo para tudo e para todos e não sei como administrava, nas curtas 24 horas do seu dia, todos os compromissos.

Atendia os amigos, discípulos e clientes, na sua casa, na Faculdade, no escritório, enfim, não se furtava em nenhum momento, a dar a palavra final para o que se buscava.

Se me permitem, tinha uma paciência infinita!

Retornando a advocacia, depois de 3 mandatos parlamentares, reencontro o Professor Paulo Neves, na mesma trincheira e juntamente com meu pai, recordo-me da participação conjunta em processos de interesse de Lagoa Santa, Mateus Leme, Montalvânia, e outros municípios que, como esses, devem-lhe muito.

Daí porque falar de Paulo Neves nada mais é para mim do que voltar ao passado e revisitar parte da minha própria vida, retomar, com ele, as mesmas lições que recebi de berço, e que, mais do que ninguém soube cultuar.

Paulo Neves foi, e morreu, um homem simples, caridoso, sem riqueza material, mas farto e abundante de amigos.

Homem de cultura universal invejável, introspectivo e recatado no seu notável saber jurídico, se mais, no campo do Direito não alcançou, é porque não quis ou a modéstia e humildade, que graças a Deus o perseguiram a vida inteira, não permitiram.

Quem sabe se espelhou naquele catador de papel que, todos os dias, ao deixar o Colégio Tiradentes, em Belo Horizonte, seu diretor, encontrava sentado na calçada, e com ele conversava, lendo os livros e jornais que recolhia nas ruas?

Conforta-nos saber que os seus discípulos e admiradores são incontáveis e que, possivelmente, em cada rincão da nossa terra haverá alguém que, merecendo seu favor, não o tenha e não o considere como um dos maiores juristas e professores de Minas Gerais.

Paulo Neves de Carvalho é o perfeito exemplo de homem público, que dedicou toda sua existência, ao estudo do Direito, ao homem, ao cidadão comum, ao aperfeiçoamento dos entes de Direito Público.

Mas não era só e não poderíamos deixar de citar, também, as suas paixões derradeiras, tais como o estudo de leis orgânicas que não eram, apenas, a dos Municípios, mas as, que diziam respeito ao Direito Ambiental, ecológico, voltadas, também para o ser humano, sua mente, sua saúde, numa demonstração eloquente do notável exemplo de cidadão do mundo, voltado para a solução dos problemas do semelhante, com suas vistas para o futuro.

E porque não dizer que, do mesmo modo, interessavam-lhe, não como *hobby*, mas de formação, especialmente, os animais, os "amiguinhos" habitantes das matas vizinhas de Nova Lima, onde Paulo Neves residiu por longos anos, o jacu, os pássaros, os micos, a fauna que lhe circundava a vida, e que teve em Moab, seu pastor alemão predileto, o mais perfeito representante de todos.

Seus familiares são testemunhas do amor que lhe dedicou, sofrendo feito gente grande quando a idade avançada levou-o da sua convivência, deixando-o prostrado, recluso, depressivo, como se a morte fosse do parente mais próximo.

Ao mesmo tempo, não cansava de alardear seu inconformismo com o descumprimento das leis, muitas e até de boa qualidade, mas relegadas pelo homem, não incorporadas, infelizmente, no dia a dia de nossas vidas.

Preocupava-o a aplicação inflexível das regras, do sistema jurídico-legal que deveria compatibilizar-se com os avanços da civilização e aplicados no quadro temporal da sua ocorrência.

Leis, tínhamos muitas, mas bons aplicadores do direito, poucos.

Tudo isso para dizer-lhes que sou, talvez, dentre tantos que justamente ora lhe homenageiam, o que menos tenha com ele convivido academicamente e profissionalmente, mas me arrisco a dizer que pela intensidade da nossa relação, pelo tempo que me veio herdado e pela admiração que dele nasceu de berço, sem medo de errar, sinto-me qualificado para dizer das suas qualidades e virtudes.

Mais do que justa, a homenagem que a ele agora se presta e que, com enorme satisfação para mim, recebe minha sincera e modesta participação.

Presto, pois, ao Professor Paulo Neves de Carvalho, com enorme saudade, as reverências do aluno, do discípulo, do colega, do amigo de ontem, hoje e sempre.

Informação bibliográfica deste livro, conforme a NBR 6023:2002 da Associação Brasileira de Normas Técnicas (ABNT):

CORRÊA JÚNIOR, Oscar. O profundo saber jurídico. *In*: PIRES, Maria Coeli Simões; PINTO, Luciana Moraes Raso Sardinha (Coord.). *Paulo Neves de Carvalho*: suas lições por seus discípulos. Belo Horizonte: Fórum, 2012. p. 73-77. ISBN 978-85-7700-599-4.

REGIME JURÍDICO DO SERVIÇO PÚBLICO
O QUE APRENDI COM O PROFESSOR PAULO NEVES DE CARVALHO[1]

RAQUEL DIAS DA SILVEIRA[2]

1 Ser humano raro, professor único, amigo eterno

As lágrimas ainda rolam e saudade é a melhor palavra para começar falando do Professor Paulo Neves. Meu muito obrigada à Luciana e à Professora Maria Coeli pela oportunidade de poder contar às outras gerações o que tivemos o privilégio de ver, ouvir e presenciar dele. Antes, permitam-me relatar uma circunstância pessoal.

Quando perdi meu pai em 2001, o Professor Paulo Neves, de quem era muito amigo, sempre solidário e fraterno, me telefonou dizendo que havia ficado com procuração para cuidar de mim. E cuidou. Em 2004, quando ele também faleceu, para tristeza de todos, me senti duplamente órfã. Até hoje, nas provações da vida acadêmica, ele me faz muita falta. Falta para dar um conselho, um telefonema, dizer a

---

[1] Explico, de início, que não trarei nenhuma referência bibliográfica e escreverei de forma coloquial, com o intuito de atender ao propósito da obra, que é refletir sobre os ensinamentos do Professor. Tentarei ser simples e clara, como ele era.
[2] Aluna e orientanda do Professor Paulo Neves de Carvalho. Mestre e Doutora em Direito, área de concentração Direito Administrativo, pela Universidade Federal de Minas Gerais.

verdade, mostrar sua lucidez. Paulo Neves era verdadeiro, gostava de fazer o bem e tinha grande senso de justiça. Guardo uma foto dele no escritório da residência, com que converso sempre que preciso, tentando imaginar como ele procederia. Confesso que ultimamente tenho conversado muito. E, mesmo hoje, de uma forma ou de outra, ele ainda cuida.

2 Maestro e encantador de plateias

Imagino que todos vão querer contar como eram suas aulas. Também não posso deixar de narrar a experiência de ser sua aluna.

Só vim a conhecer o Professor Paulo Neves em 1999, quando, depois de aposentado, ele apenas lecionava na Pós-Graduação da UFMG. Paulo Neves me admitiu como ouvinte na disciplina de direito municipal quando eu ainda cursava o nono período da graduação. Certamente era a disciplina mais concorrida: naquela época, cerca de vinte alunos, número já consideravelmente grande para formação *estrito senso*; acho que apenas eu de ouvinte. Foi quando o ouvi falar, pela primeira vez, da menina de sardas, o que logo explico. Fui admitida no concurso de mestrado em 2000, quando cursei novamente sua disciplina, que na verdade era de direito administrativo porque ele nos ensinava de tudo, com o detalhe que lecionava durante cinco horas seguidas em pé, nas manhãs de segunda-feira, como se estivesse na Graduação. No primeiro semestre de 2000, suas aulas foram transferidas para o auditório da pós porque ele admitiu dezenas de alunos como ouvintes. Às vezes não havia lugar. As aulas nunca acabavam antes de meio-dia e meia, uma hora da tarde. Todos já estavam famintos e mentalmente esgotados. Ele não. Repeti sua disciplina ao longo de quatro semestres seguidos, até que retornei para Uberaba, minha cidade natal, no final de 2001. A cada semestre, os alunos se multiplicavam. A matéria nunca era a mesma. Mas eu queria e devia ter aproveitado ainda mais o Professor.

3 Dedicação e exigência do orientador

Paulo Neves orientava os seus alunos e os dos outros. Nunca deixou de transmitir conhecimentos aos que lhe procuravam. Doava-se indistintamente a todos. Fazia com que todos se sentissem especiais para ele. Tive a felicidade de ser, formal e materialmente, sua orientanda no mestrado e início do doutorado. O problema era a dificuldade para falar com o Professor Paulo Neves, porque primeiro tínhamos que cair nas graças da Lurdinha, mais que sua secretária, fiel escudeira. E quando ela achava que o Professor estava muito sobrecarregado não nos deixava esperar e não passava nem telefonema. Contudo, quando conseguíamos, ele não tinha pressa. Ficava duas horas, como que numa prosa de bom mineiro que era, conversando pacientemente sobre o tema.

Paulo Neves ouvia muito mais que falava e, por isso, sabia interpretar bem as pessoas, de modo que conhecia cada um de seus alunos. Com seus orientandos, era um misto de bondade e rigor. Na mesma medida em que se doava, ele também exigia. Exigia conteúdo e cumprimento de prazos. Com os mil prazos que tinha, cumpria todos os compromissos que assumia conosco. Aliás, acho que Paulo Neves nunca faltou a um compromisso. Era rigoroso porque se sentia responsável pelas pessoas. Dizia que "nunca acendeu vela a defunto ruim".

4 A menina de sardas

Quem nunca ouviu o Professor Paulo Neves falar na menina de sardas? Antes, um parêntese: Paulo Neves era extremamente didático — explicava sempre de forma muito simples. Se fosse poeta, certamente seria simbolista. Como resultado, quase que apalpávamos o que ele dizia.

Em seu simbolismo didático, quando explicava a atuação da Administração Pública em regime de direito privado, Paulo Neves comparava o regime de direito público na Administração Pública com uma menina sem sardas, enquanto o direito privado era uma menina com sardas. Isso fazia para explicar o que existe na Administração Pública: em algumas situações há pinceladas de direito privado, apenas algumas manchas.

Explicou-nos exatamente o que Maria Sylvia Zanella Di Pietro hoje doutrina: o direito privado na Administração Pública nunca é integralmente privado, ou melhor, não é genuína e puramente regime de direito privado. Por isso não há o que se temer quando a Administração opta por atuar nesse regime, porque ele será sempre derrogado, ora mais, ora menos, por normas de direito público. Por mais que a Administração queira, ela nunca conseguirá escapar do regime jurídico-administrativo.

5 Sardas na prestação do serviço público

Tema centenário, porém sempre atual, é o regime jurídico da prestação do serviço público. Alguns autores[3] no direito brasileiro, muitos pelos quais tenho a maior admiração, partindo da premissa de que serviço público é direito fundamental dos cidadãos, consideram inconstitucional sua prestação em regime de direito privado, com fundamento, entre outros, no princípio da proibição de retrocesso.

Talvez por ter sido orientanda do Professor Paulo Neves, não consigo concluir pela inconstitucionalidade da prestação de serviço público em caráter privado porque esse regime, na verdade, são meras sardas na Administração Pública. Vale dizer, nas circunstâncias em que o legislador diz que a prestação de serviço público se dá em regime privado, a exemplo dos serviços de telefonia móvel, o regime de direito público continua bastante presente. A começar porque, no caso da telefonia móvel, mesmo falando em autorização, o legislador deixa claro que a delegação é vinculada a processo administrativo licitatório. Logo, que regime privado é esse? Algumas sardas, tão somente.

Metade da minha orientação o Professor Paulo Neves passou me fazendo compreender isso. Quando lhe entreguei o primeiro capítulo da dissertação e vi que parte respeitável da doutrina dizia que a prestação de serviço público devia se dar em regime de direito público, eu disse ao Professor Paulo Neves que estava preocupada porque achava que a lei geral das telecomunicações, sobre a qual eu escrevia, era inconstitucional. Paulo Neves me aconselhou a estudar mais e completou: "Você acha que Carlos Ari Sundfeld e Márcio Cammarosano iriam fazer uma lei inconstitucional?" Contei essa passagem ao professor Márcio Cammarosano, que riu e disse que o fizeram. Mas o Professor Paulo Neves disse que não.

Ele, o Professor Paulo Neves, me explicou, na época, o que, depois, num dos congressos goianos de direito administrativo, não me recordo qual, ouvi Floriano Azevedo Marques Neto dizer: Duguit, que era constitucionalista, nunca falou no regime jurídico da prestação do serviço público. Quem mencionou o regime jurídico foi Jèze, seguido de Francis-Paul Bénoit, e este último foi a leitura feita por Themístocles Brandão Cavalcanti, quando traz a doutrina do serviço público para o Brasil. Por isso a doutrina brasileira dá tanta atenção ao regime jurídico

---

[3] Aprendi com o professor Florivaldo Dutra de Araújo que não se deve referir à doutrina como "alguns" ou "muitos" autores, sem dizer quais, contudo são tantos e "muitos", e os respeito demais, por isso, esclareço, neste momento não cabe citá-los.

da prestação. A doutrina francesa, mesmo, não o faz porque o regime jurídico, em matéria de serviço público, é o que menos importa. O que caracteriza uma atividade material prestada pelo Estado como serviço público, segundo o Professor Paulo Neves de Carvalho, não é a natureza da atividade, nem o regime da prestação, mas sim a titularidade. É a titularidade que tem que ser pública e não necessariamente o regime jurídico. Porque este, se privado, como ele dizia, "é como uma menina de sardas".

Na defesa da minha dissertação de mestrado, o Professor Paulo Neves resolveu me perguntar se determinada entidade que distribuía sopa em Belo Horizonte prestava serviço público, para verificar se eu estava segura de que o caráter essencial do serviço público residia na titularidade, ou seja, na competência. Valeu-se desse exemplo extremo para explicar que distribuição de sopa não era competência dada pelo constituinte ou pelo legislador ao Estado, não sendo, portanto, serviço público. Serviço público é a atividade que o Estado, por meio da ordem jurídica, elege como sua, explicava ele.

Não há, com o devido respeito aos que pensam o contrário, retrocesso das garantias asseguradas aos cidadãos por meio do serviço público quando a prestação se dá no chamado regime de direito privado. Esse regime, quando utilizado pela Administração, volto a dizer, não é de direito privado; é um regime híbrido, com muito mais presença, na verdade, do regime jurídico administrativo e somente algumas pinceladas de direito privado.

Se assim não fosse, haveria retrocesso na opção do regime trabalhista aplicável aos servidores públicos, no caso das estatais. Numa argumentação meramente formal, haveria retrocesso ou, no mínimo, conflito no bojo da própria Constituição, eis que a opção emana do constituinte.

Penso também que não serve o argumento de os servidores das estatais não precisarem de tantas garantias no exercício da função pública porque existem estatais que prestam serviço público e, nestas, ninguém duvida de que as garantias de imparcialidade, neutralidade, merecimento e profissionalização sejam fundamentais. Aliás — embora isso seja tema que pelo limite e extensão deste trabalho não se conseguirá aprofundar —, é um equívoco pensar que o regime estatutário prevê mais garantias que o regime trabalhista, pelo simples fato de ser de caráter público, sob pena de se fulminar o maior direito fundamental da função pública que é a isonomia. Na prática, o regime laboral pode assegurar muito mais a carreira, e o regime estatutário apenas denominar como carreira o que seria uma progressão, só para se ter como exemplo que o que realmente importa é perquirir a essência e a finalidade dos institutos. Toda relação de função pública, independentemente de ser trabalhista ou estatutária, é relação de trabalho público e demanda, pelo caráter profissional que tem, neutralidade, imparcialidade e, portanto, garantias de exercício. A opção por um ou outro regime diz respeito à conveniência e oportunidade do constituinte, em atenção ao interesse público que se visou, em cada caso, a assegurar e proteger. O mesmo se pode afirmar em matéria de serviço público.

Quero com isso dizer que não se pode partir do pressuposto de que o regime de direito público assegura mais garantias aos cidadãos que o regime de direito privado, apenas devido à natureza do regime. Aliás, se eu não fizer uma leitura correta do que seja regime de direito privado na Administração Pública, qualquer opção por ele, em direito administrativo, seria inconstitucional porque o regime de direito público, por excelência, é o regime jurídico administrativo.

6 Conclusão

Recordando hoje essas passagens, penso que o Professor Paulo Neves se antecipava, mesmo ao STF, e dava aos institutos uma interpretação conforme a Constituição e ao regime jurídico administrativo a única interpretação possível.

Uma mensagem importante aos que não o conheceram: não me recordo de tê-lo, algum dia, ouvido falar que tal autor estaria certo e outro errado sobre este ou aquele tema. Esse não era o jeito Paulo Neves de ensinar. O Professor não nos induzia à doutrina, mas à investigação. Não tinha tanto apego à metodologia, mas era um pesquisador nato. E, seja no magistério, seja na pesquisa, seu compromisso com a academia e a ciência sempre se sobressaía sobre seu lado advogado. E ele era um exímio causídico.

Informação bibliográfica deste livro, conforme a NBR 6023:2002 da Associação Brasileira de Normas Técnicas (ABNT):

SILVEIRA, Raquel Dias da. Regime jurídico do serviço público: o que aprendi com o Professor Paulo Neves de Carvalho. *In*: PIRES, Maria Coeli Simões; PINTO, Luciana Moraes Raso Sardinha (Coord.). *Paulo Neves de Carvalho*: suas lições por seus discípulos. Belo Horizonte: Fórum, 2012. p. 79-84. ISBN 978-85-7700-599-4.

PAULO NEVES DE CARVALHO, O SEMEADOR DE IDEIAS

ROGÉRIO MEDEIROS GARCIA DE LIMA[1]

> *No apogeu do Renascimento, quando a perspectiva exaltante de que o homem, enfim, graças à extraordinária acumulação de conhecimentos, tornar-se-ia "senhor e possuidor da natureza", Rabelais advertiu, pela boca de um de seus personagens, que "ciência sem consciência é a ruína da alma".*
> (COMPARATO. Saudação aos novos Juízes. *Revista Cidadania & Justiça*)

Participar desta obra literária é feliz oportunidade de "reencontrar" o inolvidável professor Paulo Neves de Carvalho e aplacar as saudades sentidas, após oito anos de seu falecimento.

Discípulos como nós, afinados com o insigne preceptor, mantêm vivas na memória as ricas lições humanísticas e jurídicas transmitidas durante suas aulas, palestras ou mesmo descontraídos colóquios. Confirmamos a poética assertiva de Rubem Alves, para quem ensinar é exercício de imortalidade: "De alguma forma continuamos a viver naquele cujos olhos aprenderam a ver o mundo pela magia da nossa palavra. O professor, assim, não morre jamais" (*A alegria de ensinar*, 2. ed.).

---

[1] Desembargador do Tribunal de Justiça de Minas Gerais. Doutor em Direito Administrativo pela UFMG. Professor de cursos de Graduação e Pós-Graduação em Direito.

Para escrever este trabalho, além das minhas lembranças inapagáveis, lancei mão de anotações das aulas, conferências e orientações do professor para a redação da minha tese de doutorado.

Fui aluno de Paulo Neves no curso de Graduação da Faculdade de Direito da Universidade Federal de Minas Gerais, durante a década de 1980. Após peregrinar pelo interior mineiro, como promotor de justiça e magistrado, retornei a Belo Horizonte, como juiz de direito da capital. Reencontrei o mestre e, por suas mãos, regressei à "Casa de Afonso Pena" para cursar o doutorado em Direito Administrativo, entre 1998 e 2001.

Avançado na idade, culto e experiente, Paulo Neves exalava sabedoria. Confirmava a fórmula de Cícero: "É digno de seu autor aquele verso de Sólon em que ele afirma que aproveita cada dia de sua velhice para adquirir novos conhecimentos. Sim, nenhum prazer é superior ao do espírito" (*Saber envelhecer*, p. 42).

Ao mesmo tempo, rejuvenescia com o deleite de aprender e, sobretudo, ensinar. Deveras:

"Todo trabalho é vazio, exceto quando há amor. E que é trabalhar com amor? É pôr em todas as coisas que fazeis um sopro de vossa alma" (GIBRAN. *O profeta*).

"Ser mestre é isto: ensinar a felicidade. (...) Pois o que vocês ensinam não é um deleite para a alma? Se não fosse, vocês não deveriam ensinar. E se é, então é preciso que aqueles que recebem, os seus alunos, sintam prazer igual ao que vocês sentem. Se isso não acontecer, vocês terão fracassado na sua missão, como a cozinheira que queria oferecer prazer, mas a comida saiu salgada e queimada..." (ALVES. *A alegria de ensinar*, 2. ed.).

Os admiradores de Paulo Neves, contudo, apontam-lhe raro e grave defeito: não nos haver legado obras escritas sobre Direito Administrativo. Lembra a dificuldade dos pósteros para recuperar os ensinamentos de Sócrates, pois o filósofo grego não deixou textos escritos. O que dele sabemos nos foi transmitido pelos discípulos Xenofonte e Platão (FRANCA. *Noções de história da filosofia*, 22. ed., p. 51-52).

Platão foi o mais importante entre os aprendizes de Sócrates. Ao desenvolver sua filosofia, tinha objetivos semelhantes ao do preceptor, embora de certo modo mais amplos (BURNS. *História da civilização ocidental*, p. 173-174). Conforme Will Durant (*A história da filosofia*, p. 39): "O espírito sutil de Platão descobrira um novo prazer no jogo 'dialético' de Sócrates; era uma delícia ver o mestre esvaziando dogmas e perfurando presunções com a afiada ponta de suas perguntas. (...) Tornara-se um muito apaixonado amante da sabedoria e um grande admirador de seu professor. 'Agradeço a Deus', costumava dizer, 'por ter nascido grego e não bárbaro, homem livre e não escravo, homem e não mulher; mas, acima de tudo, por ter nascido na era de Sócrates'".

Paulo Neves considerava-se um professor "surrealista", que se expressava mediante gestos, símbolos, desenhos e outros recursos exóticos. Gostava de dizer: "Sou um nefelibata do Direito". Vislumbravam-se pitadas socráticas nas aulas do professor: "Na exposição polêmica e didática (das) ideias, Sócrates adotava sempre o diálogo, que revestia uma dúplice forma, conforme se tratava de um adversário a confutar ou de um discípulo a instruir. No primeiro caso, assumia humildemente a atitude de quem aprende e ia multiplicando até colher o adversário presunçoso em evidente contradição e constrangê-lo à confissão humilhante de sua ignorância. É a *ironia* socrática. No segundo caso, tratando-se de um discípulo (e era muitas vezes o próprio adversário vencido), multiplicava ainda as perguntas, dirigindo-as agora ao fim de obter, por indução dos casos particulares e concretos, um conceito, uma definição geral do objeto em questão. A este processo pedagógico, em memória da profissão materna (parteira), denominava ele maiêutica ou engenhosa obstetrícia do espírito, que facilitava a parturição das idéias" (FRANCA. *Noções de história da filosofia*, 22. ed., p. 52, grifo do autor).

Sigamos, pois, ao encontro dos ensinamentos de Paulo Neves de Carvalho. Para ele, os princípios são a "tábua de salvação" do Direito no mundo contemporâneo. Traduzem os valores de uma sociedade e aperfeiçoam a norma, ao corrigir-lhe as imperfeições.

Falava da "crise do princípio da legalidade", da legalidade em sentido estrito. Criticava os formalistas. O Estado desenhado pela Constituição de 1988 é "Estado de Direito", não é "Estado de Legalidade". A corte estadual é "Tribunal de Justiça", não é "Tribunal de Legalidade".

Municipalista apaixonado, antevia o fortalecimento das "concepções regionais" (regiões metropolitanas): "O mundo não se acaba na rua onde moramos".

A política — também pregava — sugere a ideia essencial de definir prioridades e satisfazer os interesses coletivos e o bem-estar social. Nesse sentido, até o juiz é agente político. No Direito Constitucional norte-americano isso ficou muito patente, no período que se chamou "governo dos juízes".

Com humor metafórico, considerava o Direito Administrativo brasileiro uma "grande melancia": uma enorme crosta, que, ao secar sob o sol escaldante, revela-se vazia de conteúdo. Somos demasiadamente "estruturalistas" e formalistas. Gostamos de organogramas, prédios luxuosos, ostentação e outros exageros, mas não resolvemos os problemas concretos dos administrados.

Paulo Neves era cético quanto à eficácia da reforma administrativa de Bresser-Pereira (1998), segundo ele "belas abstrações no papel". Não temos a cultura e a ética da avaliação de desempenho. Administradores tendem a avaliar bem funcionários que sejam seus correligionários e avaliar mal seus desafetos políticos.

Citei, durante uma aula, Georges Burdeau. O francês constatara decepcionado que, nos países subdesenvolvidos, o Direito Constitucional pode ser tomado como "conjunto formal de regras das quais a vida se ausentou" (BONAVIDES. *Ciência política*, 5. ed., p. 31). Paulo Neves assentiu, vibrante.

Aconselhava-nos a não ler muitos autores. É importante conhecer bem um bom autor ou alguns bons autores: "O resto a gente vai criando ou aperfeiçoando com o tempo, com a nossa experiência. Os franceses diziam que se deve temer quem conhece bem um bom autor". O conselho reportou-me à célebre frase de Santo Tomás de Aquino: "Temo o homem de um livro só" (RÓNAI. *Dicionário universal nova fronteira de citações*, p. 566).

Anotei memorável peroração do professor Paulo Neves de Carvalho, produzida no encerramento da defesa de dissertação de mestrado do seu brilhante orientando Eurico Bitencourt Neto, quando eu também integrava a banca examinadora (Faculdade de Direito da UFMG, 18.03.2003):

"Tem meio século de magistério. Lançou sementes ao solo. Frutificaram. O terreno era bom. A idéia era boa. Secretário de Administração da Prefeitura de Belo Horizonte, nos anos 50, arranjou uma sala de aula para cerca de cinqüenta funcionários. Falava-se pouco de códigos e posturas. Freqüentavam as aulas funcionários humildes, aos sábados, até hora em que Igreja da Boa Viagem tocasse o 'Angelus'. Insurgiu-se contra fórmulas, desenhos e organogramas. A autoridade não resulta do poder conferido pela norma (regra formal): está na receptividade que o agente pode obter no meio social. Administração é sinônimo de comportamento. É preciso conscientizar para a boa conduta. Normas não estimulam liderança. Às normas de legalidade estrita não interessa o despertar da liderança. Aponta a conexão (vinculação: idéia principal) que o Direito precisa ter com a vida. Em sua vida, presenciou o Liberalismo Clássico, o Estado Social e o Estado Democrático de Direito. Todavia, lamenta que as construções teóricas não mudaram a realidade vigente desde o seu tempo de estudante. É a nossa realidade de sempre. Direito é obra essencialmente humana. Envolve sentimentos. A gente descobre o caminho da eternidade nos discípulos. A gente não morre, sobrevive nos alunos. Sempre apregoou que o orientando pregue a idéia, semeie. O título é mera formalidade. É prosseguir estudando e ensinando. Levar a boa nova, a boa idéia, como o Evangelho. A idéia do Direito Administrativo é muito humana. Inclui valores, por exemplo, de justiça social. Como é bom pelejar pela justiça social!" Em suma, quando nos sufocamos com tanta doutrinação estéril e nos deparamos com abstrações rotundas, como as de Bresser-Pereira e seu "princípio da eficiência", é um bálsamo revisitar as lições de Paulo Neves, impregnadas de vida e humanismo. Na era da revolução tecnológica, devemos lembrar sempre que computador e internet são apenas ferramentas. Nossas almas não podem ser capturadas pela tecnologia, pois senão perderemos a sensibilidade diante dos dramas do mundo. Assinalou o filósofo francês Roger-Pol Droit (*Voltar a ler os clássicos*, p. 19-20): "A necessidade de ensinar as ciências num modo cada vez mais técnico era, decerto, imperativa. Todavia, isso nunca impediu ninguém de ser culto. A acumulação é possível, é desejável. Mas tornou-se impraticável. Aquilo que se passou é simples e triste: a matemática foi considerada uma ferramenta de seleção mais eficaz e, sobretudo, mais objetiva, do que as humanidades. Objetiva, porque a ferramenta matemática foi julgada socialmente neutra em relação às heranças culturais e as desigualdades sociais. (...) Um diretor de recursos humanos, um empresário, um engenheiro, um vendedor poderiam tirar partido — todos os dias! — das tragédias de Sófocles, da moral de Epicuro ou das estratégias da Guerra do Peloponeso — tanto, senão mais, do que da trigonometria e do cálculo diferencial".

No discurso de sua primeira posse como governador do Estado de Minas Gerais, Antonio Augusto Junho Anastasia prestou homenagem especial ao professor Paulo Neves de Carvalho (jornal *Estado de Minas*, Belo Horizonte, 1º abr. 2010, p. 3). Finalmente o ideário redivivo do celebrado mestre subia, com o dileto discípulo, as escadarias históricas do palácio governamental mineiro. Esse ideário não perecerá jamais.

Referências

ALVES, Rubem. *A alegria de ensinar*. 2. ed. Campinas: Papirus, 2000.

BONAVIDES, Paulo. *Ciência política*. 5. ed. Rio de Janeiro: Forense, 1983.

BURNS, Edward McNall. *História da civilização ocidental*. 25. ed. Tradução de Lourival Gomes Machado et al. Porto Alegre: Globo, 1983. v. 1.

CÍCERO. *Saber envelhecer*. Tradução de Paulo Neves. Porto Alegre: L&PM, 1999.

COMPARATO, Fábio Konder. Saudação aos novos juízes. *Revista Cidadania & Justiça*, São Paulo, n. 3, p. 291-293, 1997.

DROIT, Roger-Pol. *Voltar a ler os clássicos*. Tradução de Pedro Vidal. Lisboa: Temas e Debates, 2011.

DURANT, Will. *A história da filosofia*. Tradução de Luiz Carlos do Nascimento Silva. São Paulo: Nova Cultural, 2000.

FRANCA, Padre Leonel. *Noções de história da filosofia*. 22. ed. Rio de Janeiro: Agir, 1978.

GARCIA DE LIMA, Rogério Medeiros. Mestre e discípulo. *O Tempo*, Belo Horizonte, 08 out. 2010. Seção Opinião, p. 19.

GIBRAN, Gibran Khalil. *O profeta*. Tradução de Mansour Challita. Rio de Janeiro: ACIGI, 1976.

RÓNAI, Paulo. *Dicionário universal nova fronteira de citações*. Rio de Janeiro: Nova Fronteira, 1985.

Informação bibliográfica deste livro, conforme a NBR 6023:2002 da Associação Brasileira de Normas Técnicas (ABNT):

LIMA, Rogério Medeiros Garcia de. Paulo Neves de Carvalho, o semeador de ideias. *In*: PIRES, Maria Coeli Simões; PINTO, Luciana Moraes Raso Sardinha (Coord.). *Paulo Neves de Carvalho*: suas lições por seus discípulos. Belo Horizonte: Fórum, 2012. p. 85-90. ISBN 978-85-7700-599-4.

PAULO NEVES – O PROFESSOR

VICENTE DE PAULA MENDES[1]

Conheci o Professor Paulo Neves de Carvalho em 1967, na primeira aula de Direito Administrativo, no curso de Graduação, naquele tempo dividido em anos — e não semestres. Nosso relacionamento se estreitou na Pós-Graduação, tornou-se mais forte quando compartilhamos o Escritório e continuou até seu falecimento em 23.05.2004. Mas dura até hoje, porque somos espíritos eternos: a morte é uma separação temporária.

Durante o longo período de sua doença — entre 2002 e 2004 —, eu ia visitá-lo com frequência, na casa de sua irmã e cunhado, onde ele passou seus últimos dias. Ia pelo prazer de vê-lo e de ouvir suas lições, grandes e pequenas, sobre quaisquer questões, que ele nunca negava a dar. O Professor era especialmente interessado na vida de seus amigos: compartilhava preocupações, orientava, aconselhava: era um confidente, um servidor nato.

E se passavam alguns dias sem nos ver, toda vez que nos encontrávamos, ele tirava do bolso uma anotação, como se fosse um lembrete — e dizia: — "eu estava mesmo para lhe telefonar...". Era uma forma sua de dizer que se importava com a gente. Paulo Neves não foi apenas professor e amigo, mas um guia, um companheiro, que me ajudou na formação do caráter, no zelo pelo interesse público e na honestidade profissional.

---

[1] Doutor em Direito Público pela UFMG. Professor Adjunto de Direito Administrativo nos cursos de Graduação e Pós-Graduação na UFMG.

Sempre muito ocupado — pois não recusava nenhum encargo, principalmente os do magistério — ele foi, em seu tempo, o campeão na atividade de orientação aos alunos do mestrado e doutorado: ninguém, como ele, tinha tantos orientandos... A desproporção, em relação aos demais professores era enorme.

Professor assíduo, raramente faltava às aulas. Era disciplinado — para começar e terminar a aula — e muito rigoroso na atribuição de notas. O rigor não significava notas ruins — mas justas. Ele se procurava em demonstrar que sempre lia as respostas do aluno, nas quais fazia pequenas anotações. Raras vezes alterava a nota.

Aprendi com o Professor que a prova aplicada era uma oportunidade não apenas para avaliar o aluno, mas também para aperfeiçoar o próprio magistério, porque é pelo desempenho do aluno que se mede a eficácia do ensino; e que os exames não podem servir para amedrontar ou punir: são como um balanço do aprendizado e do ensino — um acerto de contas. Se o aluno não aprendeu foi porque o professor não conseguiu ensinar.

Com ele que passei a perceber que nas respostas dos alunos encontramos alguns tesouros. É na percepção original do estudante, sobre questões que, para nós, já não despertam grande interesse, que descobrimos soluções e abordagens surpreendentes — ainda que a resposta não seja rigorosamente exata. Às vezes uma questão nos parece tão óbvia, que deixamos de continuar investigando. Mas o estudioso não pode se contentar com o que já sabe.

Foi o Professor quem me ensinou a fazer uma avaliação da própria prova — e graduar o nível de dificuldade de cada questão; e a descobrir que nem sempre obtemos a resposta esperada porque a questão foi mal formulada ou mal entendida: o defeito estava na questão — e não na resposta. Ele criticava a atitude de complicar a pergunta, ou de perguntar já sabendo que o aluno não saberá responder... Ele chegava mesmo a formular e entregar ao aluno, previamente — sobre determinados institutos do Direito Administrativo, — 100 ou 150 questões, das quais ele iria escolher algumas para aplicar na prova. Dizia: quem souber responder as 100, saberá responder 3 ou 4... É justamente isso que quero.

Quando me submeti ao concurso público para professor Auxiliar de Ensino — início da carreira — lembro-me de dois episódios que mostram bem o professor rigoroso, mas cumpridor das regras. Ele estava na banca. Como sou datilógrafo (e escrevo mal à mão), na prova escrita perguntei à banca se podia usar máquina de escrever. Ele próprio se encarregou de orientar a decisão: "o edital não proíbe — portanto você pode..." É claro que o uso da máquina me trouxe enorme benefício, até para poder impressionar (e fazer mais nervosos) os demais colegas. No mesmo concurso, o edital dizia que os candidatos teriam 4 horas para se preparar ao exame oral (aula magna), a partir do sorteio do ponto. Como eu era o último a fazer o exame, porque a chamada era na ordem alfabética, não assisti ao sorteio; mas quando procurei conhecer o ponto sorteado, a banca já havia decidido minha exclusão; mas voltou atrás, em respeito ao edital, que não exigia a presença do candidato na hora do sorteio; se já se haviam passado alguns minutos, o prejuízo era só meu, e não dos outros candidatos.

Na Pós-Graduação, em que atuou durante vários anos, mesmo após sua aposentadoria, como Professor Voluntário, sem nenhuma remuneração, até no leito de morte ele continuou seu trabalho de orientação; recebia os alunos e discutia por longas horas. Era impressionante: além da predisposição inata de ajudar e servir, que marcou toda sua vida, ele se sentia feliz no contato com os alunos — como para lembrar que ainda estava ali, útil e prestativo; se o corpo estava doente, o espírito não.

No curso de Pós-Graduação fui seu orientando. Como ele gostava de discutir comigo questões sobre a tese! Mais tarde, como colega, o convívio com o Professor Paulo Neves foi especialmente interessante. Ele era extremamente cuidadoso na seleção dos candidatos — quando se ofereciam 3 ou 5 vagas de cada vez, às vezes a mais de 100 candidatos inscritos, a maioria deles excelentes. Ele sempre se lamentava de não poder acolher um número maior. Por isso, esmerava-se na seleção e parecia ter uma "bola de cristal" para eleger sempre os melhores entre os muito bons. Dizia: não basta escolher um bom candidato; é preciso também verificar o que ele vai fazer do curso: colocar o diploma num quadro, ou aperfeiçoar seu magistério ou sua magistratura, num efeito multiplicador. "Na Pós-Graduação, temos uma rara oportunidade de contribuir para a construção do Direito, para renovar a academia e melhorar prestação jurisdicional".

Outro momento de excepcional importância de nosso convívio na Pós-Graduação era a sessão de arguição dos candidatos a Doutor e Mestre. Antes de fazer suas perguntas — sempre apropriadas e certeiras — a demonstrar que havia lido as teses e dissertações, às vezes extensas, com mais de 500 páginas, ele fazia um discurso preparatório sobre a importância do tema abordado, que, quase sempre ele próprio ajudara a escolher. Nesse momento, o professor parecia estar possuído de grande inspiração — numa espécie de contemplação jurídica, em que divagava sobre questões em relação às quais não havíamos sonhado. Era como um descobridor de ideias e de novos temas merecedores de estudo e pesquisa. Após seu falecimento, tentamos, com a aprovação do então Diretor — Professor Joaquim Salgado — encontrar as fitas magnéticas com gravações dessas arguições. Tínhamos até o título da publicação: *Sermões de Direito Administrativo*, tal era o entusiasmo do Mestre com os novos temas. Mas, apesar do irrestrito apoio da Editora Del Rey, o projeto não prosperou, quando surgiram dificuldades em relação a direitos autorais. De nossa parte, apenas queríamos redescobrir aquele rico manancial de ideias e temas. Mas isso ainda poderá ser feito um dia, em benefício do Direito Administrativo. É como redescobrir um tesouro.

Paulo Neves era extremamente pragmático. Boa parte de seu conhecimento ele adquiriu na prática da Administração Pública e em décadas de ensino do Direito. Certa vez se queixou, referindo-se aos "modismos" doutrinários, quase sempre de inspiração alienígena: "A pesquisa científica, no Direito, deve escorar-se na realidade e não em meras teorias, que mudam ao sabor do vento, como um arrozal". Era também crítico em relação àqueles que julgam saber mais do que sabem. E gostava de dizer que "educar" não se confunde com "ensinar": "pelo ensinar transmite-se informação ou conhecimento; pela educação, forma-se caráter, molda-se comportamento, a partir de valores e princípios".

Era também um profundo conhecer da língua. Redigia com maestria. Nas leituras das teses e dissertações — por mais extensas — corrigia o português. Não se contentava em apontar erros: conhecedor do latim e da etimologia, procurava o significado preciso de cada palavra, valorizava o estilo conciso e elegante, e repetia sempre que a linguagem é ferramenta de vital importância para o operador do Direito.

Entre os temas do Direito Administrativo, mostrava predileção pelos relacionados à Administração Municipal, ao servidor público e ao controle da Administração. Está para nascer, no Brasil, um municipalista maior. Tinha paixão pelos municípios e uma grande preocupação com a capacitação dos administradores locais — prefeitos, vereadores e técnicos. Quanto às "reformas administrativas", sempre na moda, advertia: não adianta mudar o nome de órgãos, trocar placas e construir organogramas: a verdadeira reforma ocorrerá com a preparação dos agentes públicos, especialmente no nível gerencial. Em seu escritório e em casa, recebia prefeitos, secretários, vereadores, num intenso entra e sai. Viajava muito ao interior do Estado e ministrava cursos gratuitos, às vezes durante sábados e domingos, mesmo quando na plateia havia vereadores sonolentos. Dizia: "Tem que ser assim; sempre fica alguma coisa..."

O Professor Paulo Neves poderia ter construído um grande escritório — um dos maiores do País — de assessoramento aos municípios. Tinha conhecimento, segurança no enfrentamento de questões difíceis, predisposição para o trabalho, interesse em transmitir conhecimento e em formar quadros técnicos. Ele poderia ter a assessoria de dezenas de municípios; mas preferia selecionar apenas alguns, para prestar um trabalho de qualidade. Ele também não sabia cobrar honorários. Lembro-me de uma primeira visita que fizemos a uma Prefeitura próxima a Belo Horizonte, para contratar nosso assessoramento com aquela Prefeitura. Quando chegamos ao prédio da Prefeitura, de construção antiga, situado numa praça, vimos que na mesma praça ficava a cadeia pública — e os presos permaneciam longo tempo nas janelas com grade, sentados com as pernas para fora. Disse-me o Professor: – "Vicente, não podemos cobrar muito desse povo pobre".

Num outro episódio, contratamos o assessoramento a um grande município do Estado. Mas alguém propôs uma ação popular contra o Prefeito — e entre os atos que ele considerava ilegais e danosos ao patrimônio público, estava justamente a contratação, por notório saber (no caso inequívoco) da Advocacia Paulo Neves de Carvalho. No mesmo dia em que ficou sabendo da ação, ele procurou a Prefeitura e rescindiu o contrato. O Professor não admitia nem mesmo leve dúvida sobre sua honestidade. Foi um homem de outra época; mas suas lições serão lembradas para sempre, enquanto houver, em cada um de seus discípulos, a lembrança de seu convívio e de suas lições.

Informação bibliográfica deste livro, conforme a NBR 6023:2002 da Associação Brasileira de Normas Técnicas (ABNT):

MENDES, Vicente de Paula. Paulo Neves: o Professor. *In*: PIRES, Maria Coeli Simões; PINTO, Luciana Moraes Raso Sardinha (Coord.). *Paulo Neves de Carvalho*: suas lições por seus discípulos. Belo Horizonte: Fórum, 2012. p. 91-95. ISBN 978-85-7700-599-4.

PARTE II

ARTIGOS

ADVOCACIA PÚBLICA ÉTICA E EFICAZ

ALBERTO GUIMARÃES ANDRADE[1]

Ocupação antiga da humanidade é a busca da justiça no estabelecimento das normas de conduta social. O procedimento ético do cidadão e da Administração permanece na preocupação de quem faz as leis e de quem cabe aplicá-las. A presença do Estado na vida das pessoas nem sempre é justa, mas, deve ser sempre ética. Conquanto a busca do justo na ação estatal deva ser um ideal e não uma certeza, em vista das influências externas e as vicissitudes do momento, o procedimento ético há de ser uma certeza e não mera intenção, posto que a ação estatal decorre unicamente do agente público.

As coisas e as pessoas são diferentes, os momentos e as circunstâncias são sempre distintos e assim devem ser considerados na lei que normatizará a conduta exigível, que deve buscar um bom equacionamento dessas diferenças e só assim almejar a revelação da justiça.

Precisa é a lição de Rawls[2] que sublinha o fato de que a distribuição natural de habilidades e materialidades não é justa nem injusta, tampouco é injusta a colocação social das pessoas por questão de nascimento ou ascendência, pois decorre de fatos naturais. O que é justo ou injusto é a forma como o Estado lida com estes fatos, esta questão deve ser o permanente desafio da atividade estatal.

---

[1] Procurador do Estado de Minas Gerais. Mestre em Direito Administrativo pela UFMG. Advogado-Geral Adjunto do Estado de Minas Gerais.
[2] RAWLS, John. *A Theory of Justice*. Cambridge: Belknap Press of Harvard University Press, 1971 *apud* SANDEL. *Justiça*: o que é fazer a coisa certa, 3. ed, p. 204.

A noção de Estado por concepção e ideal é ética e moral, mas, a ação estatal nem sempre assim é por razões vinculadas a sua execução, tanto pela má instituição e aplicação das leis quanto pela conduta dos seus agentes fora ou aquém dos seus ideais e objetivos.

Nestas breves digressões, cabem algumas pinceladas quanto à advocacia pública, importante segmento da ação estatal geral e o desvelamento de algumas diferenças na conduta ética dos seus agentes em contrapartida à advocacia privada, mais simples e direta, que tem nos estatutos de regulação profissional o seu norte e na Ordem dos Advogados o seu fiscal.

São muitas a semelhanças das ações exigidas dos advogados particulares e públicos, todavia, distinções relevantes merecem destaque.

O agir de maneira ética subordina-se à observância dos valores e credos socialmente difundidos em determinado meio, absorvidos e praticados naturalmente pelo indivíduo e colocados voluntariamente em prática sem a finalidade de buscar um prêmio ou de temer uma punição.

Quando agimos de maneira ética olhamos para dentro e buscamos satisfazer antes de tudo a nós mesmos. Menos importa o que diz a lei, ou, mesmo, se a conduta é imposta no seio familiar; importa mais enxergar a nós mesmos e poder concluir que gostamos de nós daquele jeito, em equilíbrio e harmonia com o meio em que vivemos.

Somos éticos quando agimos com atenção e respeito às coisas vivas que nos cercam. Leonardo Boff,[3] em 1993, sintetizou o conceito de ética como sendo nossa irrestrita responsabilidade com tudo que existe e vive no Mundo.

Na ação ética o julgamento do outro é secundário, importa mais saber que o comportamento adotado pautou-se num conceito de justiça, de honestidade e de misericórdia, acolhidos no meio social ao qual nos achamos inseridos.

O comportamento ético é o que leva a pessoa a praticar o bem e a rejeitar o mal, de maneira espontânea, sem almejar recompensa ou temer a sanção, legal ou social.

Um bom teste para sabermos se o nosso comportamento é ético é imaginar o resultado daquela ação se praticada por todos, como bem asseverado por Kant.[4] Isto porque será fácil imaginar o resultado desastroso de ações aéticas praticadas por muitos e não apenas por

---

[3] BOFF. *Ecologia, mundialização, espiritualidade*.
[4] KANT. *Crítica da razão pura*: texto integral.

um ou alguns. Se é suportável a ação de alguns, é intolerável a ação de muitos, eis aí uma situação que deve estar em conflito com a ética e a moral daquele grupo social.

Desde o último século a humanidade vive um dos seus ciclos mais impressionantes. Existe uma evolução vertiginosa da tecnologia e da ciência, nos assombramos a todo o momento com modernos inventos e as novas maravilhas tecnológicas e custamos mesmo a acompanhar estas impactantes mudanças do nosso ambiente e dos nossos costumes, conquanto nos despertem satisfação e conforto.

Não obstante, ao mesmo tempo, isso nos traz certa angústia, pelos efeitos morais e sociais que daí advém, pelas nossas incertezas quanto aos resultados sociais que a evolução científica efetivamente traz e pela nossa dúvida fundada sobre a moralidade dessas novas condutas e ações.

Norberto Bobbio,[5] em seu derradeiro manuscrito *Diário de Um Século: Autobiografia*, bem aponta essa questão dramática, a da contradição entre o desenvolvimento da ciência e as grandes interrogações éticas que este desenvolvimento provoca, ou, entre a sabedoria de investigadores do cosmo e a nossa dificuldade de validar eticamente o novo.

Afirma o incomparável filósofo que (...) "A ciência do bem e do mal ainda não foi inventada. Não há problema moral e jurídico, não há problema de regras de comportamento, de disciplina da nossa conduta, que não levante diversas e opostas soluções". Lembrou-se ele de vários exemplos de novidades que à época comportaram dúvidas e perplexidades e que ainda não estavam perfeitamente assentados e aceitos, como o aborto, os transplantes de órgãos e das relações homoafetivas.

A esta lista é possível colocar outras várias questões intrigantes e complexas, como a inseminação artificial; a manipulação dos códigos genéticos de alimentos transgênicos, a clonagem de seres vivos, a eutanásia e tantas outras que afligem atualmente a humanidade e que ainda não tiveram equacionamento e tratamento preciso e pacífico de modo a receber da maioria a chancela de ação ética e moral.

A verdade é que a ciência progride velozmente sem que consigamos digeri-la e compreendê-la rapidamente, pois o nosso senso moral e ético avança lentamente, e precisa de tempo e reflexão para digerir e assentar o novo e absolver a mudança.

Lembra Bobbio que a massificação dos meios de comunicação nos faz dar voltas ao mundo de forma cada vez mais rápida e com isso poder

---

[5] BOBBIO. *Diário de um século*: autobiografia.

ver destruições e genocídios, fome de grandes contingentes e abandono e mortes violentas. Ao lado disso: "O novo ethos mundial dos direitos do homem resplandece apenas nas solenes declarações internacionais e nos congressos mundiais que os celebram e doutamente comentam, mas a essas celebrações e comentários corresponde na verdade a sua sistemática violação em quase todos os países nas relações entre fortes e fracos, entre ricos e pobres, entre quem sabe e quem não sabe".

A busca no Direito da pronta resposta para estes questionamentos tem sido muitas vezes frustrante. Isto em razão da verdade intransponível: *O direito não pode tudo*, até porque é uma criação do homem, que na sua elaboração leva todas as suas limitações e imperfeições.

Não se trata de um menoscabo, pois continua prevalente a lição de Rui Barbosa: "Fora do Direito não há solução", mas de se atinar para a fenomenologia jurídica. A órbita do pensamento jurídico e a efetividade da lei têm limites na realidade das coisas e nas circunstâncias das pessoas.

A lei pode *v.g.* prever a obrigação do indivíduo de auxiliar outrem, quando evidente o perigo e a possibilidade desse auxílio (p.ex.: a omissão do salvamento de náufragos), mas não pode impedir a nossa omissão em face da fome do "pedinte" ou exigir manifestações de compreensão ou gentileza com os desvalidos que povoam o nosso cotidiano.

Quantas vezes são os advogados instados a orientar e a resolver problemas familiares, de litígios entre vizinhos ou de clientes vítimas de comerciantes espertos. Em alguns casos, não se encontra no direito posto a solução. Nessas ocasiões, muitas vezes se é obrigado a aceitar que não está na lei a solução, pois a postura exigida está apenas nas regras sociais de educação, de solidariedade ou de boas maneiras, que não desafia a sanção legal. Tornou-se famoso há alguns anos o caso envolvendo um magistrado que foi ao Judiciário pedir que o porteiro de edifício em que morava se referisse a ele sempre como "doutor". Evidentemente outro (imparcial) magistrado indeferiu o exótico pedido.

No entanto, pisar os domínios do Direito sem a visão ética colhida da realidade social é pretender transformar um correto instrumento de convívio social em manejo de simples técnica de solução de conflitos. O Direito é vivo e se faz a partir do homem e para o homem. Nesse caldo se misturam todos os ingredientes de que é feito o homem: razão e emoção, moral e devassidão; justo e injusto; honesto e desonesto.

No passado, era costume legitimar ações do Poder Público com base na análise apenas formal dos procedimentos previstos para aquele caso. Temia-se adentrar ao mérito do ato ou do procedimento administrativo, posto que estaria fora do controle externo. Isto, evidentemente, não mais ocorre e tanto a forma quanto o conteúdo são alvo de intensa especulação.

Bem ao contrário, hoje se exige mais a aferição do resultado da ação do que a perfeição do cumprimento da liturgia procedimental. O alcance do objetivo da lei deve ser mais importante para validar a ação administrativa do que a simples aferição dos aspectos formais do ato administrativo, mais vale a efetiva conduta do agente público na efetivação da lei do que a consecução plena das formalidades do ato.

A Constituição da República incorporou ao seu texto, de forma expressa, dois novos princípios, antes apenas lembrados na boa doutrina e na esparsa jurisprudência de então: a *eficiência* e a *moralidade* (art. 37, *caput*). Passou-se a contar com dois novos mecanismos de aferição da legalidade do ato ou procedimentos administrativos.

Pelo primeiro, a exigência não mais está apenas em fazer, mas em fazer bem e assim proceder com eficiência na cura do interesse coletivo e na execução da finalidade pública posta na lei. No segundo, e que mais de perto tem a ver com o cerne da matéria aqui tratada, a moralidade é o *"tempero"* que não se prescinde na fiscalização da gestão da coisa pública.

Se excepcionalmente aceitável nas relações privadas o aforismo da ação suportada na lei, mas moral e socialmente controvertida, no campo do direito público, nunca é possível se falar em ação legal mas imoral. O Direito construiu para si instrumentos necessários para repelir a ação imoral do agente público. Não basta a simples conformação formal do ato praticado com a previsão externa e a finalidade mediata desveladas na norma. O mérito do ato ou da ação administrativa, antes sítio inexpugnável ao Judiciário, deve guardar coesão com os preceitos morais, portanto éticos, almejados pela lei e assim queridos por aquele segmento social ao qual se dirigiu.

É nesse campo que se insere a Advocacia Pública. Deve ela ser exercida a partir dos preceitos morais gerais incorporados internamente na Administração Pública e na ética consolidada nos Códigos, ou seja, na moralidade exigida a qualquer indivíduo, especialmente quando travestido em agentes público que pode encontrar temperamentos na sua ação privada, mas não na gestão da coisa pública.

Qual o comportamento deve ter o agente público diante da coisa julgada de conteúdo iníquo e ilegítimo? E se houver acorrido um erro no julgamento do processo, por culpa de funcionário incompetente ou inconsequente, ou da desídia do próprio contribuinte e que tenha culminado com sua condenação? Qual comportamento adotar? Exigir o indevido, acima de qualquer dúvida, ainda que sob o manto da coisa julgada? Ao particular, em determinadas situações, o Direito toleraria e mesmo legitimaria esta ação, mas para o agente público só lhe cabe optar por dar efetividade ao *princípio da moralidade*. Exigir o que não é devido é imoral, mesmo que acobertado pelo preceito legal formal da coisa julgada.

É dizer, entre dois princípios constitucionais às vezes só é possível aplicar apenas um deles. A *moralidade* deve ter sempre prevalência.

Antes mesmo dessa nova realidade normativa, as Súmulas nº 346 e nº 473, do STF, consagraram determinadas práticas administrativas que visavam anular os atos tidos como ilegais. É evidente que, em direito público, não é competente quem quer, mas quem pode, segundo a competência legalmente cometida. Mas está entre as atribuições do dirigente máximo do órgão revisar os atos praticados pelos funcionários sob sua gestão.

Com os temperamentos que a realidade exige — para que se evitem abusos e demasias — este nos parece um sendeiro legítimo a palmilhar em casos tais, e que não irá prescindir da manifestação dos órgãos jurídicos internos competentes. Não pode o agente público exigir do cidadão contribuinte nada além do que em realidade ele deve.

A dificuldade de se exercer o múnus da advocacia pública está em conciliar os preceitos morais e éticos hauridos das leis e dos costumes e o cumprimento dos comandos e ordens provenientes de atos de Poder, às vezes previstos inclusive em normas gerais. De um lado existe o poder hierárquico, que norteia a atividade administrativa e do outro a força que nos impele à obediência de princípios legais, éticos e morais.

Apenas com uma leitura da lei, impregnada de ordem e valores morais, se pode entender o Direito Público moderno. Que se ponha um adeus nas lições que tentavam estabelecer uma linha limítrofe estanque entre Direito e moral. O Direito moderno, em sua pretensão de justiça e dignidade, incorporou valores morais à letra da lei escrita, prometendo ao cidadão uma disciplina mais iluminada posto que revestida dos valores morais e éticos.

Por certo, o Direito moderno não pode se firmar em um positivismo avesso a considerações de ordem moral. O Direito, assim, humanizou-se, incorporou valores sociais que uma leitura fria da letra da lei jamais poderia traduzir.

Assim é a ação estatal, assim deve ser a advocacia pública.

Referências

BOBBIO, Norberto. *Diário de um século*: autobiografia. Organização de Alberto Pappuzi; tradução de Daniela Versiani. Rio de Janeiro: Campus, 1998.

BOFF, Leonardo. *Ecologia, mundialização, espiritualidade*. São Paulo: Ática, 1993.

KANT, Immanuel. *Crítica da razão pura*: texto integral. São Paulo: Martin Claret, 2009. (Obra Prima de Cada Autor).

SANDEL, Michael J. *Justiça*: o que é fazer a coisa certa. Rio de Janeiro: Civilização Brasileira, 2011.

Informação bibliográfica deste livro, conforme a NBR 6023:2002 da Associação Brasileira de Normas Técnicas (ABNT):

ANDRADE, Alberto Guimarães. Advocacia pública ética e eficaz. *In*: PIRES, Maria Coeli Simões; PINTO, Luciana Moraes Raso Sardinha (Coord.). *Paulo Neves de Carvalho*: suas lições por seus discípulos. Belo Horizonte: Fórum, 2012. p. 99-105. ISBN 978-85-7700-599-4.

A QUESTÃO DA DISCRICIONARIEDADE NO REGIME DIFERENCIADO DE CONTRATAÇÕES PÚBLICAS (RDC)

ALÉCIA PAOLUCCI NOGUEIRA BICALHO[1]

1 Os elementos balizadores da discrição administrativa

Em sua obra *Da revogação no direito administrativo*, o insigne Professor Paulo Neves de Carvalho, ora homenageado, dedicou um capítulo ao *poder discricionário*. No introito de seu trabalho, o Professor partiu da definição do ato jurídico-administrativo para apresentar os elementos que o compõem, conceituando-o como aquele que, emanado de uma declaração de vontade de um sujeito competente, sob forma prescrita e em obediência a um motivo, produz uma alteração imediata na ordem jurídica e o resultado prático que busca atingir.[2]

---

[1] Advogada pela Faculdade de Direito Milton Campos; Colaboradora efetiva dos periódicos: *Revista de Licitações e Contratos*, *Revista de Direito Administrativo*, LRF, *Boletim de Direito Administrativo*, *Boletim de Licitações e Contratos*, *Boletim de Direito Municipal*, *Revista JLM de Licitações e Contratos*, *Boletim de Licitações e Contratos*, *Fórum Administrativo*, *Fórum de Contratação e Gestão Pública*; Membro do Conselho Editorial da *Revista Síntese – Licitações, Contratos e Convênios*; Diretora Secretária do IMDA – Instituto Mineiro de Direito Administrativo; Consultora de entidades públicas e privadas na área de especialização de direito administrativo.

[2] CARVALHO. *Da revogação do ato administrativo*, primeira parte, parágrafo 4º, p. 35.

Competência, forma, finalidade, motivo e objeto: são estes os atributos cuja presença simultânea lastreia a legalidade do ato administrativo. Os três primeiros de tais elementos vinculam-se às prescrições legais estritas, caracterizando os atos *vinculados*.

Também a lei atribui ao administrador certa latitude de liberdade de atuação no que diz respeito ao objeto e ao motivo dos atos praticados. Mas, como alerta o mestre Paulo Neves quanto ao conteúdo da *discrição administrativa* ínsita ao *poder discricionário*, essa liberdade será exercida segundo os parâmetros fundamentais do respeito à norma jurídica e da estruturação lógica e finalística do ato:

> Outras vezes, entretanto, ao agente se permitirá que exerça, em limites mais largos, a faculdade de apreciação dos motivos do ato, antes que o expeça. Faculdade ou poder discricionário, se diz, de medir-lhe a *utilidade* ou a *oportunidade*, isto é, o *momento* de executá-lo e o *valor de eficácia* que possa traduzir. Em qualquer hipótese, respeitada a norma jurídica. (...)
>
> Afinal, cuida-se de conhecer o conteúdo da discrição administrativa e afirma-se que não é mero critério de escolha, mas processo estruturado, lógico e finalista, de caráter permanente, na realização dos atos que respondam, com eficácia e, oportunidade, ao interesse que a lei tem em vista.[3] (grifos no original)

Os pressupostos de legalidade do poder discricionário foram tratados com proficiência por Maria de Lourdes Flecha de Lima Xavier Cançado:

> A discricionariedade administrativa somente será legitimamente exercida quando autorizada por lei e compatível com a finalidade legal, desde que sejam atendidos os vetores de Direito Público (valores e princípios consagrados constitucionalmente). Assim, segundo destacado por Maria Sylvia Zanella DI PIETRO, "a discricionariedade administrativa — como poder jurídico que é — não é limitada só pela lei, em sentido formal, mas pela idéia de justiça, com todos os valores que lhe são inerentes, declarados a partir do preâmbulo da Constituição".[4]

---

[3] CARVALHO. *Da revogação do ato administrativo*, p. 37, 41.

[4] CANÇADO. *Os conceitos jurídicos indeterminados e a discricionariedade administrativa*, f. 41. Em seu trabalho, a autora da dissertação destaca ainda sobre o tema: "O reconhecimento da existência, em favor da Administração Pública, de competências discricionárias, é considerado como fator primordial no satisfatório desempenho das atribuições previstas na concepção de Estado Social e Democrático de Direito. Todavia, esse reconhecimento, amparado em dispositivos constitucionais, não autoriza a atividade livre e ilimitada da Administração Pública, que estará sempre sujeita ao controle jurisdicional de legalidade.

Neste contexto, aderindo de modo instrumental à *ideia de justiça* a que faz menção a Professora Di Pietro, alinham-se os princípios da *razoabilidade* e da *proporcionalidade*, na condição de balizas da proporção entre a medida adotada e o fim alcançado. Agrega-se, também a propósito, a noção do poder-dever da *boa administração*, cuja tutela deve ser exercida pelo administrador público de acordo com o *princípio da eficiência*,[5] prestigiado em sede constitucional pela EC nº 19/98.

Em clássica obra, Celso Antônio Bandeira de Mello comentou o poder-dever do Administrador de agir de acordo com tais princípios, e com *lealdade, boa-fé* e *igualdade*, como critérios de avaliação da causa do ato:

> Sobremodo no Estado de Direito, repugnaria ao senso normal dos homens que a existência de discrição administrativa fosse um salvo conduto para a Administração agir de modo incoerente, ilógico, desrazoado e o fizesse precisamente a título de cumprir uma finalidade legal, quando — conforme se viu — a discrição representa, justamente, margem de liberdade para eleger a conduta mais clarividente, mais percuciente ante as circunstâncias concretas, de modo a satisfazer com a máxima precisão o escopo da norma que outorgou esta liberdade (...) o exercício de um poder corresponde à satisfação do dever de implementar, no interesse de outrem, uma finalidade preestabelecida na regra de direito (...) Então, o administrador público, que, enquanto tal, é alguém encarregado de gerir interesses coletivos (não os próprios), tem, acima de tudo, o dever de agir em prol de terceiro (a coletividade) e se considera que o faz quando busca as finalidades legais.[6]

Avançando no estudo do Professor Paulo Neves, especificamente no aspecto relacionado ao tema que nos propusemos em sua homenagem a desenvolver, colhemos a lição central ali registrada:

> (...) o que importa reconhecer que a tradução do ato administrativo em direitos públicos subjetivos do indivíduo não depende de que se tenha aquele expedido mais ou menos vinculadamente à lei, isto é, não se lhe medirá a estabilidade pela atividade livre ou vinculada de que haja emanado.[7]

Assim, constata-se que a discricionariedade não é um agir subjetivo livre e ilimitado da Administração, mas, ao contrário, é um caso típico de remissão legal. Isto porque, subordinado à legalidade de sua atuação, considera-se lícito que o Administrador oriente-se livremente acerca dos motivos de conveniência e oportunidade ensejadores daquele ato". (f. 46).

[5] MEIRELLES. *Direito administrativo brasileiro*, p. 86.
[6] BANDEIRA DE MELLO. *Discricionariedade e controle jurisdicional*, p. 97.
[7] CARVALHO. *Da revogação do ato administrativo*, p. 44.

A procedência vinculada ou discricionária e, portanto, o processo estrutural originário relacionado à geração do ato administrativo do qual emanam direitos públicos subjetivos, não afeta sua *segurança jurídica*. Diante de seu potencial desfazimento por revogação, a discricionariedade não compromete a estabilidade do ato, que não tem densidade jurídica reduzida em razão de sua origem.[8]

2 O poder discricionário nas licitações públicas

Concentrando-nos ora especificamente na temática das licitações e contratos administrativos, comentamos em ocasião anterior[9] que a legislação infraconstitucional reguladora da licitação pública busca justamente consolidar a segurança jurídica ao longo do processo de implementação da *decisão estruturada de contratação*, na bem cunhada expressão do saudoso Professor Carlos Pinto Coelho Motta. Nesse rumo, a lei municia o cidadão e a Administração Pública, de um lado, com os pressupostos de motivação e legitimidade dos atos administrativos; e de outro, com seus instrumentos de controle, fazendo-o com relação à fase preparatória da licitação e àquelas de procedimento e de execução do contrato.

Enfim, a lei fixa os preceitos específicos inerentes à própria operacionalização da máquina administrativa, a qual, em última instância, se subsume inderrogavelmente ao princípio da legalidade, em seu sentido contemporâneo.

O espectro legislativo relacionado à atividade administrativa como um todo, e especificamente à atividade licitatória que nesta se insere, está, por assim dizer, à disposição do reforço e proteção da segurança jurídica.

Examinando o plexo de leis destinado a regulamentar a atividade licitatória, observa-se que o legislador criou as bases da segurança jurídica em suas vertentes de *operação* e *sanção*: ao mesmo tempo em que fixa os conceitos e procedimentos, a lei cria os instrumentos de controle interno e externo de sua legalidade.

---

[8] Sobre o controle do ato administrativo, *vide*: DALLARI. Sociedade de economia mista: sócio estratégico: acordo de acionistas. *RDA*, p. 379-383; BANDEIRA DE MELLO. *Discricionariedade e controle jurisdicional*, p. 97; MOREIRA NETO. *Legitimidade e discricionariedade*, p. 29. VALIM. *O princípio da segurança jurídica no direito administrativo brasileiro*, p. 37.

[9] BICALHO. A segurança jurídica no procedimento licitatório. *In*: VALIM (Coord.). *O princípio da segurança jurídica no direito administrativo*: uma perspectiva comparada.

Em uma visão panorâmica do processo de contratação pública em seu sentido mais amplo, é magistral a síntese de Carlos Pinto Coelho Motta sobre os fundamentos da decisão estruturada de contratação e seus instrumentos de controle. Com costumeira precisão, o autor identifica o restrito espaço do poder discricionário na decisão estruturada de contratação. Comenta, a propósito, que "a decisão de contratar é complexamente estruturada por textos legislativos intercomplementares, reduzindo-se ao mínimo o espaço discricionário remanescente, o qual se situa em um campo de *conceituações indeterminadas*".[10]

3 A discricionariedade no âmbito do Regime Diferenciado das Contratações (RDC)

O plexo legislativo trazido pela Lei nº 12.462/11, que instituiu o Regime Diferenciado de Contratações Públicas (RDC), tem suscitado aquecidos debates relacionados ao possível excesso do legislador quanto à largueza do exercício da discricionariedade nas contratações sob foco.

Observam-se ao longo do texto repetidas menções à necessidade de justificar e fundamentar os atos praticados no âmbito do RDC. A ênfase no princípio da motivação configura uma tutela aparentemente obsessiva — não menos positiva e cautelar — no sentido de garantir legitimidade e segurança jurídica aos atos. A correta e adequada motivação funciona, em muitos casos, na linha de ampliar a margem de discricionariedade do agente público. Vale compilar os dispositivos da lei que expressam tal caráter tutelar; todos os atos administrativos (conteúdos decisórios) referidos em cada dispositivo dependem de expressa fundamentação por parte do agente público responsável:

- art. 2º, parágrafo único, inciso II: reformulações e variantes durante as fases de elaboração do Projeto Executivo e de realização das obras e montagens;
- art. 7º, inciso I: indicação de marca ou modelo no caso de licitação para aquisição de bens; inciso II: exigência de amostra do bem, no procedimento de pré-qualificação, na fase de julgamento das propostas ou de lances; e inciso IV: solicitação de carta de solidariedade emitida pelo fabricante, que assegure a execução do contrato, no caso de licitante revendedor ou distribuidor;

---

[10] MOTTA. *Eficácia nas licitações e contratos*, 12. ed., p. 48-50.

- art. 8º, §2º: exceção à preferencialidade pelos regimes de execução indireta de obras e serviços de engenharia, indicados nos incisos II, IV e V do *caput* do mesmo dispositivo;
- art. 9º: contratação integrada; e §2º, inciso I, alínea *a*: conteúdo do anteprojeto de engenharia;
- art. 10, parágrafo único: utilização da remuneração variável;
- art. 11: contratação simultânea para a execução de um mesmo serviço;
- art. 12, parágrafo único: realização da fase de habilitação anteriormente à de julgamento, como exceção à ordem das fases licitatórias determinada pelos incisos do *caput* do artigo;
- art. 65: a ser lido conjuntamente com o art. 1º, atribui ao Poder Executivo a decisão acerca das contratações "imprescindíveis para o cumprimento das obrigações assumidas perante o Comitê Olímpico Internacional e o Comitê Paraolímpico Internacional".

O último dispositivo citado tem sido um dos alvos centrais de questionamentos e críticas sob o aspecto da discricionariedade que seu conteúdo encerra. Constata-se, aí, que as cruciais decisões sobre os empreendimentos aos quais se aplicará o RDC erigem-se sobre um qualificativo — *imprescindíveis* — sujeito às flutuações dos entendimentos político-executivos e remetido, portanto, ao âmbito da discricionariedade administrativa.

Torna-se claro que o ônus inerente à legitimidade discricionária reside, inarredavelmente, no planejamento. A escolha dos objetos e sua respectiva cronologia, a compatibilidade orçamentário-financeira, o escalonamento da execução e a transparência dos atos são condições estritas e assentes ao exercício do poder decisório.

Enfim, especificamente quanto à *revogação* — objeto do estudo do Professor Paulo Neves — o art. 28, inciso III da Lei nº 12.462/11 admite revogar o procedimento licitatório por motivo de *conveniência* e *oportunidade*. O dispositivo prestou-se a fundadas dúvidas sobre sua legitimidade, instaurando um conflito com os termos da Lei nº 8.666/93 (Lei Geral de Licitações), pois o desfazimento por revogação pode ser processado, consoante o art. 49 da LNL, "somente" em razão de *fato superveniente*, comprovado e pertinente a justificar tal conduta.

A redação literal do inciso III do art. 28 da Lei do RDC ensejou margem à interpretação da revogação como um *ato discricionário* da Administração, tal como no art. 39 do Decreto-Lei nº 2.300/86, que autorizava pelo vago pretexto do "interesse público".

Entretanto, o Decreto nº 7.581/11, regulamentador da Lei do RDC, desfez tal interpretação. Embora tenha mantido no art. 60, inciso III, a regra de "revogar o procedimento por motivo de conveniência e oportunidade", o texto inseriu logo em seguida um parágrafo que, repetindo o teor do art. 44 da Lei do RDC, contradiz frontalmente aquela equivocada previsão: "§1º As normas referentes a *anulação e revogação* de licitações previstas *no art. 49* da Lei nº 8.666, de 1993, aplicam-se às *contratações* regidas pelo RDC".

Assim — muito embora a "revogação de contrato" inexista como fórmula jurídica, e seu emprego seja juridicamente inadequado tanto na lei (art. 44) quanto no decreto (§1º do art. 60) — o conteúdo material de tais dispositivos é saneador, pois o art. 49 da LNL não se satisfaz com a mera alegação do "interesse público" para justificar a revogação; complementa-a exigindo estrita fundamentação em "fato superveniente devidamente comprovado, pertinente e suficiente para justificar tal conduta" e, assim, transmutando decisivamente um poder discricionário em dever vinculado. Enfim, aplica-se o art. 49 da LNL.

De toda forma, pareceram-nos dispensáveis as reiteradas referências à exigência de *justificativas motivadas* ao longo do texto da Lei do RDC, porquanto a motivação corporifica elemento constitutivo do ato administrativo e princípio informador do direito administrativo, ínsito à própria segurança jurídica da atividade administrativa, como registrado. Entretanto o que pode parecer uma redundância principiológica por parte do legislador resulta, a nosso ver, do trabalho desenvolvido ao longo dos últimos anos pelo TCU, na depuração da hermenêutica da LNL aplicada. Comentamos recentemente:

> No Seminário Internacional sobre Desenvolvimento de Infraestrutura no Pós Crise (TCU - DF, setembro) foi destacada a importante atuação proativa das Entidades Fiscalizadoras Superiores numa postura colaborativa, de caráter orientador, e das ações contínuas de controle externo (auditorias operacionais, fiscalizações na regulação e delegação de serviços) — todos os esforços visando somar efetividade ao planejamento estatal.
>
> Já o RDC — críticas pontuais à parte — é outro esforço estatal rumo à modernização das licitações. Corporifica-se num amálgama de institutos legais testados na aplicação prática depurada pela hermenêutica corretiva dos órgãos de controle.[11]

---

[11] BICALHO. Efervescência estatal: infraestrutura e RDC. *Correio Braziliense*, p. 15.

A exigência de motivação é uma constante nas decisões do Tribunal, sobretudo quanto a temas polêmicos deferidos pelo legislador à seara da discricionaridade — mas não necessariamente à *liberalidade* do administrador.[12] A propósito, já em 1951 o homenageado previra essa positiva evolução no sentido de *modernização de técnicas* parametrizadoras do poder discricionário, ao comentar em seu trabalho que:

> A teoria das regras técnicas e *standards* jurídicos pretende limitar o exercício da faculdade discricionária pela aplicação à atividade administrativa de conceitos orientadores de conduta ou regras científicas, recolhidas estas das ciências ou especialidades práticas, aqueles traduzindo princípios normativos ou valores de justiça, equilíbrio, equidade, razoabilidade, etc., cristalizados da experiência. A conceituação está ainda mal firmada, podendo dizer-se que, se não extingue a discrição administrativa, como talvez se pretenda, constitui valioso auxiliar na justa realização dos objetivos da atividade estatal.[13]

4 Síntese conclusiva

Está visto que a questão da discricionariedade do agente administrativo na tomada de decisões figura hoje, mais do que nunca, nos debates juspolíticos da realidade brasileira. Temos em pleno vigor a Lei nº 12.462/11, que aportou ao mundo jurídico o Regime Diferenciado de Contratações Públicas (RDC). É sabido que o novo regime flexibiliza de várias maneiras os procedimentos licitatórios voltados para eventos esportivos extremamente relevantes para o imaginário popular brasileiro — ou sejam, duas Copas (das Confederações FIFA/2013 e do Mundo FIFA/2014), e mais os Jogos Olímpicos de 2016.

Os contratos de obras e serviços aos quais se aplica o novo regime são definidos a partir de matrizes de responsabilidades elaboradas pelos entes da Federação em âmbito executivo, suscitando pertinentes questionamentos: até onde pode estender-se a discricionariedade administrativa na decisão de "quais" obras e serviços merecerão ter suas licitações simplificadas? Até que ponto confiar no juízo político do administrador público?

---

[12] Citem-se alguns exemplos de temas sobre os quais o Tribunal recomenda prévia motivação no processo: exigências qualitativas e quantitativas de habilitação no quesito qualificação técnica; previsões editalícias restritivas ao consorciamento; situações de não parcelamento da licitação; fixação dos critérios objetivos de julgamento e pontuação de propostas técnicas, entre outros.

[13] CARVALHO. *Da revogação do Ato Administrativo*, p. 42.

Para os que desejam uma resposta isenta e objetiva, nada melhor que remontar às raízes do próprio direito administrativo, por meio da cintilante doutrina de Paulo Neves de Carvalho. Sua contribuição ao pensamento jurídico foi decisiva no sentido de esclarecer pontos essenciais na compreensão do ato administrativo e de seus atributos, culminando na clássica distinção entre atos vinculados e discricionários. Nessa linha, a submissão da discrição administrativa a variáveis teleológicas — como o respeito à norma jurídica e à estruturação lógico-finalística do ato — logram oferecer competente síntese à contraposição entre a austera procedimentalização formal da LNL e a aparente largueza decisória do RDC.

O contexto teórico focalizado no presente estudo ganhou novos contornos ao incorporar, instrumentalmente, a "ideia de justiça" defendida por Maria Sylvia Di Pietro, bem como os princípios da razoabilidade e da proporcionalidade. Acrescente-se o marco da EC nº 19/98 — o poder-dever da eficiência — tão bem definido por Hely Lopes Meirelles. Resta, assim, preservada a segurança jurídica do ato administrativo, ademais fortalecida por sua potencial revogabilidade.

Dialeticamente, e em terreno mais específico, a estrutura da contratação pública é vista por Carlos Motta como um plexo de normas intertextuais e intercomplementares no qual o espaço do poder discricionário fica reduzido ao mínimo, situando-se em um campo de conceituações indeterminadas.

A Lei do RDC, com suas diretrizes de celeridade e flexibilização da estrutura decisória, pretende reduzir tal indeterminação por meio de uma excepcional ênfase no princípio da motivação — vale dizer, a exigência de fundamentação circunstanciada de vários tipos de decisões, devidamente explicitadas no texto legal e em seu decreto regulamentador. Tal orientação visa precisamente conferir legitimidade e segurança jurídica aos atos praticados; não constitui, como poderia talvez parecer, um excesso principiológico por parte do legislador, mas, no nosso entender, decorre de posicionamento consolidado ao longo dos últimos anos pelo Tribunal de Contas da União.

Mereceu menção especial neste estudo o aspecto do RDC relativo à revogação do procedimento licitatório, que, a partir de interpretação literal da lei, oferecia margem talvez desrazoada à discrição administrativa. O Decreto Regulamentador nº 7.581/11 reconduziu o texto à adequada hermenêutica jurídica, perfilhando os cânones, mais objetivos, da Lei nº 8.666/93.

Enfim, um corolário imediato e conclusivo da diretriz da ampla motivação do ato administrativo, na Lei do RDC, seria a maior amplitude da margem de discricionariedade — mas, não, de "liberalidade" — do agente público. Tal concepção implica inevitavelmente o ônus cautelar do planejamento e suas variáveis intervenientes, ditadas pelos interesses da coletividade.

5 Um registro final

No ano de 2004, durante a realização de evento jurídico em homenagem ao Professor Paulo Neves de Carvalho, falecido em maio daquele ano, o Professor Carlos Pinto Coelho Motta — coincidentemente, nos exatos dia e mês (18 de agosto) em que, sete anos após, veio a falecer — fez a leitura de um belo texto de sua lavra, concluindo com a seguinte mensagem:

> Definitivamente, sua memória será sempre reverenciada; sua presença será eternamente lembrada e sua ausência, sinceramente sentida.

Deixamos, então, reiterada nesta obra dedicada à memória do emérito Professor Paulo Neves, a homenagem de outro grande jurista, que se não tivesse partido tão cedo, o faria por suas próprias mãos neste livro, ratificando suas palavras de apreço e admiração ao homenageado, "emérito Professor, que contribuiu grandiosa e notoriamente para a evolução do Direito Administrativo no Brasil".

Referências

BANDEIRA DE MELLO, Celso Antônio. *Discricionariedade e controle jurisdicional*. São Paulo: Malheiros, 1992.

BICALHO, Alécia Paolucci Nogueira. A segurança jurídica no procedimento licitatório. *In*: VALIM, Rafael (Coord.). *O princípio da segurança jurídica no direito administrativo*: uma perspectiva comparada. Belo Horizonte: Fórum, 2012. No prelo.

BICALHO, Alécia Paolucci Nogueira. Efervescência estatal: infraestrutura e RDC. *Correio Braziliense*. Coluna Opinião, 09 nov. 2011.

CANÇADO, Maria de Lourdes Flecha de Lima. *Os conceitos jurídicos indeterminados e a discricionariedade administrativa*. Dissertação (Mestrado) – Universidade Federal de Minas Gerais, Belo Horizonte, 2006.

CARVALHO, Paulo Neves de. *Da revogação do ato administrativo*. (Monografia), Belo Horizonte, 1952.

DALLARI, Adilson Abreu. Sociedade de economia mista: sócio estratégico: acordo de acionistas. *RDA*, n. 221, jul./set. 2000. Parecer.

MEIRELLES, Hely Lopes. *Direito administrativo brasileiro*. São Paulo: Revista dos Tribunais, 1989.

MOREIRA NETO, Diogo de Figueiredo. *Legitimidade e discricionariedade*. Rio de Janeiro: Forense, 1998.

MOTTA, Carlos Pinto Coelho. *Eficácia nas licitações e contratos*. 12. ed. Belo Horizonte: Del Rey, 2011.

VALIM, Rafael. *O princípio da segurança jurídica no direito administrativo brasileiro*. São Paulo: Malheiros, 2010.

Informação bibliográfica deste livro, conforme a NBR 6023:2002 da Associação Brasileira de Normas Técnicas (ABNT):

BICALHO, Alécia Paolucci Nogueira. A questão da discricionariedade no Regime Diferenciado de Contratações Públicas (RDC). *In*: PIRES, Maria Coeli Simões; PINTO, Luciana Moraes Raso Sardinha (Coord.). *Paulo Neves de Carvalho*: suas lições por seus discípulos. Belo Horizonte: Fórum, 2012. p. 107-117. ISBN 978-85-7700-599-4.

A DESCENTRALIZAÇÃO SOCIAL, SOB A ÓPTICA DE PAULO NEVES DE CARVALHO, NO CONTEXTO DA REFORMA ADMINISTRATIVA

ANA LUIZA GOMES DE ARAUJO[1]

> *Parece haver um amplo espaço para uma revalorização do papel das políticas públicas frente aos problemas sociais no mundo em desenvolvimento. Não se trata de voltar a visões onipotentes do Estado, mas de pensar em um modelo estatal diferente, muito articulado em redes produtivas com a sociedade civil, em todas as suas expressões, e com as próprias comunidades pobres, buscando, em seu conjunto, soluções realmente válidas para os problemas. Há um clamor crescente nessa direção.*
> (KLIKSBERG, 2001, p. 134)

Segundo Marta Ferreira Santos Farah (2001, p. 120), no Brasil, a ocorrência de práticas de cunho clientelista e marcadas pela corrupção, que se tornaram recorrentes após a democratização dos anos 1980,

---

[1] Graduada em Direito e em Administração Pública pela Escola de Governo Professor Paulo Neves de Carvalho, da Fundação João Pinheiro. Pós-Graduada em Direito Público pela PUC Minas. Mestre em Direito Administrativo pela UFMG. Servidora Pública do Estado de Minas Gerais. Professora de cursos de Pós-Graduação na Escola de Governo Professor Paulo Neves de Carvalho.

contribuiu sobremaneira para a situação de descrédito da opinião pública em face da atuação estatal. Ensejou ainda, a expansão de ideias de cunho minimalista, neoliberal, que propõem a redução radical do Estado, contaminando a visão dos cidadãos sobre a ação governamental e a Administração Pública em todas as esferas de governo.

O Plano Diretor de Reforma do Aparelho do Estado – PDRAE (1995) demonstrou forte expressão de descrença na atuação estatal, propondo a reestruturação de seu aparato, por meio da reformulação dos setores do aparelho do Estado, bem como seu redimensionamento, aproximando a iniciativa privada e o "público não estatal", em prol da eficiência.

> A reforma do Estado deve ser entendida dentro do contexto da redefinição do papel do Estado, que deixa de ser o responsável direto pelo desenvolvimento econômico e social pela via da produção de bens e serviços, para fortalecer-se na função de promotor e regulador desse desenvolvimento. (PDRAE, 1995, p. 5)

Eficiência se tornou a palavra de ordem, sendo alçada ao *caput* do art. 37, da Constituição da República de 1988, pela Emenda Constitucional nº 19/98. Mas, como já advertia o Professor Paulo Neves de Carvalho, "que ilusão a de um Estado pretender ser eficiente em um contexto de miséria..."

De fato, o distanciamento do Estado, que passou a assumir os papéis de promotor e de regulador do desenvolvimento, criou um "vazio da ação pública, em circunstâncias contextuais em que a mesma era mais demandada do que nunca, pelo crescimento da pobreza e pela vulnerabilidade" (KLIKSBERG, 2001, p. 134).

Quão apropriada se mostra a lição do Professor Paulo Neves de Carvalho, naquelas memoráveis manhãs de segunda-feira, quando ensinava aos alunos da Pós-Graduação da UFMG: "a realidade social é indominável. Procura-se conter uma realidade dinâmica que advém da realidade social, mas fato é que a realidade social não pode ser contida por nenhuma lei". Por isso mesmo, alertava o professor, ressalvando as impropriedades que o termo administrado apresenta: "não se administra sobre os administrados, mas sim com os administrados".

Desatento a essas lições, o PDRAE — em nítida obediência à crença da "administração sobre os administrados" — atribuiu à "Constituição cidadã" a responsabilidade pela crise fiscal na qual se encontrava o Estado, por seus excessos garantistas, configurando verdadeiro "retrocesso burocrático". Ora, recém-saídos da ditadura militar, os administrados sequer tiveram a possibilidade de sonhar com o ideal de Estado Democrático de Direito propugnado pela Constituição.

Em face de um contexto de precário planejamento institucional de governos cada vez mais reféns de suas dívidas políticas e financeiras, restaria, equivocadamente, a culpa das incapacidades em cumprir a Constituição Federal para ela mesma. (PINTO, 2011)

Com o pretexto de prover os cidadãos com uma atuação mais eficiente e mais voltada aos resultados, o novo paradigma de administração gerencial contido no PDRAE produziu mudanças estruturais no modelo jurídico até então vigente, seja pela criação de novas entidades, dotadas de mais autonomia, com o intuito de fiscalizar a prestação de serviços públicos (agências reguladoras), seja por meio da relativização de garantias constitucionais.

A Reforma Administrativa consubstanciada no PDRAE trouxe, ainda, nova modalidade de descentralização. Na égide do Decreto-Lei nº 200/67, era o Poder Executivo que se descentralizava administrativamente. A Constituição de 1988 expandiu essa ideia, permitindo que todos os poderes se descentralizassem administrativamente. Atualmente, depois da reforma administrativa, procura-se incluir a sociedade na ideia de descentralização, havendo assim, grande alargamento desse conceito. Em suas aulas, o Professor Paulo Neves já apontava para o fato de que o princípio da subsidiariedade se enquadra nessa nova ideia de descentralização, na medida em que a sociedade passa a valorizar a força que lhe é própria. Dizia o mestre: "quando cogitamos de valorizar e envolver a sociedade na execução de cometimentos que competem ao Estado, há uma descentralização de poder e não descentralização administrativa". A essa descentralização de poder, Diogo de Figueiredo Moreira Neto (2007, p. 206), denominou de descentralização social.

Todavia, não obstante a pretensa legitimidade que tal descentralização social denota, os resultados da Reforma Administrativa demonstraram o inverso:

> Ao invés de promover foros mais abertos de participação do cidadão na administração estatal — como já vem acontecendo, no Brasil, em várias instâncias, como os orçamentos participativos, as audiências públicas e as câmaras de gestão —, para que ela pudesse progressivamente amadurecer junto à sociedade cada vez mais complexa e plural; despropositalmente, o que ocorreu na "reforma administrativa" brasileira foi o recrudescimento da descrença da comunidade em relação aos princípios do Estado em relação às burocracias. (SANTOS *apud* PIRES; PINTO, 2003, p. 554)

O PDRAE, embora tenha propugnado a inserção da sociedade civil no centro da esfera pública, acabou por produzir a sua contínua marginalização, demonstrando que o alargamento da noção de público serviu efetivamente para o afastamento do Estado da prestação de serviços públicos e sua transferência para a iniciativa privada (DIAS, 2003, p. 17), o que comprova mais uma vez que qualquer reforma digna de dar efetividade ao modelo de Estado Democrático de Direito, estampado na Constituição de 1988, deve partir da "administração com os administrados".

A mera abertura de canais de participação e interlocução com os indivíduos não se prestará à construção de um modelo de Administração mais consensual, se o Estado afastar-se de seus afazeres, deixando de interagir com a sociedade e de instituir vínculos fortes e duradouros, nos quais a sociedade perceba a sua efetiva participação na construção da concepção do interesse público. De modo contrário, continuaremos vivenciando um modelo de Administração autoritária, ainda que se apresente sob um viés democrático.

Essas são as considerações a se fazer por ora, pois como afirmava o Professor Paulo Neves de Carvalho "estamos vivendo um momento de síntese. Não há modelo acabado diante da vida".

Referências

CARVALHO, Paulo Neves de. *Anotações de aulas da Disciplina Direito Municipal*. Universidade Federal de Minas Gerais, Belo Horizonte, 2003.

DIAS, Maria Tereza Fonseca. *Direito administrativo pós-moderno*: novos paradigmas do direito administrativo a partir do estudo da relação entre o Estado e a sociedade. Belo Horizonte: Mandamentos, 2003.

FARAH, Marta Ferreira Santos. Parcerias, novos arranjos institucionais e políticas públicas no nível local de governo. *Revista de Administração Pública*, v. 35, n. 1, p. 119-144, jan./fev. 2001.

KLIKSBERG, Bernardo. Como reformar o Estado para enfrentar os desafios sociais do terceiro milênio. *Revista de Administração Pública*, v. 35, n. 2, p. 119-151, mar./abr. 2001.

MOREIRA NETO, Diogo de Figueiredo. *Mutações do direito administrativo*. 3. ed. Rio de Janeiro: Renovar, 2007.

PINTO, Élida Graziane. Plano Diretor da Reforma do Aparelho do Estado e organizações sociais: uma discussão dos pressupostos do "modelo" de reforma do Estado Brasileiro. Disponível em: <http://jus.com.br/revista/texto/2168/plano-diretor-da-reforma-do-aparelho-do-estado-e-organizacoes-sociais>. Acesso em: 10 out. 2011.

PIRES, Maria Coeli Simões; PINTO, Élida Graziane. Crise de Governabilidade e Reforma do Estado: visão crítica do diagnóstico e das soluções propostas. *In*: FERRAZ, Luciano; MOTTA, Fabrício (Org.). *Direito público moderno*. Belo Horizonte: Del Rey, 2003.

PLANO Diretor da Reforma do Aparelho do Estado. Brasília: Presidência da República/ Câmara da Reforma do Estado, 1995.

Informação bibliográfica deste livro, conforme a NBR 6023:2002 da Associação Brasileira de Normas Técnicas (ABNT):

ARAUJO, Ana Luiza Gomes de. A descentralização social, sob a óptica de Paulo Neves de Carvalho, no contexto da reforma administrativa. *In*: PIRES, Maria Coeli Simões; PINTO, Luciana Moraes Raso Sardinha (Coord.). *Paulo Neves de Carvalho*: suas lições por seus discípulos. Belo Horizonte: Fórum, 2012. p. 119-123. ISBN 978-85-7700-599-4.

O MUNICÍPIO E A COMPETÊNCIA LEGISLATIVA PREVISTA NO ART. 30, INCISO I, DA CONSTITUIÇÃO DA REPÚBLICA

CRISTIANA FORTINI[1]

MARIA FERNANDA PIRES DE CARVALHO PEREIRA[2]

TATIANA MARTINS DA COSTA CAMARÃO[3]

Honradas com o convite para participar da obra coletiva em homenagem ao Professor Paulo Neves de Carvalho, coube-nos verificar a importância do fortalecimento do Município para fins de melhor aplicação da competência legislativa do ente municipal, nos termos do art. 30, inciso I, da Constituição da República de 1988.

---

[1] Doutora em Direito Administrativo pela UFMG. Professora Adjunta de Direito Administrativo da UFMG. Controladora Geral do Município de Belo Horizonte. Coordenadora de Direito Administrativo da Escola Superior da OAB/MG. Diretora da Secretaria do Instituto Brasileiro de Direito Administrativo. Ex-Procuradora Geral Adjunta de Belo Horizonte. Ex-Presidente do Instituto Mineiro de Direito Administrativo.

[2] Mestre em Direito Administrativo pela UFMG. Sócia da Carvalho Pereira, Pires Advogados Associados. Ex-Juíza do TRE/MG. Diretora do Instituto Mineiro de Direito Administrativo (IMDA). Professora de Direito Administrativo.

[3] Mestre em Direito Administrativo pela UFMG, Professora Universitária e Coordenadora dos Cursos de Direito Público da Fundação Escola do Ministério Público do Estado de Minas Gerais.

1 Introdução

O modelo federal brasileiro nasce de um Estado unitário no seio da Constituição de 1824. A excessiva centralização à época decorria da realidade histórica brasileira, observada desde o período de sua colonização e, em especial, do comportamento centralizador dos monarcas portugueses que impediram a fragmentação do país. Assim, não há como negar traços mais centralizadores do federalismo brasileiro, desde o seu surgimento, o que não é verificado em países cujo federalismo é resultado da união de Estados soberanos.

A Constituição imperial de 1824 não previa, por óbvio, critério de repartição de competência, concentrada que estava na União, situação alterada graças ao ideal da Revolução Republicana, com o advento da Constituição de 1891, que agraciou as províncias, numa tentativa de rompimento com o modelo centralizador. A Constituição de 1934 e as que a sucederam até 1988 caracterizaram-se pela forte presença da esfera federal, embora não se lhes possa acusar de retroceder (ao menos formalmente) ao modelo que vigorava em 1824. Assim, são Constituições posicionadas entre a centralidade excessiva de 1824 e o federalismo acentuado Pós-República, embora a Constituição de 1937 mantivesse o regime federal apenas formalmente.

A Constituição de 1988 representa avanço significativo.[4] A respeito do tratamento constitucional dispensado aos Municípios pela Constituição de 1988, Paulo Bonavides afirma:

> Não conhecemos uma única forma de união federativa contemporânea onde o princípio da autonomia municipal tenha alcançado grau de caracterização política e jurídica tão alto e expressivo quanto aquele que consta da definição constitucional do novo modelo implantado no País com a Carta de 1988.[5]

Esse aspecto remonta às preciosas lições do Professor Paulo Neves de Carvalho, que nos ensinava com maestria que não se vive na União Federal nem nos Estados mas, sim, nos Municípios, local onde se retratam as diferenças e se demonstram de modo mais latente as necessidades cotidianas mais recorrentes, tendo dedicado sua carreira

---

[4] Mas a Constituição atual não é imune a críticas. A emancipação dos municípios, que, a partir de 1988, estão autorizados a editar sua "norma fundamental", denominada Lei Orgânica, não implica real capacidade de sobrevida, alheia à colaboração da União e dos Estados-membros. Isso porque a consagração do município como ente federado não foi acompanhada da competência tributária que lhe garantisse recursos suficientes.

[5] BONAVIDES, Paulo. *Curso de direito constitucional*. São Paulo: Malheiros, 2008. p. 314.

a fortalecer as localidades. Profetizava o Professor que os Municípios são "ambientes" mais propícios ao diálogo, ao debate, ao confronto de ideias e postulações, porque interessam ao cidadão a rua asfaltada, a praça cuidada, a escola equipada.

O Professor acentuava, ainda, que o exercício do poder local no Brasil, em boa medida, esteve relacionado a práticas autoritárias que remontam ao coronelismo e à personificação, mas que, ao fortalecer o Município, a Constituição não estava a chancelar práticas diagnosticadas como autoritárias. Isso porque a busca por democracia, por cidadania, perpassa o texto constitucional, logo, o exercício constitucional do poder local necessariamente rivaliza a visão personificada e centralizada que marca a vida dos Municípios brasileiros, considerados verdadeiras "células de nacionalidade".[6]

Paulo Neves de Carvalho era, antes de tudo, um homem afinado com a ideia de que não se altera o mundo sem que antes se aperfeiçoem as práticas locais. Verdadeiro missionário, o Professor dedicou sua vida a contribuir com a emancipação real (e não formal, derivada de previsão constitucional) dos Municípios. Por isso, tratar desses entes é tecer homenagem ao cidadão e jurista Paulo Neves de Carvalho.

2 O Município e sua competência legislativa – Do conteúdo da expressão "interesse local"

Antes de adentrar no núcleo conceitual do tema, importante destacar que a Constituição Federal de 1988 alterou o critério utilizado nas cartas anteriores que definiam a competência do ente municipal para assuntos de seu "peculiar interesse".

A expressão "assuntos de interesse local", em substituição ao peculiar interesse, ampliou a competência legislativa do Município, uma vez que abrange genericamente seus interesses, ao contrário da noção de peculiar interesse, que diz respeito a "próprio, privativo, especial",[7] o que dava a entender que para ser considerada de competência legislativa municipal a matéria teria de ser de interesse exclusivo do Município.

Ademais, entender que a competência legislativa municipal foi alargada a partir de 1988 vem ao encontro da opção estampada na

---

[6] Cf. MELO, José Tarcízio de Almeida. *Direito constitucional brasileiro*. Belo Horizonte: Del Rey, 2008. p. 532.

[7] Cf. PECULIAR. In: FERREIRA, Aurélio Buarque de Holanda. *Novo dicionário Aurélio da língua portuguesa*. 4. ed. Curitiba: Positivo, 2009. p. 1517.

Constituição da República, que erigiu o Município a uma importância ímpar na Federação, conferindo-lhe o *status* de ente federado.

A questão nuclear reside, portanto, em definirmos o que seja interesse local, levando em conta que a Constituição não definiu a expressão por inércia ou atecnia legislativa, mas, sim, para deixar ao crivo do ente municipal, diante de situação concreta, a possibilidade de exercer de modo mais adequado sua função legislativa.

Tanto assim que a Constituição de 1988 previu de modo expresso as matérias sobre as quais deverão União e Estados-membros (competência concorrente) legislar, reservando aos Municípios competência para legislar nos denominados assuntos de interesse local e para suplementar a legislação federal e estadual no que couber (art. 30, inciso II).

Pode-se afirmar, pois, que o "interesse local" há de ser preenchido no caso concreto, de acordo com as inúmeras e diversas necessidades municipais que são impossíveis de serem taxativa e exaustivamente enumeradas, além de se caracterizarem como mutáveis, oscilando ao sabor das características geográficas e do momento. Cabe invocar, a propósito, comentários de Andreas Joachim Krell[8] sobre o tema:

> Esse tipo de catálogo dos serviços locais para todo o território nacional sempre sofreu críticas por parte da doutrina. Alegou-se que a noção de peculiaridade local no que se refere à prestação de serviços públicos não seja passível de um entendimento padronizado. Diante da mutação por que passam certas atividades e serviços, a variação de predominância do interesse municipal, no tempo e no espaço, é um fato, particularmente no que diz respeito à educação primária, trânsito urbano, telecomunicações, etc.

Por isso mesmo, é importante melhor caracterizar o que seja interesse local, uma vez que reside nessa expressão a utilização legal da competência legiferante do ente municipal.

Não obstante sua indiscutível importância, que se revela, por exemplo, ao observarmos o conjunto expressivo de julgados do Supremo Tribunal Federal sobre o tema, os julgados que envolvem discussão sobre a constitucionalidade de lei municipal não desenvolvem à exaustão a matéria.

É fato que, em grande parte das vezes, ainda se avalia o interesse local como aquele não definido como interesse do Estado ou da União,

---

[8] KRELL, Andreas Joachim. Subsídios para uma interpretação moderna da autonomia municipal na área da proteção ambiental. *Interesse Público – IP*, São Paulo, ano 3, n. 10, p. 27-42, abr./jun. 2001.

o que é um grande equívoco. O interesse local, na maioria das vezes, repercute nos interesses regionais e nacionais.

Assim é que os Municípios devem exercer sua competência legislativa segundo o interesse local, que pode ser compreendido pelo atendimento das necessidades imediatas do Município, sem invadir a competência constitucionalmente definida para a União Federal e também para os Estados. Não há como não vislumbrar que esse interesse local é variável no tempo e no espaço, dependendo sempre da situação real e concreta apreciável. Luís Roberto Barroso,[9] referindo-se ao assunto, destaca:

> Determinada atividade considerada hoje de interesse predominantemente local, com a passagem do tempo e a evolução dos fenômenos sociais, poderá perder tal natureza, passando para a esfera de predominância regional e até mesmo federal. Uma série de fatores pode causar essa alteração: desde a formação de novos conglomerados urbanos, que acabam fundindo municípios limítrofes, até a necessidade técnica de uma ação integrada de vários municípios, para a realização do melhor interesse público. Também não é impossível imaginar o processo inverso, diante de uma substancial alteração da forma de ocupação populacional no território.

Não se nega que interesse local é conceito difícil, mas há consenso em entendê-lo como aquele que predominantemente, e não exclusivamente, interessa ao Município. Sobre o tema, Hely Lopes Meirelles[10] pontua:

> O assunto de interesse local se caracteriza pela predominância (e não pela exclusividade) do interesse para o município, em relação ao do Estado e da União. Isso porque não há assunto municipal que não seja reflexamente de interesse estadual e nacional. A diferença é apenas de grau, e não de substância.

Não se pode olvidar, todavia, as dificuldades de verificar, no caso concreto, se o interesse local exige o exercício do poder legiferante municipal ou se a situação, por esbarrar na competência estadual ou federal, deve ficar a cargo do Estado-membro ou da União Federal. Isso

---

[9] BARROSO, Luís Roberto. Saneamento básico: competências constitucionais da União, Estados e Municípios. *Interesse Público – IP*, Belo Horizonte, ano 4, n. 14, abr./jun. 2002.
[10] MEIRELLES, Hely Lopes. *Direito municipal brasileiro*. 8. ed. São Paulo: Malheiros, 1996. p. 122; MEIRELLES, Hely Lopes. *Direito administrativo brasileiro*. 33. ed. São Paulo: Malheiros, 2007.

justifica a quantidade de ações que chegam ao alvedrio do Supremo Tribunal Federal, que, no caso concreto, avalia a constitucionalidade ou não do exercício da competência legislativa. Nesse sentido, confiram-se os seguintes precedentes:[11]

> AGRAVO REGIMENTAL NO RECURSO EXTRAORDINÁRIO. AGÊNCIAS BANCÁRIAS. TEMPO DE ATENDIMENTO AO PÚBLICO. COMPETÊNCIA. MUNICÍPIO. ART. 30, I, CB/88. FUNCIONAMENTO DO SISTEMA FINANCEIRO NACIONAL. ARTS. 192 E 48, XIII, DA CB/88.
>
> 1. O Município, ao legislar sobre o tempo de atendimento ao público nas agências bancárias estabelecidas em seu território, exerce competência a ele atribuída pelo artigo 30, I, da CB/88.
>
> 2. A matéria não diz respeito ao funcionamento do Sistema Financeiro Nacional (arts. 192 e 48, XIII, da CB/88).
>
> 3. Matéria de interesse local.
>
> Agravo regimental improvido. (STF, Agravo Regimental no Recurso Extraordinário nº 427.463-9/RO, Rel. Ministro Eros Grau, 1ª Turma, *DJU*, 19 maio 2006)

> CONSTITUCIONAL. MUNICÍPIO. SERVIÇO FUNERÁRIO. CF, ART. 30, V.
>
> I. Os serviços funerários constituem serviços municipais, dado que dizem respeito com necessidades imediatas do Município. CF, art. 30, V.
>
> II. Ação direta de inconstitucionalidade julgada procedente. (STF, Ação Direta de Inconstitucionalidade nº 1.221-5/RJ, Pleno, Requerente: Procurador Geral da República, Requerido: Assembléia Legislativa do Estado do Rio de Janeiro, Rel. Min. Carlos Velloso, *DJ*, 31 out. 2003)

Talvez a celeuma poderia ter sido resolvida se a Constituição Federal tivesse atribuído aos Estados, como previa o Anteprojeto,

> a competência expressa de definirem mediante lei complementar as "particularidades locais, para efeito de variação" (art. 9º, §4º). Tal procedimento também teria a grande vantagem de poder traçar linhas de responsabilidade entre os governos estaduais e as prefeituras, onde

---

[11] Em outras oportunidades, ainda, o STF já teve a oportunidade de reconhecer a competência do município para disciplinar (se fosse o caso) sobre direito a "meia passagem" aos estudantes usuários de transportes coletivos municipais, considerando inconstitucional artigo da Constituição do Estado do Amapá que assegurava tal benesse (ADI nº 845-5).

hoje existem inúmeras dúvidas, omissões e superposições dos planos, programas e atividades.[12]

Para José Nilo de Castro,[13] "este interesse, para ser caracterizado e identificado, obedece a critérios mutáveis e empíricos pelo fato da existência das circunstâncias as mais diversas. Ora, estas últimas demonstram realmente a relatividade conceitual do conteúdo do interesse municipal". Nesse sentido, Andreas Joachim Krell[14] recomenda, na aferição do conteúdo de interesse local, que seja adotada a teoria das escalas,

> que busca orientar a repartição das competências, encargos e serviços entre os diferentes níveis estatais segundo critérios geográficos, econômicos, técnicos, financeiros, bem como de poder político e de força administrativa. O interesse local é, portanto, variável em função da localização geográfica, dimensão, população, tradição, aspectos históricos e culturais, potencialidades, níveis de urbanização, características do solo, aspirações do povo, proximidade ou afastamento de centros polarizadores, etc.

Se as questões técnicas, geográficas e financeiras extrapolarem o interesse local, as competências constitucionais devem ser reinterpretadas.[15] Em realidade há que se verificar caso a caso a atividade a ser desenvolvida, pois há serviços que nunca poderão ser prestados pelos Municípios, já que a Constituição atribui competências aos demais entes da Federação, ou serviços que assumem importância de repercussão regional ou nacional, de modo que deverão ser prestados pelos Estados ou pela União. A natureza de predominância local, como dito, deverá ser aferida em razão do momento, da localização, das peculiaridades locais, representando, nesse passo, uma definição dinâmica e não estanque, presa a conceitos e padrões.

---

[12] KRELL, Andreas Joachim. Subsídios para uma interpretação moderna da autonomia municipal na área da proteção ambiental. *Interesse Público – IP*, Belo Horizonte, ano 3, n. 10, p. 27-42, abr./jun. 2001.

[13] CASTRO, José Nilo. *Direito municipal positivo*. 6. ed. Belo Horizonte: Del Rey, 2006. p. 53.

[14] KRELL, Andreas Joachim. Subsídios para uma interpretação moderna da autonomia municipal na área da proteção ambiental. *Interesse Público – IP*, São Paulo, ano 3, n. 10, p. 27-42, abr./jun. 2001.

[15] MENCIO, Mariana. Competências da região metropolitana: água e esgoto. *Revista Brasileira de Direito Municipal – RBDM*, Belo Horizonte, ano 12, n. 42, p. 59-83, out./dez. 2011.

3 Conclusão

Em conclusão, na esteira das lições tão bem explicitadas pelo Professor Paulo Neves de Carvalho, ratifica-se que a atual ordem constitucional brasileira ampliou a competência e a autonomia municipal, dependendo o exercício da função legislativa municipal da verificação concreta da presença do requisito do interesse local, expressão aberta, não taxativa e genérica que deve ser compreendida sempre com vista a ampliar o exercício do poder legiferante municipal.

Informação bibliográfica deste livro, conforme a NBR 6023:2002 da Associação Brasileira de Normas Técnicas (ABNT):

FORTINI, Cristiana; PEREIRA, Maria Fernanda Pires de Carvalho; CAMARÃO, Tatiana Martins da Costa. O Município e a competência legislativa prevista no art. 30, inciso I, da Constituição da República. In: PIRES, Maria Coeli Simões; PINTO, Luciana Moraes Raso Sardinha (Coord.). *Paulo Neves de Carvalho*: suas lições por seus discípulos. Belo Horizonte: Fórum, 2012. p. 125-132. ISBN 978-85-7700-599-4.

A COMPREENSÃO DO SIGNIFICADO DE INTERESSE PÚBLICO À LUZ DO PARADIGMA DO ESTADO DEMOCRÁTICO DE DIREITO

DANIELA MELLO COELHO HAIKAL[1]

HELOISA HELENA NASCIMENTO ROCHA[2]

1 Colocação do problema

Traduzir o que seja concretamente "interesse público" não é tarefa fácil. Assim como "dignidade da pessoa humana" ou "justiça", o interesse público, em que pese a carga que a expressão traz consigo e de sua intrínseca relação com as exigências de um Estado Democrático de Direito, não podemos conceituá-lo. Portanto, eis o grande dilema: os órgãos e entidades da Administração Pública e seus servidores atuam em nome e para o alcance do interesse público, embora dificilmente saibamos responder o que ele significa!

A doutrina e a jurisprudência não são alheias ao desafio de tornar o entendimento do que seja interesse público palpável, acessível, vivo. Neste sentido é que, com base na classificação de origem italiana,

---

[1] Doutora e Mestra em Direito Administrativo pela UFMG. Professora do Curso de Direito da FEAD e de Cursos de Pós-Graduação. Servidora de carreira do Tribunal de Contas do Estado de Minas Gerais.

[2] Doutora e Mestra em Direito Constitucional pela UFMG. Docente colaboradora da Fundação João Pinheiro. Servidora de carreira do Tribunal de Contas do Estado de Minas Gerais.

introduziu-se no debate pátrio a noção de interesse público primário e secundário. O primeiro representa o interesse de toda a sociedade, a razão de ser do Estado: a promoção da justiça, da segurança e do bem-estar social. Por sua vez, o interesse público secundário é o da pessoa jurídica de direito público considerada uma determinada relação jurídica, identificando-se com o interesse de maximizar a arrecadação e minimizar as despesas (interesse do erário).[3]

Observa-se que parece haver um certo consenso, cujo reflexo se faz sentir na jurisprudência dos tribunais superiores, acerca da supremacia do interesse público primário sobre o secundário.

Na ação de inconstitucionalidade, julgada improcedente, de lei estadual que garante meia entrada em locais públicos de lazer, cultura e esporte a doadores regulares de sangue, manifestou o Supremo Tribunal Federal que, na composição entre o princípio da livre iniciativa e o direito à vida, há de ser preservado o interesse da coletividade, interesse público primário. Segundo o STF, em que pese a vedação constitucional da comercialização de sangue, há autorização para que a lei infraconstitucional disponha sobre as condições e requisitos que facilitem a sua coleta.[4] Por sua vez, em decisão acerca da legitimidade do Ministério Público para propor ação civil pública em favor de um indivíduo determinado, postulando a disponibilização de tratamento médico, manifestou-se o Superior Tribunal de Justiça no sentido de que, ainda que o Parquet tutele o interesse de uma única pessoa, o direito à saúde não atinge apenas o requerente, mas todos os que se encontram em situação equivalente, tratando-se, pois, de interesse público primário, de que não se pode dispor.[5] O mesmo Tribunal tem entendido que nas hipóteses de interesse público secundário ou interesse da Administração, como por exemplo nos casos de ações indenizatórias propostas contra o Poder Público, a intervenção do Ministério Público somente seria imprescindível quando se evidenciar a conotação de interesse público, que não se confunde com o mero interesse patrimonial-econômico da Fazenda Pública.[6]

É evidente que a distinção assim colocada é didaticamente elucidativa. Mas até que ponto seria desejável compreender o interesse

---

[3] BARROSO. O Estado contemporâneo, os direitos fundamentais e a redefinição da supremacia do interesse público. In: SARMENTO (Org.). *Interesses públicos versus interesses privados*: desconstruindo o princípio da supremacia do interesse público.
[4] BRASIL. Supremo Tribunal Federal. ADI nº 3.512/ES. Disponível em: <http://www.stf.gov.br>.
[5] BRASIL. Superior Tribunal de Justiça. AgRg no Resp nº 872.733/SP. Disponível em: <http://www.stj.gov.br>.
[6] BRASIL. Superior Tribunal de Justiça. AgRg no Resp nº 1.147.550/GO. Disponível em: <http://www.stj.gov.br>.

da Administração como um espaço separado daquele confinado ao interesse da sociedade?

Para discutir o tema, entendemos ser fundamental resgatar a relação entre Estado e Sociedade, bem como a noção do que seja público, à luz dos paradigmas jurídicos de maior sucesso: Estado Liberal, Estado Social e Estado Democrático de Direito.

2 A noção de interesse público à luz do paradigma do Estado Democrático de Direito

No Estado Liberal, com o reconhecimento de direitos de liberdade e igualdade inerentes a todos, a ação administrativa passa a ser vista como uma forma de intervenção na liberdade e na propriedade, assim como toda organização política significa uma ameaça ao livre exercício desses direitos. A liberdade possui um sentido negativo, de fazer tudo aquilo que a lei não proíbe. Estabelece-se de forma clara uma ruptura entre Estado e Sociedade, sendo qualquer ingerência de outros indivíduos ou do Estado, no exercício dessa liberdade, protegida por meio coercitivos.

Com o advento do Estado Social, os direitos fundamentais adquirem um *status* positivo, e devem ser garantidos pelo Estado por meio da prestação de serviços que garantam o desenvolvimento da pessoa humana, alargando-se, pois, o papel da Administração Pública. Revela-se uma interpenetração entre Estado e Sociedade, sendo que o Estado assume toda a dimensão do público, intervindo profundamente na sociedade e reduzindo o cidadão ao papel passivo de clientes de serviços.[7]

O Estado Democrático de Direito propugna uma outra visão acerca do que seja público e, ao tomar por base uma sociedade descentrada e altamente complexa, estabelece uma nova forma de interação entre Sociedade e Estado a partir de uma esfera pública que não se reduz ao estatal. O Estado não é concebido como um sujeito superdimensionado para a consecução do bem comum ou como um conjunto de normas neutras que regulam o equilíbrio do poder. O Estado de Direito é o modo de institucionalização de procedimentos discursivos da formação da vontade e da opinião públicas. Não há que se falar em uma totalidade social centrada no Estado. A esfera pública compreende não só

---

[7] DIAS. *Direito administrativo pós-moderno*: novos paradigmas do direito administrativo a partir do estudo da relação entre o Estado e a sociedade.

as arenas políticas, mas redes periféricas informais que constituem as bases do agir comunicativo.

A noção de interesse público não é posta, mas construída, dependendo, pois, de um processo de interpretação democrática, em uma comunidade que busca concretizar os princípios da igualdade e de liberdade consagrados constitucionalmente.[8] Neste sentido, "o interesse público é de todos os afetados pelo exercício do poder e não, necessariamente, o de uma determinada administração".[9]

Ao considerar o interesse público ou a "coisa do povo", para usar a expressão de Catlaw, como algo dado e objetivo, a comunidade política é concebida como a possessão de algum elemento essencial compartilhado por um povo inteiro traduzido em uma forma única de vida. Nesse sentido, o autor aponta para a necessidade de se deslocar o foco das considerações da objetividade da coisa do povo para a constituição subjetiva de cada realidade singular. Reconstituir o conceito do político implica reconhecer o público como transcendência, impulsionar a noção de equidade democrática ao extremo lógico da diferença singular absoluta, uma vez que somente na base da diferença pode haver verdadeira equidade. Não é mais possível, portanto, compreender a política como reflexo absoluto da "coisa do povo". O surgimento de uma lógica de equivalência democrática radical significa a lógica da igualdade pela diferença. Diante da absoluta impossibilidade de um povo unificado, Catlaw afirma a necessidade de se superar a política do objeto para uma política do sujeito, em que se reconheça a realidade social como organizada e constituída no nível do sujeito.[10]

Neste contexto, a administração pública não pode ser vista apenas sob a perspectiva do instrumental para se alcançarem determinados resultados. A transformação constante das demandas traduzidas pela abertura democrática impõe uma dinâmica de atuação que ultrapassa a lógica meramente executiva.

Portanto, é possível concluir que a classificação de interesse público em primário e secundário é destituída de sentido prático, seja porque

---

[8] "A sociedade torna-se aberta e livre, porque todos estão potencial e atualmente aptos a oferecer alternativas para a interpretação constitucional. A interpretação constitucional jurídica traduz (apenas) a pluralidade da esfera pública e da realidade (*die pluralistische Öffentlichkeit und Wirklichkeit*), as necessidades e as possibilidades da comunidade, que constam do texto, que antecedem aos textos constitucionais ou subjazem a eles". HÄBERLE. *Hermenêutica constitucional*: a sociedade aberta dos intérpretes da Constituição: contribuição para a interpretação pluralista e "procedimental" da Constituição, p. 43.
[9] CARVALHO NETTO. A hermenêutica constitucional e os desafios postos aos direitos fundamentais. *In*: SAMPAIO (Coord.). *Jurisdição constitucional e direitos fundamentais*, p. 156.
[10] CATLAW. Administração, pós-modernidade e coisa(s) pública(s), ou em busca de uma política do sujeito. *Revista Brasileira de Administração Pública*, p. 605-626.

a noção de interesse público, por natureza indeterminada, requer uma (re)construção em cada caso concreto para que seja possível uma solução justa; seja porque uma vez que o público não se reduz ao estatal, não se pode compreender o interesse público como o de uma determinada Administração, ainda que em caráter secundário e subjugado ao interesse da sociedade; seja porque as escolhas administrativas, o modelo de gestão e o funcionamento dos órgãos e entidades governamentais não podem ser considerados interesse exclusivo da Administração.

É possível visualizar a ocorrência de situações vivenciadas no ambiente doméstico dos órgãos públicos que demonstram a identidade de propósitos perseguidos pela Administração Pública ao lidar com questões relacionadas à consecução dos interesses públicos primário e secundário.

A título de ilustração, cabe analisar as alterações promovidas na Lei Geral de Licitações e Contratações Públicas no decorrer do seu período de vigência. Sabe-se que o procedimento licitatório sempre foi concebido como elemento de instrumentalização do Estado, de caráter eminentemente formal e voltado para a escolha da melhor proposta que, em regra, acarretará a execução de despesas públicas. Assim, a licitação não foi planejada como instituto de satisfação do interesse público primário da Administração, uma vez que sua finalidade é estabelecer os meios voltados para viabilizar a competição entre possíveis interessados em celebrar vínculos negociais com o ente público.

Todavia, percebe-se que as inovações legislativas mais significativas passaram a tratar a licitação como um dos instrumentos capazes de dar concretude a princípios afetos à disciplina de relações sociais e de interesse geral, que vão além de sua concepção puramente procedimental.

Cabe aqui registrar o tratamento normativo conferido às microempresas e empresas de pequeno porte, nos termos da Lei Complementar nº 123/06, e a mudança proporcionada pela Lei nº 12.349, de 21.12.2010, que assentou o princípio da licitação sustentável, com a estipulação de novas regras destinadas a efetivar a promoção do desenvolvimento nacional sustentável.

Por oportuno, vale anotar que tem sido destacado, com maior transparência, que o Estado, para alcançar diversas tarefas e atividades submetidas a seu encargo, tem demonstrado imenso poder de compra, movimentando significativamente o mercado. Dados divulgados pelo Ministério do Planejamento[11] apontam que o volume de recursos

---

[11] Disponível em: <http://www.planejamento.gov.br>.

públicos gastos com contratações públicas de bens, obras e serviços, alcança o montante de setecentos bilhões de reais, o que corresponde, em média, a 16% do Produto Interno Bruto (PIB).

Neste contexto, o legislador tem atentado para o fato de que, por meio de disputas e contratações públicas, a Administração estimula a participação de inúmeros particulares e impulsiona sobremaneira as relações de mercado, o que enseja a necessidade de inserir a licitação no cenário econômico, social e ambiental.

Constata-se, assim, que o procedimento antes concebido como algo meramente formal passa a ganhar contornos extremamente amplos e diversificados, esvaziando qualquer sustentação de que há distinção entre o interesse primário e o secundário.

Portanto, tendo o ordenamento jurídico conferido à licitação novos fundamentos jurídicos, que propiciam a implantação de medidas de fomento ao desenvolvimento econômico e social, constata-se que o certame assume *status* de instrumento de propagação de políticas públicas, revelando sua essencialidade e nítida intimidade com a busca do interesse público.

3 Conclusão

Expostas as considerações acima, tem-se que o desafio ora lançado envolve o enfrentamento da discussão atinente à permanência, na contemporaneidade, da dualidade assentada no decorrer da consolidação do Direito Administrativo entre "interesse público primário" e "interesse público secundário". Tais acepções se solidificaram ao longo do tempo sob o fundamento de que a atuação estatal, ora como representante dos interesses da sociedade, ora como máquina administrativa voltada para as suas demandas internas, ensejava a incidência de valores e regras que se distinguiam em razão da diferença de objetivos que o Estado visava alcançar em cada caso. Isto porque, a forma de conceber a Administração Pública se desenvolveu sob a ótica da diferenciação entre os interesses coletivos e os interesses da própria organização como algo apartado dos interesses gerais, isolada, portanto, do contexto social, e vislumbrada como sujeito que buscava a concretização de objetivos meramente administrativos e internos.

Todavia, entende-se que, na atual concepção dos institutos que fundamentam o direito público, não é mais possível manter essa distinção, uma vez que o tratamento a ser conferido às demandas consideradas internas não pode se dissociar do que é necessário e essencial à sociedade. Os fins perseguidos pelo Estado, em qualquer área que ele venha a atuar, não se contradizem nem se contrapõem.

Por fim, vale reconhecer que, embora o tema escolhido suscite controvérsias e questionamentos, permanecemos fiéis ao estilo do Professor Paulo Neves de Carvalho, que nunca se afastou do enfrentamento de desafios e que sempre lançava a dúvida como um caminho para se alcançar a resposta, contribuindo para que o Direito sirva à vida digna e à convivência democrática.

Referências

BARROSO, Luís Roberto. O Estado contemporâneo, os direitos fundamentais e a redefinição da supremacia do interesse público. *In*: SARMENTO, Daniel (Org.). *Interesses públicos versus interesses privados*: desconstruindo o princípio da supremacia do interesse público. Rio de Janeiro: Lumen Juris, 2007.

CARVALHO NETTO, Menelick. A hermenêutica constitucional e os desafios postos aos direitos fundamentais. *In*: SAMPAIO, José Adércio Leite (Coord.). *Jurisdição constitucional e direitos fundamentais*. Belo Horizonte: Del Rey, 2003.

CATLAW, Thomas J. Administração, pós-modernidade e coisa(s) pública(s), ou em busca de uma política do sujeito. *Revista Brasileira de Administração Pública*, Rio de Janeiro, v. 37, n. 3, p. 605-626, maio/jun. 2003.

DIAS, Maria Tereza Fonseca. *Direito administrativo pós-moderno*: novos paradigmas do direito administrativo a partir do estudo da relação entre o Estado e a sociedade. Belo Horizonte: Mandamentos, 2003.

HÄBERLE, Peter. *Hermenêutica constitucional*: a sociedade aberta dos intérpretes da Constituição: contribuição para a interpretação pluralista e "procedimental" da Constituição. Porto Alegre: Sergio Antonio Fabris,1997.

HABERMAS, Jürgen. *Direito e democracia*: entre facticidade e validade. Rio de Janeiro: Tempo Brasileiro, 1997. 2 v.

Informação bibliográfica deste livro, conforme a NBR 6023:2002 da Associação Brasileira de Normas Técnicas (ABNT):

HAIKAL, Daniela Mello Coelho; ROCHA, Heloisa Helena Nascimento. A compreensão do significado de interesse público à luz do paradigma do Estado Democrático de Direito. *In*: PIRES, Maria Coeli Simões; PINTO, Luciana Moraes Raso Sardinha (Coord.). *Paulo Neves de Carvalho*: suas lições por seus discípulos. Belo Horizonte: Fórum, 2012. p. 133-139. ISBN 978-85-7700-599-4.

ADMINISTRAÇÃO PÚBLICA LOCAL E A IMPORTÂNCIA DOS FENÔMENOS SOCIAIS[1]

DEBORAH FIALHO RIBEIRO GLÓRIA[2]

Pelo que me diz respeito, jamais de bom grado me entregarei nem outorgarei a minha confiança a condutores de povos que não estejam penetrados na idéia de que, ao conduzir um povo, conduzem homens; homens de carne e osso; homens que nascem, sofrem e, ainda que não queiram morrer, morrem; homens que são fins em si mesmos, e não meios; homens, enfim, que buscam a isto a que chamamos felicidade.

(Miguel de Unamuno)

É interessante o exercício de parar para pensar em um dos legados (dentre vários) que o Professor Paulo Neves de Carvalho tenha deixado. Há uma simbiose, uma fusão de ideias e por vezes é difícil saber quando termina a ideia do professor e quando começa a minha...

---

[1] O presente artigo teve origem em debates travados com o Professor Paulo Neves de Carvalho por ocasião de estudos efetuados durante minha dissertação de mestrado em Direito Administrativo, defendida na Universidade Federal de Minas Gerais.

[2] Advogada. Professora de Direito Administrativo e Direito Municipal. Mestre em Direito Administrativo pela UFMG. Especialista em controle externo pela PUC Minas. Especialista em contabilidade governamental pela UFMG.

De toda forma, na tentativa de ser o mais exato possível, destaco como uma de suas lições o foco dado à racionalidade administrativa com ênfase nas dimensões do planejamento, da direção, da coordenação e do controle e a necessidade de se impregnar os fenômenos da Administração local com a sociologia jurídica.

Lembro-me de suas indagações quanto à relação existente entre o dado habitacional dos Municípios brasileiros e a intenção de se implantar a Lei de Responsabilidade Fiscal. Não haveria aí uma incompatibilidade clara entre as intenções do legislador e os nossos Municípios? Não estaríamos frente à exigência de uma Administração Pública requintada em uma cultura socioeconômica carente? O Município brasileiro está na administração racionalizada ou na empírica? O prefeito municipal, principalmente nas menores localidades (em que há uma maior proximidade entre dirigente e cidadão), no afã dos fatos negaria o medicamento ao enfermo por que a Lei de Responsabilidade Fiscal não permite?

Partindo destas cogitações o Professor Paulo Neves diria, a meu ver, que ao se vivenciar a experiência de aplicação do direito positivo no âmbito municipal, fica claro que muitas vezes o direito está distanciado das exigências da sociedade, organismo mutável e dinâmico. Daí a necessidade de meditar sobre a Administração Pública local e o corpo social, no seu processo de interação.

Na trajetória da humanidade está presente a ideia do associativismo. Tem-se que o homem está constantemente a associar-se para o atingimento de objetivos comuns. Quaisquer que sejam os interesses e desejos que as motivam, as pessoas estabelecem continuamente objetivos a alcançar e com isso gradativamente instala-se o fenômeno denominado administração.[3]

Com a evolução da humanidade, a forma improvisada de organização cede lugar à forma científica, calcada em princípios e técnicas que aprimorem a administração. Com efeito, sob a ótima moderna, administrar é empregar princípios e técnicas para que os recursos humanos se associem de modo racional, proporcionando, assim, a utilização ótima de recursos humanos, materiais e financeiros.

---

[3] O fenômeno denominado administração, no âmbito da teoria geral, pressupõe esforços humanos que se consorciam ou conjugam para a consecução de objetivos comuns.

A sistematização a que se convencionou chamar Teoria Geral da Administração coube a Henri Fayol.[4] Posteriormente foram desenvolvidas a teoria humanística,[5] burocrática,[6] estruturalista,[7] comportamental,[8] sistêmica[9] e contingencial.[10]

No rol de tais correntes, ganharam prestígio, na administração privada, as que se concentraram na análise dos fenômenos das relações humanas, ou priorizaram os resultados ou eficiência e a sistêmica. Assim, por mais que se venha a estudar a Teoria Geral de Administração, o denominador comum está em que a atividade administrativa se desdobra, na conhecida forma fayolista, em momentos ou fases distintas — planejar (prever), organizar (dispor os elementos na composição da máquina), coordenar (dar ritmo) e controlar (verificar, conformar, impor a correção). Na teoria geral de administração, estão os fundamentos de cada uma das fases no processo de busca de resultados comuns.

---

[4] Para Fayol, a eficiência seria aumentada de acordo com a disposição dos órgãos que compõem a organização, dava-se ênfase à estrutura.

[5] A ênfase que antes fora dada à estrutura, agora passa a convergir para as pessoas que trabalham nas organizações. Passou-se a preocupar com aspectos psicológicos e sociológicos dos trabalhadores. Pela experiência de *Hawthorne* (realizada na fábrica da *Western Electric Company*), Elton Mayo verificou que a organização tem que tratar os empregados como sendo membros de grupos e sujeitos às influências sociais desses grupos. Com relação ao nível de produção, concluiu-se que quanto maior a integração social no grupo de trabalho, maior a disposição de produzir.

[6] Sob a influência das ideias de Max Weber, defendeu-se que a tão almejada eficiência seria alcançada por meio da burocratização das organizações. Buscava-se a racionalização do trabalho, detalhava-se como as pessoas deveriam agir em face de determinados fatos: trabalhava-se com a previsibilidade do funcionamento da organização, desenvolvendo-se, então, a Teoria Burocrática da Administração.

[7] A Teoria Estruturalista da Administração, além de lidar com aspectos formais da organização (padrão de organização determinado pela administração), conjuga tais aspectos formais com os informais (relações sociais que se desenvolvem espontaneamente entre as pessoas). Preocupa-se com a interação entre a organização e o ambiente, na medida em que existe uma interdependência das organizações com a sociedade, em geral, em função das complexas interações entre elas.

[8] Segundo a Teoria Comportamental, notadamente com as contribuições de McGregor, Maslow e Herzberg, todo indivíduo é um tomador de decisões e para tal utiliza-se de suas convicções e baseia-se nas informações que consegue extrair do ambiente. A organização é vista como sistema de decisões, e para que os participantes tomem decisões consentâneas com as da organização, esta tem que desenvolver uma série de artifícios para orientar tais decisões. Trata-se do desenvolvimento organizacional, e não apenas do desenvolvimento social.

[9] Sob a ótica da abordagem sistêmica, as organizações são abordadas como sistemas abertos e fazem parte de uma sociedade maior, havendo uma interdependência entre as partes das organizações.

[10] Abordagem contingencial, segundo a qual não se alcança a eficácia organizacional se se estiver preso a uma única orientação teórica (dentre as teorias que compõem a TGA), e tanto o ambiente como a tecnologia são variáveis que condicionam a estrutura e o comportamento organizacional, ou seja, são as características do ambiente e a tecnologia que condicionam as características organizacionais.

Todos estes momentos são parte do mesmo fenômeno, o de administração, que utiliza recursos humanos, materiais, financeiros e métodos de trabalho. E qual seria a peculiaridade dos fenômenos de administração pública quando se cogita no plano dos governos locais? Os Municípios não se sujeitam apenas ao poder local; sujeitam-se, no Estado federal, eles próprios, às duas outras ordens jurídicas, a estadual e a federal. Contudo, na maioria deles, as elaborações abstratas da lei não fazem sentido, não repercutem, porque costuma ser tão pobre a realidade socioeconômica, que não consegue absorver a intenção lógica que se coloca nas leis.

É preciso atentar para o fato de que o Município não encontra limite na conceituação do jurídico. É preciso trabalhar com os olhos voltados para o conceito jurídico e, ao mesmo tempo, para o aspecto sociológico dos fenômenos, pois a vida social traz uma série de relações, quer entre seres humanos, quer entre estes e a sociedade. Qualquer análise da Administração Pública local completa-se com a visão dos fenômenos sociais daquele grupo.

O exercício do poder político local, pela proximidade das autoridades respectivas, é o mais visível, o mais permanente, o mais ostensivo. Observa-se este fenômeno com maior nitidez, é certo, nas comunidades locais menos populosas, que representam a maioria em nosso País: aproximadamente 70% dos seus Municípios possuem população (urbana/rural) de até 20.000 habitantes, segundo dados do IBGE, em 2010.

Nesse estrato, governo e sociedade locais têm campo largo para exercitarem a vontade comum. O que se quer dizer é que a legislação municipal — mais propriamente do que direito municipal — na verdade, ainda não dita comportamentos duradouros.

Na verdade, os munícipes são particularmente sensíveis às normas que eles próprios criam. A convivência que formam é muito mais influenciada pela tradição e os costumes, que pelas regras formais colocadas no bojo das leis, seja qual for sua origem, a federal ou nacional, a estadual ou mesmo a local.

Nas modestas realidades socioeconômicas, em que se consubstanciam em sua grande maioria, as sociedades locais, o que mais influi são as regras hauridas da própria comunhão, as regras da situação, as engendradas nos fenômenos que ocorrem no organismo vivo que é a comunidade.

Verifica-se que nesta seara as necessidades sociais têm poder normativo maior do que a vontade de um legislador que não esteja disposto a reconhecê-las.

Daí a observação de que lideranças políticas locais, conscientemente ou não, operam verdadeiros milagres, à míngua de recursos, porque seus vínculos com o grupo social não trazem o sinete ostensivo da regra jurídica de comando. A fraternidade e a solidariedade são muito mais eficientes que o império da lei, frequentemente mera construção lógica e formal.

O administrador local, por uma série de fatores, identifica-se verdadeiramente com o seu povo, sabe como alcançá-lo e compreendê-lo. O legalismo, de sua parte, não é fonte geradora de comportamentos socialmente úteis e permanentes; já que o que brota da própria comunhão humana é mais eficaz para ditar-lhe o comportamento.

O que se está tentando dizer é que a Administração Pública, como produto formal de rumos logicamente postos, não será eficaz, em face dos fenômenos próximos da realidade socioeconômica local, se não se identificar com os valores que formam o tecido da comunhão humana; nesse tecido é que reside a receptividade para o que externamente lhe queriam dizer, à guisa de determinação de comportamentos.

A autoridade pública local faz parte dessa comunhão, identifica-se com ela, muito mais do que a autoridade de outros níveis de governo; por isto, produz consequências, se adota como parâmetros não necessariamente o que a lei diz ou determina, mas o que nasce na intimidade social.

Por isto, auscultar seu povo, estender-lhe a mão, ser solidário, fraterno e compreensivo, ver o munícipe dentro dos olhos, captar-lhe humanamente as aspirações e, se nada puder fazer em seu favor, deixar ver fraterna compreensão, descerram ricas perspectivas, na conformação do chamado corpo social. É o respeito ao corpo social, gerador de credibilidade, que irá influenciar na comunidade quando da escolha dos seus dirigentes.

Em resumo de tudo, a Administração Pública local, no Estado federal e sobretudo nas pequenas comunidades, lida com gente simples e humana, por natureza, para quem a lei, instrumento formal, significa muito pouco; o que importa é a compreensão humana dos fenômenos humanos que compõem a vida; aí, certos sentimentos, como o da fraternidade, são a grande matriz das regras que efetivamente operam. É preciso reconhecer que o Município é fábrica e abrigo da identidade.

Neste plano de cogitações, aflora a ideia, melhor dizendo, o sentimento de que a construção jurídica que conforma o Poder Municipal há de ser reformulada; no corpo social da grande maioria dos Municípios brasileiros, os médios e pequenos, é que deve brotar o direito — direito, não legislação — que o sensibilize para a afirmação e o crescimento.

O direito deve ser posto a serviço da sociedade e para tal é preciso bem conhecê-la, pois somente assim se poderá promover e assegurar o desenvolvimento humano.

Informação bibliográfica deste livro, conforme a NBR 6023:2002 da Associação Brasileira de Normas Técnicas (ABNT):

GLÓRIA, Deborah Fialho Ribeiro. Administração Pública local e a importância dos fenômenos sociais. *In*: PIRES, Maria Coeli Simões; PINTO, Luciana Moraes Raso Sardinha (Coord.). *Paulo Neves de Carvalho*: suas lições por seus discípulos. Belo Horizonte: Fórum, 2012. p. 141-146. ISBN 978-85-7700-599-4.

IMPROBIDADE E CORRUPÇÃO

EDIMUR FERREIRA FARIA[1]

1 Introdução

O trabalho que se pretende desenvolver nestas poucas páginas consistirá em capítulo de um livro em homenagem ao saudoso e inesquecível Professor Paulo Neves de Carvalho. O livro, em referência, é organizado pelas Professoras Doutoras Maria Coeli Simões Pires, Secretária de Estado da Casa Civil; e Luciana Raso, diretora da Escola de Governo Prof. Paulo Neves de Carvalho, da Fundação João Pinheiro. As organizadoras orientaram os autores no sentido de que cada um deve escrever sobre um assunto que inquietava o Professor homenageado, durante o tempo de convivência, principalmente no Mestrado e Doutorado.

Nas nossas conversas, na Faculdade de Direito da UFMG, no seu escritório, na sua residência, nos congressos ou seminários, muitos assuntos foram discutidos, em diversas áreas do conhecimento, tais como: Filosofia, Sociologia, Política, Direito Público, em especial, Direito Administrativo e Administração Pública. Esta é a que mais o inquietava. Ele não se conformava com a desonestidade, com o descompromisso e com a conduta antiética de considerável número de agentes públicos. Essas e outras condutas afrontam o princípio da moralidade administrativa, e, normalmente, caracterizam hipótese de improbidade administrativa.

---

[1] Mestre e Doutor pela UFMG. Professor da Graduação e Pós-Graduação na PUC Minas.

Em observância à orientação preestabelecida, procuraremos trazer à tona algumas considerações sobre o princípio da moralidade administrativa, improbidade e corrupção.

2 Visão panorâmica da Administração Pública sob a ótica do Paulo Neves

O Professor Paulo Neves de Carvalho além de renomado administrativista reconhecido no Brasil e no exterior era profundo estudioso da Ciência da Administração Pública, com o título de PhD (Doutorado) pela Universidade da Califórnia do Sul. Detentor do domínio da Ciência Jurídica e da Ciência da Administração, Paulo Neves de Carvalho foi, talvez, o profissional mais bem preparado em matéria de gestão pública de sua época. Por isso, foi convidado pelo antão Governador Magalhães Pinto para criar a Secretaria de Estado de Administração de Minas Gerais, tendo sido o seu primeiro titular, cargo que desempenhou com inigualável competência e maestria.

O domínio da matéria e o compromisso com a coisa pública legitimaram o Professor para ser crítico incansável das reformas administrativas levadas a efeito pelos entes federativos e da política de gestão pública.

Quanto às reformas administrativas, Paulo Neves dizia que os governos, na maioria, não faziam reforma administrativa, apenas criavam ou extinguiam caixotinhos, ou mudavam os caixotinhos de lugar atribuindo-lhes novos nomes. Referia-se ao organograma da entidade ou órgão. Sustentava que modificar ou recriar o organograma da Administração, não consiste, por si só, em reforma administrativa. O organograma pode até ser parte da reforma, mas não é o bastante. Para se fazer reforma administrativa é preciso, dizia ele, um olhar nos agentes públicos. Esses são partes integrantes da gestão pública. Para que se tenha uma administração pública eficiente (o que é dever do Estado democrático de Direito) é necessário, em síntese: focar-se no interesse da sociedade, ouvindo os cidadãos; criar carreiras dos servidores públicos, com critérios claros e objetivos para o percurso na mesma; critérios remuneratórios, levando em conta o mérito, o comprometimento, o trabalho em equipe, a produtividade individual e em grupo, o estabelecimento de metas, premiação por cumprimento de metas, por criatividade ou inovação. O servidor precisa ser motivado para que ele se sinta um dos responsáveis pela realização das políticas públicas. É preciso ter consciência de que na organização, todos, nos variados postos, são importantes e indispensáveis à materialização de suas atividades fins.

Quanto à gestão pública, Paulo Neves reclamava dos critérios de escolha dos gestores, essencialmente políticos. Dificilmente, se nomeiam pessoas competentes para o exercício das funções do cargo. Não se preocupam, normalmente, com o passado da pessoa, por ocasião da escolha. Desse modo, com frequência, nomeiam-se gestores despreparados, desqualificados, que confundem, involuntária ou voluntariamente, o público com o privado. Confusão que acaba desaguando na improbidade e corrupção, em flagrante inobservância dos princípios da Administração Pública, em especial o da legalidade e o da moralidade administrativa.

No nosso último encontro, tratamos de diversos assuntos, inclusive falamos de sua doença terminal. Por fim, o Professor disse mais ou menos assim: — "Edimur, há mais de trinta anos que falamos sobre as mazelas da Administração Pública e agora, nos meus últimos dias, verifico que quase nada mudou. O que se pode fazer para que a Administração Pública seja o que ela deve ser no Estado Democrático de Direito? Seria iniciar um processo de transformação, no ensino infantil? O que você acha"? Eu, então respondi: — "Professor, à primeira vista, essa seria a solução ideal, visto que os futuros gestores públicos serão as crianças de hoje. Mas quem vai ensinar essas crianças, se os professores do ensino infantil, fundamental e médio são formados nesse caldo cultural"? Ele responde: — "talvez você tenha razão. Entretanto, não podemos desanimar. Vamos continuar a nossa pregação, onde estivermos. Quem sabe, um dia, em algum lugar, poderemos nos reencontrar e brindarmos a Administração Pública que idealizamos".

3 Considerações sobre o princípio da moralidade

O primeiro enfoque neste subitem é sobre o Direito e a Moral. Em seguida, sobre a moral comum e a moral administrativa, baseando-se na evolução do Estado, do Direito e da Moral.

A relação Direito e Moral, numa primeira abordagem, pode basear-se em duas linhas de investigação. A primeira defende a vinculação entre o Direito e a Moral, justificando-se no jusnaturalismo, por entender que o direito natural vincula as normas jurídicas às normas morais. A outra rompe totalmente com a ideia da primeira, sustentada no positivismo jurídico. Para essa linha de entendimento, alicerçada na Teoria Pura do Direito construída por Hans Kelsen, o Direito é independente da Moral. Não havendo, portanto, relação entre eles. Todavia, nos dias atuais, a relação Direito e Moral ainda desperta calorosa discussão, sobretudo porque o conceito de Direito hodiernamente transcende os limites disputados pelo positivismo e o jusnaturalismo.[2] Este trabalho não comporta o aprofundamento do tema. Na nossa opinião, considerando a evolução social, a influência da II Guerra Mundial e a era do pós-positivismo, não se pode afirmar, em caráter absoluto, que o Direito não tenha, de algum modo, vinculação com a Moral, até porque o Direito contemporâneo não é integralmente positivado. Há situações fáticas em que o aplicador do Direito não encontra na regra jurídica posta, solução adequada para o caso, tendo que se valer de outros meios, como os princípios gerais de Direito, a equidade, a isonomia, a analogia, os costumes e até mesmo o Direito natural, vinculado à Moral.

4 Moralidade comum e a moralidade administrativa. Há vinculação entre elas? A segunda decorre da primeira?

A moralidade administrativa foi introduzida no Sistema Jurídico Brasileiro por inspiração no Direito Francês. Naquele país, segundo registra a doutrina, o estudo da matéria foi iniciado por Maurice Hauriou na condição de juiz do Conselho de Estado francês, órgão máximo do contencioso administrativo, sistema jurisdicional integrante do Poder Executivo, mas autônomo e independente da Administração Pública, seguido por outros estudiosos.

Diogo de Figueiredo Moreira Neto assevera que Hauriou referiu-se à moralidade administrativa na 1. ed. do *Principes de Droit Public*, em 1910.[3]

Márcia Noll Barboza, encampando lição de José Guilherme Giacomuzzi, sustenta que Hauriou, já em 1903, esboçou a ideia de moralidade "em estudo sobre a declaração de vontade no Direito Administrativo francês". Na mesma declaração, Hauriou extraiu a noção de boa administração.

Maria Sylvia Zanella Di Pietro sobre o tema Assevera:

---

[2] BARBOZA, Márcia Noll. *O princípio da moralidade administrativa*: uma abordagem de seu significado e suas potencialidades à luz da noção de moral crítica. Porto Alegre: Livraria do Advogado. 2002.
[3] MOREIRA NETO, Diogo de Figueiredo. Política da administração e princípio da moralidade. *Genesis – Revista de Direito Administrativo Aplicado*, Curitiba, v. 1, n. 1, p. 42, abr. 1994.

Em resumo, sempre que em matéria administrativa se verificar que o comportamento da Administração ou do administrado que com ela se relaciona juridicamente, embora em consonância com a lei, ofende a moral, os bons costumes, as regras de boa administração, os princípios de justiça e de equidade, idéia comum de honestidade, está havendo ofensa ao princípio da moralidade administrativa.[4]

Márcia Noll Barboza conclui assim sobre Moral administrativa e Moral comum:

> Dispomos, em conclusão, de três boas razões para não acolher a idéia de que o princípio da moralidade administrativa esteja referindo à moral comum. Em primeiro lugar, a moral comum, diferentemente da moral crítica, nem sempre se apresenta suficientemente fundamentada; em segundo, não podemos, devido à pluralidade ética de nossos dias, definir o conteúdo da moral comum; em terceiro, impõe-se, à vista do pluralismo ético, tolerar a diversidade.[5]

É correto afirmar-se que a moralidade administrativa é jurídica, com *status* constitucional (art. 37, *caput*, da CR/88). Entretanto, o Direito, ao positivar a moralidade administrativa, incorporou valores contidos ou próprios da Moral comum. Por isso, pode-se concluir que a moralidade administrativa é distinta da Moral comum, mas nela buscaram-se os valores fundamentais da ética, na honestidade e na boa-fé.

Pode-se dizer que a moralidade administrativa surgiu implicitamente no ordenamento jurídico brasileiro com a Constituição de 1934, art. 113, que previa a ação popular com a finalidade de se postular em juízo a anulação de atos lesivos ao patrimônio público. Mesmo conteúdo repetiu-se na Constituição de 1946, regulamentado pela Lei nº 4.717, de 29.06.1965, que dispõe sobre a ação popular que legitima qualquer cidadão para reivindicar a anulação de ato lesivo ao patrimônio público. Posteriormente, por meio da Lei nº 6.513, 20.12.1977, ampliou-se o objeto da ação popular, para alcançar, também, o patrimônio cultural. A Constituição de 1988, art. 5º, LXXIII, ampliou ainda mais os bens jurídicos a serem protegidos por meio da AP, compreendendo o patrimônio público, incluído os das entidades de que o Estado participe, a moralidade administrativa, o meio ambiente e o patrimônio cultural.

---

[4] DI PIETRO, Maria Sylvia Zanella. *Direito administrativo*. 24. ed. São Paulo: Atlas, 2011. p. 78.
[5] BARBOZA, Márcia Noll. *O princípio da moralidade administrativa*. Porto Alegre: Livraria do Advogado, 2002. p. 127.

Com essas considerações sobre o princípio da moralidade administrativa passa-se ao subitem seguinte, em que se abordará aspetos fundamentas da Lei de Improbidade Administrativa.

5 Improbidade administrativa

A improbidade administrativa no ordenamento jurídico brasileiro está prevista no art. 37, §4º, da Constituição da República e regulamentada pela Lei nº 8.429, de 02.06.1992.

O aludido §4º contém a seguinte redação: "Os atos de improbidade administrativa importarão a suspensão dos direitos políticos, a perda da função pública, a indisponibilidade dos bens e o ressarcimento ao erário, na forma e gradação previstas em lei, sem prejuízo da ação penal cabível".

A possibilidade de efetivação do dispositivo transcrito veio com a Lei nº 8.429/92, geral e nacional, alcançando a União, os Estados-Membros, os Municípios, o Distrito Federal, os Territórios, as entidades da Administração indireta e, ainda, as entidades privadas que recebam subvenção, benefício ou incentivo, fiscal ou creditício. Assim, o agente público de qualquer dessas entidades que adotar conduta ímproba, nos termos da lei, está sujeito às sanções administrativas previstas na lei em comento e às penas previstas no Direito Penal, quando a infração administrativa configurar hipótese de crime tipificado no Código Penal ou em lei esparsa ou extravagantes, na compreensão de alguns estudiosos do Direito Penal.

5.1 Agente público e deveres decorrentes de conduta ímproba

É agente público para os fins da lei em foco, pessoa que exerce função de cargo, emprego, função pública ou função política, permanente ou temporária, mesmo sem remuneração, recrutada por qualquer uma das formas juridicamente previstas, nas entidades acima mencionadas. Assim, são passíveis de praticar improbidade, os membros do corpo de jurados e os mesários nas eleições conduzidas pela Justiça Eleitoral, por exemplo.

A Lei aplica-se, também, no que couber, à pessoa que mesmo não sendo agente público, induza ou concorra para a prática de ato de improbidade ou que se beneficia do ato direta ou indiretamente.

O agente público ou terceiro, que por ação ou omissão, com culpa ou com dolo causar dano ao patrimônio público responsabiliza-se a ressarcir integralmente o prejuízo causado. Nos casos de enriquecimento ilícito, a sanção consiste na perda do bem ou valor acrescido ao seu patrimônio.

Nos casos em que a conduta ímproba provocar lesão ao patrimônio público ou configurar enriquecimento ilícito, a autoridade encarregada do competente inquérito administrativo representará ao Ministério Público para promover, por meio do Judiciário, a indisponibilidade dos bens do indiciado, suficientes à reparação do dano patrimonial ou os bens resultantes do acréscimo patrimonial resultante do enriquecimento ilícito (art. 2º a 8º da lei em foco).

5.2 Dos atos de improbidade

A Lei nº 8.429/92, no Capítulo II, cuida dos atos de improbidade administrativa, classificados em três categorias, a saber: *a*) os que configuram enriquecimento ilícito; *b*) os que causam prejuízo ao erário; e *c*) os que contrariam princípios da Administração Pública. Os atos da primeira categoria estão previstos no art. 9º, que arrola doze hipóteses exemplificativas. A cabeça desse artigo prescreve que constitui improbidade administrativa em virtude de enriquecimento ilícito *auferir qualquer tipo de vantagem patrimonial indevida em razão do exercício do cargo, mandato, função, emprego ou atividade* nas entidades referidas acima. Os atos de improbidade da segunda categoria estão previstos, exemplificativamente, em quinze incisos do art. 10, cujo *caput* prescreve que configura ato de improbidade qualquer conduta comissiva ou omissiva, culposa ou dolosa que causa dano ao erário das entidades já mencionadas. Por fim, o art. 11 prevê hipóteses de improbidade em virtude de inobservância de princípio da Administração Pública. São sete os exemplos de conduta comissiva ou omissiva *que viole os deveres de honestidade, imparcialidade, legalidade e lealdade às instituições.*

Sobre esta última categoria, Eurico Bitencourt Neto adverte:

> Em se tratando de ato de improbidade administrativa que atentam contra os princípios os princípios da Administração Pública, pode inexistir resultado material danoso — enriquecimento ilícito ou prejuízo ao erário — e, ainda assim, estar configurado ato de improbidade. Nesse caso, também fundamental tenha havido dolo, já que o que a norma tem em vista é a desonestidade, a deslealdade, a má-fé do agente público para com os valores essenciais do sistema jurídico. A violação de deveres

fundamentais, para que cause dano ao patrimônio moral do Estado, deve ser consigo o comportamento desonesto do administrador público.[6]

5.3 Sanções

As sanções de que trata a Lei nº 8.429/92 estão previstas no seu art. 12. O dispositivo, fundado no art. 37, §4º, evidencia que as sanções penais, civis e administrativas previstas na legislação específica não ilide as sanções administrativas aplicáveis em decorrência de improbidade administrativa. Essas sanções são: nos casos de enriquecimento ilícito, a perda dos bens ou valores acrescidos ao patrimônio do infrator, a perda do cargo, se se tratar de agente público, suspensão dos direitos políticos pelo período de 8 a 10 anos, pagamento de multa civil de até três vezes o valor do acréscimo ao patrimônio do agente, impedimento de contratar com a Administração Pública, proibição de receber benefícios, incentivos fiscais ou créditos pelo prazo de 10 anos; nos casos de improbidade prevista no art. 10; as sanções administrativas compreendem ressarcimento integral do patrimônio público lesado, perda do valor ilicitamente incorporado ao patrimônio do agente público ou particular, perda da função, se servidor, suspensão dos direitos políticos pelo prazo de 5 a 8 anos, pagamento de multa de até duas vezes o valor do dano causado e proibição de contratar com a Administração Pública ou de receber benefícios, incentivos fiscais ou créditos pelo prazo de 5 anos; e, por fim, nas hipóteses de improbidade prevista no art. 11, o infrator da regra fica obrigado a ressarcir integralmente o valor do patrimônio lesado, se houver perda da função pública, a suspensão dos direitos políticos pelo prazo de 3 a 5 anos, o pagamento de multa de até cem vezes o valor de remuneração e a proibição de contratar com a Administração Pública, de receber benefícios, incentivos fiscais ou créditos, pelo prazo de 3 anos.

Na fixação da pena em exame, levar-se-á em consideração a extensão do dano causado e o proveito obtido pelo agente processado.

6 Corrupção

Etimologicamente, corrupção significa deterioração, quebra de um estado funcional e organizado. Corrupção política/administrativa

---

[6] BITENCOURT NETO, Eurico. *Improbidade administrativa e violação de princípios*. Belo Horizonte: Del Rey, 2005. p. 114.

manifesta-se por meio de suborno, intimidação, extorsão, troca de favores com o objetivo de levar vantagem, abuso de poder, entre outros. Analisando-se as hipóteses de atos de improbidade administrativa, previstos no art. 9º, art. 10 e art. 11, da Lei nº 8.429/92, verifica-se que quase todas elas materializam ou correspondem a corrupção. A corrupção, em maior ou menor grau, existe no mundo inteiro desde antes de Cristo. Em alguns países, a prática corruptiva assombra o mundo. O Brasil não é o país mais corrupto, mas está mal posicionado no *ranking* da corrupção mundial. Para se ter ideia, no Portal da Transparência da Controladoria Geral da União (CGU) consta uma relação de aproximadamente mil empresas que incorreram em ato ou conduta de corrupção em licitação e execução de contratos de obras ou de serviços. Esse número, em princípio, está aquém da realidade, isso porque a CGU exerce a sua função de controle por amostragem. Não alcança, portanto, o universo das licitações e contratações realizadas no Brasil.

Nos últimos anos, sobretudo depois da Constituição de 1988, que instaurou o Estado Democrático de Direito, é crescente a preocupação com a corrupção no País. Os Tribunais de Contas, O Ministério Público Federal, os Estaduais, a Polícia Federal, com a contribuição da sociedade civil e, principalmente da mídia, veem adotando condutas cada vez mais eficientes e eficazes no combate à corrupção. Os parlamentos também, em todos os níveis de governo, têm dado importante contribuição nesse sentido, por meio, principalmente das Comissões Parlamentares de Inquérito. A título de exemplo cita-se a ação que tramita no Supremo Tribunal Federal em que são réus em torno de 40 pessoas denunciadas pela prática de atos ou condutas de corrupção. Essa ação teve origem na CPI do "mensalão", levado a cabo pelo Congresso Nacional. Recentemente, a Câmara Distrital do Distrito Federal cassou o respectivo Governador. Nos municípios é incontável o número de prefeitos que perderam o cargo por prática de corrupção apurada pelas respectivas Câmaras Municipais.

A despeito desses exemplos, a atividade corrupta continua em ação, sem temor. No âmbito Federal, só no ano passado caíram seis ministros e alguns diretores de órgãos ou entidades da Administração direta e da indireta acusados de corrupção. Nesse sentido negativo, o ano de 2012 começou bem, pois, hoje, 02.02.2012 já caíram mais um ministro e pelo menos um diretor, acusados de terem adotado conduta corrupta. Outros estão no corredor de saída por esse motivo.

7 Conclusão

Pois é, Professor Paulo Neves de Carvalho, concluo desesperado, porque o meu tempo também caminha para o marco final e, lembrando Chico Buarque de Holanda, "a coisa aqui tá preta". Tenho receio de que na minha bagagem de ida não possa levar a notícia de que a corrupção reduziu drasticamente, desde o período do seu afastamento até hoje.

A Lei Brasileira de Combate à Improbidade Administrativa e à Corrupção é, segundo os estudiosos, uma das melhores leis sobre o tema. Os órgãos de controle, internos e externos são suficientes em quantidade, mas insuficientes em qualidade.

Entretanto, Professor, a despeito do aparato institucional, a impunidade e a corrupção campeiam com vigor na Pátria Amada. A conduta omissiva intencional ou intencionalmente dos órgãos competentes estimula os desonestos, antiéticos, desumanos, antissociais e corruptos a continuarem surrupiando o dinheiro público em benefício próprio ou de terceiros, em detrimento da educação, da saúde, da previdência, da segurança, do meio ambiente, do saneamento básico e da infraestrutura.

Corre-se o risco dos mensaleiros que estão sendo processados pelo STF serem alcançados belo benefício da prescrição. Um dos ministros daquela Corte disse por meio da mídia que a prescrição deverá ocorrer, considerando que ele precisará de um ano para ler o processo.

Outros, nem chegam a ser processados. Os referidos ministros e diretores que deixaram os cargos no atual governo, referido acima, foram exonerados a pedido. Nenhum foi destituído do cargo, como quer a lei nesses casos. Pelo visto, não será aplicada a eles uma sanção sequer das previstas na Lei de Improbidade Administrativa.

As poucas pessoas que chegaram a ser condenadas não repuseram aos cofres públicos os milhões de reais desviados para contas em paraísos fiscais. Mas como o senhor mesmo disso no nosso último encontro, não podemos desanimar. Vamos em frente com a nossa luta.

Não sei se o senhor está acompanhando, o seu mais admirado ex-aluno, Professor Antonio Augusto Junho Anastasia, hoje, Governador do Estado de Minas Gerais, com a sua equipe sabiamente escolhida, está adotando a gestão pública nos moldes sonhado pelo senhor. Outros seus não menos estimados ex-alunos integram a equipe de governo.

Entre eles, a Professora Maria Coeli, o Professor Eurico Bitencourt, a Professora Maria Elisa, o Professor Plínio Salgado e a Professora Luciana Raso. A sua profecia proclamada quando o Anastasia completava o curso de bacharelado em Direito, de que ele seria, em pouco tempo, reconhecido nacional e internacionalmente pelo seu talento, competência e ética, se cumpriu.

Informação bibliográfica deste livro, conforme a NBR 6023:2002 da Associação Brasileira de Normas Técnicas (ABNT):

FARIA, Edimur Ferreira. Improbidade e corrupção. *In*: PIRES, Maria Coeli Simões; PINTO, Luciana Moraes Raso Sardinha (Coord.). *Paulo Neves de Carvalho*: suas lições por seus discípulos. Belo Horizonte: Fórum, 2012. p. 147-157. ISBN 978-85-7700-599-4.

A OPÇÃO PELA EFETIVIDADE DO SERVIDOR PÚBLICO E O MARCO IMPOSTO PELAS TRANSIÇÕES CONSTITUCIONAIS NO BRASIL

UM BREVE RECORTE NORMATIVO E JURISPRUDENCIAL

FLÁVIO HENRIQUE UNES PEREIRA[1]

MARILDA DE PAULA SILVEIRA[2]

O convite para homenagear o eterno mestre Paulo Neves de Carvalho muito nos emociona. Guardamos suas lições e seguimos certos de que é preciso questionar sempre, sem perder de vista a noção do "Direito Administrativo a serviço da vida". A limitação do espaço, contudo, possibilitou-nos compartilhar, sem maiores aprofundamentos, um tema que não é novo, mas atual em controvérsia. Esperamos suscitar inquietações, apenas isso.

A estruturação dos vínculos que os agentes do Estado mantêm com a Administração Pública no Brasil não é uma questão que se coloca apenas a partir da promulgação da Constituição Federal de 1988.

---

[1] Mestre e Doutorando em Direito Administrativo pela UFMG. Coordenador e Professor do curso de Pós-Graduação do IDP. Secretário de Estado Adjunto de Casa Civil e de Relações Institucionais de Minas Gerais.

[2] Mestre e Doutoranda em Direito Administrativo pela UFMG. Professora de Direito Administrativo do IDP. Advogada.

Desde a década de 30, quando o Governo Getúlio Vargas instituiu, pela primeira vez, o Estatuto dos Servidores Públicos Civis,[3] as subsequentes alterações constitucionais no país vêm impondo o desafio de se construir, sucessivamente, um modelo ideal a ser seguido pelo Estado a fim de lidar com os vínculos jurídicos dos seus agentes, que remanescem do passado.

A perspectiva unilateral da atuação administrativa favoreceu a cristalização do entendimento de que o aspecto mais apropriado para permear a relação entre o agente público e o Estado seria o público de formato estatutário. Tal regime, apesar disso, não foi adotado como o único possível para fins de provimento das funções e cargos públicos, até 1988.

Embora o provimento em cargo ou cargo de carreira estivesse previsto como sendo a forma de investidura preferencial, que se daria por meio de concurso público, outros tantos vínculos foram se formando no universo da Administração Pública brasileira, por relação contratual ou outras fórmulas *sui generis* (empregados, tarefeiros, recibados etc.). Esses vínculos, no entanto, se diferenciavam basicamente pela estabilidade que poderia ser assegurada ao agente estatal. Conquanto a efetividade viesse referida, nas normas constitucionais, como atributo pertencente ao cargo, o elemento diferenciador, regulado e almejado pelos agentes públicos traduzia-se na estabilidade.[4]

Esse cenário é fruto das previsões contidas nas Constituições de 1946, 1967 e 1969, sob as quais a Administração Pública estabeleceu com seus agentes os vínculos que vêm afetando o regime de transição atualmente.

Muito embora admitisse a existência de regimes diversos, a Constituição de 1946 sinalizava a pretensão de estabelecer alguma uniformidade para o sistema. Já naquela época, o Ato das Disposições Constitucionais Transitórias buscava homogeneizar o regime jurídico dos então funcionários públicos ao dispor que "os atuais funcionários interinos da União, dos Estados e Municípios, que contem, pelo menos, cinco anos de exercício, serão automaticamente efetivados na data da

---

[3] Decreto-Lei nº 1.713/39.
[4] STF, RMS nº 10.667/PE, Rel. Min. Luiz Gallotti, *DJ*, 22 ago. 1963. Cargo de carreira. Nomeação que só poderá ter o caráter de interinidade. Demissibilidade. Em face do art. 186 da constituição incluindo no título relativo aos funcionários públicos (aplicável como e pacifico a funcionários federais estaduais e municipais) a primeira investidura efetiva em cargo de carreira depende de concurso. Os estados e municípios podem ampliar vantagens e garantias outorgadas na constituição federal mas não dispensar requisitos de investidura por ela exigidos. Segurança negada.

promulgação deste Ato; e os atuais extra numerários que exerçam função de caráter permanente há mais de cinco anos ou em virtude de concurso ou prova de habilitação serão equiparados aos funcionários, para efeito de estabilidade, aposentadoria, licença, disponibilidade e férias" (art. 23).

Seguindo essa linha de organização do quadro de agentes públicos, a Constituição de 1946 também estabelecia que "a primeira investidura *em cargo de carreira e em outros que a lei determinar* efetuar-se-á mediante concurso, precedendo inspeção de saúde" (art. 186). Entretanto, essa disciplina normativa, então interpretada pelo Supremo Tribunal Federal,[5] autorizava a nomeação/contratação de funcionários públicos, sem concurso, por regimes diversos daquele previsto para a investidura em cargo de carreira. Apesar de esse modelo não assegurar o provimento do agente em cargo de carreira, o próprio texto constitucional garantia a estabilidade "depois de cinco anos de exercício, [aos] *funcionários efetivos nomeados sem concurso*" (art. 188, I).[6]

Ao longo da vigência da Carta de 1946, acabou persistindo, no Brasil, a diversidade de regimes e a variedade de vínculos estabelecidos entre os agentes públicos e a Administração. Esse quadro levou à necessidade de se estabelecer um regramento de transição, na Constituição de 1967, o qual foi disciplinado nos seguintes termos:

> Art 177. Fica assegurada a vitaliciedade aos Professores catedráticos e titulares de Ofício de Justiça nomeados até a vigência desta Constituição, assim como a estabilidade de funcionários já amparados pela legislação anterior.
>
> §1º O servidor que já tiver satisfeito, ou vier a satisfazer, dentro de um ano, as condições necessárias para a aposentadoria nos termos da legislação vigente na data desta Constituição, aposentar-se-á com os direitos e vantagens previstos nessa legislação.
>
> §2º São estáveis os atuais servidores da União, dos Estados e dos Municípios, da Administração centralizada ou autárquica, que, à data da promulgação desta Constituição, contem, pelo menos, cinco anos de serviço público.[7]

---

[5] STF, RE nº 61.929/MG, Rel. Min. Thompson Flores, *DJ*, 05 maio 1969. Funcionário público municipal. Cargo isolado de provimento efetivo. Admissão sem concurso. Aceitando a lei municipal essa forma de provimento e considerando que, por cinco anos, ficaria em estágio probatório, sua dispensa não pode ser imotivada e despedecida de qualquer procedimento administrativo capaz de originar defesa.

[6] STF, RE nº 55.441/PI, Rel. Min. Victor Nunes, *DJ*, 27 ago. 1964. Não é inconstitucional a lei estadual que estabiliza ocupante isolado com cinco anos de serviço público.

[7] STF, Rel. Min. Cunha Peixoto, *DJ* 19 fev. 1982. Funcionário público. Estabilidade do art. 177, parágrafo 2º, da Constituição de 1967. O dispositivo referido conferiu apenas estabilidade

Novamente, a partir do regime de transição, a Constituição de 1967 estabeleceu como forma regular de provimento que "a *nomeação para cargo público* exige aprovação prévia em concurso público de provas ou de provas e títulos" (art. 95, §1º). E, diferentemente do que dispunha a Constituição anterior, estabeleceu que "são estáveis, após dois anos, os funcionários, quando nomeados por *concurso*" e que "ninguém pode ser *efetivado ou adquirir estabilidade*, como funcionário, se não prestar *concurso público*" (art. 99, §1º).

Nesse momento, não apenas as normas em sua literalidade, mas também a interpretação dada pelo Supremo Tribunal Federal,[8] fortaleceram a figura do *concurso público* vinculado à estabilidade e à efetividade. Reafirmava-se que apenas os titulares de cargo efetivo cujo provimento se dera por meio de concurso público detinham estabilidade.[9] Contudo, a ausência de menção a um regime único e a desvinculação da exigência de concurso em relações outras manteve a diversidade de regimes e possibilitou o crescimento do número de agentes públicos não concursados.

A situação foi agravada pela Emenda Constitucional nº 1/69 que, ao disciplinar a investidura em cargo público, estatuiu a possibilidade de excepcionar-se a regra do concurso por meio de normas infraconstitucionais: "a *primeira investidura em cargo público* dependerá de aprovação prévia, em concurso público de provas e títulos, *salvo os casos indicados em lei*" (art. 95, §1º).[10] Com a introdução do Regime de

---

no serviço público e não efetividade em determinado cargo. Servidores extranumerários, mensalistas e diaristas, estabilizados no serviço público municipal. Readaptação com base no art. 8º, da Lei Municipal n. 7.242, de 2.1.1969, do Município de São Paulo. Improcedência da pretensão. Ofensa ao art. 177, Parágrafo 2º, da Constituição de 1967, que não se verifica. Recurso não conhecido.

[8] STF, Rp nº 1.282/SP, Min. Octavio Galloti, *DJ*, 28 fev. 1985. Agentes de segurança judiciária. Cargos cujas características não se compatibilizam com o conceito de comissão em que, mantida a carreira, foram transformados, tal como haurido, esse conceito, da doutrina, do direito positivo e da estrutura tradicional da administração pública brasileira. *Inconstitucionalidade da Lei Complementar n. 298-82, do estado de São Paulo, que operou a transformação, por configurar inaceitável esvaziamento da prescrição do concurso*, inscrita no art. 97, e seus par. 1º e 2º, da Lei Maior.
STF, Rp nº 1.171/PA, Min. Francisco Rezek, j. 12.06.1985. [...] Norma que possibilita entrada não concursiva na carreira conflita diretamente com o artigo 95, paragrafo 1º da Carta da República. Representação procedente em parte, porque inconstitucional o art. 232 da lei complementar n. 1 do estado do Pará.

[9] STF, RE nº 73.529/GO, Rel. Min. Barros Monteiro, *DJ*, 11 set. 1972. Servidor público admitido sem concurso. Legitimidade de sua exoneração, face a carência de estabilidade. Recurso extraordinário conhecido e provido.

[10] STF, Rp nº 758/MG, 19.11.1969. Concurso. Auditores do Tribunal de Contas de Minas Gerais. *A constituição de 1969 não reproduz o par. 1º do art. 95 da Constituição de 1967, que exigia concurso para preenchimento dos cargos públicos, excetuados apenas os em comissão. A nova carta,*

Consolidação das Leis do Trabalho, na década de 70, todas as atividades "não exclusivas de Estado" tinham seu provimento franqueado à relação de emprego cujo acesso era *desvinculado de concurso público e, portanto, da estabilidade e da efetividade.*

É nesse contexto que a Administração Pública aporta em 1988 com os mais diversos regimes jurídicos em seus quadros de agentes públicos. Além dos efetivos e estáveis, era possível identificar aqueles que não possuíam nenhum desses atributos. Buscando dar fim a esse panorama caótico, o novo Texto Constitucional trouxe regramento que atingia três frentes: (i) os vínculos estabelecidos no passado foram regulados pelos atos das disposições constitucionais transitórias (art. 19, do ADCT);[11] (ii) a efetividade e a estabilidade permaneceram atributos do cargo, mas o concurso público passou a ser obrigatório para o ingresso em cargos e empregos públicos (art. 37, II, da CR/88) e (iii) optou-se pela adoção de um regime jurídico único e planos de carreira para os servidores da administração pública direta, das autarquias e das fundações públicas (art. 39, da CR/88).[12]

Desse cenário, era possível identificar três situações distintas: (i) os titulares de efetividade e estabilidade (adquiridas no regime anterior); (ii) os titulares de estabilidade apenas (admitidos pelo menos cinco anos antes da Constituição de 1998, art. 19, do ADCT); (iii) os que não possuíam nem efetividade nem estabilidade (contratados na vigência das Constituições anteriores, que permitiam o ingresso em diversos regimes e sem concurso público).

---

no par. 1º, do art. 97, permite a lei dispensar o concurso nos casos por ela indicados. Esta exceção apenas não se estende aos funcionários admitidos por tribunais federais e estaduais, assim como pelo senado federal, pela câmara dos deputados, pelas assembléias legislativas e pelas câmaras municipais. [...].

[11] Art. 19. Os servidores públicos civis da União, dos Estados, do Distrito Federal e dos Municípios, da administração direta, autárquica e das fundações públicas, em exercício na data da promulgação da Constituição, há pelo menos cinco anos continuados, e que não tenham sido admitidos na forma regulada no art. 37, da Constituição, são considerados estáveis no serviço público.
§1º - O tempo de serviço dos servidores referidos neste artigo será contado como título quando se submeterem a concurso para fins de efetivação, na forma da lei.
§2º - O disposto neste artigo não se aplica aos ocupantes de cargos, funções e empregos de confiança ou em comissão, nem aos que a lei declare de livre exoneração, cujo tempo de serviço não será computado para os fins do "caput" deste artigo, exceto se se tratar de servidor.
§3º - O disposto neste artigo não se aplica aos professores de nível superior, nos termos da lei.

[12] Art. 39. A União, os Estados, o Distrito Federal e os Municípios instituirão, no âmbito de sua competência, regime jurídico único e planos de carreira para os servidores da administração pública direta, das autarquias e das fundações públicas.

Não obstante a diferença que pontuava a relação dos agentes com o Estado, a Constituição impunha a adoção de um regime jurídico único para os servidores.[13] Ocorre que embora faça referência expressa a um regime único, o texto constitucional não esclareceu qual seria a natureza desse regime. A matéria foi exaustivamente debatida pelos doutrinadores pátrios[14] e o Supremo Tribunal Federal definiu no julgamento da ADI nº 492-1/DF[15] que "o regime jurídico único a que se refere o art. 39 da Constituição tem natureza estatutária" fundamentando-se, basicamente, em dois argumentos: a) a relação que os servidores mantêm com o Estado é de hierarquia, baseada em atos unilaterais; b) o regime celetista seria inadequado à índole da Administração Pública por ser contratual.

Coube, assim, à União, aos Estados, ao Distrito Federal e aos Municípios, atendendo ao comando constitucional, em exercício de competência legislativa e administrativa próprias, editar estatuto que materializasse o regime jurídico único.

No exercício desse mister, o Estado de Minas Gerais regulou a matéria por meio de estatuto que, muito embora tenha uniformizado o regime dos servidores, diferenciava a condição daqueles que eram titulares de efetividade e estabilidade dos que não detinham essa condição. Para tanto, estatuiu duas espécies de agentes vinculados ao regime estatutário: (i) servidor público, ocupante de cargo público, em caráter efetivo ou em comissão, (ii) ocupante de função pública.[16]

Adotando solução um pouco diversa, a União editou a Lei nº 8.112/90, que em seu art. 243[17] inseriu todos aqueles agentes públicos que

---

[13] A EC nº 19/90 suprimiu o regime único e deu nova redação ao art. 39 da Constituição de 1998. Entretanto, o Supremo Tribunal Federal declarou a inconstitucionalidade da alteração por vício formal, com efeitos *ex nunc*, retornando-se, a partir da decisão, ao regime jurídico único (ADIN nº 2.135-4).

[14] MEIRELLES, Hely Lopes. *Direito administrativo brasileiro*. São Paulo: Malheiros, 1992. p. 359-360; BANDEIRA DE MELLO, Celso Antônio. *Regime constitucional dos servidores da administração direta e indireta*. São Paulo: Revista dos Tribunais, 1991. p. 22, 104; DALLARI, Adilson Abreu. *Regime constitucional dos servidores públicos*. São Paulo: Revista dos Tribunais, 1990. p. 46; ANASTASIA, Antonio Augusto Junho. *Regime jurídico único do servidor público*. Belo Horizonte: Del Rey, 1990. p. 60; COELHO MOTTA, Carlos Pinto. *Regime jurídico único*. Belo Horizonte: Lê, 1990. p. 36 *et seq*.

[15] STF, ADN nº 492-1, Rel. Min. Carlos Velloso. *DJ*, 12 mar. 1993.

[16] Para tanto: art. 20 - A atividade administrativa permanente é exercida:
I - em qualquer dos Poderes do Estado, nas autarquias e nas fundações públicas, por servidor público, ocupante de cargo público, em caráter efetivo ou em comissão, ou de função pública;
II - nas sociedades de economia mista, empresas públicas e demais entidades de direito privado sob o controle direto ou indireto do Estado, por empregado público, ocupante de emprego público ou função de confiança.

mantinham vínculo com a União na condição de servidores públicos titulares de cargo.[18] Como o estatuto converteu os empregos em cargos sem diferenciar os que detinham ou não efetividade, todos os servidores públicos passaram a ser titulares de cargo efetivo. A constitucionalidade dessa efetivação dos servidores públicos federais, independentemente do vínculo que mantinham com a Administração, foi questionada na ADI nº 2.968/DF[19] que tramita no Supremo Tribunal Federal.

É preciso destacar que, naquele momento (1990), a Constituição não impunha grandes diferenças entres os servidores que eram titulares de cargo efetivo e os que não o eram. Em grande medida, a diferença continuava centrada na estabilidade. Esta, advinda das regras de transição (art. 19, do ADCT) ou da soma de três requisitos: tempo, avaliação de desempenho e efetividade.[20]

Entretanto, a EC nº 20/98, que veiculou a reforma do regime previdenciário dos servidores públicos, *desequiparou* o regime daqueles que detinham efetividade. A partir dessa emenda, o *regime previdenciário próprio dos servidores públicos* passou a ser reservado aos "titulares de cargo efetivo" (art. 40, CR/88), com o que a efetividade passou a ter valor redobrado.

No âmbito da União, como o art. 243 já havia equiparado todos os servidores públicos atribuindo-lhes cargo, a efetividade permaneceu pressuposta. Já no Estado de Minas Gerais, as espécies de agentes eram diferenciadas pela efetividade. Enquanto os servidores públicos eram titulares de cargo efetivo, os detentores da chamada "função pública" não o eram (art. 20, da CEMG).

Buscando solucionar a questão, aprovou-se emenda à Constituição Mineira (arts. 105 e 107, da EC nº 49/01)[21] que assegurou àqueles

---

[17] Art. 243. Ficam submetidos ao regime jurídico instituído por esta Lei, na qualidade de servidores públicos, os servidores dos Poderes da União, dos ex-Territórios, das autarquias, inclusive as em regime especial, e das fundações públicas, regidos pela Lei nº 1.711, de 28 de outubro de 1952 – Estatuto dos Funcionários Públicos Civis da União, ou pela Consolidação das Leis do Trabalho, aprovada pelo Decreto-Lei nº 5.452, de 1o de maio de 1943, exceto os contratados por prazo determinado, cujos contratos não poderão ser prorrogados após o vencimento do prazo de prorrogação.
§1º Os empregos ocupados pelos servidores incluídos no regime instituído por esta Lei ficam transformados em cargos, na data de sua publicação.
[18] Art. 2º Para os efeitos desta Lei, servidor é a pessoa legalmente investida em cargo público.
[19] ADI nº 2.968, Rel. Min. Gilmar Mendes, ajuizada pelo Procurador-Geral da República.
[20] Já com a redação da EC nº 19/98.
Art. 41. São estáveis após três anos de efetivo exercício os servidores nomeados para cargo de provimento efetivo em virtude de concurso público.
§4º Como condição para a aquisição da estabilidade, é obrigatória a avaliação especial de desempenho por comissão instituída para essa finalidade.
[21] Art. 105. Ao detentor de função pública da administração direta, autárquica e fundacional dos Poderes do Estado, do Ministério Público e do Tribunal de Contas admitido por prazo

detentores de "função pública" todos "os direitos, as vantagens e as concessões inerentes ao exercício de cargo efetivo, excluída a estabilidade, salvo aquela adquirida nos termos do art. 41 da Constituição da República e do art. 19 do Ato das Disposições Constitucionais Transitórias da mesma Constituição". Essa efetivação empreendida no Estado de Minas Gerais também é questionada por meio da ADI nº 3.842[22] que tramita no Supremo Tribunal Federal.[23]

Vinte e quatro anos após a promulgação do texto constitucional, diversos servidores ainda convivem com a instabilidade do regime. Alguns não apenas desconhecem a controvérsia que pende a respeito de seus vínculos com o Estado, mas, especialmente, ignoram que essa atinge diretamente o seu regime previdenciário.

É inegável o impacto que a definição desse regime provoca no quadro de servidores públicos que passaram por essa transição na Administração Pública brasileira. Questiona-se se o cidadão deve estar sempre pronto para ser surpreendido, por maior que seja sua crença na legalidade ou constitucionalidade dos atos estatais e na confiança que deposita na existência de segurança.

Os questionamentos que se apresentam a respeito da matéria de maneira alguma revelam a pretensão de que as normas vigentes não sejam alteradas, pois, de fato, *não há direito adquirido a um regime jurídico específico*. Não obstante, o debate parece distante da perspectiva que resguarda a proteção da confiança daqueles agentes que, no modelo constitucional então vigente, foram *licitamente* contratados, permanecendo vários anos no mesmo posto de trabalho — às vezes o único de uma vida.

Independentemente da conclusão a que chegue o Supremo Tribunal Federal (seja pela constitucionalidade, seja pela inconstitucionalidade das opções estatais), propõe-se que, de todo modo, não se desconsidere o contexto constitucional e legal em que os atos administrativos e legislativos foram praticados: (i) os regimes constitucionais

---

indeterminado até 1º de agosto de 1990 são assegurados os direitos, as vantagens e as concessões inerentes ao exercício de cargo efetivo, excluída a estabilidade, salvo aquela adquirida nos termos do art. 41 da Constituição da República e do art. 19 do Ato das Disposições Constitucionais Transitórias da mesma Constituição.
Art. 107. O disposto nos arts. 105 e 106 aplicam-se ao servidor readmitido no serviço público por força do art. 40 da Lei nº 10.961, de 14 de dezembro de 1992.

[22] ADI nº 3.842, Rel. Min. Gilmar Mendes. Na sessão de 3.11.2010, "por proposta do Relator, o Tribunal deliberou adiar o julgamento do feito para apreciação em conjunto com a ADI nº 2.968" (*DJe*, 12 nov. 2010).

[23] A ADI nº 2.578, ajuizada anteriormente pelos mesmos fundamentos, foi extinta por revogação da lei anterior, nº 10.254/90.

anteriores admitiam a contratação sem concurso público pelos mais variados regimes jurídicos; (ii) a Constituição de 1988 impôs o regime jurídico único interpretado pelo Supremo Tribunal Federal como sendo estatutário; (iii) no texto constitucional originário, a ausência de efetividade não impactava o regime jurídico dos servidores em grande medida, para além da estabilidade; (iv) a estabilidade como atributo do servidor foi regulada pelo art. 19, do ADCT; e (v) a alteração do regime previdenciário foi implementada vinte anos depois da uniformização do regime.

De fato, interpretar o Direito pressupõe o contexto, simples assim e paradoxalmente muito complexo, enfim, vida.

Informação bibliográfica deste livro, conforme a NBR 6023:2002 da Associação Brasileira de Normas Técnicas (ABNT):

PEREIRA, Flávio Henrique Unes; SILVEIRA, Marilda de Paula. A opção pela efetividade do servidor público e o marco imposto pelas transições constitucionais no Brasil: um breve recorte normativo e jurisprudencial. In: PIRES, Maria Coeli Simões; PINTO, Luciana Moraes Raso Sardinha (Coord.). *Paulo Neves de Carvalho*: suas lições por seus discípulos. Belo Horizonte: Fórum, 2012. p. 159-167. ISBN 978-85-7700-599-4.

DA REVOGAÇÃO NO DIREITO ADMINISTRATIVO — 60 ANOS DEPOIS — BREVES NOTAS

JAQUELINE GROSSI FERNANDES CARVALHO[1]

1 Introdução

Ao participar desta bela homenagem da Escola de Governo, pretendemos pinçar, em poucas linhas, algumas ideias do trabalho científico, moderno, claro e esclarecedor do Professor Paulo Neves de Carvalho, na sua obra *Da revogação no direito administrativo* (1951), e analisar a conclusão ali obtida em face da atual jurisprudência pátria.

2 Professor Paulo Neves — EUA — 60 anos atrás

Estados Unidos da América. Tempos do pós-guerra. Início da década de 50 do século XX. Aquele país vive um período efervescente de grande progresso material, intelectual e social. As universidades recebem professores dos mais diversos países, apostando na educação como elemento fundamental a garantir a longevidade democrática daquela imensa nação.

---

[1] Bacharel em Direito pela Faculdade de Direito da UFMG (dez. 1984), especialista em Direito Administrativo pela mesma Faculdade (1987), especialista em controle externo pela PUC Minas, em convênio com Escola de Contas do Tribunal de Contas do Estado de Minas Gerais (1996), e servidora do TCEMG, ocupante do cargo efetivo de Técnico do Tribunal de Contas desde 1986, tendo exercido funções diretivas e de assessoramento naquela Instituição.

Olho pela janela e vejo um jovem de aproximadamente 30 anos, vasta cabeleira negra, grandes olhos, vivos, inteligentes e curiosos, andar resoluto e firme, pisando pela primeira vez o solo republicano da América do Norte. Aeroporto Internacional de Los Angeles, Califórnia. Vozes ao longe se aproximam. Gritos infantis: *Shoes shined, shoes shined!* O jovem se assusta. Mas o que é isso? Que língua estranha! Estes sons! Logo adiante vê um menino se aproximando com uma caixa de engraxate. Ah, sim... Agora está explicado. Sapatos polidos, sapato brilhantes! E o professor solta uma gostosa risada, humor próprio das pessoas leves e seguras. Ri de si mesmo, pelo inesperado embaraço. E conta, mais de cinquenta anos depois, essa pequena história, para sua aluna... Sim, sua eterna aluna, que já deixara a Faculdade de Direito há mais de vinte anos. Aquele jovem professor tinha uma extraordinária formação, marcada principalmente por seu desejo de abrir-se ao mundo, de beber na fonte do saber, sentimento construído pela educação humanista que recebera, rica vivência interpessoal, desejo de servir, experiências fraternais adquiridas em um ambiente familiar laborioso, desprovido de regalias materiais. Magistério abraçado desde tenra idade nos bancos escolares, tempos mais tarde, já professor universitário, Paulo Neves de Carvalho foi ao encontro de novas realidades, buscando a referência universitária, mundialmente reconhecida dos Estados Unidos da América, na então sexagenária Southern California University.

Naquela época, já defendera sua dissertação com a qual conquistou o título de mestre na UFMG: "Da Revogação no Direito Administrativo" (1951),[2] em que sistematiza e analisa, com propriedade, extraindo suas próprias e pertinentes conclusões, o importante tema da extinção do ato administrativo pela revogação. Percorrendo o pensamento dos mais distintos autores nacionais e estrangeiros — italianos, franceses, espanhois e alemães — da formação do Direito Administrativo,[3] o jovem Paulo Neves de Carvalho, em solo estrangeiro, passa, então, a se debruçar em temas que marcarão toda a sua

---

[2] CARVALHO, Paulo Neves de. *Da revogação no direito administrativo*. Monografia. Belo Horizonte: Estabelecimentos Gráficos Santa Maria S.A., 1951.

[3] Autores estrangeiros: Duguit; Berthelemy e Duez; Harriou; Laband, Carré de Malberg, Roger Bonnard, Gaston Jese, Gabino Fraga, Santi Romano, Zanobini, Otto Mayer, Recaredo de Velasco, Adolfo Posadas, Jellinek, D Alessio, dentre outros. Autores nacionais: Visconde do Uruguay, Rui Barbosa, Rego Barros, Castro Nunes, Guimarães Menegale, Darcy Azambuja, Francisco Campos, Themístocles Brandão Cavalcanti, Seabra Fagundes, Tito Fulgêncio, Ruy Cirne Lima, Mário Masagão, Hermes Lima, José Mattos de Vasconcelos, Bilac Pinto, Pinto Ferreira e o próprio Paulo Neves de Carvalho, em referência à sua tese do curso de doutorado "A Divisão dos Poderes".

vida acadêmica e profissional: a administração pública municipal e o serviço público. Em pouco tempo nos Estados Unidos, dedicando-se inteiramente ao trabalho acadêmico, Paulo Neves escreve duas importantes obras, que revelam seu senso prático, sua ocupação com o direito construtor e transformador, o direito vivo, que deve alcançar o cidadão pela fruição dos serviços públicos básicos: educação, saúde e segurança. A primeira obra conhecida no estrangeiro data de 1953: *Budgeting as a tool of management in the administration of the city of San Diego City*. A outra, de 1954, com a qual obteve seu título de Ph.D., *An analysis of control and coordination in the of public service*.[4] Duas obras de fôlego, cada qual versando tema dos mais atuais, caros ao controle. O orçamento público como instrumento de gestão nos entes federativos é tema recorrente da doutrina pátria hodierna, e é certo que a obrigatória observância das peças orçamentárias PPA, LDO e LOA é fundamental a uma gestão organizada, transparente, respeitosa com a legalidade e com o planejamento. A prestação de serviços públicos essenciais, razão de ser da Administração Pública, sem a qual o Estado se desumaniza, perde a sua essência e se reduz a mero instrumento da burocracia, também é tema atualíssimo, nestes tempos em que, há quem diga, o serviço genuinamente público está desaparecendo. Naquela época, se interessa pela Ciência da Administração, valendo-se das lições de Henry Fayol, idealizador da Teoria Clássica da Administração, trazendo suas referências para o Direito Administrativo, no tocante ao planejamento, execução e controle.[5]

Infelizmente, essas obras produzidas na universidade americana não chegaram a ser traduzidas para o idioma pátrio, fato que dificultou a propagação acadêmica desses trabalhos entre os publicistas nacionais.

Olho novamente pela janela e o vejo, agora, professsor visitante da Universidade do Sul da Califórnia, na primavera de 1954, mais precisamente em 07 de abril daquele ano, com sua esposa Irene, de

---

[4] CARVALHO, Paulo Neves de. *Budgeting as a tool of management in the administration of the City of San Diego*. Thesis (M.S.) – University of Southern California, 1954; e *An analysis of control and coordination in the public service*. Thesis (D.P.A.) – University of Southern California, 1955.

[5] É preciso destacar, conforme registra Di Pietro, que "nos direitos filiados ao sistema anglo-americano — diferentemente do sistema europeu continental ao qual se filia o direito brasileiro — a delimitação do estatuto dos órgãos públicos administrativos do Estado e das coletividades locais e a estrutura dos serviços públicos integra a Ciência da Administração" (DI PIETRO, Maria Sylvia Zanella. *Direito Administrativo*. 18. ed. São Paulo: Atlas, 2005. p. 45, 46).

passagem à Biblioteca da Universidade da Califórnia (UCLA), conforme registra o bibliotecário:

> Mr. and Mrs. Paulo Neves Carvalho, of Belo Horizonte, Brazil, and Mrs. Grace W. Hill, of the International Language School, Los Angeles, visited the Library, April 7, with Professor Marion Zeitlin and Miss Helen Caldwell. Mr. Carvalho, a member of the Faculty of Law of the University of Minas Geraes, is a visiting professor this year at USC. Senhora Carvalho is an author and a regular contributor to several Brazilian newspapers. *They were particularly interested in the municipal government materials in the Bureau of Governmental* Research and in the Portuguese collection, and were shown around by Dorothy Wells and Helene Schimansky.[6] (grifos nossos)

Nesta jornada emocional em busca da memória antiga do querido professor, encontro-me diante de relíquias do passado e meu coração fica confortavelmente aquecido. Fecho momentaneamente a janela.

3 De sua obra escrita mais conhecida entre nós – *Da revogação no direito administrativo*

Paulo Neves escreveu, nessa obra, que a extinção dos atos administrativos praticados pelos Poderes Públicos, no exercício concreto das funções administrativas, pode se operar de diversas formas, pelo vencimento do prazo estabelecido, pela condição resolutiva, pela realização do fim, pela rescisão, pela renúncia, pela decadência, pela revogação e pela anulação.[7]

Sobre a revogação, destacamos para esta resenha, as seguintes assertivas do autor: "o ato revogatório é aquele com que a autoridade administrativa, por motivo de mérito, desfaz, *ex nunc*, a um ato legítimo. O fundamento é político. A administração pública se comportará com a liberdade que lhe confira a norma legal, na apreciação da eficácia, utilidade do ato ou da oportunidade de emiti-lo. (...) A administração não tem o domínio integral do ato, para o efeito de extingui-lo (...) a

---

[6] Texto extraído em pesquisa à internet, *Full text* of UCLA Librarian. v. 7, n. 15 Apr. 23, 1954.

[7] A doutrina atual acerca da extinção dos atos administrativos considera que esta poderá ocorrer em razão do cumprimento dos efeitos do ato praticado, pelo desaparecimento do sujeito ou do objeto do ato, ou pela retirada, que abrange a revogação, a invalidação (nulidade e anulação), a cassação, a caducidade, a contraposição e a renúncia. A rescisão do ato administrativo não é classificada como hipótese de desfazimento do ato administrativo, por ser instituto próprio dos contratos.

autoridade extinguirá o ato administrativo quando tal poder lhe atribuir a lei, ou, silenciando esta, quando do ato não tenham nascido direitos subjetivos ou situações jurídicas definidas (...) Ao ato administrativo não se pode atribuir a força ou efeito de coisa julgada, mas nem por isso se há de desconhecer que a estabilidade administrativa e mesmo social repousa sobre relativa e ponderável certeza que necessariamente se há de admitir nas suas decisões. (...) Ao poder público incumbe uma função política e uma função jurídica. Com a primeira, mantém a ordem e a harmonia administrativa, REVOGANDO os atos que embora legítimos, já não atendam a esta finalidade, o que não implica se desfaçam os atos que tenham gerado situações jurídicas definidas. Pela segunda, ANULA os atos ilegítimos, elaborados com inobservância das prescrições essenciais. (...) Os atos administrativos anuláveis extinguem-se pelos Tribunais".

Tais assertivas decorreram de uma análise pormenorizada e crítica da doutrina estrangeira e nacional da época. O que observamos é que o instituto da revogação do ato administrativo, tal como hoje o conhecemos, estava em construção, havendo mesmo autores de então — como apontou o nosso autor, no citado trabalho[8] — que propugnavam a tese da irrevogabilidade do ato administrativo, além de não distinguirem rigorosamente a revogação — que ocorre em razão de conveniência e oportunidade da Administração — da anulação, em que o ato administrativo é desfeito por razões de ilegalidade.

4 Da jurisprudência atual sobre a revogação do ato administrativo

A monografia escrita no início dos anos 50, quando o direito administrativo começava a ganhar corpo no Brasil no campo teórico, teve o grande mérito de sistematizar e analisar a matéria e afirmar a distinção jurídica, que é vigente até os nossos dias, concernente aos atos de revogação e de anulação, além de defender a garantia dos direitos subjetivos e o princípio da segurança jurídica no tocante aos atos administrativos sujeitos ao desfazimento.

É importante reconhecer que, desde aquela época, a jurisprudência evoluiu sensivelmente no terreno da revogação e anulação dos

---

[8] *Op.cit.*, p. 112, 113.

atos administrativos, tendo o Supremo Tribunal Federal, por meio das Súmulas nºs 346 e 473, firmado as seguintes exegeses:

> Súmula 346. A Administração Pública pode declarar a nulidade de seus próprios atos.
>
> Súmula 473. A Administração pode anular seus próprios atos, quando eivados de vícios que os tornem ilegais, porque deles não se originam direitos, ou revogá-los, por motivo de conveniência e oportunidade, respeitados os direitos adquiridos e ressalvada, em todos os casos, a apreciação judicial.

Mais recentemente, o STF, por meio da Súmula Vinculante nº 3, firmou a obrigação de contraditório e ampla defesa nos processos perante o TCU, quando a decisão daquele órgão puder resultar em revogação ou anulação do ato administrativo que beneficie o interessado:

> Súmula Vinculante nº 3. Nos processos perante o Tribunal de Contas da União asseguram-se o contraditório e a ampla defesa quando da decisão puder resultar anulação ou revogação de ato administrativo que beneficie o interessado, excetuada a apreciação da legalidade do ato de concessão inicial de aposentadoria, reforma e pensão.[9]

No que concerne à anulação dos atos administrativos, trata-se de medida que não se restringe à atuação do Poder Judiciário. Destacamos que, a despeito da divisão da doutrina vigente, entre faculdade ou obrigação de anulação do ato viciado pela Administração, e da faculdade para anulação prevista na Súmula nº 473, certo é que a lei que regula o Processo Administrativo Federal — Lei nº 9.794, de 29.01.1999 (art. 53) — e também a Lei nº 14.184, de 30.01.2002, que dispõe sobre o processo administrativo no âmbito da Administração Pública de Minas Gerais (art. 64), impõem o poder-dever à Administração, de anular, de ofício, seus próprios atos com vícios de legalidade, respeitados os direitos adquiridos,[10] diferentemente da revogação, que, por se tratar de razões de mérito do ato, será sempre uma faculdade do administrador, observadas as cautelas legais.

---

[9] A Lei nº 9.794, de 1999, que regula o processo administrativo no âmbito da Administração pública federal, prevê em seu art. 50, inciso VIII, a obrigação de motivação do ato administrativo, quando importem anulação, revogação, suspensão ou convalidação de ato administrativo.

[10] A Administração *deve* anular seus próprios atos, quando eivados de vício de legalidade, e pode revogá-los por motivo de conveniência ou oportunidade, respeitados os direitos adquiridos (grifos nossos).

5 Conclusão

Deixamos de adentrar aos pormenores deste tema e suas relevantes questões à luz do direito na atualidade,[11] aspectos que exigiriam um estudo aprofundado. O escopo maior é reverenciar o nosso querido mestre, trazendo excertos de seu trabalho acadêmico para conhecimento de tantos que não puderam a ele ter acesso, até então.

Meu muito obrigada a todos que compartilham desta homenagem, seja escrevendo ou, sobretudo, participando como atentos leitores. A janela, momentaneamente fechada, estará aberta a todos os que, a exemplo do nosso querido homenageado, lutam por um direito administrativo vivo, por uma atuação administrativa efetiva, eficiente, eficaz e, sobretudo, justa.

Informação bibliográfica deste livro, conforme a NBR 6023:2002 da Associação Brasileira de Normas Técnicas (ABNT):

CARVALHO, Jaqueline Grossi Fernandes. Da revogação no direito administrativo: 60 anos depois: breves notas. *In*: PIRES, Maria Coeli Simões; PINTO, Luciana Moraes Raso Sardinha (Coord.). *Paulo Neves de Carvalho*: suas lições por seus discípulos. Belo Horizonte: Fórum, 2012. p. 169-175. ISBN 978-85-7700-599-4.

---

[11] Discricionariedade administrativa, motivação, limitações ao poder de revogar, atos sujeitos a revogação, modulação dos efeitos dos atos nulos e anuláveis e apreciação judicial são algumas das questões que defluem do tema.

A PERCEPÇÃO DO VALOR ADICIONADO DO ICMS PELO MUNICÍPIO MINERADOR

JOSÉ ANCHIETA DA SILVA[1]

MARIA DE LOURDES FLECHA DE LIMA XAVIER CANÇADO[2]

O tema relativo à percepção do valor adicionado do imposto sobre operações relativas à circulação de mercadorias e sobre prestações de serviços de transporte interestadual e intermunicipal e de comunicação (ICMS) incidente sobre a atividade minerária — especialmente quando a sede administrativa da empresa mineradora estiver localizada em Município diverso daquele onde são realizadas as atividades de extração, exploração e transporte do minério — exige atenção e cautela por parte dos aplicadores do direito, sobretudo por ter impacto direto na autonomia financeira municipal e na correta repartição tributária.

O ponto de partida desta análise pressupõe a definição de qual Município terá direito ao valor adicionado: o Município minerador, em cujo solo ou subsolo se opera a extração, a explotação e o transporte do minério, ou o Município em que estiver situada a sede administrativa da empresa mineradora.

Esta questão foi objeto do julgado proferido pelo Supremo Tribunal Federal, no Agravo Regimental em Recurso Extraordinário nº 422.051 interposto pelo Município de Congonhas, Minas Gerais,

---

[1] Mestre em Direito Comercial pela Universidade Federal de Minas Gerais. Membro do IAMG.
[2] Mestre em Direito Administrativo pela Universidade Federal de Minas Gerais. Membro do IAMG. Professora Universitária.

em que o Município de Santa Bárbara, Minas Gerais, figurou como interessado. Nesse julgado ficou assentado o errôneo entendimento de que "ocorrendo o fato gerador do tributo — ICMS — no território do Município de Ouro Preto, local de saída final dos produtos beneficiados, não existe motivo para a participação dos municípios de base extrativa na receita proveniente da arrecadação do ICMS com base no Valor Adicionado Fiscal (VAF), vez que não houve agregação de valor às mercadorias nos referidos Municípios".

Tal entendimento fundou-se na premissa de que "o simples deslocamento de mercadorias de um estabelecimento para outro da mesma empresa, sem a transferência de propriedade, não caracteriza a hipótese de incidência do ICMS". Para tanto, considerou que seria necessário o envolvimento de um ato mercantil, que não ocorreria quando o produtor simplesmente movimentasse seus produtos, de um estabelecimento para outro, para simples passagem.

O equívoco desse entendimento decorre dos preceitos constitucionais que asseguram a efetiva autonomia financeira municipal e que impõem a necessidade de observância das regras atinentes à repartição tributária, na medida em que elas visam a justa distribuição aos Municípios, do valor adicionado relativo aos tributos arrecadados pela União Federal e pelos Estados-membros, quando, em sua extensão territorial, lhe for agregado ou adicionado valor.

Em seu cotidiano como professor e advogado, Paulo Neves de Carvalho, em diversas oportunidades, destacou a importância da questão aqui posta, especialmente em face da necessidade de se assegurar efetividade à autonomia municipal consagrada pelo art. 18 da Constituição. De fato, referido dispositivo assegurou aos Municípios a autonomia para o exercício das prerrogativas políticas destinadas à composição de seu governo e à administração e à organização de seu governo e estrutura. Objetivou-se, em tal dispositivo, munir o Município dos poderes necessários à administração própria daquilo que lhe é próprio.

Para viabilizar o exercício deste governo próprio e da gestão do interesse local, é indispensável que seja assegurada a efetiva autonomia financeira do Município, aplicando-se adequadamente as regras referentes à repartição tributária. De fato, não haverá governo municipal se não lhe for assegurada a autonomia financeira, a partir da arrecadação dos tributos que lhe foram constitucionalmente destinados e da percepção das parcelas de valor adicionado, especialmente das relativas ao ICMS, quando dentro de sua extensão territorial operar-se a adição de valor a determinado produto ou serviço.

O núcleo basilar da repartição tributária encontra-se estabelecido no art. 158 da Constituição, que, quanto ao ICMS, estabelece, em seu inciso IV, pertencer ao Município a parcela de 25% (vinte e cinco por cento) do produto da arrecadação deste imposto. No parágrafo único deste dispositivo, previu-se que esta parcela será creditada conforme os seguintes critérios: "I - três quartos, no mínimo, na proporção do valor adicionado nas operações relativas à circulação de mercadorias e nas prestações de serviços, realizadas em seus territórios; e II - até um quarto, de acordo com o que dispuser lei estadual ou, no caso dos Territórios, lei federal". Diante da regra constante desse inciso I, o art. 161, inciso I, da Constituição, estabeleceu a necessidade de edição de lei complementar para a definição do valor adicionado ali mencionado.

A partir deste imperativo constitucional, foi editada a Lei Complementar nº 63, de 11.01.1990, que dispõe sobre os critérios e prazos de crédito das parcelas do produto da arrecadação do ICMS pertencentes aos Municípios. No inciso I, do §1º de seu art. 3º, definiu-se que o valor adicionado deste imposto corresponderá, para cada Município, "ao valor das mercadorias saídas, acrescido do valor das prestações de serviços, no seu território, deduzido o valor das mercadorias entradas, em cada ano civil".

O preceito desse dispositivo legitima o direito de vir o Município, que participe de uma das várias etapas do processo econômico de produção, circulação e comercialização, a perceber parcela do valor adicionado do ICMS na proporção do que tiver sido incorporado, agregado ou adicionado de valor ao produto, no âmbito de sua extensão territorial.

Assim, o valor adicionado do ICMS será computado considerando-se as operações e prestações que constituam fatos geradores deste imposto, sendo que as parcelas relativas a este serão distribuídas aos Municípios beneficiários conforme valor então adicionado ou agregado ao produto e/ou serviço sujeito a sua incidência.

Sua percepção decorrerá a partir da definição do local em que será adicionado valor ao bem primário. Na hipótese, a agregação de valor ao minério será verificada no local em que se der a extração, a explotação e o transporte do minério, na medida em que, sem tais atividades, não haverá produto final passível de comercialização.

Assim, não há como se admitir que exatamente o Município em que a riqueza mineral é extraída, explotada e transportada (minério não anda sozinho), e no qual se opera toda a agregação de valor ao minério, venha a ser preterido, na destinação do valor adicionado do ICMS pelo Município em que se encontra a sede administrativa da empresa mineradora, sob o falacioso argumento de que neste último se operaria a efetiva circulação do bem. E isso se deve ao fato de que a agregação de valor efetivo ao produto deu-se no âmbito daquele outro Município, o primeiro, de onde se retira o minério *in situ*, quando o produto extraído passou a ter valor econômico e se tornou um bem circulável.

Esta a orientação que está em conformidade com a norma constitucional, que dispõe que o valor adicionado será calculado com base na circulação de mercadorias e prestações de serviços realizados no território de cada município. Ou seja, isso significa dizer que o valor adicionado será creditado com base no critério da territorialidade. Nesta linha, entende Misabel Abreu de Machado Derzi:

> É fácil concluir — uma vez que está literalmente consignado na Constituição — que a norma fundamental adota, como critério de distribuição do ICMS entre os Municípios, o da territorialidade do valor adicionado. Segundo esse critério básico e obrigatório em todo o âmbito nacional, cada Município fica com o valor adicionado produzido em seu próprio território.[3]

A consagração desse critério encontra-se na própria definição atribuída à expressão valor adicionado, conforme se extrai da simples análise do inciso I do §1º da Lei Complementar nº 63/90.

Neste contexto, verifica-se que o conceito atribuído à expressão circulação, para fins de apuração do valor adicionado do ICMS, não poderá ser meramente jurídico, mas, também, econômico, pois assim o Município no âmbito do qual ocorreu a saída do bem, ainda que para outro estabelecimento de um mesmo contribuinte, fará jus à percepção do valor adicionado respectivo.

A circulação deverá abranger não apenas a transferência de propriedade ou posse do bem (circulação jurídica), como também sua saída física, por configurar ela uma das etapas do processo de circulação de mercadorias, compreendido desde a fonte de produção até o consumo final (circulação econômica), não importando o título jurídico que se atribua para a saída do produto de determinado estabelecimento para outro, dentro de uma mesma empresa. A partir destes esclarecimentos, tem-se que, para que ocorra o fato gerador do ICMS, é preciso que haja a saída física da mercadoria de um estabelecimento comercial, industrial ou produtor, porquanto esta saída é que representa uma das etapas do

---

[3] DERZI, Misabel Abreu de Machado. A redistribuição do ICMS aos Municípios e o critério constitucional da territorialidade do valor adicionado. *Revista do Tribunal de Contas de Minas Gerais*, Belo Horizonte, v. 1, n. 1, p. 123, dez. 1983.

processo de circulação da mercadoria, assim entendido como o conjunto das sucessivas transferências da mercadoria, desde o seu produtor até o consumidor final.

Assim, a apuração do valor adicionado relativo ao ICMS deverá considerar o local da primeira saída física do bem, que, em se tratando da atividade mineraria, será aquele em que se der a extração, a explotação e o seu primeiro transporte para a sede administrativa da empresa, porquanto é neste local em que haverá a adição do valor respectivo. Neste sentido, assevera Aliomar Baleeiro que o ICMS se apresenta como o

> imposto sobre a circulação econômica e não jurídica da mercadoria, como se depreende, antes de tudo, da relevante circunstância de que o legislador, no deliberado propósito de dar ao sistema do tributo bases diferentes, deixou de caracterizar-lhe ou conceituar-lhe o fato gerador (saída, entrada, ou fornecimento), mediante a utilização de conceitos ou institutos correspondentes a figuras negociais de direito privado. Assim, o simples deslocamento ou movimentação física ou a utilização da mercadoria que configura a saída, ou entrada ou fornecimento correspondente à caracterização de qualquer das hipóteses previstas no art. 1º, do dec.-lei nº 406, e com as ressalvas ai previstas, constitui fato gerador do tributo, prescindindo-se inteiramente de que tais fatos tenham ou não uma qualquer qualificação jurídica.[4]

O direito, com efeito, está enraizado nos fatos e na realidade que lhe dão vida e consistência. Não se mostra justo, ou muito menos razoável, que o Município no qual ocorrem as atividades de exploração, explotação e transporte do recurso mineral, atividades estas que lhe agregam o valor necessário à sua futura comercialização, venha a ser preterido na obtenção do valor adicionado relativo ao ICMS por aquele Município onde se localiza a sede administrativa da empresa mineradora. Até porque só haverá a agregação de valor ao bem primário, o minério, no local da prática das atividades de exploração, explotação e transporte, já que, a partir delas, será possível a determinação do valor econômico deste bem, visando sua posterior venda.

Entendimento diverso implicará admitir que, exatamente onde ficam as crateras, bocas desdentadas nos vazios das serras em face da retirada do minério, não chega o imposto decorrente dessa mutilação.

---

[4] BALEEIRO, Aliomar. *Direito tributário brasileiro*. 10. ed. Rio de Janeiro: Forense, 1990. p. 224.

Portanto, apenas com a aplicação do critério da territorialidade na apuração do valor adicionado do ICMS é que se possibilitará a efetiva repartição tributária e, com ela, o exercício da plena autonomia financeira pelo Município afetado pelas atividades de extração, explotação e transporte do minério. E isso se deve ao fato de que, como reiterado por Paulo Neves de Carvalho, não haverá governo municipal enquanto não for assegurada a plena autonomia financeira do Município, nos exatos limites em que previstos na Constituição Federal.

Informação bibliográfica deste livro, conforme a NBR 6023:2002 da Associação Brasileira de Normas Técnicas (ABNT):

SILVA, José Anchieta da; CANÇADO, Maria de Lourdes Flecha de Lima Xavier. A percepção do valor adicionado do ICMS pelo Município minerador. *In*: PIRES, Maria Coeli Simões; PINTO, Luciana Moraes Raso Sardinha (Coord.). *Paulo Neves de Carvalho*: suas lições por seus discípulos. Belo Horizonte: Fórum, 2012. p. 177-182. ISBN 978-85-7700-599-4.

O MESTRE E O GOSTO PELO NOVO

JUAREZ FREITAS[1]

Um dos melhores sinais identificadores de autêntico mestre é o constante brilho no olhar que revela o gosto pelo novo, com a necessária filtragem crítica. Consigo, a propósito, rever o querido Prof. Paulo Neves de Carvalho, em todas as conversas agradáveis e fecundas que tivemos, a demonstrar essa constante abertura de espírito às novas ideias, ofertando, sem avareza, palavras de alento aos que, como ele, queriam construir o Direito Administrativo brasileiro efetivamente comprometido com o bem-estar intergeracional, não com posturas rígidas ou ortodoxas que servem somente a vãs disputas territoriais, na academia ou na política.

Essa atitude de renovação contínua deve ser a marca de todos os cultores do Direito. E, em sua homenagem, indago: o que há de novo, nas relações de administração? Certamente, a maior novidade radica na perspectiva de que o sistema jurídico existe para propiciar as condições estruturais para *o bem-estar das gerações presentes sem sacrificar o bem-estar das gerações futuras*. A novidade radica, portanto, na internalização constitucional do princípio do desenvolvimento sustentável (ou da sustentabilidade, como prefiro), plenamente aplicável à seara do Direito Administrativo.

---

[1] Professor da PUCRS e da UFRGS. Pós-Doutor na Universidade Estatal de Milão. Presidente do Instituto Brasileiro de Altos Estudos de Direito Público. Autor, entre outras obras, do livro *Sustentabilidade*: direito ao futuro (Fórum, 2011), que recebeu a Medalha Pontes de Miranda, da Academia Brasileira de Letras Jurídicas.

Em lugar das categorias presas ao pretérito, a novidade iluminadora acarreta o advento da sindicabilidade de longo alcance, ao vestir as lentes da sustentabilidade. Desse modo, em lugar da gestão pública enredada nas paixões governativas e no imediatismo fragmentário, irrompe o Direito Administrativo integrado das políticas de Estado, apto a reconhecer a titularidade dos direitos fundamentais das gerações presentes e futuras. E a cobrar uma justa ponderação de custos e benefícios, diretos e indiretos (externalidades), sociais, ambientais e econômicos, na formulação e na implementação das políticas públicas.

Só mentes abertas — como a de meu amigo Prof. Paulo Neves de Carvalho — aceitam a urgência de revisar construções sociais e tradições que já não funcionam a contento. Certamente, o meu amigo acolheria a premência de rever, por exemplo, a noção das titularidades jurídicas. Com efeito, insistir, no Século XXI, em disputas que pressupõem uma noção demasiado antropocêntrica e míope dos direitos subjetivos é erro cognitivo crasso, que pode conduzir a verdadeiras catástrofes ambientais.

O novo consiste em adotar uma interpretação do Direito Administrativo (e do sistema jurídico em seu todo) como *fator crucial de obtenção do bem-estar e do dinâmico equilíbrio ecológico*. Eis a sua nova funcionalidade cogente. O que demanda, além da dignidade humana, proteger e tutelar a dignidade intrínseca dos seres vivos em geral contra qualquer forma de crueldade, na linha do que prescreve o art. 225, da Constituição. Nessa ótica, a nota, por assim dizer, peculiar do ser humano é tão só a capacidade do pensamento prospectivo de longo prazo, a diferenciá-lo ligeiramente dos outros seres vivos que o acompanham no processo evolucionário. Razão somente para fazê-lo mais, não menos, responsável por aqueles que não conseguem antecipar perdas e benefícios.

Vale dizer, sob o prisma do princípio constitucional da sustentabilidade, a pouco e pouco, cumpre retirar de cena o despótico antropocentrismo limitado e instaurar a dignidade humana em patamar mais alto, no qual não mais se ponha em conflito com a dignidade da vida, sistemicamente considerada. Bem por isso, o novo está em reconhecer e tutelar *o direito fundamental ao futuro*.

No campo do Direito Administrativo, isso significa, por exemplo, que todas as licitações e contratações devem incorporar, motivadamente, critérios de sustentabilidade. Mais: o Estado-Administração tem o *dever "ex officio" de proteção ativa da constitucionalidade das políticas sustentáveis*. Tal dever pressupõe expressiva ampliação do autocontrole, e favorece a releitura do princípio da proporcionalidade, a qual não se confunde com qualquer condescendência com a inércia inconstitucional. A tarefa de evitar a "deflação" constitucional é de todos os agentes de Estado e representa aspecto fulcral do novo Direito Administrativo. Por outras palavras, a constitucionalidade dos processos administrativos — acima da simples e reducionista conformidade com as regras legais — precisa ser assegurada pelo Estado inteiro. O "controle último" permanece com o Poder Judiciário, já que não se enfraquece o *"judicial review,"* porém se articula, de modo acurado, o controle sistemático que impede a complacência violadora da Constituição e, ao mesmo tempo, dirige as melhores energias às fundamentais prioridades, a longo prazo.

Defende-se, *em linguagem frontal, que o Estado-Administração exerça o dever de aplicar a Carta de ofício.* A essa postura, pode-se dar o nome de ativismo intergeracional da Constituição, no íntimo das relações administrativas, sob pena de kafkiano, temerário e desolado alheamento das exigências do melhor constitucionalismo de ponta.

No estágio atual, o que se colima é acentuar que, observadas as intransponíveis atribuições, *a guarda da Constituição jamais se deve cingir às Cortes judiciais, embora a elas incumba um controle característico e cabal.* Por outras palavras, imperativo tecer, com austero resguardo das competências, uma *rede de controle proativo e sistêmico de constitucionalidade,* a cargo do Estado inteiro e da sociedade, de sorte a realizar inédita *sindicabilidade forte e integrada — externa, interna, jurisdicional e social — da gestão pública.*

Vale dizer, o controle administrativo da juridicidade constitucional, simultaneamente avesso a automatismos subalternos e à truculência da discricionariedade pura e opressora,[2] requer *outro tipo de escrutínio, no terreno das políticas públicas.* O Estado-Administração, em lugar do culto timorato e passivo às regras legais, *obriga-se a ensejar que a Constituição, por assim dizer, administre de maneira intertemporal, segundo as políticas da sustentabilidade social, ambiental e econômica.* Não se trata de propor insurgência usurpatória de qualquer matiz, todavia de realçar que: a) ao Estado-Administração incumbe realizar muito mais do que o simples controle de observância das regras, pois, por exemplo, é chamado a empreender o controle previsto no art. 74 da CF: *o controle*

---

[2] Sobre o tema: FREITAS, Juarez. *O controle dos atos administrativos e os princípios fundamentais.* 4. ed. São Paulo: Malheiros, 2009: "A tarefa mais produtiva do controle sistemático das relações administrativas consiste em bem hierarquizar as escolhas administrativas, com eficiência, economicidade, eficácia, prevenção e precaução, de maneira que a Constituição administre" (p. 151). *Vide,* ainda: FREITAS, Juarez. *Sustentabilidade*: direito ao futuro. Belo Horizonte: Fórum, 2011. cap. 9.

precisa ser de eficiência e de eficácia (esta preponderando sobre aquela), para além da legalidade, o que acrescenta ineliminável gama de deveres estatuídos diretamente pela Constituição, assim os relacionados à saúde (ex. o dever de fornecimento tempestivo de remédios para os carentes ou o dever de remover as pessoas das áreas de risco), à educação (ex.: o dever de matricular as crianças em escolas de qualidade) ou ao ambiente (ex.: a defesa do valor intrínseco da fauna, como decorrência da vedação constitucional da prática de crueldade); b) ao Estado-Administração, nas fronteiras e nos marcos das políticas constitucionalizadas, cumpre levar a cabo *o controle administrativo de constitucionalidade do processo de tomada de decisões,* se possível de índole cautelar, refutadas com rigor, sobretudo pelas Carreiras de Estado, as deliberações manifestamente inconstitucionais; c) ao Estado-Administração cumpre fortalecer, no âmbito da fiscalização dos atos e processos administrativos, a *eficácia direta e imediata do direito fundamental à boa administração pública, com simétrica e proporcional sindicabilidade.* Sem omissivismo rendilhado e tomando na devida conta a totalidade dos princípios regentes das relações administrativas, com destaque para o emergente princípio da sustentabilidade.

À luz desses precisos termos, intenta-se promover, com tintas inéditas, *a guarda administrativa da Constituição* (afastada a "concepção unicêntrica de Estado"[3] e evitada a "constitucionalização exacerbada"),[4] como *tarefa irrenunciável, ora profundamente negligenciada.* Tudo sem prejuízo da persistência do Poder Judiciário, em nosso modelo, na condição de controlador "último",[5] alicerçado em cláusula originária (CF, art. 5º, XXXV).

Convém remarcar, de acordo com essa lógica: a Constituição Federal, lida sem a falácia da desintegração,[6] revela-se altamente

---

[3] BOBBIO, Norberto. *O filósofo e a política.* Rio de Janeiro: Contraponto, 2003. p. 270: "A ideia de supremacia da lei foi a conclusão necessária de uma concepção unicêntrica de Estado, que encontrou sua formulação mais acabada no Leviatã de Hobbes. (...) Todavia o desenvolvimento político seguiu um caminho oposto (...) quanto mais desenvolvidos econômica e socialmente são os Estados contemporâneos tanto mais se tornam policêntricos (...)".

[4] A defesa da guarda da constitucionalidade por todos os Poderes e pela sociedade, empreendida aqui, realça a dimensão positiva do fenômeno e tende, em instância última, a favorecer o princípio da deferência.

[5] Sem que a presente abordagem represente endosso à posição algo extremada de Mark Tushnet (*Taking the Constitution Away from the Courts.* Princeton: Princeton University Press, 1999, especialmente caps. 7 e 8). Aqui, propõe-se ampliar a guarda da constitucionalidade, incluir a sociedade, sem debilitar o controle judicial, nem cair em populismo simplificado de qualquer natureza.

[6] Sobre a falácia de "dis-integration", *vide*: TRIBE, Laurence; DORF, Michael. *On Reading the Constitution.* Cambridge: Harvard Universiy Press, 1991. p. 20.

inclusiva em matéria de controle da constitucionalidade, ao estabelecer a competência comum da União, dos Estados, do Distrito Federal e dos Municípios para zelar pela "guarda da Constituição, das leis e das instituições democráticas" (CF, art. 23, I.) Decerto, ao fazê-lo, não pretendeu que a tarefa se concentrasse, com exclusividade, no Poder Judiciário, porque *almejou o controle disseminado da juridicidade constitucional*, de molde a favorecer, ao menos em tese, os resultados legislativos e administrativos em consonância com os objetivos fundamentais da República (CF, art. 3º), no resguardo dos direitos em geral, não apenas dos direitos "entrincheirados".

A assertiva, por suposto, merece plena acolhida sem o entrave das pré-compreensões contaminadas pelos desvios cognitivos. Nada há a estranhar, numa leitura tópico-sistemática,[7] que o Estado-Administração cumpra, sem desbordar, *o dever de ofício de garantir, processualmente, a conformidade dos atos administrativos com a Constituição*. Nessa linha, avulta o desafio (ao mesmo tempo, pragmático e deontológico)[8] de costurar o movimento de defesa do Estado-Administração vinculado à Carta e livre dos braços cruzados pela glacial indiferença. Trata-se de propor que o gestor público, em matéria de controle da sustentabilidade, não dê parte de fraco, rompa com os lugares comuns da gestão desleixada e, acima de tudo, assuma o compromisso com a renovada cidadania, inclusive ecológica.

Considera-se, nessa linha, *indeclinável o dever de a Administração Pública aplicar a Lei Fundamental de ofício*. É que o exercício sistemático do controle dos atos e processos administrativos[9] reclama assimilar, à vista de todos, que o agente público não pode se ater, comodamente, ao jugo do medo de pensar em termos de primado dos princípios e direitos fundamentais, nas relações de administração. Cumpre recusar *não só à ordem manifestamente ilegal, mas sobretudo à ordem manifestamente inconstitucional*. Não por acaso, em nosso sistema, configura improbidade administrativa a violação de princípios,[10] matéria nem sempre bem assimilada.

---

[7] FREITAS, Juarez. *A interpretação sistemática do direito*. 5. ed. São Paulo: Malheiros, 2010, que versa sobre a essencial identidade do pensamento sistemático e da tópica.
[8] Sobre os modelos deontológico e consequencialista, como não reciprocamente excludentes, *vide*: GUASTINI, Riccardo. *Das fontes às normas*. São Paulo: Quartier Latin, 2005. p. 239.
[9] FREITAS, Juarez. *O controle dos atos administrativos e os princípios fundamentais*, cap. 1, no qual, além de estabelecer a tábua dos princípios que devem reger tal controle, reflito sobre as principais transformações paradigmáticas do Direito Administrativo.
[10] *Vide* Lei nº 8.429/92, art. 11.

Múltiplos indicadores mostram-se imprescindíveis ao controle assim reconcebido, no combate à onda gigantesca de inconstitucionalidades omissivas ou comissivas, dolosas ou culposas, perpetradas, não raro, por parasitas infiltrados no Estado-Administração. De fato, sair desse quadro monótono de negligência sistêmica supõe enfrentar a crônica antijuridicidade das decisões administrativas, que só tem produzido torrentes de processos judiciais repetitivos e quase infindáveis, com notória falta de acatamento, em tempo útil, das decisões judiciais pelo Estado-Administração.

Nessa medida, desde que assimilada com boa-fé, uma ampliada noção de guarda administrativa da constitucionalidade não implica excesso nem invasão, pois representa avanço potencialmente corretivo da performance da "maquinaria" do Estado brasileiro como um todo. Apenas faz reconhecer que, indistintamente, os Poderes têm a missão de (por exemplo, por meio de súmulas administrativas vinculantes), nos limites das respectivas atribuições, realizar a promoção ativa da Constituição contra os expedientes rasteiros e recorrentes da burla, frontal ou oblíqua.

Com efeito, afirmar que o Estado-Administração deveria apenas cuidar da formalidade das regras, deixando aos outros Poderes a preocupação com a constitucionalidade representaria, hoje, prova de inaceitável conformismo com a cultura da inconstitucionalidade dominante, numa espécie de capitulação diante da má política e da inércia cúmplice.

Consolidando: *a guarda ou o controle de constitucionalidade não é, nem seria plausível cogitar que fosse, uma exclusividade das Cortes judiciais.* Mais: a opção do constituinte pelo "controle externo" (CF, art. 70), quanto à legitimidade e à economicidade dos atos administrativos, em vez de atinente só à estrita legalidade, introduz fortíssimo argumento a favor da necessidade de dilatação do controle de constitucionalidade, no sentido proposto. Não fosse o bastante, na seara do "controle interno", consoante o art. 74, II, da CF, os Poderes Legislativo, Executivo e Judiciário precisam manter, de forma integrada, sistema de controle orientado, não apenas para comprovar a legalidade, mas para avaliar os resultados, quanto à eficácia e eficiência, da gestão orçamentária, financeira e patrimonial nos órgãos e entidades da administração, bem como da aplicação de recursos públicos.

Quer dizer, a Constituição, às escâncaras e meridianamente, determina, há muito, *sinergia dos controles na proteção da higidez dos processos administrativos*, vigilância larga o suficiente para abranger o resguardo dos princípios constitucionais da eficácia e da eficiência, da moralidade e da sustentabilidade.

Bem observadas as coisas, uma leitura includente e expansiva, em matéria de controle administrativo da constitucionalidade, resulta de consistentes pressupostos sistemáticos, designadamente: (i) por si, a omissão na implementação diligente da guarda eficacial direta e imediata da Carta pelo próprio Estado-Administração costuma redundar em danos juridicamente injustos, impostos a gerações presentes e futuras; (ii) se e quando todos os Poderes, sem exceção, observarem o dever de guarda da constitucionalidade, será maior a probabilidade de observância do princípio da deferência, segundo o qual as decisões de cada Poder têm de ser respeitadas, desde que não afrontem claramente a Constituição; (iii) imperativo perceber que, ao efetuar a guarda da constitucionalidade, nos limites de suas atribuições, a Administração Pública (em sentido lato) tem de acatar (salvo no casos de resistência constitucionalmente legítima) as decisões pacificadas na esfera judicial, mormente em sede de pronunciamentos concentrados ou objetivos, nos quais inexiste, a rigor, a clássica contraposição de partes. E também se vincula ao decidido, em definitivo, em sede de controle difuso, isto é, quando houver decisão plenária definitiva do STF (independentemente da sustação de execução da lei pelo Senado).

Eis o novo. Estou convicto de que o Prof. Paulo Neves de Carvalho aprovaria, no geral, as proposições enunciadas. Ou, ao menos, as receberia com as costumeiras palavras de estímulo à ousadia intelectual e faria as suas proposições alternativas. Como quer que seja, pelo que sei de sua trajetória, haveria de estar do lado do novo, que significa a *defesa da eficácia direta e imediata do princípio constitucional da sustentabilidade, em sentido forte, com a correspondente ampliação do controle de constitucionalidade pela própria Administração Pública.* Um verdadeiro mestre nunca perde o brilho no olhar.

Informação bibliográfica deste livro, conforme a NBR 6023:2002 da Associação Brasileira de Normas Técnicas (ABNT):

FREITAS, Juarez. O mestre e o gosto pelo novo. In: PIRES, Maria Coeli Simões; PINTO, Luciana Moraes Raso Sardinha (Coord.). *Paulo Neves de Carvalho*: suas lições por seus discípulos. Belo Horizonte: Fórum, 2012. p. 183-189. ISBN 978-85-7700-599-4.

MORALIDADE E EFICIÊNCIA ADMINISTRATIVAS
UMA QUESTÃO DE CULTURA

LAKOWSKY DOLGA[1]

Todos os que tivemos o privilégio de conviver com o Professor Paulo Neves de Carvalho, recebendo suas preciosas lições, nos habituamos a ouvir-lhe a pregação, entusiasmada e fundamentada em argumentação primorosa, em defesa do binômio moralidade e eficiência na Administração Pública.

Segundo Paulo Neves, hão de ser esses os pilares da atividade administrativa. A ética do administrador, a razoabilidade de suas decisões e a honestidade de seus atos devem aliar-se à cuidadosa seleção e ao constante aperfeiçoamento do servidor público, à adoção de técnicas e mecanismos modernos de gestão, ao adequado gasto público, após criteriosa arrecadação dos tributos e de outras receitas do Estado.

Observe-se, por um lado da questão, que não há moralidade sem eficiência.

Aquela se vê gravemente ofendida quando a Administração esbanja os recursos da coletividade, sempre parcos em face de suas necessidades, desperdiça os bens públicos, corrompe e se deixa corromper.

---

[1] Assessor da Presidência do Tribunal de Justiça do Estado de Minas Gerais. Professor aposentado de Direito Administrativo, da Faculdade Milton Campos.

Administração ineficiente é intrinsecamente imoral, constituindo-se na própria negação de sua razão de ser. É a não administração.

Lado outro, a busca de resultados a qualquer preço, com desrespeito à legalidade, à valorização e à dignidade das pessoas, administrados e servidores públicos, revela-se atentatória à moralidade que deve reger a atividade do administrador público. A ética administrativa é o freio para esses abusos.

Corrupção é intolerável. Fere de morte os dois princípios, a um só tempo.

Essas ideias estavam sempre presentes nas palestras e conferências de Paulo Neves, nas suas inúmeras atuações em bancas de mestrado e doutoramento e, especialmente, nas aulas ministradas e no seu dia a dia como advogado.

A nós, seus alunos, o mestre demonstrava, com a clareza de sua argumentação, a importância desses conceitos, os quais deveríamos compreender inteiramente e manejar com segurança.

Não era essa, entretanto, sua maior preocupação. Mais que isso, enfatizava ele a necessidade de se desenvolver a cultura da moralidade e da eficiência.

Mostrava-nos o mestre que de nada vale a lei em si mesma, por melhor e mais clara que seja, a consagrar princípios, regulamentar condutas, estabelecer vedações e prever punições.

Falta a cultura da honestidade.

Da mesma forma, nenhum efeito positivo se obtém mediante a criação de uma estrutura organizacional rebuscada, com órgãos em profusão, a ostentarem denominações pomposas, e cargos públicos de nomes complicados e rol de atribuições complexas. Tudo isso, lembravanos Paulo Neves, resulta quando muito em um vistoso organograma, a enfeitar paredes das repartições públicas, logo abaixo da fotografia do primeiro mandatário do momento.

Tais mecanismos, evidentemente necessários, somente se mostram eficazes se decorrem da cultura de bem servir, de poupar recursos, de não medir esforços na busca do atendimento ao interesse maior da coletividade.

Lamentavelmente, não é esse o panorama que Paulo Neves encontraria em nosso país, se ainda estivesse entre nós.

A corrupção campeia.

Ministros de Estado são dispensados por corrupção, à razão de meia dúzia por ano (ressalte-se que se trata de Ministros de Estado, o que nos remete ao disposto nos arts. 76 e 84, inciso II, da Constituição, para que se avalie a gravidade desse fato).

Claro está que, havendo malfeitos, os malfeitores devem ser afastados.

Mas isso não basta.

Faltam a punição e o ressarcimento ao erário, que deveriam advir inexoravelmente da apuração dos atos irregulares. Assim deveria ser, por justiça, pelo significado pedagógico, para minorar os prejuízos impostos à população, por questão até mesmo de bom senso.

Pior ainda, fica a estrutura viciada, sempre apta a ser utilizada para os mesmos fins escusos. Vale dizer, permanece incólume a malfeitoria.

Para que se avalie a magnitude do problema, cumpre lembrar que a imprensa estima que sejam desviados anualmente, nas diversas esferas administrativas brasileiras, algo em torno de 85 bilhões de reais, recursos suficientes para aprimorar significativamente a Administração, em busca da eficiência.

Quanto a essa, o quadro não é melhor.

Os serviços públicos são quase sempre ruins, faltam estradas, hospitais e postos de saúde, escolas de qualidade, saneamento básico, segurança pública.

Dados levantados por organismos internacionais mostram que o Brasil é, entre os países de maior carga tributária, o que devolve à população menos ações que efetivamente elevem o índice de desenvolvimento humano.

É caso de se indagar: por que as coisas estão nesse pé?

Leis não nos faltam.

Basta lembrar, permanecendo-se apenas no nível constitucional e atendo-se tão somente aos dispositivos mais relevantes, o extenso rol de direitos individuais consagrados no art. 5º e os direitos sociais estabelecidos no art. 6º, os quais impõem obrigações ao Estado, a maior parte delas a serem cumpridas na esfera administrativa; os serviços públicos a cargo dos entes federativos, previstos nos arts. 21, 25, §§1º e 2º, e 30; a explicitação dos princípios da moralidade e da eficiência, mencionados expressamente no art. 37; as salvaguardas contra a improbidade e os danos causados pela atividade administrativa, previstas nos parágrafos do citado art. 37; o controle operacional dos atos administrativos da União, quanto a sua economicidade, prevista no art. 70; a previsão do art. 85, inciso V, a estabelecer que constitui crime de responsabilidade imputável ao Presidente de República o ato seu que atente contra a probidade na administração; o extenso rol de competências do Conselho Nacional de Justiça, previsto no §4º do art. 103-B, relativas ao controle da atividade administrativa dos órgãos do Poder Judiciário; as funções institucionais do Ministério Público, estabelecidas no art. 129, relativas à proteção do patrimônio público e social, do meio ambiente e de outros interesses difusos e coletivos; a previsão dos serviços públicos, a serem prestados pelo Estado, nos termos do art. 175.

Da mesma forma, não nos faltam lições de nossos preclaros administrativistas, sempre valorizadas nas aulas de Paulo Neves. Vale recordar algumas delas.

Diogenes Gasparini, lembrando que o princípio da moralidade explicitado no art. 37 da Constituição "não pode ser senão o da moralidade administrativa", assim discorre sobre o tema:

> Diz Hauriou, seu sistematizador, que o princípio da moralidade administrativa extrai-se do conjunto de regras de conduta que regulam o agir da Administração Pública; tira-se da boa e útil disciplina interna da Administração Pública. O ato e a atividade da Administração Pública devem obedecer não só à lei, mas à própria moral, porque nem tudo que é legal é honesto, conforme afirmavam os romanos. Para Hely Lopes Meirelles, apoiado em Manoel de Oliveira Franco Sobrinho, a moralidade administrativa está intimamente ligada ao conceito do *bom administrador*, aquele que, usando de sua competência, determina-se não pelos preceitos legais vigentes, como também pela moral comum, propugnando pelo que for melhor e mais útil para o interesse público. Por essa razão, veda-se à Administração Pública qualquer comportamento que contrarie os princípios da lealdade e da boa-fé.[2]

Maria Sylvia Zanella Di Pietro, após discorrer sobre a evolução da matéria na doutrina em geral e na legislação brasileira, faz afirmações a respeito da moralidade administrativa que se mostram importantes, para o desenvolvimento do tema aqui abordado. Transcrevo:

> Além disso, o princípio deve ser observado não apenas pelo administrador, mas também pelo particular que se relaciona com a Administração Pública. São frequentes, em matéria de licitação, os conluios entre licitantes, a caracterizar ofensa a referido princípio.
>
> Em resumo, sempre que em matéria administrativa se verificar que o comportamento da Administração ou do administrado que com ela se relaciona juridicamente, embora em consonância com a lei, ofende a moral, os bons costumes, as regras de boa administração, os princípios de justiça e equidade, a ideia comum de honestidade, estará havendo ofensa ao princípio da moralidade administrativa.[3]

---

[2] GASPARINI. *Direito administrativo*, p. 10.
[3] DI PIETRO. *Direito administrativo*, p. 78.

No tocante ao princípio da eficiência, assim se manifesta Celso Antônio Bandeira de Mello:

> Quanto ao princípio da eficiência, não há nada a dizer sobre ele. Trata-se, evidentemente, de algo mais do que desejável. Contudo, é juridicamente tão fluido e de tão difícil controle ao lume do Direito, que mais parece um simples adorno agregado ao art. 37 ou o extravasamento de uma aspiração dos que buliram no texto. De toda sorte, o fato é que tal princípio não pode ser concebido (entre nós nunca é demais fazer ressalvas óbvias) senão na intimidade do princípio da legalidade, pois jamais uma suposta busca de eficiência justificaria postergação daquele que é o dever administrativo por excelência. Finalmente, anote-se que este princípio da eficiência é uma faceta de um princípio mais amplo já superiormente tratado, de há muito, no Direito italiano: o princípio da "boa administração".[4]

Diogo de Figueiredo Moreira Neto discorre sobre o princípio da eficiência, destacando

> a sua origem em estudos jurídicos doutrinários de vanguarda, desenvolvidos desde meados do século XX por juristas do porte de Raffaele Resta e de Guido Falzone, no sentido de superar o conceito de poder-dever de administrar, como afirmado pela administração burocrática, empenhada apenas em lograr a eficácia, para estabelecer, como um passo adiante, o dever da boa administração, passado a ser respaldado pelas novas concepções gerenciais, voltadas à busca da eficiência na ação administrativa pública.[5]

E, mais adiante:

> Entendida, assim, a eficiência administrativa, como a melhor realização possível da gestão dos interesses públicos, posta em termos de plena satisfação dos administrados com os menores custos para a sociedade, ela se apresenta, simultaneamente, como um atributo técnico da administração, como uma exigência técnica a ser atendida, no sentido weberiano de resultados, e, coroando a relação, como uma característica jurídica exigível, de boa administração dos interesses públicos.[6]

---

[4] BANDEIRA DE MELLO. *Curso de direito administrativo*, p. 111-112.
[5] MOREIRA NETO. *Curso de direito administrativo*: ..., p. 117.
[6] MOREIRA NETO. *Curso de direito administrativo*: ..., p. 117.

Produzir compêndios e manuais de Direito Administrativo não foi a opção do Professor Paulo Neves, em sua profícua atividade acadêmica. Preferiu o mestre falar com brilho nos olhos, conclamar com serenidade, mas com firmeza, entusiasmar no convívio diuturno mantido com seus alunos.

Terá sido a melhor opção?

A resposta a tal indagação depende de nós, seus eternos discípulos. Cabe-nos espalhar as sementes que recebemos, multiplicando essas ideias em nossas atividades, na docência, no exercício de cargos públicos, na atividade empresarial, onde quer que seja.

Compete-nos tentar, com todas as nossas forças, fazer florescer e arraigar-se em nosso país a cultura de moralidade e eficiência na Administração Pública, que nos falta. E que tanta falta faz.

Referências

BANDEIRA DE MELLO, Celso Antônio. *Curso de direito administrativo*. 16. ed. rev. e atual. São Paulo: Malheiros, 2003.

DI PIETRO, Maria Sylvia Zanella. *Direito administrativo*. 23. ed. São Paulo: Atlas, 2010.

GASPARINI, Diogenes. *Direito administrativo*. 11. ed. rev. e atual. São Paulo: Saraiva, 2006.

MOREIRA NETO, Diogo de Figueiredo. *Curso de direito administrativo*: parte introdutória, parte geral e parte especial. 15. ed. rev. refundida e atual. Rio de Janeiro: Forense, 2009.

Informação bibliográfica deste livro, conforme a NBR 6023:2002 da Associação Brasileira de Normas Técnicas (ABNT):

DOLGA, Lakowsky. Moralidade e eficiência administrativas: uma questão de cultura. *In*: PIRES, Maria Coeli Simões; PINTO, Luciana Moraes Raso Sardinha (Coord.). *Paulo Neves de Carvalho*: suas lições por seus discípulos. Belo Horizonte: Fórum, 2012. p. 191-196. ISBN 978-85-7700-599-4.

CONTROLE DA DISCRICIONARIEDADE ADMINISTRATIVA NA PERSPECTIVA DO PROFESSOR PAULO NEVES DE CARVALHO

LUCIANA MORAES RASO SARDINHA PINTO[1]

> *(...) a lei não pode ser ilegítima sob pena de não estar servindo à vida. O princípio como valor já está previsto na Lei Magna Federal, mas onde prevalece a miséria, a pobreza e a ignorância (...) faltam a consciência individual e a consciência social.*
>
> (Paulo Neves de Carvalho)

1 Introdução

Quando a Professora Maria Coeli e eu tivemos a iniciativa de coordenar um livro em homenagem ao Professor Paulo Neves de Carvalho, a intenção foi a de resgatar sua obra por meio da herança que deixou a seus discípulos. Assim, o presente artigo tem o objetivo de tratar do controle da discricionariedade administrativa sob a ótica desse Mestre.

---

[1] Doutora e Mestre em Direito Administrativo pela UFMG. Servidora efetiva do TCEMG. Diretora-Geral da Escola de Governo Professor Paulo Neves de Carvalho da FJP. Professora no Mestrado e na Graduação da Fundação João Pinheiro.

A escolha do tema foi impulsionada pela lembrança de que, em suas aulas magistrais, o Professor Paulo Neves defendia a necessidade de a Administração Pública descer de sua torre de marfim e se achegar ao cidadão. Entendia ser inconcebível a um Estado Democrático de Direito — como previsto e almejado pelo constituinte de 1988 — conviver com a miséria, a pobreza e a ignorância de cinquenta milhões de brasileiros à época.

Recordo-me das suas aulas na Graduação e, depois, na Pós-Graduação (Mestrado e Doutorado). Está vivo em minha memória o seu amor pela disciplina do Direito Administrativo. Posso vê-lo chegando, rapidamente, à janela da Faculdade de Direito da UFMG, ao soar de uma sirene de ambulância ou de uma viatura da Polícia Militar e dizer: — "Este é o Direito Administrativo vivo, o Estado exercendo seu poder".

Nada escapava ao inolvidável Mestre Paulo Neves, que, em sua trajetória, semeou conhecimento, sabedoria e, sobretudo, com muita simplicidade, exemplos de dignidade, honestidade e de amor incomensurável pelo ensino, honrando seu título de Professor. Infelizmente, não deixou quase nada escrito, por isso a tentativa de registrar aquilo que este timoneiro deixou marcado em mim.

2 Controle da Discricionariedade da Administração Pública

Recordo-me da lição do Professor Paulo Neves na Conferência de Encerramento do XV Congresso Brasileiro de Direito Administrativo, promovido pelo IBDA, na cidade de Curitiba, ocorrido de 22 a 24 de agosto de 2001, cujo tema central foi a Administração Pública sob controle.

Naquela oportunidade, procurou-se discutir o Direito Administrativo sob a ótica do direito do cidadão, do controle da discricionariedade da Administração Pública, levando-se em conta, sobretudo, as alterações constitucionais das promulgadas Emendas Constitucionais nº 19/98 e 20/98, Reformas Administrativa e Previdenciária respectivamente. As alterações levadas a efeito — algumas reconhecidamente necessárias, outras despiciendas e marcadas pela imprecisão — suscitaram construtiva reflexão crítica.

A palestra de encerramento foi proferida pelo Professor Celso Antônio Bandeira de Mello, ladeado pelo Professor Pedro Paulo de Almeida Dutra, então Presidente do Instituto Brasileiro de Direito Administrativo, e pelo saudoso Professor Paulo Neves de Carvalho, Presidente daquela mesa.

Uma das características marcantes do Mestre Paulo Neves era a dedicação a tudo que fazia; também não se furtava, tendo ele oportunidade, em deliciar as plateias com sua luminosa inteligência e perspicácia. Naquela assentada, ao apresentar o último palestrante, discorreu sobre a temática do *Controle da Discricionariedade da Administração Pública*, quando, por cerca de vinte minutos, encantou a plateia com suas reflexões.

Lembro-me de suas severas críticas ao positivismo jurídico. Segundo ele, em nosso ordenamento jurídico pátrio, há normas em abundância. O que não falta a nós são leis, mas que sejam efetivamente cumpridas; para tanto, necessária se faz a internalização dos princípios constitucionais: legalidade, impessoalidade, moralidade, eficiência, dignidade da pessoa humana, pluralismo político. De acordo com o Professor Paulo Neves, a liberdade é de excepcional valia. Ele questionou: — "Será que o administrador público tem conseguido dar efetividade aos princípios consagrados na Constituição da República e atendido ao interesse público"?

Cogita-se de valor, de consciência social, do Direito servindo à vida e não apenas à letra fria da lei. Cogita-se da boa convivência humana, da consciência social, no sentimento popular, afirmou ele.

Na opinião do Mestre, os princípios estatuídos nos arts. 1º, 3º e 37 da Lei Maior, infelizmente, não estavam sendo observados pelos administradores públicos. E arrematou: — "Necessária a busca da justiça, da proporção e do equilíbrio, que só serão alcançados com o balizamento da prática administrativa pelos princípios".

Alertou o Mestre Paulo Neves de Carvalho que os administradores públicos e os juristas sabem conceituar princípios, mas, em geral, têm dificuldade de efetivá-los, de realmente colocá-los a serviço da vida. Disse, de forma severa, que, no Brasil, tais princípios não são efetivos, pois onde viceja a fome, a miséria e a marginalidade não há respeito a princípios. Prosseguiu defendendo um bom proceder, dar a cada um o que é seu, e lembrando que o Direito é uma instância da realidade e a cidadania depende de aprofundada compreensão dos princípios estatuídos na Lei Magna Federal.

A lei não pode ser ilegítima, sob pena de não estar servindo à vida. Se antes, a doutrina defendia que o mérito do ato administrativo era intocável, hoje se tem a convicção de que tal mérito do ato administrativo não pode escapar da aferição de sua legitimidade.

O Mestre insistiu na necessidade de os arts. 1º e 3º da Constituição da República 1988 serem efetivamente cumpridos e alertou que estes dispositivos constitucionais não podem ser mero plano de vida, necessitam ser efetivados.

Art. 1º (...) Estado Democrático de Direito (...) I - a soberania; II - a cidadania; III - a dignidade da pessoa humana; IV - os valores sociais do trabalho e da livre iniciativa; e art. 3º: (...) I - construir uma sociedade livre, justa e solidária; II - garantir o desenvolvimento nacional; III - erradicar a pobreza e a marginalidade e reduzir as desigualdades sociais e regionais; IV - promover o bem de todos, sem preconceito de origem, raça, sexo, cor, idade e quaisquer outras formas de discriminação.

— "Isto constitui o Direito Público, que se nutre também de emoção e de sentimento", são palavras suas.

Os princípios devem ter papel determinante na análise e aplicação das normas que os desenvolvem, uma vez que a lei por si só não basta. O princípio é mais importante que a lei, e a interpretação da lei deve guardar perfeita fidelidade ao princípio.

Urge uma mudança educacional e cultural para alteração do comportamento coletivo, a ser construído com base na ideia de justiça, proporção e equilíbrio, o que exige reflexão, debate, crítica, comunhão social.

Concluindo seu pensamento, o Mestre Paulo Neves advertiu que o Direito não começa nem termina na elaboração e promulgação de leis, mas é a garantia da educação política, assegurada pelo Estado ao povo, a qual leva à eficácia e efetividade jurídica e social do sistema de normas.

3 Considerações finais

Atualmente, a responsabilidade do Poder Público — considerando tanto sua omissão quanto sua ineficácia — não passa despercebida ao controle da Administração Pública, que é exercido pelo Poder Legislativo, Poder Judiciário, Tribunal de Contas, Ministério Público, órgãos de controle interno e pela sociedade. A discussão acerca do controle da discricionariedade administrativa e do que seja interesse público ainda representa um desafio ao Direito Público e versa sobre a questão de se efetivarem os objetivos fundamentais da República, estabelecidos nos dispositivos constitucionais.

O controle, que atua no sentido de punir, quando necessário, a má gestão, também deve ter o propósito de ser instrumento para o aprimoramento da gestão pública e deve adentrar o mérito do ato administrativo, a fim de assegurar a legitimidade das decisões. Portanto, o mérito do ato administrativo não poderá escapar ao controle social, para tanto, os princípios da Administração Pública têm papel primordial, pois, como nos ensinava o Professor Paulo Neves,

A discricionariedade administrativa é como a zona do lusco fusco, aquela sensação que temos ao cair da tarde, não é mais dia nem é totalmente noite; assim os princípios, tanto os implícitos como os explícitos na Lei Magna Federal e na legislação infraconstitucional, funcionariam como tochas a iluminar esta penumbra e, consequentemente, possibilitar o controle de aferição da legitimidade destes atos.

Não obstante, passados quase dois lustros de seu falecimento, verifica-se quão atual são os ensinamentos do Mestre Paulo Neves: fiquemos alerta para não nos restringirmos à esfera de conceituação dos princípios, mas sim dar-lhes vida, sobretudo, para contribuir para a legitimidade do ato administrativo e para a efetividade das políticas públicas.

Como uma vez dito pelo então Diretor da Faculdade de Direito da UFMG, Professor Ariosvaldo Campos Pires, tecer considerações acerca da pessoa do Professor Paulo Neves de Carvalho é falar de poesia.[2] Então, encerro este breve artigo com mais um ensinamento seu, que é um verso de amor à humanidade: "Ou o Direito serve à vida ou não serve para nada".

Já se disse que o Direito brota da razão, mas a Justiça vem do coração. O Professor Paulo Neves nos ensinou, com seu exemplo, a Justiça que vem do coração. Com certeza, suas orientações ficarão gravadas em nós para sempre.

Agradeço a Deus por ter sido aluna do inestimável Professor Paulo Neves e, agora, por força do destino, ter a oportunidade de exercer o cargo de Diretora-Geral da Escola de Governo da Fundação João Pinheiro, que, de forma legítima e merecida, leva seu honrado nome. Obrigada, timoneiro, por ter incutido em nós, seus discípulos, a internalização dos princípios, o respeito à liberdade e o gosto não pelo Direito, mas pela Justiça.

Referências

CONGRESSO BRASILEIRO DE DIREITO ADMINISTRATIVO, 2001, Curitiba. *Anais...* Curitiba, Instituto Brasileiro de Direito Administrativo – IBDA, 2001.

---

[2] Homenagem a Paulo Neves de Carvalho feita por Vicente de Paula Mendes em: FERRAZ; MOTTA, 2003.

FERRAZ, Luciano; MOTTA, Fabrício (Org.). *Direito público moderno*. Belo Horizonte: Del Rey, 2003.

Informação bibliográfica deste livro, conforme a NBR 6023:2002 da Associação Brasileira de Normas Técnicas (ABNT):

PINTO, Luciana Moraes Raso Sardinha. Controle da discricionariedade administrativa na perspectiva do professor Paulo Neves de Carvalho. *In*: PIRES, Maria Coeli Simões; PINTO, Luciana Moraes Raso Sardinha (Coord.). *Paulo Neves de Carvalho*: suas lições por seus discípulos. Belo Horizonte: Fórum, 2012. p. 197-202. ISBN 978-85-7700-599-4.

CONTROLE EXTERNO E JULGAMENTO DE CONTAS QUESTÃO DE COMPETÊNCIA

LUCIANO FERRAZ[1]

1 Nota introdutória

Ao escrever o prefácio do meu livro *Controle da Administração Pública: elementos para a compreensão dos Tribunais de Contas*, publicado em 1999 (lá se vão treze anos), o Professor Paulo Neves de Carvalho — homem de visão — ressaltava a importância da delimitação das competências das Cortes de Contas, especificamente quanto ao julgamento dos atos de administradores e responsáveis por bens, dinheiros e valores públicos.

O capítulo 3 [da obra mencionada] contém valiosa contribuição para o *conhecimento* da gênese e evolução histórica do controle das finanças públicas e, por este caminho, dos antecedentes e evolução dos Tribunais de Contas, no Brasil, e, de modo especial, o papel que lhes reservou o Constituinte de 1988.

---

[1] Advogado. Chefe do Departamento de Direito Público na UFMG. Professor Adjunto de Direito Administrativo na UFMG.

O Capítulo abarca problemas fundamentais, no direito atinente às Cortes de Contas: sua colocação, no âmbito dos Poderes do Estado; o alcance de suas atribuições; a natureza jurídica do parecer prévio que emitem e o julgamento direto das contas dos administradores e responsáveis por bens, dinheiros e valores públicos; e, muito importante, a eficácia de título executivo de suas decisões que impliquem débito ou multa. O Autor não titubeia diante dessas questões; tem convicções e sabe expô-las como convém.[2]

Antevia, o ilustrado professor, discussões presentemente travadas no âmbito do Supremo Tribunal Federal sobre o alcance das competências julgadoras dos Tribunais de Contas, relativamente às contas prestadas pelos Chefes do Poder Executivo em todas as esferas.

Com efeito, a competência dos Tribunais de Contas brasileiros para emissão de pareceres prévios e julgamento das contas dos (ou prestadas pelos) Chefes do Poder Executivo, como ordenadores de despesas, está submetida ao crivo do Plenário do STF, que apreciará a questão na Reclamação nº 10.456/DF, com liminar deferida contra a posição do Tribunal de Contas dos Municípios do Estado do Ceará.

E é justamente essa dualidade de competências, opinativa e julgadora, o tema por mim escolhido para dissertar neste ensaio, escrito em homenagem ao fundador da Escola Mineira do Direito Administrativo. Tive a honra de ter sido seu aluno e orientando (Mestrado e Doutorado) e de ser seu sucessor na cadeira de Direito Municipal da Pós-Graduação da UFMG. Dizia ele que ninguém vive na União ou no Estado, provavelmente para justificar sua devoção aos Municípios.

Considero-me, para meu próprio regozijo, seu discípulo.

2 Controle externo na Constituição de 1988

A Constituição da República de 1988 é, na história do constitucionalismo brasileiro, a que maior espaço dedicou à atividade de controle da Administração Pública.

Na seção IX, do capítulo I (Do Poder Legislativo), do título IV (Organização dos Poderes), previu o constituinte que a fiscalização contábil, financeira, orçamentária, operacional e patrimonial da União (Administração Direta) e das entidades de sua Administração Indireta, seria realizada pelo Congresso Nacional, mediante controle externo, e

---

[2] CARVALHO, Paulo Neves. Prefácio. *In*: FERRAZ, Luciano. *Controle da Administração Pública*: elementos para a compreensão dos Tribunais de Contas. Belo Horizonte: Mandamentos, 1999.

pelo sistema de controle interno de cada Poder (art. 70, *caput*). E também que o controle externo, a cargo do Congresso Nacional, seria realizado com o auxílio do Tribunal de Contas, competindo-lhes as tarefas descritas nos incisos e parágrafos dos arts. 71 e 72.

Quis significar o constituinte que dita tarefa de fiscalização haveria de ser compartilhada entre a) órgãos de controle externo (Congresso Nacional e Tribunal de Contas da União) e b) órgãos de controle interno (*v.g.*, Controladoria Geral da União e congêneres), articulando-se ambos num sistema instituído como corolário do direito fundamental à boa administração.[3]

Daí porque dispõe o parágrafo único do art. 70, parágrafo único da Constituição que "prestará contas qualquer pessoa física ou jurídica, pública ou privada, que utilize, arrecade, guarde, gerencie ou administre dinheiros, bens e valores públicos ou pelos quais a União responda, ou que, em nome desta, assuma obrigação de natureza pecuniária."

Tocante aos órgãos de controle externo, o constituinte repartiu as competências fiscalizadoras entre o Congresso Nacional e o Tribunal de Contas da União, de sorte que ambos exercem função nesse sítio: quando o Poder Legislativo exerce controle externo, o faz com o auxílio do Tribunal de Contas (controle parlamentar indireto), o qual, de sua parte, também haure competências próprias e desvinculadas do primeiro, diretamente da Constituição (controle diretamente exercido pelo Tribunal de Contas).

O tema objeto deste trabalho envolve justamente essa divisão das competências entre os órgãos de controle externo, fundamentalmente porque se pretende deixar assente que compete aos Tribunais de Contas, independentemente do pronunciamento do Poder Legislativo, o julgamento de contas de todos os administradores públicos que lidem diretamente com recursos da sociedade, incluídos os Chefes do Poder Executivo, quando agem na qualidade de ordenadores de despesas. Ou, em outros termos, que o constituinte prescreveu competências de julgamento de contas aos Tribunais de Contas em razão da matéria (objeto) e não em razão da pessoa (sujeito).

3 Contas de governo *versus* contas de gestão

A Constituição de 1988 delineia as competências institucionais do Tribunal de Contas da União, que são de observância obrigatória

---

[3] Sobre o tema: FREITAS, Juarez. *Discricionariedade administrativa e o direito fundamental à boa Administração Pública*. São Paulo: Malheiros, 2008.

para os Estados e Municípios (art. 75 da CR), conforme anteriormente mencionado.

Para o desiderato deste trabalho, basta referência ao art. 71, I e II, da Constituição, que prescrevem:

Art. 71. O controle externo, a cargo do Congresso Nacional, será exercido com o auxílio do Tribunal de Contas da União, ao qual compete:

I - apreciar as contas prestadas anualmente pelo Presidente da República, mediante parecer prévio que deverá ser elaborado em sessenta dias a contar de seu recebimento;

II - julgar as contas dos administradores e demais responsáveis por dinheiros, bens e valores públicos da administração direta e indireta, incluídas as fundações e sociedades instituídas e mantidas pelo Poder Público federal, e as contas daqueles que derem causa a perda, extravio ou outra irregularidade de que resulte prejuízo ao erário público;

É certo que o Tribunal de Contas desempenha função de controle externo, entre outros, mediante (i) emissão de parecer prévio, para subsidiar posterior julgamento, pelo Poder Legislativo, das contas globais anuais (contas de governo) do Chefe do Poder Executivo e (ii) julgamento direto das contas dos administradores e demais responsáveis por bens, dinheiros e valores públicos.

As duas competências são distintas e as contas mencionadas num e noutro dispositivo apresentam conteúdo jurídico radicalmente diverso.

a) intitulam-se contas de governo (ou contas globais anuais), aquelas que prestam os Chefes do Poder Executivo, por força do princípio da unidade orçamentária, derivadas da competência que detém de executar a lei orçamentária anual, englobando as contas dos demais Poderes e cuja apreciação fica a cargo do Poder Legislativo subsidiado pelo parecer prévio do Tribunal de Contas (art. 71, I c/c art. 49, IX, CR).

b) intitulam-se contas de gestão aquelas prestadas por todos os administradores públicos ou privados, pessoas físicas ou jurídicas (inclusive o Chefe do Poder Executivo), quando lidam diretamente com recursos da sociedade, e cujo julgamento compete diretamente ao Tribunal de Contas (art. 71, II, CR).

Sustenta-se, pois, que o substantivo "contas" é utilizado no inciso I do art. 71 da Constituição, com sentido substancialmente diferente do presente no inciso II do mesmo preceito, diferenciação esta imprescindível para fixar a competência do Tribunal de Contas e do Poder Legislativo em matéria de controle externo.

Também que o conteúdo de cada uma das contas já mencionadas (de gestão e de governo) é distinto: seria improvável pensar que as contas anuais do Presidente da República, do Governador do Estado e do Prefeito Municipal viessem acompanhadas de notas fiscais, notas de empenho, liquidação de despesas e processos licitatórios. Este conteúdo não é próprio das contas globais anuais (de governo), senão das contas de gestão.[4]

As contas de governo espelham a situação global das finanças da unidade federativa: revelam o cumprir do orçamento, dos planos de governo e dos programas governamentais, os níveis de endividamento e o atendimento a limites de gasto mínimo e máximo previstos para saúde, educação, pessoal. Consubstanciam-se, enfim, nos Balanços Gerais previstos na Lei nº 4.320/64 e nos relatórios da Lei Complementar nº 101/00.

As contas de gestão, ao seu turno, devem vir acompanhadas das notas fiscais, dos empenhos, da liquidação, ordenamentos, tudo em ordem a demonstrar a fidedignidade da lida direta com o dinheiro público.

Vê-se, pois, que o critério utilizado pelo constituinte para determinar a competência das Cortes de Contas não é subjetivo, mas objetivo. Caso se trate de atos de gestão, as contas serão julgadas pelo Tribunal de Contas, mesmo que o prestador seja o Chefe do Poder Executivo.

4 Duplo julgamento dos Chefes do Executivo quando funcionam na qualidade de ordenadores de despesas

Relativamente à esfera federal e à esfera estadual, bem assim aos municípios de grande porte em que a arrecadação das receitas e os ordenamentos de despesas não são realizados pelo Chefe do Poder Executivo (embora possam), senão pelas unidades orçamentárias da Administração Direta (ministérios, secretarias) ou Indireta (autarquias, fundações e empresas estatais), a distinção não acarreta maiores dificuldades: as Contas do Chefe do Executivo submetem-se ao regime de parecer prévio e julgamento pelo Legislativo (art. 71, I c/c art. 49, IX c/c art. 75 da Constituição), e os atos dos ordenadores são julgados pelo Tribunal de Contas (art. 71, II).[5]

---

[4] O Professor Paulo Neves de Carvalho dizia que, na prestação das contas de gestão, ouvia-se o "tilintar das moedas".

[5] Cf. FERRAZ, Luciano. *Controle da Administração Pública*: elementos para a compreensão dos Tribunais de Contas. Belo Horizonte: Mandamentos, 1999. p. 145-146.

Contudo, se o Chefe do Executivo assume, além das funções políticas inerentes, funções de ordenador de despesas — de natureza administrativa —, submete-se a duplo julgamento, um a propósito das contas de gestão e outro das contas de governo.

Veja-se que o art. 71, inciso I, da Constituição, ao outorgar competência aos Tribunais de Contas para emitir parecer prévio sobre as contas de governo — que serão julgadas pela Casa Legislativa — alude única e exclusivamente às contas "prestadas anualmente" pelo Chefe do Poder Executivo.

Já no art. 71, inciso II, da Constituição, o constituinte outorga ao Tribunal de Contas a competência para julgar "as contas dos administradores e demais responsáveis por dinheiros, bens e valores públicos".

Tal conclusão pode ser extraída, ainda, do §2º do art. 31 da Constituição, segundo o qual "o parecer prévio, emitido pelo órgão competente sobre as contas que o Prefeito deve anualmente prestar, só deixará de prevalecer por decisão de dois terços dos membros da Câmara Municipal."

A utilização do advérbio anualmente pela Constituição no art. 31, §2º deixa ver tratar-se das contas globais, anuais, prestadas pelo Prefeito Municipal (como agente executor do orçamento), contas estas que, assim como as do Presidente da República e dos Governadores, submetem-se ao regime de parecer prévio, com julgamento final a cargo do Poder Legislativo.[6]

Há ainda outro argumento a sustentar a dualidade de competências de julgamento aqui trabalhada. Se ditas competências fossem fixadas em razão da pessoa — isto é: se a competência do inciso I do art. 71 c/c o art. 49, IX da Constituição, fosse excludente da competência prevista no inciso II do art. 71 —, em vez de fixadas em razão da matéria — contas de governo e contas de gestão —, bastaria ao Chefe do Poder Executivo homologar, ao cabo do exercício financeiro, todos os ordenamentos de despesa de seus subalternos (o poder hierárquico o autoriza), para que os Tribunais de Contas não pudessem julgá-los (os subalternos).

Em outras palavras,

> [...] a competência para julgamento das contas de todos os gestores, deferidas pela Constituição ao Tribunal de Contas, poderia ser mitigada mediante simples ato administrativo de avocação de competência da

---

[6] Cf. FERRAZ. *Controle da Administração Pública*: elementos para a compreensão dos Tribunais de Contas, p. 149.

responsabilidade sobre determinado ordenamento de despesa, baixado pelo Chefe do Poder Executivo, pois assim, sua conduta somente poderia ser verificada na análise das suas contas anuais.[7]

Enfim, seria o único caso em que um mero decreto (de homologação ou avocação de competências) teria a oportunidade de bloquear a incidência de dispositivo constitucional delimitador de competências de órgão de destaque.

5 Direito comparado

Dentre os países que adotaram o sistema de controle de finanças de tipo francês, sistema denominado Tribunais de Contas, Portugal e Bélgica tiveram influência direta na instituição dos congêneres brasileiros. A análise das competências das Cortes de Contas destes países deixa ver a clara distinção entre julgamento das contas gerais (e anuais) de governo, submetidas ao Parlamento, e julgamento das contas dos *comptables*, submetidas ao seu crivo direto. Veja-se:

a) Portugal

Em conformidade com o disposto no art. 219 da Constituição da República Portuguesa, "compete ao Tribunal de Contas dar parecer sobre a Conta Geral do Estado, fiscalizar a legalidade das despesas públicas e julgar as contas que a lei mandar submeter-lhes".

A primeira função, analogamente àquela prevista no art. 71, inciso I, da Constituição da República Federativa do Brasil, consiste em dar parecer sobre as contas do governo, do ponto de vista da legalidade administrativa e da regularidade financeira, submetendo-as posteriormente a julgamento perante a Assembleia da República.

A segunda função corresponde à prevista no art. 71, inciso II, da Constituição da República Federativa do Brasil, consistente no julgamento das contas apresentadas pelos agentes responsáveis pelo manejo e guarda de dinheiro público, bem como da generalidade das entidades que compõem a Administração Pública (incluídas as autarquias locais).

b) Bélgica

Das competências dos Tribunais de Contas da Bélgica, segundo anota Gonçalves do Cabo,[8] colhe-se, entre outras:

---

[7] Cf. FERRAZ. *Controle da Administração Pública*: elementos para a compreensão dos Tribunais de Contas p. 150.

[8] CABO, Sérgio Gonçalves do. *A fiscalização do sector empresarial do Estado por Tribunais de Contas e instituições equivalentes*. Lisboa: Gráfica Maiadouro, 1993. p. 191-192.

a) efetivação de responsabilidade financeira no âmbito dos processos de prestação de contas, com aplicação de multa e condenação em débito.
b) elaboração de parecer sobre a *competénce general de l'État*.

Conforme se observa, a competência delineada no item "a" corresponde àquela prevista no art. 71, inciso II da Constituição da República Federativa do Brasil, ou seja, competência do Tribunal de Contas para julgar as contas de gestão dos administradores e demais responsáveis por bens, dinheiros e valores públicos.

Já a competência delineada no item "b" corresponde àquela prevista no art. 71, inciso I, da Constituição da República Federativa do Brasil c/c art. 49, IX da Constituição, para emitir parecer prévio sobre as contas do governo a serem prestadas pelos Chefes do Poder Executivo e julgadas pelo Poder Legislativo.

6 Conclusão

Pela Constituição da República, os órgãos de controle externo dividem entre si funções de fiscalização financeira, contábil, orçamentária, operacional e patrimonial da Administração Pública, mas cada qual possui, nesse sítio, suas próprias competências.

No que toca ao julgamento das contas, tal como percebera Paulo Neves de Carvalho, é preciso divisar as contas de governo, prestadas pelo Chefe do Poder Executivo — submetidas ao regime de parecer prévio pelo Tribunal de Contas e a julgamento do Poder Legislativo —, das contas de gestão, que todos os administradores públicos têm o dever de prestar diretamente ao Tribunal de Contas e que serão por ele julgadas.

O Professor antecipava-se ao próprio tempo; vislumbrava sempre nos escritos dos jovens divergências interpretativas que bateriam, cedo ou tarde, às portas da jurisdição constitucional do Supremo Tribunal Federal. Era este propriamente o seu tipo; cria como ninguém na força da juventude e na pureza dos seus sonhos; na educação como combustível de uma sociedade eticamente comprometida com os desígnios de cada um, e de todos.

Informação bibliográfica deste livro, conforme a NBR 6023:2002 da Associação Brasileira de Normas Técnicas (ABNT):

FERRAZ, Luciano. Controle externo e julgamento de contas: questão de competência. *In*: PIRES, Maria Coeli Simões; PINTO, Luciana Moraes Raso Sardinha (Coord.). *Paulo Neves de Carvalho*: suas lições por seus discípulos. Belo Horizonte: Fórum, 2012. p. 203-210. ISBN 978-85-7700-599-4.

DIREITO, METALINGUAGEM[1] E INSTITUCIONALIDADES

UMA COMPOSIÇÃO DE REALIDADE, SILÊNCIO E MUITAS PALAVRAS[2]

MARIA COELI SIMÕES PIRES[3]

Ao meu velho Professor Paulo Neves de Carvalho

Velho professor, não, que eras mesmo a criança feliz a tocar os "pés de moleque" da rua de um tempo sem idade; Paulo, não, que este era apenas o teu nome, eras mesmo pedra, a mais preciosa das Gerais;
Neves, não, que neves eram as mechas do professor encanecido, eras mesmo presença de luz;
de Carvalho, não, que esta era apenas tua forma, eras mesmo sândalo, que nunca se esvai.

---

[1] Penso a metalinguagem, na esteira de Paulo Leminski, como uma espécie de investigação e reflexão profunda.

[2] Adaptação do artigo: PIRES. Fragmentos da pregação do mestre. *Revista Brasileira de Direito Municipal* – RBDM, e do Pronunciamento da autora em 28.02.2012 na Escola de Governo Paulo Neves de Carvalho/Fundação João Pinheiro. Título: *Escola Paulo Neves de Carvalho, para além da institucionalidade, o legado de uma vida que deu certo*, com a colaboração na complementação de pesquisa por Mila Batista Leite Corrêa da Costa.

[3] Maria Coeli Simões Pires. Advogada. Mestre e Doutora em Direito. Professora Adjunta de Direito Administrativo da Faculdade de Direito da UFMG. Secretária de Estado de Casa Civil e de Relações Institucionais de Minas Gerais.

1 Introdução

"O Direito deve servir à vida; do contrário, ele não serve".

Professor Paulo Neves de Carvalho, referência simbólica da doutrina administrativista brasileira e semeador da concepção de um Direito vivo, deixou como legado um novo paradigma para a reflexão da Ciência Jurídica e da Administração Pública, nos mesmos moldes em que, hoje, Boaventura de Sousa Santos define o paradigma científico emergente na pós-modernidade: um "paradigma de um conhecimento prudente para uma vida decente", que alia ciência e senso comum, conhecimento local e total.[4]

Professor, jurista, advogado e gestor público emblemático, propunha a reconstrução de um Direito comprometido com a realidade e com a diversidade das formas sociais cotidianas para se tornar instrumento de difusão de cidadania em todo o tecido social. Acreditava no diálogo e na aprendizagem como vias de mudança e abertura para as demandas do interesse público e da coletividade, instigando, construindo e, ao mesmo tempo, desconstruindo metodologias e bases teóricas para ressaltar a imperfeição do conhecimento.

Exemplo notório de dedicação à Academia, Paulo Neves de Carvalho — parafraseando Paulo Freire[5] — trouxe milhares de alunos para a intimidade da trajetória do seu pensamento, semeando sabedoria, conhecimento e, essencialmente, consciência científico-social e percebendo o indivíduo inserido no quotidiano da vida. Senhor de sua própria epistemologia, ensinava a poesia, a alegria e, paradoxalmente, o sofrimento e a crueza do mundo, pensando na necessária instrumentalidade do conhecimento, mas sem deixar de ser e inspirar, nas palavras de Rubem Alves, corpos que sonham.[6] Vislumbrava a construção plural e coletiva do conhecimento, desde que cada aluno fosse capaz de, individualmente, edificar-se com autonomia e personalidade, traçando seu caminho e moldando sua própria identidade acadêmica, na mesma linha pedagógica hoje proposta por Paulo Freire.[7]

Gestor público reconhecido pela devoção ao Direito Administrativo, ao municipalismo, à Administração Publica e, mais especialmente, ao fenômeno administrativo, é notável sua contribuição à gestão pública, tendo ocupado cargos públicos de grande relevo e rejeitado tantos

---

[4] SANTOS. *Um discurso sobre as ciências*, p. 13.
[5] FREIRE. *Pedagogia da autonomia...*, p. 96.
[6] ALVES. *A alegria de ensinar*.
[7] FREIRE. *Pedagogia da autonomia...*

outros para manter-se pelas veredas de Minas e continuar dando vida e humanidade ao Direito Administrativo. Quase sempre esteve nos bastidores dos grandes espetáculos jurídico-institucionais, como no Processo Constituinte da Assembleia Legislativa para elaboração da Constituição Estadual vigente.

Paulo Neves de Carvalho teve nobre trajetória de doação à vida pública, marcada pela simplicidade e enorme contributo à reflexão jurídica e à modulação de políticas públicas, norteada pelo desejo de transformação da sociedade. Professor por vocação e gestor apaixonado, no sentido weberiano, pelo diálogo sobre as "institucionalidades", propunha uma metodologia de ensino e gestão aberta à discursividade, pautada na singeleza de fatos da vida, ressaltando e incorporando à sua doutrina e à sua perspectiva de mundo e de Administração Pública as dimensões extraordinárias que emergem de todo relacionamento humano, que se vislumbram "no campo mesmo das rotinas oficiais".

"Ensinar é um exercício de imortalidade. De alguma forma continuamos a viver naqueles cujos olhos aprenderam a ver o mundo pela magia da nossa palavra. O professor, assim, não morre Jamais..."[8] Como nas palavras de Rubem Alves, Paulo Neves de Carvalho imortalizou-se no olhar de cada um de seus discípulos, tocados pela coragem do Professor, que demonstrava a suficiência da singeleza da vida para a construção de um Direito justo.[9]

2 O Direito Administrativo e suas ressignificações – Uma pedagogia para a epistemologia do cotidiano[10]

Todos os que se abeberaram do magistério de Paulo Neves de Carvalho devem ter na memória a representação gráfica da partilha funcional do poder estatal entre o Legislativo, o Executivo e o Judiciário, um círculo seccionado por linhas deslocáveis, conforme a proeminência ou hipertrofia daquele poder que, num dado período de referência da lição, ameaçava o equilíbrio do conjunto. Tal representação era cuidadosamente emoldurada pelo Estado de Direito, iconizado pela lei, como

---

[8] ALVES. *A alegria de ensinar*, p. 4.
[9] Este artigo é uma singela tentativa de compreensão e tradução do Professor Paulo Neves de Carvalho e seus modos de ser, pelo olhar parcial e encantado de uma discípula que o retira de seu próprio texto para abraçá-lo.
[10] O artigo não esgota as possibilidades de discussão e debate sobre o tema. Ao contrário, presta-se somente a suscitar reflexões e conjecturas sobre uma pedagogia para a epistemologia do cotidiano, aplicada e pensada pelo Professor Paulo Neves de Carvalho.

criação do Parlamento e fruto da racionalidade abstrata; como matriz de interpretação final exteriorizada pela sentença; e como vontade do Estado atualizada por meio de comandos administrativos complementares.

A partir da identificação da função administrativa, precipuamente localizada no âmbito do Poder Executivo, registrava a cena dos bonecos, com que metaforizava a relação entre o Estado e o administrado, tendo em vista um objeto pertinente à função administrativa, expressando o ato unilateral que, então, se apresentava como o protagonista da estrutura autonômica do Direito Administrativo.

O boneco Estado perfilado em sua arrogância, confortável em suas prerrogativas, trazia o boné arribado com ares de autoridade, dedo em riste a mostrar ao boneco administrado o patamar de sua insignificância, que a tudo devia ceder em nome de um interesse público *a priori* reconhecido e titularizado pelo Estado.

E, para fazer logo exaltar o entusiasmo pela ideia de interesse público e atrair toda concentração para a sua preleção, pela janela, na literalidade de sua fala, punha-se a considerar, a fitar os astros. Descrevia então um cadinho gigante, como o seu delírio, um recipiente de vidro refratário usado em operações químicas a temperaturas elevadas, a fervilhar o fenômeno administrativo. Ali mesmo via a cidade amanhecendo: a maternidade do hospital público trazendo à luz novos cidadãos; os ônibus se entrecruzando na sintonia dos semáforos; os alunos uniformizados, em bando quase cacarejante na porta do Colégio Estadual; os garis na primeira varredura dos sinais da festa da noite da juventude; os malotes dos correios transportando saudades, desabafos, aflições e esperanças; os guardas dando silvos enérgicos para fazer a travessia dos alunos do Pandiá Calógeras; a viatura subindo o morro na perseguição do criminoso; a sirene da ambulância do Hospital João XXIII "costurando" o trânsito para resgatar a vida; agentes do corpo de bombeiros como homens-aranhas escalando um prédio para apagar incêndio. E aí, era preciso sofrear o entusiasmo para que a cidade não fizesse explodir o cadinho.

O Mestre buscava, então, as cidades invisíveis de Ítalo Calvino, detinha-se na dos mortos apenas para testar sua coragem, pois sabia que não encostaria o ouvido no solo para ouvir uma porta de Argia bater assombrada. Logo voltava cabisbaixo e reflexivo para sua cidade real e, de olhar fixo na entrada do Bonfim, lia, quase em sibilo, *moritur mortui* (a homenagem dos que vão morrer aos mortos).[11] E tudo tinha

---
[11] CALVINO. *As cidades invisíveis.*

uma ligação com o tema de sua aula: ele via o fato, a vida e a cidade em movimento, uma proposta precursora e inovadora de etnografia[12] do Direito, quando não se usava pensá-lo para além da epistemologia jurídica. Paulo Neves de Carvalho preocupava-se em criar formas de análise do fenômeno jurídico, sem tolher ou congelar as manifestações cotidianas nem aprisioná-las em conceitos estanques.[13]

Mostrava que a teoria do ato administrativo e sua protagonização no sistema fora uma criação do Contencioso francês, amalgamando os ideais da burguesia que alimentaram as reações ao absolutismo radicalizadas nas lutas liberais, notadamente a Revolução Francesa, as quais alicerçaram uma arquitetura da autoridade informada pela separação de poderes e pela legalidade, a partir das teorias de Montesquieu e de Rousseau.

Explicava a própria contradição ideológica do Estado emergente da Revolução, que, pregando a separação de poderes, estruturava o sistema do Administrador-Juiz e fazia do Direito Administrativo o desaguadouro das técnicas de prevalência do monarca, depois apropriadas pela figura do Estado, segundo um paradigma de liberdade, como substitutivo da desarrazoada vontade do príncipe.

Nesse sentido, o ato administrativo inaugurava-se como vontade da lei, exteriorizada como provimento unilateral do Estado, decorrente das relações de poder travadas no âmbito da função administrativa. Expressão de uma atuação estatal limitadora do indivíduo em suas tentativas invasivas da liberdade de outrem e, ao mesmo tempo, sancionadora das transgressões às proibições impostas pela lei.

Mais tarde, Paulo Neves de Carvalho repetiria que a

> lei, como construção estritamente lógico-formal, não encontra os caminhos da justiça social, porque não desce à raiz dos fenômenos da comunhão humana e não os apreende; por isto mesmo, não tem a força de minimizar, sequer, a desigualdade social, a despeito de seu sedutor apelo à liberdade humana e à lógica formal do controle, em favor do administrado; e o liberalismo fez-se portador da idéia sedutora de liberdade e igualdade, consagrando-a formalmente, vale dizer, na letra da lei: o homem era livre para ser feliz e ter acesso aos bens da vida; conquistasse, pois, ele próprio, com suas próprias forças, os caminhos de

---

[12] Alguns autores fazem distinção entre etnografia e etnologia, como Lévi-Strauss. No entanto, essa distinção não será adotada. Etnografia é aqui utilizada no sentido de estratégia metodológica de trabalho de campo para coleta e análise de dados.
[13] Há preocupação similar em relação ao congelamento do fenômeno cultural no plano da tutela e proteção do patrimônio. Ver: FONSECA. Referências culturais: ... In: CORSINO et al. Inventário nacional de referências culturais...

seu bem-estar; ao Estado cabia zelar pela ordem jurídica consagradora, formalmente, dos direitos; a vontade da lei estava formalmente posta, e isto teria de ser suficiente para garantir a efetiva liberdade e igualdade. Não foi o que ocorreu: em nome do direito de ser livre, o homem foi brutalmente espoliado por seu semelhante; e a injustiça social, é claro, se instalou em imensos espaços.

Como Dom Quixote, propunha uma interpretação não arbitrária da lei, uma hermenêutica de equidade, pautada na "verdade do caso"[14] concreto, nas reproduções da construção social da vida cotidiana, na concepção de Heller,[15] e na realidade das coisas, das pessoas e do fato. "A intenção é a de que a assimilação profunda dos valores, em determinado tempo e lugar do nosso contexto, se consubstancie em uma tessitura consistente, significando afirmação que brote da própria realidade", dizia o Professor.[16] Percebia essa realidade, pelo mesmo viés que Guglielmo Gullota, no plano das pessoas, da experimentação, e, também, em outro nível, mais complexo, o relacionado ao mundo social e ao processo de atribuição de significados construídos e compartilhados a partir das sutilezas cotidianas.[17]

Reconhecia a existência de uma ordem, no sentido foucaultiano, de códigos fundamentais inerentes aos fatos da vida, com valores, técnicas e hierarquia e, simultaneamente, percebia a necessidade de teorização, reconhecendo, com muita sensibilidade, que, entre a ordem e a reflexão, sobre ela, há a "experiência nua da ordem e de seus modos de ser".[18]

---

[14] "Nunca interpretes arbitrariamente a lei, como costumam fazer os ignorantes que têm presunção de agudos. Achem em ti mais compaixão as lágrimas do pobre, mas não mais justiça do que as queixas dos ricos. Procura descobrir a verdade por entre as promessas e dádivas do rico, como por entre os soluços e importunidades do pobre. [...]. Quando te suceder julgar algum pleito de inimigo teu, esquece-te da injúria e lembra-te da verdade do caso" (CERVANTES SAAVEDRA. *Dom Quixote de la Mancha*, p. 478-479).
[15] HELLER. *O cotidiano e a história*.
[16] CARVALHO. Reflexões sobre o direito administrativo. *Revista do Tribunal de Contas do Estado de Minas Gerais*.
[17] "Tornando al discorso sulla realtà, ci si rende conto che essa è considerata in almeno due modi differenti: una di primo livello, che riguarda la realtà delle cose e delle persone suscettibile di convalida sperimentale, ripetibile, verificabile e confutabile. Possiamo chiamare questa realtà fenomenica o fattuale, in quanto è direttamente sperimentabile e non pone particolare problemi di interpretazione. Esiste poi un secondo livello di realtà più complesso che riguarda il mondo sociale, attraverso il quale vengono attribuiti senso e valore ai fatti della realtà di primo livello: si tratta della realtà sociale e, in quanto tale, non è oggettivamente data, ma è in gran parte in prodotto dell'uomo" (GULOTTA. Verità e realtà processuale. *In*: FORZA (Org.). *Il processo invisibile...*, p. 284-285).
[18] FOUCAULT. *As palavras e as coisas...*

O Professor punha atenção às dores do mundo, aos apelos da realidade, sem explicitar o método ou sustentação epistemológica, apenas revelados no desejo de compreender, instigar e indignar-se. Às vezes, perplexo, ironizava o boné do Estado, sem o saber engalanado pelos arminhos do Rei, do Estado de Polícia, ou patenteado por um poder monopolizador da força e dos poderes secundários como síntese da autoridade.

De resto, pacificava-se com as posições de Ruy Cirne Lima, de Jean Rivero, de Miguel Seabra Fagundes, pela afirmação ainda que tardia do ato administrativo como garantia do administrado. De qualquer forma, admitia que o ato administrativo unilateral, como resquício do absolutismo ou como criação do novo regime, punha-se como protagonista do relacionamento entre a Administração e os indivíduos e, tomando como referência aquele ponto, fazia todas as ilações possíveis, atraindo os conteúdos de Direito Administrativo. Iniciava com o regime jurídico, passando pelos atributos do ato, quando se demorava nas lições de Renato Alessi,[19] sobretudo a explicar o poder extroverso do Estado, pelo controle, pelos dogmas da centralização de competência, da hierarquia, da autotutela, tudo vetoriado por uma ideia permanente de interesse público, compreendido diante do caso concreto.

Paulo Neves de Carvalho adotava um raciocínio tópico — no sentido tratado por Viehweg —, um estilo, "um modo de pensar por problemas, a partir deles e em direção a eles",[20] mobilizando os *topoi* sugeridos pelas próprias controvérsias. Percebia a abertura e a fluidez das figuras doutrinárias no Direito para assumir ressignificações conforme os problemas, os fatos analisados e a realidade social em que eram gestados. Propugnava por uma Ciência do Direito voltada para a solução de questões práticas, sem desconsiderar a dimensão sistêmica do fenômeno jurídico, encarando o concreto e o real como o cerne das reflexões.

Quando ainda não se pensava na implicação jurídico-institucional da organização criminosa, por exemplo, Paulo Neves de Carvalho, nos mesmos moldes pensados por Alba Zaluar, já refletia e inquietava-se diante da ausência de controles institucionais em relação às atividades econômicas ilegais que atravessavam as fronteiras do mundo,[21] e afligia-se com o tratamento violento dado aos conflitos e às disputas,

---

[19] ALESSI. *Instituciones de derecho administrativo*.
[20] VIEHWEG. *Tópica e jurisprudência*, p. 3.
[21] ZALUAR. Crime organizado e crise institucional.

nessa esfera, por um aparato criminoso não institucionalizado — mas legitimado na marginalidade — para uso da força. Paulo Neves de Carvalho estaria, hoje, no contexto pós-moderno, tomado pelos impactos sociojurídicos da atuação das organizações criminosas, refletindo sobre o Estado e suas institucionalidades, um Estado que, na concepção racional weberiana, define-se como comunidade monopolizadora do uso legítimo da força física dentro de dado território[22] e que se distingue, conceitualmente, de estruturas criminosas, exatamente pela sua legítima institucionalização.

Como professor e jurista sempre desassossegado,[23] questionaria as políticas institucionais, analisaria o poder do tráfico "organizado" e o desmantelamento social dos bairros, da vida e dos cotidianos onde atuam essas organizações, que não podem ser entendidas como "anti-Estado" — porque há vínculo com o Poder vigente,[24] no entendimento de Alba Zaluar — e nem se confundem com a institucionalidade formal soberanamente atribuída à única fonte de uso legal da violência: o próprio Estado.

E haveria uma explicação especial. Céus e terra ajudariam na sua didática. No mundo dos anjos, buscaria fundamento para a hierarquia que ele dizia mesmo ter sido de lá levada para os exércitos prussianos. Confortar-se-ia então para falar de poder: até os anjos precisam de hierarquia, por isso mesmo elegeram seu Arcanjo: São Miguel. O que dizer dos homens? Discutiria, como Weber, a necessária existência de categorias de autoridades reconhecidas como legítimas[25] pelos cidadãos comuns, para então dissecar Estado, poder, o triunfo do funcionalismo especializado e dos agentes políticos e, finalmente, as formas paralelas de organizações hierarquizadas. Traria para a sala a crueza da violência dos morros invadidos pelo crime. Introduziria o poder interventivo do Estado na propriedade, fotografaria, com emoção, o primeiro sinal da natureza, logo no início do dia — a névoa cobrindo a serra, pairando sobre todas as coisas como o domínio eminente e, depois —, deter-se-ia no espetáculo suave da névoa se esgarçando, desprendendo-se em fragmentos, numa descrição para os encantos de Federico Fellini. Seguiria poetando enquanto ensinasse, e a aula continuaria tendo de permeio uma névoa esgarçada. E, assim — parafraseando Manoel de Barros —, repetiria, repetiria até ficar diferente[26] e atingir o coração da reflexão.

---

[22] WEBER. *Economia e sociedade...*
[23] Usei esse termo pensando em Fernando Pessoa.
[24] ZALUAR. *Crime organizado e crise institucional.*
[25] Max Weber, nesse contexto, analisa seus tradicionais tipos puros de dominação legítima. WEBER. *Economia e sociedade...*
[26] BARROS. *O livro das ignorãças.*

O homem que fazia da dialogicidade essência da educação como prática da liberdade[27] adiantava-se atropeladamente ao seu tempo. E caminhamos, Professor e discípulos, por essas veredas do paradigma do ato administrativo e, antes mesmo que percebêssemos a insuficiência das matrizes que forjavam o Direito Administrativo e que ainda persistem, confessava-nos o mestre o seu desaponto diante daquela metáfora, durante décadas, retratada nas lousas da academia. Acreditava na boa intenção dos intérpretes do novo paradigma, testemunhava "o prestígio do Estado Social de direito, empenhado, por via da intervenção, em superar ou amenizar as desigualdades, em assistir e promover o bem-estar dos estratos sociais mais carentes" e acatava os

> privilégios e prerrogativas do Poder Público, porque essa desigualação era a perspectiva, mais de que isso, condição de assegurar aos indivíduos e à sociedade a usufruição de bem-estar compatível com as suas necessidades fundamentais; consagravam-se então direitos do Estado, apartado da sociedade como a matriz de todo o poder.[28]

Sob a égide do Estado Social, vislumbrava demanda de atuação estatal mais complexa: além de provimentos unilaterais restritivos, estavam presentes atos ampliativos, tendo em vista a ideia de direitos subjetivos oponíveis ao Estado, notadamente segundo a lógica prestacional e paternalista, com a consequente atenção nas omissões e recusas da Administração e a perspectiva de relações superando o plano de mera sujeição ao poder público. E descobria, pelos meandros da tecnocracia, pelos organogramas, pelos planos compreensivistas de Governo, pelos arranjos do sistema, um Estado forte. Um Estado sucessivamente voltado para a intervenção nas relações de trabalho, para a proteção por meio de segurança social, para a regulação da economia, para distribuição dos bens da civilização como aparelho prestacional destinado ao suprimento das necessidades e materialização da igualdade. Enfim, voltado para o desenvolvimento, a demandar provimentos técnicos em temáticas variadas e relações jurídicas com a sociedade, com o mercado e com os administrados, de caráter bilateral ou multilateral.

Mas, ancorado na ideia de hegemonia do Estado na titularização da esfera pública, de autoritarismo neutralizador da esfera privada, e

---

[27] Conceito construído por Paulo Freire. FREIRE. *Pedagogia do oprimido*...
[28] CARVALHO. Reflexões sobre o direito administrativo. *Revista do Tribunal de Contas do Estado de Minas Gerais*.

ainda desafiado pelo axioma da apriorística prevalência do interesse público, limitava-se a apagar sorrateiramente aqueles ícones da autoridade, até pela certeza de não os poder substituir. Explicava, quase literalmente, a tirar as dobras de seu velho manual invisível, a lição tantas vezes repetida:

> Ao contrário do liberalismo político e do econômico, o Estado Social fez vicejar o direito público, forte e carregado de autoritarismo, mais do que de autoridade, embeveceu-se com o "jus imperium"; mais importante não era ser livre, mas ser igual; ganhou força então a idéia do direito material, que joga com os dados da vida, e busca corrigir-lhes os descompassos e desacertos, em detrimento dos juízos estritamente lógico-formais, que eram apenas moldura e não deixavam espaços à senhoria das aspirações humanas mais profundas.[29]

Assim, não falava mais com tanta fé da legalidade formal, daquela representação, até que um dia, já no magistério pós-Constituição de 1988, afirmava a imprestabilidade da lição para arrimar um Direito Administrativo democrático. Advertia com firmeza de que deveria ser descartado todo o Direito Administrativo que não servisse à vida, à dignidade da pessoa humana, e que era preciso pelejar por um novo Direito Administrativo que rompesse com o discurso da arrogância, das excessivas prerrogativas da Administração, com o pressuposto da contraposição de público e privado, com a ideia da inépcia cidadã e social, com o culto à legalidade estrita e que nela mesma pretendia a plena regulação de sua aplicação.

Mais uma vez, antecipava-se ao seu tempo, proclamando um Direito norteado pelo conceito — hoje difundido — de sustentabilidade, para orientar a gestão pública pela tutela da dignidade da pessoa humana, da cidadania e do pluralismo político. Pensava uma Administração Pública, recentemente chamada de sustentável,[30] capaz de garantir ao cidadão comum condições elementares de existência, burilada por mecanismos de interlocução com a sociedade civil e pelo reconhecimento de uma miríade heterogênea de interesses públicos. Vislumbrava o paradigma de um Direito Administrativo focado na gestão da eficácia constitucional, no uso de uma racionalidade democrática e dialógica,

---

[29] CARVALHO. Reflexões sobre o direito administrativo. *Revista do Tribunal de Contas do Estado de Minas Gerais.*
[30] FREITAS. *Sustentabilidade...*

no resgate da subjetividade waratiana[31] e na efetividade de direitos fundamentais.

Via-se nele um certo desatino, via-se nele um ar contrito, via-se nele a avidez por recomeçar, via-se nele a aflição de quem semeara com generosidade em mentes férteis uma pregação que já devia contrastar. E dizia:

> Como os da minha geração, não escapei, no tempo mais remoto da minha formação, à atração positivista: fiz-me refém dos artigos e parágrafos da lei estrita e nela depositei minha esperança, a expectativa de vê-la regente dos fenômenos da convivência humana e garantindo justiça. Fiz coro com os que então proclamavam — e eram muitos — que o homem, para se libertar, teria de escravizar-se à lei. (CARVALHO, 2002, p. 1).

Preguei depois — confessava o Mestre — a nova intenção do Estado Social e reverenciei o Estado como a esperança de justiça social. Eu preguei e preguei com fé o culto à lei; eu preguei com fé o Direito Administrativo imperativo e sustentei até sua arrogância na luta por construir uma sociedade justa e alcançar a materialização da igualdade; preguei as soluções da ciência administrativa para defesa de uma racionalidade burocrática; preguei a discricionariedade, a autoexecutoriedade; preguei tudo isso a uma legião de discípulos, e eles aprenderam a lição — insistia ele. Hoje, eles estão em muitos lugares: em Minas e em outros Estados, estão em Brasília, estão no Legislativo, no Executivo e no Judiciário, no Ministério Público, na Advocacia, na Academia, no Magistério e em outros espaços de poder, professando a fé que ajudei a construir e alimentar — era o sentimento de desencanto que se entremostrava, na sua própria fala, "quando a boa intenção não se pôde cumprir, sempre presente, no entanto, a inquietude intelectual e a obsessiva intenção de fazê-la instrumento da humanização da vida, por via do direito".[32]

Agora, só me resta, dizia o Professor, a nova pregação. E conclamava a todos que o ouviam: é preciso dizer que a lei não basta; é preciso dizer da necessidade de efetivar a Constituição; é preciso vasculhar os guardados para descartar superados dogmas e fórmulas; é preciso dar ao Direito Administrativo a plasticidade necessária para fazer face à complexidade do fenômeno administrativo; é preciso construir novas

---

[31] WARAT. *Territórios desconhecidos...*
[32] CARVALHO. Reflexões sobre o direito administrativo. *Revista do Tribunal de Contas do Estado de Minas Gerais.*

matrizes capazes de conformar um perfil democrático de Administração. É preciso, enfim, dizer que o Direito Administrativo por que lutei anos a fio, nas lides acadêmicas, forenses e governamentais, está esgotado e deve dar lugar a um ramo humanizado, aberto aos travejamentos democráticos e comprometido com a aspiração humana e com a vida. Referia-se a um novo Direito, pensado "de perto e de dentro", na expressão de Magnani, para identificar, apreender e refletir sobre eventos sociojurídicos e padrões de comportamento dos atores sociais individualmente considerados, e, essencialmente, percebidos em sua heterogeneidade, sem desconsiderar, porém, a perspectiva "de fora e de longe", uma ambivalência necessária.[33]

E completava, enfatizando que os estudiosos contemporâneos têm razão quando afirmam uma ruptura epistemológica, a que rotulam de "crise das incertezas". O Direito Administrativo está em crise, admitia, e eu nada quero fazer para resgatá-lo no perfil de suas origens, nem tampouco segundo o paradigma do Estado Social, porque o meu compromisso não é com as ideias que já plantei, mas com as que ainda devo semear no outono da vida. O meu compromisso é com o Direito Administrativo vivo que palpita em cada esquina,[34] visto, pensado e sentido "a contrapelo", na expressão de Walter Benjamin, na aflição de quem se vitima pela violência, na esperança de quem aguarda na fila do hospital o leito de cura, na ansiedade do trabalhador parado no ponto do ônibus tresandado no tempo, na perplexidade do cidadão no guichê do DETRAN, surpreendido pela clonagem de seus documentos, na indignação do favelado de bem abordado em *blitz* para identificação dos homens do tráfico, na decepção dos que contemplam as montanhas da Serra do Curral depauperadas de seu verde e de tantas esperanças.

Sabia que era necessário pôr atenção às mudanças e ao campo contra-hegemônico — como conceituado por Boaventura de Sousa Santos[35] —, e não deixava de sintonizar com o pensamento novo para testá-lo na sua consistência e serventia. Seguia com abertura a reflexão de vanguarda da Escola de Afonso Pena e cultivava o segredo do saber que não caduca. Teses novas, desenvolveu aos montes, volatizadas na

---

[33] As expressões "de perto e de dentro" e "de fora e de longe" foram cunhadas por José Guilherme Magnani em sua análise etnográfica sobre as cidades (MAGNANI. De perto e de dentro: ... *Revista Brasileira de Ciências Sociais*).
[34] Em viés similar, Roberto Lyra Filho criou a expressão "O Direito Achado na Rua" — que dá nome ao notório Grupo de Pesquisas da Universidade de Brasília — para designar o protagonismo jurídico dos novos sujeitos coletivos de direito e suas experiências. Ver: LYRA FILHO. *Para um direito sem dogmas*.
[35] SANTOS. *Para uma revolução democrática da justiça*.

partilha acadêmica, nos congressos, nas missões que o Direito Administrativo lhe reservou. Estimulou a produção científica, desenvolveu em seus discípulos a postura crítico-reflexiva, descobriu e alimentou vocações para o magistério, contribuiu para o crescimento pessoal, intelectual e profissional de seus discípulos, influenciou gerações inteiras, incentivou o culto à palavra, por ele usada com arte, na contundência ou na amenidade exigida em cada processo comunicacional, em tom grave ou suave, conforme o ditado do coração. Usava as palavras para compor seus silêncios.[36] E o silêncio para compor suas palavras. Queria a fome,[37] o desejo de perceber o avesso de cada fragmento do cotidiano para ver o ato administrativo a olho nu e, às vezes, na pele de seu destinatário. Fez escola, fez discípulos, fez amigos infindáveis e fez um verdadeiro exército sob a bandeira do espírito público.[38]

Absorvido, porém, pelos afazeres do dia a dia, seu melhor espaço de construção era a sala de aula, a mesa de discípulos, a tribuna aberta, diante da plateia ou de um ouvinte solitário para sua pregação. Cobrado sobre produções formais que pudessem figurar na melhor literatura nacional, sempre adiou pagar uma tal dívida, com a afirmação de que, se toda a sua pregação tivesse sido registrada em manuais, ele teria mais trabalho para se desmentir e que para ele era angustiante prender o seu Direito Administrativo às páginas frias destinadas aos porões das bibliotecas.[39] De qualquer forma, imaginava encasular-se numa bolha no céu, quem sabe de colete e gomalina, como figurava a serenidade do intelectual, para que pudesse demorar-se em clássicas leituras e colocar-se em dia com a literatura contemporânea, com as ideias mais arrojadas de democracia, de legitimidade, de deontologia dos princípios e com todos os esforços desenvolvidos pelas escolas de Direito Administrativo, no Brasil e fora dele, e, quem sabe, então, pacificado na nova temporalidade, pudesse selecionar de seus escritos um grande livro que traduzisse as suas reflexões.

---

[36] BARROS. Memórias inventadas...
[37] PRADO. Não quero faca, nem queijo. Quero a fome. In: PRADO. Poesia reunida.
[38] Espírito Público — Confessou-me o Professor, em tom de brincadeira, que tinha um último desejo: criar um Centro de Espírito Público que pudesse acolher os espíritos dos vocacionados para o bem público, de modo que não ficassem perambulando pelos porões dos palácios e pelos espaços da burocracia. Nesse Centro, o Mestre ocuparia a mais alta hierarquia e teria o tempo da eternidade para rever com o seleto grupo de discípulos os caminhos percorridos. E, então, reescreveria as lições para os leitores de um novo tempo.
[39] Referências de família, por meio de Elizabeth Neves, podem constituir a base de projeto de resgate da memória do Professor. BH: 2012.

Na verdade, não havia mesmo desistido de perseguir em sua peleja no Direito Administrativo. Afastado da Escola, numa trégua para reabilitação de sua saúde, continuou sua pregação e mesmo contrapregação, especialmente por meio de orientação de Mestrandos e Doutorandos, numa incansável partilha. Continuou semeando a boa semente, até a última estação da vida, percebendo seus alunos como "individualidades, como pessoas singulares",[40] com todas as suas peculiaridades e incompletudes.

Em quadra de efervescência de ideias, de intensa litigiosidade em torno de temas do Direito Administrativo, de nova interpretação da relação público-privado, de demanda de complexa interlocução de caráter interdisciplinar, de redefinição do papel do Estado, de reformulação profunda do Direito Administrativo, a experiência de mais de cinquenta anos de Cátedra, a capacidade de discernimento, a abertura intelectual de Paulo Neves de Carvalho, a bagagem sempre renovada de quem tinha no aprender diuturno o segredo do ensinar eram a certeza de que Minas, mesmo no seu recato, que acompanha a sua própria geografia, teria qualificada contribuição nos novos concertos teóricos, técnicos e normativos, nos domínios do Direito Administrativo, que ele concebia comprometido com a efetividade constitucional e a cidadania plena.

Acostumados a sua presença, e mesmo a sua onipresença, ao seu incentivo, a sua sombra tão generosa e tão especial, aos seus cuidados, como o pastor que bem apascenta suas ovelhas, os discípulos de Paulo Neves de Carvalho devem estar atentos à missão que lhes cabe, sabendo que o Direito Administrativo do Mestre deve permanecer vivo em cada um. Sobretudo, é preciso perseverar na indignação. E hão de estar bem presentes o gesto, a palavra, a lição, a atitude e a figura quase emblemática do homem que jamais se curvou, tudo a pautar novos diálogos do Mestre com o tempo presente.

Se a perplexidade de Paulo Neves de Carvalho em face de todas as mudanças no campo do Direito Administrativo não mais o acompanha, é por certo deixada de herança aos seus discípulos, que, aturdidos pela ausência, hão de se desafiar pelo arrojado projeto de reconstrução da disciplina, pautados na transdisciplinaridade do pensamento e do legado do Mestre para transitarem nos espaços de troca da ciência pós--moderna que pensa o fato em sua multidimensionalidade.[41]

---

[40] CAPELLA. *A aprendizagem da aprendizagem...*, p. 53.
[41] Para aprofundamento, ver: SILVA. Os caminhos da transdisciplinaridade. *In*: DOMINGUES. *Conhecimento e transdisciplinaridade.*

A missão não é simples, e será tanto mais amena quanto mais fiel à concepção de seu grande arquiteto. Seu projeto, conquanto não materializado em estrutura convencional de investigação e produção científica, está patenteado como patrimônio imaterial da escola mineira de Direito Administrativo.

O problema ou o desafio que se coloca de há muito tormentava o Professor na representação lúdica dos bonecos estereotipados, e agora ele se revela em contornos bem precisos, põe na berlinda a verticalidade das relações administrador/administrado, o protagonismo dos atos unilaterais, o conceito de autoridade, o predomínio da legalidade estrita, o axioma da prevalência apriorística do interesse público sobre o privado.

O marco teórico que sustentará a investigação, com certeza, não encontra sua referência em fichas catalográficas,[42] mas estará presente pela recriação no pensamento de seus discípulos. A memória de seu legado é o livro de cabeceira nas noites insones da inquietude do espírito. É o breviário dos seguidores para a sua profissão de fé no Direito, é o tratado dos múltiplos saberes, é o manual prático que aponta caminhos e que propulsa o caminhar. É o exemplo de cumplicidade com o mundo: "não se trata de entender o mundo senão de vivê-lo".[43]

As hipóteses para validação devem ser construídas coletivamente, numa convergência das iniciativas, dos esforços, da inteligência, da capacidade de produção científica, da sofisticação intelectual, do espírito público, da acumulação e compartilhamento da experiência e do conhecimento dos publicistas mineiros, sobretudo.

O contexto é o do medo. Pintava-o o mestre, sem retoques:

> Quanto ao próprio Estado, causa medo à sociedade que ele, a passos largos, esteja perdendo a condição de fiador-mor dos seus interesses fundamentais; agora, mais do que nunca, tornando-se refém de vitoriosas forças anti-sociais: o crime instalado nos segmentos da marginalização, mais bem organizado do que o próprio Estado; e o mercado internacional

---

[42] CARVALHO. *An analysis of control and coordination in the public service.*
CARVALHO. *Curriculum Problems in Public Administration.*
CARVALHO. *Da revogação no direito administrativo.*
CARVALHO. *Three Papers...*
Título - Entrada secundária: Architectural control and police power
Título - Entrada secundária: A survey of city government
Título - Entrada secundária: Conciliation as a basic idea of social law in Brazil
[43] WARAT. *Territórios desconhecidos...,* p. 202.

especulativo, no bojo de um liberalismo redivivo, que não dá sinais de comprometimento com a angústia social.[44]

O mesmo quadro de desequilíbrio e tensão foi também o desafio no qual se colocou o Mestre, conforme sua confissão, que ainda soa na Congregação da Faculdade de Direito da Universidade Federal de Minas Gerais, nos agradecimentos de seu título de Professor Emérito, e que vem agora em socorro no arremate destas ideias:

> (...) escolhi o direito, porque ele tem que ver com a justiça e a solidariedade; e a vida, não a compreendo, se o espírito não se alteia, sempre e sempre, na inabalável intenção de vê-lo, ao ser humano, liberto da fome, da ignorância, da doença e do medo. (...) certamente não assistirei a esse tempo de paz e justiça, o ser humano se realizando em sua plenitude, mas sonhei com ele, isto sonhei; e preguei a lição, isto preguei.[45]

Sonhou, pregou e partiu sereno, escrevendo a lição da dimensão humana da partilha do saber, da ciência e do ser. Deixou hasteada a bandeira do Direito Administrativo a serviço da vida, na convicção de que seus discípulos, "onde quer que estejam, não tenham desertado as aspirações mais altas" e que com ela seguirão "em frente, conforme combinado".

Referências

ALESSI, Renato. *Instituciones de derecho administrativo*. Barcelona: Bosch, 1970.

ALVES, Rubem. *A alegria de ensinar*. 3. ed. São Paulo: Ars Poética, 1994.

ATIENZA, Manuel. *As razões do direito*: teorias da argumentação jurídica. São Paulo: Landy, 2000.

BARROS, Manoel de. *Memórias inventadas*: a infância. São Paulo: Planeta, 2003.

BARROS, Manoel de. *O livro das ignorãças*. 2. ed. Rio de Janeiro: Civilização Brasileira, 1993.

CALVINO, Italo. *As cidades invisíveis*. São Paulo: Companhia das Letras, 2006.

CAPELLA, Juán-Ramón. *A aprendizagem da aprendizagem*: uma introdução ao estudo do direito. Tradução Miracy Barbosa de Sousa Gustin e Maria Tereza Fonseca Dias. Belo Horizonte: Fórum, 2011.

---

[44] CARVALHO. Reflexões sobre o direito administrativo. *Revista do Tribunal de Contas do Estado de Minas Gerais*.

[45] CARVALHO, Paulo Neves de. Reflexões sobre o direito administrativo. *Revista do Tribunal de Contas do Estado de Minas Gerais*.

CARVALHO, Paulo Neves de. An analysis of control and coordination in the public service. 1955. 461 p. Tese (Doutorado) – School of Public Administration, University of Southern California, 1955.

CARVALHO, Paulo Neves de. *Curriculum Problems in Public Administration*. Los Angeles: University of Southern California, 1953. 94 p.

CARVALHO, Paulo Neves de. *Da revogação no direito administrativo*. Belo Horizonte: Santa Maria, 1951. 134 p.

CARVALHO, Paulo Neves de. Reflexões sobre o direito administrativo. Discurso proferido perante a Congregação da Faculdade Direito da UFMG. *Revista do Tribunal de Contas do Estado de Minas Gerais*, n. 4, 2002. Disponível em: <http://200.198.41.151:8081/tribunal_contas/2002/04/-sumario?next=14>. Acesso em: 17 fev. 2012.

CARVALHO, Paulo Neves de. *Three Papers*: Architectural Control and Police Power, a Survey of City Government, Conciliation as a Basic Idea of Social Law in Brazil. Los Angeles: University of Southern California, 1953. 71p.

CERVANTES SAAVEDRA, Miguel de. *Dom Quixote de la Mancha*. Tradução de Viscondes de Castilho e Azevedo. São Paulo: Abril Cultural, 1978.

DAMATTA, Roberto. O ofício de etnólogo, ou como ter Antropological Blues. *In*: NUNES, Edson de Oliveira (Org.). *A aventura sociológica*: objetividade, paixão, improviso e método na pesquisa social. Rio de Janeiro: Zahar, 1978.

FONSECA, Maria Cecília Londres. Referências culturais: base para novas políticas de patrimônio. *In*: CORSINO *et al*. *Inventário nacional de referências culturais*: manual de aplicação. Brasília: Instituto do Patrimônio Histórico e Artístico Nacional, 2000.

FOUCAULT, Michel. *As palavras e as coisas*: uma arqueologia das ciências humanas. Tradução Salma Tannus Muchail. 3. ed. São Paulo: Martins Fontes, 1985.

FREIRE, Paulo. *Pedagogia da autonomia*: saberes necessários à prática educativa. São Paulo: Paz e Terra, 1996.

FREIRE, Paulo. *Pedagogia do oprimido*. 32. ed. São Paulo: Paz e Terra, 2002.

FREITAS, Juarez. *Sustentabilidade*: direito ao futuro. Belo Horizonte: Fórum, 2011.

GULOTTA, Guglielmo. Verità e realtà processuale. *In*: FORZA, Antonio (Org.). *Il processo invisibile*: le dinamiche psicologiche nel processo penale. Venezia: Marsilio, 1997.

HELLER, Agnes. *O cotidiano e a história*. Tradução Carlos Nelson Coutinho e Leandro Konder. São Paulo: Paz e Terra, 2000.

LEVI-STRAUSS, Claude. *Antropologia estrutural*. Tradução Chaim Samuel Katz e Eginardo Pires. 2. ed. Rio de Janeiro: Tempo Brasileiro, 1970.

LYRA FILHO, Roberto. *Para um direito sem dogmas*. Porto Alegre: Sergio Antonio Fabris, 1980.

MAGNANI, José Guilherme Cantor. De perto e de dentro: notas para uma etnografia urbana. *Revista Brasileira de Ciências Sociais*, São Paulo, v. 17, n. 49, p. 11-29, jun. 2002.

PIRES, Maria Coeli Simões. Anotações de aulas do Curso de Doutorado da Faculdade de Direito da UFMG.

PIRES, Maria Coeli Simões. Fragmentos da pregação do mestre. *Revista Brasileira de Direito Municipal – RBDM*, Belo Horizonte, ano 5, n. 12, abr./jun. 2004.

PIRES, Maria Coeli Simões. Pronunciamento proferido no Seminário de Abertura do Ano Comemorativo dos 20 anos da Escola de Governo Paulo Neves de Carvalho: Escola Paulo Neves de Carvalho, para além da institucionalidade, o legado de uma vida que deu certo. Belo Horizonte, 28 fev. 2012.

PRADO, Adélia. *Poesia reunida*. São Paulo: Siciliano, 1999.

SANTOS, Boaventura de Sousa. *Para uma revolução democrática da justiça*. São Paulo: Cortez, 2007.

SANTOS, Boaventura de Sousa. *Um discurso sobre as ciências*. Porto: Afrontamento. 1988.

SILVA, Evandro Mirra de Paula. Os caminhos da transdisciplinaridade. *In*: DOMINGUES, Ivan. *Conhecimento e transdisciplinaridade*. Belo Horizonte: Ed. UFMG; IEAT, 2001.

VIEHWEG, Theodor. *Tópica e jurisprudência*. Brasília: Ed. UnB, 1979.

WARAT, Luis Alberto. *Territórios desconhecidos*: a procura surrealista pelos lugares do abandono do sentido e da reconstrução da subjetividade. Florianópolis: Fundação Boiteaux, 2004. v. 1.

WEBER, Max. *Ciência e política*: duas vocações. Tradução Leonidas Hegenberg e Octany Silveira da Mota. 4. ed. São Paulo: Cultrix, 1968.

WEBER, Max. *Economia e sociedade:* fundamentos da sociologia compreensiva. Tradução Regis Barbosa e Karen Elsabe Barbosa. Brasília: Ed. UnB, 1991.

ZALUAR, Alba. Crime organizado e crise institucional. Núcleo de pesquisa da violência UERJ, 2002. Disponível em: <http://www.ims.uerj.br/nupevi/artigos_periodicos/crime.pdf>. Acesso em: 27 fev. 2012.

Informação bibliográfica deste livro, conforme a NBR 6023:2002 da Associação Brasileira de Normas Técnicas (ABNT):

PIRES, Maria Coeli Simões. Direito, metalinguagem e institucionalidades: uma composição de realidade, silêncio e muitas palavras. *In*: PIRES, Maria Coeli Simões; PINTO, Luciana Moraes Raso Sardinha (Coord.). *Paulo Neves de Carvalho*: suas lições por seus discípulos. Belo Horizonte: Fórum, 2012. p. 211-228. ISBN 978-85-7700-599-4.

O DIREITO ADMINISTRATIVO VIVO DE PAULO NEVES DE CARVALHO

O OLHAR DO PASSADO E AS PERSPECTIVAS PARA O FUTURO

MARIA TEREZA FONSECA DIAS[1]

1 Introdução

Importante lição deixada pelo querido mestre Paulo Neves de Carvalho, imortalizada na sua recorrente afirmação de que o "O direito deve servir a vida, do contrário, não serve",[2] cristalizou-se na sua pregação sobre o que denominou "Direito Administrativo Vivo". Trata-se de lição que transmitiu de modo reiterado em suas aulas, palestras, discursos, debates e em todo lugar que teve oportunidade de dialogar com variada gama de interessados nos temas de suas apresentações: de professores catedráticos estrangeiros a cidadãos de todos os níveis e classes sociais.

A ideia de desenvolver o trabalho sobre este tema surgiu do diálogo que travamos no curso de Pós-Graduação em Direito da UFMG,

---

[1] Mestre e Doutora em Direito Administrativo pela UFMG. Professora Adjunta da Faculdade de Direito da UFMG e da Universidade Fumec. Assessora Especial da Prefeita de Contagem.

[2] CARVALHO, Paulo Neves *apud* BITENCOURT NETO, Eurico. *Improbidade administrativa e violação de princípios*. Belo Horizonte: Del Rey, 2005. p. vii.

no ano de 2000. O assunto era o surgimento da Lei de Responsabilidade Fiscal e o professor Paulo Neves estava indignado com o fato de que, no seio de norma geral de direito financeiro, a União havia editado percentuais de limites gastos com pessoal, para todos os Municípios da Federação brasileira, desconsiderando a diversidade local e as desigualdades regionais.[3]

Não se pode dizer que a ideia do "Direito Administrativo Vivo" foi Escola de Pensamento formalmente constituída, mas postura teórica que confrontava alguns postulados do paradigma dominante do pensamento jurídico, o Juspositivismo,[4] mais especificamente a corrente do Exegetismo.

Nas palavras de Eurico Bitencourt Neto, o Direito Administrativo Vivo de Paulo Neves de Carvalho, em síntese, identificou-se com o fato de que

[...] o Direito não deve se resumir à sua estrutura lógico-formal, mas, reconhecendo seus limites e a importância dos valores sociais vigentes, deve se fazer vivo, aberto, sem negar os conflitos, posicionando-se como um dos instrumentos da sociedade no processo de conscientização, este sim capaz de forjar comportamentos duradouros.[5]

Este ensaio, utilizando-se como dados de pesquisa, além das informações da "história oral" — principal legado do mestre — consistiu na consulta a alguns dos poucos textos deixados por ele, bem como bibliografia específica da teoria do direito e fundamentos do

---

[3] A regra discutida foi disciplinada no art. 19, III, da Lei Complementar nº 101/2000, a saber: "Art. 19. Para os fins do disposto no caput do art. 169 da Constituição, a despesa total com pessoal, em cada período de apuração e em cada ente da Federação, não poderá exceder os percentuais da receita corrente líquida, a seguir discriminados: [...] III - Municípios: 60% (sessenta por cento)".

[4] Em que pese as dificuldades teóricas de unificar diferentes escolas de pensamento sob a denominação de Juspositivismo, Norberto Bobbio elencou os sete pontos ou problemas fundamentais do Positivismo Jurídico, a saber: 1. modo de abordar o direito – direito como fato e não como valor; 2. definição do direito em função da coação; 3. legislação como fonte preeminente do direito; 4. visão imperativista da norma jurídica – teoria da norma; 5. coerência e completude do ordenamento jurídico; 6. interpretação mecanicista do direito como método da ciência jurídica; 7. teoria da obediência absoluta da lei enquanto tal Gesetz ist Gesetz (lei é lei) – positivismo ético. (BOBBIO, Norberto. O positivismo jurídico: lições de filosofia do direito. São Paulo: Ícone, 1995. p. 131-134). Ao menos no contexto em que foi apresentada na aula da Pós-Graduação, a proposta do Direito Administrativo Vivo, de Paulo Neves de Carvalho, constituiu-se sobre a crítica da abordagem do direito como fato e não como valor e a interpretação mecanicista do direito como método da ciência jurídica.

[5] BITENCOURT NETO, Eurico. Direito administrativo vivo. *Revista Brasileira de Direito Municipal – RBDM*, Belo Horizonte, n. 12, ano 5, abr./jun. 2004.

direito administrativo. Considerando a complexidade do assunto e as limitações referentes ao espaço do texto, a abordagem limitar-se-á a demonstrar o contexto teórico em que se insere o "Direito Administrativo Vivo", seu significado e conteúdo; o papel desta teoria jurídica para o pensamento contemporâneo e as principais críticas recebidas. E, a partir destas críticas, quais os possíveis olhares para o futuro teórico do direito administrativo.

Além de homenagear o saudoso Professor Paulo Neves de Carvalho, o texto visa evidenciar que, na busca de um fundamento para o direito administrativo, ele revelava sua contundente crítica ao direito, na tentativa de formar operadores do direito público aptos a buscarem a teleologia de sua ação profissional.

2 O "direito livre" e o "direito vivo" – O olhar do passado

O "Direito Administrativo Vivo" do Professor Paulo Neves de Carvalho provavelmente insere-se no campo do Sociologismo Jurídico, corrente de pensamento que representa ofensiva crítica ao Exegetismo.[6]

Para Eugen Ehrlich, ao lado do direito estatal, e com a mesma importância, existe um "direito livre", "[...] criado pela decisão jurídica dos cidadãos, pela jurisprudência e pela ciência do direito".[7] No contexto deste pensamento, o ordenamento jurídico é incompleto ante a complexa realidade. No contexto das normas extraestatais admitidas pelo teórico austríaco citado, "A sociedade humana cria suas ordenações que são, no seu entender, também jurídicas, internas e autônomas. Trata-se de um *direito vivo*, dinâmico, que nasce, cresce e se desenvolve, e não de um direito estatal, codificado, que se encontra expresso em normas abstratas".[8]

---

[6] Para o Exegetismo, a totalidade do direito positivo se identifica por completo com as leis escritas. Os verdadeiros juristas devem se limitar ao direito positivo, sem procurar respostas fora do conjunto das leis, sendo necessário encontrá-las entre as leis. A lei e o direito constituem uma única realidade, pois a única fonte do direito é a lei e tudo o que estiver estabelecido na lei é direito (Cf. GUSTIN, Miracy Barbosa de Sousa (Org.).; ROCHA, Heloísa Helena Nascimento; DIAS, Maria Tereza Fonseca. *As correntes e escolas mais importantes do pensamento jurídico*. Belo Horizonte: Movimento Editorial da Faculdade de Direito da UFMG, 1995. Cadernos do Bacharelado, v. 2). A *École de l'Exégèse*, na França, correspondeu ao Pandectismo, da Alemanha e à Escola Analítica (*Analytical School*) de Austin, na Inglaterra.

[7] LARENZ, Karl. *Metodologia da ciência do direito*. 3. ed. Lisboa: Calouste Gulbenkian, 1999. p. 80.

[8] Cf. DINIZ, Maria Helena. *Compêndio de introdução ao estudo do direito*. 5. ed. São Paulo: Saraiva, 1993. p. 61.

Observando a realidade dos municípios e dos cidadãos a sua volta, certamente o Prof. Paulo Neves deparou-se com o fato de que a aplicação puramente esquemática do preceito da lei à situação da vida era insuficiente para a solução dos casos concretos, o que remeteria à necessidade do que Ehrlich e outros pensadores da época denominaram "livre investigação do direito" pelo julgador/aplicador da lei. Para a solução de um caso de direito, neste contexto, exige-se mais do que uma "dedução lógica" ou uma conclusão subsuntiva; exige-se a investigação da tradição jurídica para que se aspire ao "direito justo", com propriedades objetivas e não meras condições históricas, para não incorrer num subjetivismo do julgador — em que pese considerar Ehrlich que a decisão judicial é uma atividade *criadora* do direito.

Para o citado autor, portanto, o direito não reside tanto nas proposições jurídicas (nas normas de decisão) quanto nas instituições jurídicas, cabendo a Sociologia do Direito — e não à Ciência Jurídica — pesquisar as forças propulsoras das organizações jurídicas.

Em estudo feito nos Estados Unidos, publicado em 1953, quando dedicou-se à análise do tema "O controle arquitetônico e o poder de polícia", na cidade de San Diego, que dizia respeito a restrições dos direitos individuais de propriedade por questões estético-arquitetônicas, o Prof. Paulo Neves deixa entrever suas preocupações com a ação administrativa em face dos indivíduos, bem como com os fatos sociais, quando afirmou que

> O Controle arquitetônico depende, em grande medida, do apoio que a cidade tem sido capaz de dar para proteger indivíduos e grupos cívicos. A opinião pública esclarecida criará as condições para um esforço frutífero de convencimento. As pessoas devem conhecer [ser educadas] os interesses da comunidade envolvidos no problema antes de concordarem com uma idéia de controle de seus valores estéticos.[9]

---

[9] "Architectural review depends to a large extent on the support wich the city has been able to secure from individuals and civic groups. Enlightened public opinion will create the condition for a fruit ful effort of persuasion. People have to be educated as the community interests involved in the problem before they will agree with an idea of review on their aesthetics values" (CARVALHO, Paulo Neves de. *Three papers*: Architectural Control and Police Power, a Survey of City Government, Conciliation as a Basic Idea of Social Law in Brazil. Los Angeles: University of Southern California, School of Public Administration, 1953. p. 33. Tradução livre do inglês). Mais adiante afirma, "O cidadão parece concordar com o controle arquitetônico, até certo ponto, mas ele ainda tem fortes razões para temer o alargamento do poder de polícia" ("The citizen seems to agree with architectural control, to some extent, but he still has strong reasons to fear the enlargement of the police power". *Op. cit.*, p. 24. Tradução livre do inglês).

Analisada sob a ótica da Escola do Direito Livre, a preocupação de Paulo Neves, neste caso, visava analisar o conteúdo social e ético no âmago dos preceitos legais.

Neste contexto, como afirma Miguel Reale, o movimento de Livre Pesquisa do Direito "[...] teve o mérito de salientar o significado do elemento fático e das exigências éticas, em contraste com as insuficiências do normativismo abstrato da Jurisprudência conceitual".[10]

Outro fator que indica a filiação de Paulo Neves às correntes do Sociologismo Jurídico foi a utilização de diversos postulados da obra de León Duguit no seu trabalho sobre a revogação no direito administrativo,[11] no qual foram encontradas várias referências a mais de cinco obras deste autor.[12]

Duguit, reconhecido doutrinador do direito administrativo francês, por ter sido o pai da Escola do Serviço Público no início do século XX, também foi teórico responsável por desenvolver a tese da "solidariedade" como fundamento do direito e que serviu de horizonte para o desenvolvimento de suas teorias no campo do direito público. Acentuando o fator de socialidade do direito e sua eficácia, o que ele pretendia provar era a tese de que o direito não se origina do Estado. Para Duguit, o direito

> [...] tem origem e finalidade estritamente sociais, impondo-se como imperativo da coletividade, de maneira que os legisladores outra coisa não deveriam fazer senão acompanhar o processo social espontâneo, rejeitando ou acolhendo o que fosse verificado cientificamente na vida de um povo como "exigência da solidariedade" através de uma rede de serviços públicos.[13]

Para Duguit — e quiçá para Paulo Neves — cabe ao Estado tão somente prestar o *serviço público* de defender aquilo que a sociedade em determinados momentos considera essencial ao viver comum, pois "[...] o Estado não é senão um corpo de funcionários, uma de cujas funções consiste em atuar e proteger aquelas normas que a massa dos espíritos deseja que sejam obedecidas como jurídicas".[14]

---

[10] REALE, Miguel. *Filosofia do direito*. 20. ed. São Paulo: Saraiva, 2002. p. 431.
[11] CARVALHO, Paulo Neves de. *Da revogação no direito administrativo*. Belo Horizonte: Gráfica Santa Maria, 1951. 134 p.
[12] Numa das passagens de sua obra, o Professor Paulo Neves afirma que "Aos atos-condição e subjetivos seria preciso somar ainda os atos materiais, cuja importância, aliás, não passa desapercebido ao citado jurista [Duguit]" (CARVALHO, *op. cit.*, p. 24).
[13] REALE, *op. cit.*, p. 449.
[14] REALE, *op. cit.*, p. 448.

Em que pese a doutrina sociológica do direito esgotar-se numa crítica justa da teoria da aplicação do direito do século XIX, segundo Larenz,[15] ela, entretanto, não esclarece os métodos de investigação jurídica requerida por seus mentores.

Agindo como Nitzsche em *Humano demasiado humano* talvez Paulo Neves tenha objetivado, com sua proposta teórica do Direito Administrativo Vivo, "implodir as realidades eternas" e as "verdades absolutas" do Positivismo Jurídico e nos alertar para a inocuidade desta forma de pensamento para as gerações futuras, sobretudo quando tratada como pensamento hegemônico.

3 Olhar o passado para construir o futuro – A partir da teoria crítica

Olhar o passado mostra que a doutrina sociológica do direito, em que pese produzir objeções ao Positivismo Jurídico, assim como ele, reafirmou-se como teoria descritiva — e não reconstrutiva — dos processos sociais.

E, para construir o futuro, do ponto de vista das teorias sociais, um ponto de partida importante são os estudos desenvolvidos pela Teoria Crítica, a partir de Max Horkheimer,[16] que desenvolveu uma teoria materialista da sociedade, a partir da década de 30 do século XX. A teoria crítica conseguiu, a partir de seus postulados, apresentar objeções tanto ao Positivismo quanto ao Sociologismo — contemporaneamente denominadas teorias tradicionais, pois unificadas na mesma tradição de cientificismo.

A produção da Teoria Crítica afetou definitivamente os estudos posteriores acerca do papel do Estado e da Administração Pública numa economia capitalista.

Uma das primeiras questões colocadas às teorias tradicionais diz respeito ao seu aparato metodológico. O positivismo filosófico e, consequentemente o jurídico, considerados teorias tradicionais, diz Honneth, "[...] desvincula-se tanto da consciência de suas próprias raízes societárias quanto do conhecimento de seus objetivos práticos".[17]

---

[15] LARENZ, *op. cit.*, p. 89.
[16] HORKHEIMER, M. Tradicional and Critical Theory. *In*: HORKHEIMER, M. *Critical Theory*. New York: Herder and Herder, 1972.
[17] HONNETH, Axel. Teoria crítica. *In*: GIDDENS, Anthony; TURNER, Jonathan. *Teoria social hoje*. São Paulo: UNESP, 1999. p. 508.

A teoria crítica, por sua vez, quer resgatar tanto o seu contexto social de origem, quando o seu contexto de aplicação prática. E o primeiro desafio é a análise social interdisciplinar, corriqueiramente ignorada no campo da ciência jurídica.

Ao tentar responder a questão de "Por que os indivíduos se submetem, aparentemente sem resistência, a um sistema de dominação centralmente administrado?" a teoria crítica quer demonstrar que "[...] os sujeitos socializados não estão apenas passivamente sujeitos a um processo anônimo de direcionamento mas, antes, participam ativamente com seus próprios desempenhos interpretativos no complexo processo de integração social".[18]

As teorias tradicionais não estavam preocupadas com os processos de integração social e, no caso do direito, também não se preocuparam em responder como a normatividade possui legitimidade e como se reconstrói a relação entre os fatos da realidade (faticidade) que ingressam na esfera pública política e tornam-se legítimas (validade), a partir de processos comunicativos. Este, certamente, é um dos pontos de partida para construir o futuro do Direito Administrativo Vivo no momento contemporâneo.[19]

4 Considerações finais – As lições que não podemos esquecer do Mestre

A primeira delas é o título deste ensaio: não se pode simplesmente olhar para o passado sem pensar as perspectivas para o futuro. O professor Paulo Neves foi, sem dúvida, homem à frente do seu tempo. Já no fim da vida, momento em que muitos já se cansaram de aprender, ele estava disposto a conhecer o tempo presente, desde sua realidade concreta até as novas teorias sociais e jurídicas.

Outra lição significativa dele foi a sua abertura ao diálogo. A partir do Direito Administrativo Vivo, Paulo Neves estruturou condições de teorizar e praticar a discursividade e a solidariedade, colocando o labor de mestre, que tem como função precípua a construção do saber, a serviço não só do meio acadêmico, mas da sociedade em geral.

Foi ainda lição do professor ressaltar o legado e a importância da oralidade para a construção do conhecimento. Esta postura foi

---

[18] HONNETH, *op. cit.*, p. 515.
[19] Cf. DIAS, Maria Tereza Fonseca. *Direito administrativo pós-moderno*. Belo Horizonte: Mandamentos, 2001.

exercida na contramão do contexto atual, tão apegado ao texto escrito, notadamente no meio acadêmico.

Também nos legou Paulo Neves o ensinamento de que não há que se desvincular a teoria jurídica da prática profissional. Em que pese ter sido bastante atuante nas atividades concretas de aplicação do direito, espera-se que este artigo possa ter demonstrado que a reflexão teórica pode ser o motor das soluções para os problemas e mazelas sociais.

Devemos ainda aprender com Paulo Neves a lição da alteridade, ou seja, da construção de uma condição (de ser ou de estar) a partir de relações de contraste, distinção, diferença, diálogo.

Informação bibliográfica deste livro, conforme a NBR 6023:2002 da Associação Brasileira de Normas Técnicas (ABNT):

DIAS, Maria Tereza Fonseca. O Direito Administrativo Vivo de Paulo Neves de Carvalho: o olhar do passado e as perspectivas para o futuro. *In*: PIRES, Maria Coeli Simões; PINTO, Luciana Moraes Raso Sardinha (Coord.). *Paulo Neves de Carvalho*: suas lições por seus discípulos. Belo Horizonte: Fórum, 2012. p. 229-236. ISBN 978-85-7700-599-4.

LICITAÇÃO X CORRUPÇÃO

A MORALIDADE REPUBLICANA DESAFIADA

MÔNICA ARAGÃO MARTINIANO FERREIRA E COSTA[1]

Vejo-o na Escola de Direito da UFMG, em uma das salas de aula... Lá o Professor Paulo Neves de Carvalho estava, em seu lugar preferido, a nos envolver com sua argúcia, seu talento, seu maior dom: a arte e o amor pelo ensino e pela educação.

Os vários diálogos mantidos conosco, seus alunos e discípulos, levavam-nos a compreender e repensar, como dizia ele, "os mitos" do Direito Administrativo, para que pudéssemos desfazê-los e construir uma nova Administração Pública, sem as peias que a atormentam.

A licitação, prestigiado instituto e um dos grandes mitos do Direito Administrativo, desperta interesse tanto por sua relevância nas atividades da Administração quanto por aparecer, ao longo de sua trajetória, envolta nos maiores escândalos de corrupção nacional. A Lei nº 8.666, de 22.06.1993, que regulamenta o art. 37, XXI, da Constituição Federal de 1988, é resultado da evolução histórica do instituto e dos fatos vividos ao tempo de sua promulgação. Desde o seu nascimento, esta lei tem passado por alterações e recebido o impacto de inúmeras normas jurídicas. Dentre as mais significativas mudanças

---

[1] Mestre em Direito Administrativo pela Faculdade de Direito da UFMG. Professora de Teoria Geral do Estado na Faculdade de Direito Milton Campos.

destacam-se a criação da modalidade licitatória denominada pregão (Lei nº 10.520, de 17.07.2002) e a recente MP nº 495, de 19.07.2010, convertida na Lei nº 12.349, de 15.12.2010, que incluiu dentre os objetivos da licitação e contratação pela Administração Pública a promoção do desenvolvimento nacional sustentável.

Anote-se que a diretriz do desenvolvimento nacional sustentável não é inovação direta da Lei nº 12.349/10. A nova redação do art. 3º da Lei nº 8.666/93 traduz os comandos constitucionais, com destaque do arts. 3º, II; 170 *caput*, incs. I, VI, VII e VIII; 174; e 219.

Decorridos dezoito anos, a partir da lei que traça as normas gerais sobre as licitações, já se definiram espaços para muitas reflexões e críticas. Assim, em que medida as regras assentadas no ordenamento jurídico a propósito das licitações e contratos administrativos têm assegurado a lisura e o aperfeiçoamento técnico nas escolhas? Em que medida estas regras têm preservado a inspiração democrática que está na raiz do instituto?

Estas e muitas outras indagações se colocam, mas é fato que, a cada dia, o desafio se apresenta ao administrador público, que tem o dever de agir, acima de tudo, com boa-fé e lealdade, bem como de atuar com máxima eficiência.

De acordo com a sedimentada doutrina e jurisprudência, a licitação é um instrumento da Administração Pública. Trata-se de um procedimento de seleção prévio pelo qual a Administração escolhe a proposta que melhor atende ao interesse público para contratar bens e serviços e realizar outras transações.

Com o advento da mencionada Lei nº 12.349/10, a licitação e o contrato administrativo passam por uma releitura de seus parâmetros. O art. 3º da Lei nº 8.666/93 ganhou novos contornos, agora a seleção da proposta mais vantajosa para contratação pelo setor público deve ser obtida não apenas com respeito à isonomia, eficiência e economicidade, mas também deve assegurar o valor constitucional do desenvolvimento nacional sustentável. Como consequência, o contrato administrativo deve conduzir ao fomento das atividades no País e a práticas ambientais equilibradas que mantenham e preservem as gerações presentes e futuras.

No cenário do Direito Administrativo, a intensa (e até mesmo excessiva) produção legislativa sobre as licitações e os contratos administrativos denota a busca pela renovação e constante aperfeiçoamento do sistema para se efetuar a aquisição de bens e materiais, prestação de serviços e execução de obras. Entretanto, com tantas revisões do instituto, estariam afastados os desvios que impedem a obtenção de seu regular resultado e assaltam o erário?

Vale aqui lembrar as colocações do Professor Paulo Neves de Carvalho sobre a proliferação das leis no Brasil. Dizia ele que no País "há um fetiche pelas leis" e alertava que "a lei por si só não tem o condão de mudar as condutas".

Estas lições bem se aplicam às licitações, sendo certo que a só mudança do texto legal não consegue abolir as deficiências que cercam o instituto, tampouco eliminar as condutas inadequadas que o desvirtuam.

Ao lado da correta leitura administrativa das disposições legais, a licitação deve ser formalizada e operacionalizada com competência e honestidade. Como assinala Carlos Motta: "A licitação representa um termômetro da Administração, porque, bem formalizada e, sobretudo, ocorrendo a verdadeira disputa, é um instrumento limitador da discrição administrativa" e possibilita a "manifestação fática do emprego regular do dinheiro público".[2]

Acrescente-se que, orientada pela relevância do poder de compra governamental, a eficaz licitação e contratação são meios para implementar políticas públicas com promoção do mercado interno e desenvolvimento cultural, ambiental e socioeconômico do País.

A licitação é corolário do princípio republicano que traz a ideia de democracia, governo honesto, limitado e responsável. Como tal, exige ser conformada ao interesse público, ao respeito à coisa pública. Impede-se, assim, o arbítrio dos entes e órgãos estatais, bem como a apropriação privada do Estado para satisfazer interesses particulares e egoísticos.

A deficiente operacionalização da licitação revela as suas deformações. Com amparo nas observações do Professor Carlos Motta, citam-se os editais direcionados, os projetos inexistentes ou deficientes, as exigências abusivas e viciosas, o pessoal inadequado, a inexperiência, a desestrutura organizacional, as interpretações literais, formalistas ou tendenciosas. Em síntese, o procedimento licitatório mal gerenciado leva a distorções que comprometem a sua eficácia e confiabilidade, bem como desencadeiam contratações com perda da proposta mais favorável e ausência da competição.

Por sua vez, o uso frequente das hipóteses de dispensa e inexigibilidade de licitações, nitidamente aumentadas em quantitativo nos vários textos legais, configura desvio ao princípio da igualdade e

---

[2] MOTTA, Carlos Pinto Coelho. *Eficácia nas licitações e contratos*. 12. ed. Belo Horizonte: Del Rey, 2011. p. 14.

transforma a exceção em regra geral. A confirmar este aspecto em números absolutos, a exposição de motivos da MP nº 495, de 19.07.2010, convertida na Lei nº 12.349/10, aponta para os seguintes dados:

> (...) Segundo informações divulgadas no Portal de Compras do Governo Federal — Comprasnet, as licitações efetivadas em âmbito Federal para o período de janeiro a dezembro de 2009 totalizaram R$57,6 bilhões. A estratificação por modalidades de licitações indica a seguinte composição: (i) tomada de preços – 2%; (ii) concorrência – 28%; (iii) pregão – 29%; (iv) convite – 1%; (v) *dispensa e inexigibilidade de licitação* – 40%; e (vi) suprimento de fundos, consulta e concurso – 0%.[3] (grifos nossos)

Nas ilações do Professor Paulo Neves de Carvalho "a lei é uma moldura" e "compete ao intérprete decifrar o seu espírito para melhor aplicá-la".

Cumprir a letra fria da lei não é atender, também, ao seu espírito. A lei de licitações exige interpretação orientada pelos princípios do Direito e da Moral, para que o legal seja complementado pelo conveniente e honesto aos interesses sociais.

O combate às fraudes e à corrupção na licitação não se faz com discursos emocionais, exige um atuar firme e comprometido de uma nação. Tais males são como vírus, precisam de profilaxia no seu controle e combate porque sempre ameaçam ressurgir com nova força.

A luta contra as mazelas que corroem a licitação e expõem ao vexame a moralidade republicana exige correta aplicação das providências legais e eficiente operação do procedimento. Ao mesmo tempo, haverão de concorrer outros instrumentos, tais como o processo educativo que possibilite mudança do comportamento coletivo, erigido com base em princípios e comandos internalizados; a transparência e a rapidez da Justiça; a responsabilização do infrator, com efetiva punição e ressarcimento dos prejuízos; a liberdade responsável de imprensa; o controle prévio das despesas e procedimentos públicos pelos Tribunais de Contas; a valorização do trabalho do agente público, com estímulo de seu constante aprimoramento e treinamento.

Mais do que criar e reformar disposições legais, é preciso abrir perspectiva a novos paradigmas de consciência para o agir profícuo e virtuoso; consciências "ecoalfabetizadas", transformadoras, abertas

---

[3] BRASIL. Medida Provisória nº 495, de 19.07.2010. Disponível em: <http://www81.dataprev.gov.br>. Acesso em: 19 jan. 2012.

aos "princípios da flexibilização, interdependência, diversidade, reciclagem, parcerias", para um atuar consistente e consciente rumo ao progresso e desenvolvimento sustentáveis.

Referências

BERTOLI, Vagner. Licitação sustentável. *Jus vigilantibus*. Disponível em: <http://jusvi.com>. Acesso em: 17 jan. 2012.

COSTA, Mônica Aragão Martiniano Ferreira e. República, um princípio constitucional. *In*: CATEB, Salomão de Araujo (Coord.). *Direito civil e constitucional*: estudos de direito comparado em homenagem à professora Lúcia Massara. Belo Horizonte: Del Rey, 2011.

FIUZA, Ricardo Arnaldo Malheiros; COSTA, Mônica Aragão Martiniano Ferreira e. *Aulas de teoria do estado*. 3. ed. Belo Horizonte: Del Rey, 2010.

JUSTEN FILHO, Marçal. *Comentários à Lei de Licitações e Contratos Administrativos*. 11. ed. São Paulo: Dialética, 2005.

MOTTA, Carlos Pinto Coelho. *Eficácia nas licitações e contratos*. 12. ed. Belo Horizonte: Del Rey, 2011.

REIS, Luciano Elias. Inovações legislativas nas contratações administrativas para a incrementação da responsabilidade ambiental por intermédio do fomento da pesquisa científica e tecnológica. *In*: SEMINÁRIO ITALO-BRASILEIRO, 1., 25 a 28 out. 2011, Curitiba. *Anais*.... Disponível em: <htpp://www.seminarioitalobrasileiro.com.br>. Acesso em: 19 jan. 2012.

Legislação

BRASIL. Constituição (1988) *Constituição da República Federativa do Brasil*, 1988. 34. ed. São Paulo: Atlas, 2011.

BRASIL. Lei nº 8.666, de 21.06.1993. Disponível em: <htpp://www.planalto.gov.br>. Acesso em: 17 jan. 2012.

BRASIL. Medida Provisória nº 495, de 19.07.2010 e exposição de motivos. Disponível em: <htpp://www81.dataprev.gov.br>. Acesso em: 19 jan. 2012.

Informação bibliográfica deste livro, conforme a NBR 6023:2002 da Associação Brasileira de Normas Técnicas (ABNT):

COSTA, Mônica Aragão Martiniano Ferreira e. Licitação x corrupção: a moralidade republicana desafiada. *In*: PIRES, Maria Coeli Simões; PINTO, Luciana Moraes Raso Sardinha (Coord.). *Paulo Neves de Carvalho*: suas lições por seus discípulos. Belo Horizonte: Fórum, 2012. p. 237-241. ISBN 978-85-7700-599-4.

REFORMA ADMINISTRATIVA
REFLEXÕES

PEDRO PAULO DE ALMEIDA DUTRA[1]

Apresentação

Inspira esta obra coletiva a homenagem que nela se presta ao saudoso Professor Paulo Neves de Carvalho. Nela se reúnem as participações de seus ex-alunos, colegas de magistério superior, os muitos amigos que colecionou ao longo de sua frutuosa existência e os muitos discípulos que fez em toda Minas Gerais. Paulo Neves se fez merecedor de todas as homenagens por ter sido um professor iluminado, um homem público exemplar, um jurista notável e uma admirável figura humana, sempre empenhado em dar sua valiosa ajuda aos que a ele recorriam.

Pelo seu exemplo, pela dedicação ao Direito, pela acolhida afetuosa dada aos seus alunos foi-se formando em torno de sua figura carismática a Escola Mineira de Direito Administrativo, hoje consolidada e alvo da admiração dos administrativistas brasileiros.

São merecedoras, pois, do nosso reconhecimento e aplausos, as professoras Maria Coeli Simões Pires e Luciana Raso Sardinha Pinto

---

[1] Doutor em Direito Administrativo pela Universidade de Paris. Professor Titular de Direito Administrativo da UFMG. Advogado.

pela feliz iniciativa de promover esta merecida homenagem ao saudoso e inesquecível Mestre.

Introdução

Andre Passeron, em seu livro *De Gaulle parle* (p. 71), reproduz esta síntese magnífica:

> Il n'y a de France que grâce à l'État.
> La France ne peut se maintenir que par lui.
> Rien n'est capital que sa legitimité, les institutions et le fonctionnement de l'État.

Esta justa valorização feita ao Estado francês tem aplicação, também. ao Estado brasileiro.

Consequentemente, quando se trata de redefinir o papel do Estado, a Reforma Administrativa passa a ser um tema de grande relevância.

Comporta ele análises sob diversos ângulos, todos igualmente importantes.

É também cíclico: em todo início de governo, no plano federal e dos Estados, é, invariavelmente a bandeira que os governantes empunham, acenando com mudanças várias, visando ao aperfeiçoamento da máquina estatal.

Nenhuma das reformas realizadas teve pleno êxito, como nenhuma também foi um completo fracasso. Na verdade, mesmo as que ficaram abaixo das expectativas, ainda assim nelas se identificou, pelo menos, um relativo avanço. Ainda assim, o balanço final, em termos de resultados, é negativo.

Seria o caso de indagar-se a razão?

A resposta haverá de ser que não há nenhum mistério insondável a rondar as reformas administrativas empreendidas no passado.

É certo que as dificuldades existem e são conhecidas.

O que falta é vontade política para enfrentá-las e vencê-las.

1 A vivência de uma reforma administrativa – Lições

Minha experiência pessoal, na direção da Fundação Escritório Técnico de Racionalização Administrativa (ETRA), no início do Governo Rondon Pacheco, me fez compreender por que as reformas administrativas são tão marcadas pelo insucesso.

O ETRA, concebido e implantado no Governo Israel Pinheiro, tinha uma estrutura bem engenhosa: de um lado, havia um setor de *análise administrativa*, de outro, o Setor de Informática.

O setor de *análise administrativa* tinha uma composição multidisciplinar: técnicos em administração, economistas, juristas, psicólogos, entre outras categorias profissionais.

Os técnicos eram distribuídos em grupos, cada um incumbido de proceder à análise administrativa dos órgãos da Administração Direta e das entidades da Administração Indireta do Estado, que tivessem contratado o ETRA, visando à sua modernização administrativa.

Os grupos trabalhavam *in locco*, cabendo a cada um proceder ao levantamento dos dados, pertinentes à estrutura e funcionamento da unidade em reforma, fazer o diagnóstico das falhas ocorrentes, realizar os estudos aplicáveis à análise administrativa, para, finalmente, elaborar a proposta de reforma administrativa.

Esclareça-se, por oportuno, que a análise administrativa do órgão ou entidade examinados permitia ao grupo definir, com pleno conhecimento de causa, o que poderia e deveria ser informatizado, bem como aproveitar os avanços tecnológicos de instrumentos fora da informática, tudo com vistas à melhoria do nível técnico e da qualidade da atividade administrativa por eles exercida, pretendendo, por consequência, obter maiores índices de produtividade.

Ao longo de todo o trabalho, os grupos eram supervisionados por gerências especializadas incumbidas de acompanhar, uma a uma, as fases do trabalho.

O segundo setor executava todo o serviço de processamento de dados do Estado.

Exercia, ainda, a atividade de consultoria aos grupos técnicos sobre a implantação dos equipamentos adequados ao desenvolvimento de sua atividade.

Seguramente, o ETRA iria se transformar em um verdadeiro laboratório e um centro de estudos e pesquisa em Administração Pública, o que lhe asseguraria dotar-se de um cabedal de conhecimentos e experiências, o que ensejaria que a reforma administrativa se tornasse um processo e suas propostas se apoiassem em dados objetivos, concretos e verificáveis, afastando de vez o risco de opiniões pessoais, ocasionais, comprometendo, às vezes, significativos avanços já conquistados.

Esta era a expectativa que se formara em torno do ETRA e sua natural evolução.

Nada disso aconteceu!

A nova direção, que sucedeu a que estava à frente da Fundação, veio sob a inspiração de que "Só se reforma, quem quer se reformar".

A consequência não poderia ter sido outra: pouquíssimo tempo depois todo o Setor de Reforma Administrativa foi extinto, e o Setor de Processamento de Dados transformado na empresa pública PRODEMGE. Este é um exemplo típico de falta de continuidade administrativa. E como se pode ver, a dificuldade não está ínsita no procedimento de reforma administrativa, mas num fator externo a ele. Nem por isso menor é o seu poder de invalidar tudo que se construiu no plano da reforma.

O resultado foi que se perdeu todo o patrimônio de conhecimentos e experiência amealhado ao longo da existência jurídica da Fundação.

2 Outra mudança inexplicável

Não teria sido preciso voltar tanto no passado para mostrar a influência de certos fatores que, mesmo não sendo pertinentes ao mérito das propostas da reforma, invalidam, substancialmente, todo o esforço reformista.

Basta lembrar que, na reforma de 1990, no plano federal — vinte anos após o ocorrido, em Minas, como acima exposto — justo na hora de começar a execução das inúmeras proposições nela contidas o Governo Federal extinguiu o Ministério da Administração e da Reforma do Estado — órgão da Administração Direta, que havia elaborado todo o projeto da Reforma e a quem caberia a execução das medidas nela propostas.

É evidente que o desaparecimento do grande idealizador e mentor da reforma administrativa comprometeu, substancialmente, a eficácia da reforma.

Ainda hoje, várias são as disposições constitucionais oriundas da Reforma de 1990 (Emenda Constitucional nº 19, de 1998) que estão carentes de regulamentação.

Os exemplos colacionados demonstram que não há uma causa única que explique o insucesso das reformas administrativas. De fato, cada tentativa de reforma, em algum momento, sofre a influência de uma causa determinante, que vem comprometer sua eficácia.

Até agora, nos discursos que vêm sendo produzidos para introduzir as reformas verifica-se que qualquer que seja o tratamento que se dê ao tema há sempre um núcleo comum a todos eles. As diferenças normalmente ocorrem em razão da maior ou menor ênfase dada a certos aspectos do tema.

No plano das inovações, as ideias pululam aqui e ali, mas não têm tido o desenvolvimento desejável.

Como inovação se entende a ênfase que se dê a um determinado objetivo da reforma, que nas anteriores reformas não tinham despertado maior atenção dos reformadores.

É de citar-se para ilustrar o fato de que nos projetos das reformas administrativas já intentadas, pouco ou quase nada se fez em relação aos direitos dos usuários, apesar de todas terem invocado que o cidadão estaria no centro das reformas.

Do ponto de vista prático nada se fez até o momento.

Como nenhuma das reformas empreendidas no País atingiu seus amplos objetivos, parece oportuno ousar um pouco na procura de outras ideias, menos teorizadas e mais próximas de nossa realidade.

Quem sabe se ainda que formuladas de forma simples e despretensiosas talvez possam despertar a atenção de nossos reformadores.

3 O direito dos usuários – Breves considerações

a) O direito dos usuários como objetivo essencial de uma reforma administrativa

A Emenda Constitucional nº 19 de 04 de julho de 1998 previu em seu art. 27 que o Congresso Nacional dentro do prazo de cento e vinte dias da promulgação da Emenda Constitucional nº 19 elaborará *lei de defesa do usuário de serviços públicos*.

A Constituição da República dispõe sobre o usuário no art. 37, inc. XXII, §3º, nos termos que se seguem:

§3º A lei disciplinará as formas de participação dos usuários na administração pública direta e indireta, regulando especialmente:

I - as reclamações relativas à prestação dos serviços públicos em geral, asseguradas a manutenção dos serviços de atendimento ao usuário e a avaliação periódica, interna e externa, da qualidade dos serviços;

II - o acesso dos usuários a registros administrativos e a informações sobre atos de governo, observado o disposto no art. 5º, X e XXXIII. (...)

A realidade, entretanto, é outra.

Já se passaram quase quatorze anos da edição da Emenda Constitucional nº 19/98, e, até hoje, a lei regulamentadora não foi editada.

Poder-se-ia pensar que esse vazio legislativo pudesse ter influenciado os mentores das reformas administrativas, fazendo-os tão ausentes na defesa dos usuários.

Na verdade, em momento algum, a defesa do direito do usuário dos serviços públicos foi o objetivo primeiro dos reformadores, o que compromete toda a reforma administrativa que coloca o cidadão como centro de todas suas preocupações.

Válida será, pois, qualquer tentativa visando garantir ao usuário o tratamento jurídico a que faz jus.

A estratégia haverá de ser outra: a reforma se fará visando à eficiência e eficácia do aparelho administrativo do Estado, de modo a assegurar atendimento digno, correto e respeitoso a todos, propiciando-lhes melhores condições de vida.

No Direito francês examinamos o "Relatório da Comissão Estado, administração e serviços púbicos do Ano 2000", presidido por Christian Blanc, e dele extraímos, à página 66, o que adiante se transcreve:

> (...) Le partage de l'effort de connaissance doit se traduire plus encore qu'aujourd'hui par le caractère procédural de la décision publique.
>
> Les usagers de l'administration, les destinataires de son action doivent être consultés pour faire valoir, sur les objectifs des choix publics comme sur les moyens à mettre en oeuvre,leurs intérêts et leurs savoirs particuliers: l'enquête publique, par exemple, doit être conçue comme un véritable instrument de connaissance.

O saudoso Milton Campos dizia que o exercício da democracia é o meio mais seguro para aperfeiçoá-la.

Com as adaptações cabíveis, a ideia poderia se estender também ao aperfeiçoamento do direito de participação dos usuários — forma de democratização da gestão pública — afirmando-se que o almejado aperfeiçoamento se dará mediante o exercício constante desse direito.

Se se afirma que o cidadão está no centro das preocupações de todas as reformas administrativas, não se compreende que, depois, não se lhe dê o desenvolvimento que possibilite sua concreção.

Por isso é que se os próximos movimentos de reforma administrativa fizerem ascender ao patamar dos objetivos essenciais da reforma a defesa dos direitos dos usuários, com o firme compromisso de sua imediata concreção, já será um avanço considerável.

b) *Reflexões e algumas ideias que as consubstanciam*

As limitações desta contribuição não comportam longas considerações sobre vários aspectos deste difícil tema. Esta a razão por que a prioridade será dada à ideia, em vez da sua teorização.

Com efeito, o que se pretende é, pura e simplesmente, trazê-las à tona: umas pertinentes ao papel do Estado; outras ao seu aparelho administrativo.

Se tanto já se falou de Estado: Estado mínimo, Estado modesto, menos Estado; estima-se que espaço não faltará para a síntese abaixo. O Estado deve tornar-se um Estado garantidor do interesse geral. Já não basta limitar-se a editar medidas que venham atender ao interesse geral. Incumbe-lhe, ainda, zelar pela execução do que tiver editado. Essa ideia foi cogitada na França.

O Estado proposto na Emenda Constitucional n° 19/98 não deve ser excludente, em certas áreas, do papel que desempenhava no Estado Social de Direito. Educação, saúde, segurança pública a previdência social não podem ficar sujeitas às regras do mercado.

No entanto, não há mais lugar para um Estado, cem por cento, prestador de serviço público.

Hoje, mais do que nunca, tem o Estado a missão de exercer, junto aos órgãos já existentes, uma intensa e pertinaz ação de controle. De fato, as numerosas entidades públicas não estatais que foram criadas nos últimos anos, bem como as várias ONGs que mantêm convênios com o Estado, dele exigem que se aperfeiçoe, em larga escala, a atividade de controle.

É irrecusável a vocação do Estado para controlar. Mas é forçoso reconhecer que ainda lhe falta muito para alcançar níveis de eficiência elevados, para que cada vez fiquem mais distantes os atos de corrupção praticados no âmbito do Estado brasileiro.

Também deve ser aperfeiçoada a função regulatória do Estado.

É irrecusável a vocação do Estado para exercer atividade de controle.

Assumindo o Estado essas novas posturas de ação, imperiosa será a correspondente adequação do aparelho administrativo.

Conclusão

Seria um avanço atribuir a um Conselho Superior de Administração, de composição interdisciplinar, a incumbência de examinar, discutir, questionar e aperfeiçoar as propostas de reforma administrativa, elaboradas pelo órgão ou entidade com competência para tal, reservando-se lugar para a discussão com a sociedade.

Por fim, é importante enfatizar que o bom funcionamento do aparelho administrativo é de fundamental importância. Percebeu isso o Ex-Presidente da República Jânio Quadros, em passado longínquo; assumiu a Prefeitura de São Paulo, nela fincando, pela eficácia de sua gestão, as raízes que o levariam à Presidência da República.

Em tempos mais recentes, o Estado de Minas Gerais, com o vitorioso choque de gestão, concebido, elaborado e implantado no Governo anterior e aperfeiçoado no atual, conseguiu sanear as finanças de Minas o que lhe possibilitou e possibilita realizar um grande programa de obras em benefício de todos os mineiros.

A menção a este fato auspicioso demonstra também que para o êxito de uma reforma administrativa é imprescindível vontade política e continuidade administrativa.

Informação bibliográfica deste livro, conforme a NBR 6023:2002 da Associação Brasileira de Normas Técnicas (ABNT):

DUTRA, Pedro Paulo de Almeida. Reforma administrativa: reflexões. In: PIRES, Maria Coeli Simões; PINTO, Luciana Moraes Raso Sardinha (Coord.). *Paulo Neves de Carvalho*: suas lições por seus discípulos. Belo Horizonte: Fórum, 2012. p. 243-250. ISBN 978-85-7700-599-4.

CONCURSO PÚBLICO NAS CONSTITUIÇÕES BRASILEIRAS ASPECTOS RELEVANTES

SHIRLAYNE M. F. SALGADO[1]

PLÍNIO SALGADO[2]

1 Introdução

O concurso público, como procedimento em que se busca selecionar os melhores candidatos a vagas no serviço público, em cargos efetivos ou empregos, aqueles sob regime estatutário e estes sob o pálio da Consolidação das Leis do Trabalho (CLT), deve ser realizado com observância da ordem constitucional e legal, com destaque para o respeito aos princípios explícitos no art. 37, *caput*, da Constituição Federal, e os princípios implícitos, a saber, da motivação, da proporcionalidade e da razoabilidade, que têm fundamento nas mesmas normas constitucionais que asseguram a sustentação daqueles.

Na adoção do concurso público, não são poucos os casos em que o Poder Público não guarda a devida e indispensável obediência aos princípios e normas constitucionais que regem o seu procedimento. Tal descompasso ocorre tanto na elaboração do texto legislativo que

---

[1] Bacharela em Direito pela Faculdade Milton Campos.
[2] Professor da Faculdade de Direito Milton Campos. Controlador-Geral do Estado.

dispõe sobre o provimento do cargo ou emprego público, embora isto não se constitua em prática comum, mas há exemplo próprio, como no procedimento de realização do concurso, mormente na elaboração de seu ato inaugural: o edital.

Entre os muitos equívocos e desacertos verificados no concurso público, constata-se o estabelecimento de regras expressando exigências e privilégios que não se coadunam com o sistema constitucional vigente, vale dizer, o regime de legalidade, que é uma conquista política e jurídica da consciência universal, traduzida no chamado Estado Democrático de Direito.

Assim:

A previsão de requisitos concernentes à idade, ao sexo e à altura poderá ser lícita ou não, caso se respeitem ou se violem os princípios da isonomia e da razoabilidade, certo de que se impõe a verificação da presença do discrímen segundo a natureza e a complexidade do cargo ou emprego a ser exercido, ou seja, a circunstância, o fator ou o requisito indispensável para que a função de cada qual possa ser bem desempenhada, o que não se confunde com a mera conveniência e oportunidade administrativa, nem com preferências pessoais de quem quer que seja.

Não obstante a faculdade de o Poder Público realizar concurso de provas e títulos, este, porém, está condicionado a que o legislador leve em conta o conjunto técnico e complexo das funções a serem exercidas pelo servidor, de modo a atender aos princípios da razoabilidade, da eficiência e da moralidade administrativa. Caso contrário, o processo de avaliação de títulos se constituirá no qualificado vício de desvio de finalidade, a reclamar a intervenção do Poder Judiciário.

O cômputo de títulos em concurso público, de outra parte, admitindo-se uns, e afastando-se outros, sem motivação, ou que haja plausibilidade nesta medida, em relação ao cargo ou emprego, quer na elaboração do regulamento do certame, quer no preparo do documento editalício, não se sintoniza com os princípios da isonomia, impessoalidade e moralidade administrativa, que restam desatendidos, gravando o procedimento respectivo com a nódoa de inconstitucionalidade.

A pontuação diferenciada na prova de títulos entre servidores estáveis e não estáveis, como a própria contagem do tempo prévio de serviço público, ignorando-se o tempo de trabalho na área privada, que ainda se introduz em editais de alguns certames, descaracteriza, ou melhor, macula o procedimento democrático do concurso público, em sensível prejuízo àqueles que não mantêm vínculo profissional com o serviço público.

A falta de critérios objetivos em lei, regulamento ou edital para o julgamento de títulos, principalmente por possibilitar variação quanto ao número de pontos a ser atribuído, dentro de uma faixa de decisão discricionária, sem prévia justificativa ou motivação, traduz-se por risco a que se expõem os postulados mais altos que presidem a Administração Pública.

Também, a abertura de concurso público no prazo de validade do anterior tem provocado discussões no campo da doutrina e da jurisprudência, considerando-se a possibilidade de surgimento de tentativa de desvio de finalidade, em casos em que o Poder Público deixa escoar o prazo de validade do primeiro certame, desprezando sua lista de aprovados, para nomear candidatos habilitados no segundo concurso.

Editais de concurso fazem constar de seu texto, sem que haja correspondente previsão legal, matéria de veiculação obrigatória por lei formal, o que fere a independência e harmonia entre os Poderes e a separação de Poderes, além de violar o preceito constitucional que atribui competência ao Poder Executivo para regulamentar as leis por meio de decreto, como de resto afronta a norma, também inscrita na Constituição Federal, pela qual ninguém será obrigado a fazer ou deixar de fazer alguma coisa senão em virtude de lei.

Percebe-se, pois, a relevância do tema, apesar de não se pretender esgotar aqui o seu exame por sua considerável extensão, alguns de seus aspectos serão analisados à luz da Constituição Federal, da doutrina e da jurisprudência, agregando-se breves considerações sobre a origem histórica do concurso público e de outras formas de ingresso no serviço público.

2 Sistemas de ingresso no serviço público

A ideia de justiça social se confunde com a ideia de igualdade. Os indivíduos são iguais em direito, e, portanto, têm de modo igual o acesso a todas as funções ou cargos públicos, quaisquer que sejam. O exercício desse direito, que é da mais alta importância nos países democráticos, condiciona-se ao atendimento pelos interessados dos requisitos previstos em lei, dentre os quais o da capacitação intelectual, a ser exigido segundo a estrita natureza das atribuições da função, emprego ou cargo público, para isto, observando-se os princípios da razoabilidade, da moralidade e da própria igualdade. Mas, indaga-se: Qual é o mais capaz? Qual é o sistema que garante que a função, o emprego ou o cargo público será atribuído ao mais capaz?

As respostas a tais indagações propiciam a que se proceda a uma análise retrospectiva sobre o assunto, embora sem o propósito de exauri-lo em todas as suas espécies históricas, mas apenas o de dar sobre ele uma visão sumária. Com efeito, o direito antigo conheceu vários sistemas de ingresso no serviço público ou de recrutamento para o desempenho de funções ou cargos públicos, dos quais enumeram-se, como principais, o sorteio, a eleição e a nomeação.

2.1 Sorteio

O sorteio, amplamente adotado na organização administrativa de Atenas, tinha por inspiração sentimentos religiosos e o excessivo espírito de igualdade.[3] Em obra clássica, Jèze aponta as vantagens desse sistema: exprime, em casos determinados, a opinião média do público em geral ou de um público especial; garante independência no exercício da função, afastando a pressão ou o favoritismo; assegura imparcialidade na distribuição de funções mais complexas.[4] E, como desvantagens, menciona: a escolha de uma pessoa capaz e digna para a função fica sob o acaso da sorte; a evidente possibilidade de falta de coesão e homogeneidade na atuação do corpo de servidores.[5]

Em consequência de suas vantagens e de seus inconvenientes, conforme o notável jurista francês, o sorteio deve ser usado como procedimento excepcional de seleção para as funções públicas temporárias, como a de jurado em processo criminal, ou no recrutamento para o serviço militar obrigatório, ou em complemento do sistema de eleição por um colégio eleitoral, na hipótese de dois ou mais candidatos terem obtido o mesmo número de sufrágios.[6]

Apesar de inadmissível no estado moderno para o exercício de funções ou cargos públicos em geral, o sorteio, de fato, tem a sua razão de ser na composição do corpo de jurados, se adotado entre aqueles integrantes de uma lista já constituída segundo o nível de instrução e idoneidade das pessoas. Também, na escolha para o serviço militar obrigatório, o sistema permite uma seleção isenta, sem o favorecimento de dispensa preferencial por motivos de ordem pessoal. É claro que este procedimento deve ser usado no caso de os alistados compulsórios serem de número superior ao contingente necessário ao serviço. Também,

---

[3] GASCÓN Y MARÍN. *Tratado de derecho administrativo*: ..., p. 288.
[4] JÈZE. *Principios generales del derecho administrativo*, p. 22.
[5] JÈZE. *Principios generales del derecho administrativo*, p. 22.
[6] JÈZE. *Principios generales del derecho administrativo*, p. 22.

o sorteio, é apropriado no processo de formação de mesas receptoras ou apuradoras de votos em época eleitoral, ante uma relação formada por pessoas identificadas pela sua condição cívica.

É interessante o registro do caso de um vereador eleito à câmara municipal de uma cidade mineira que resolveu adotar o sorteio para prover dois cargos em comissão de assessor parlamentar lotados em seu gabinete, com vencimento mensal de R$1.850,00. Publicado o edital de oferecimento das vagas em jornal local, 1.500 candidatos preencheram os cupons de inscrição depositados em urnas, a serem abertas em praça pública. Para concorrer, o candidato deveria indicar no cupom o nome, endereço, idade e nível de escolaridade. A uma das vagas, era necessário possuir o candidato o segundo grau completo. No entendimento do vereador, o "sorteio era a maneira mais justa de dar a mesma oportunidade para todos".[7]

A Justiça, por medida liminar concedida em ação civil pública ajuizada pelo Ministério Público Estadual, suspendeu o sorteio, determinando o recolhimento das urnas a sua custódia, sob o argumento de que o critério feria os princípios da eficiência administrativa e da moralidade.[8] No caso, o sorteio esbarrava na própria natureza do cargo, ou seja, em comissão, que, na inteligência da norma constitucional,[9] tem como pressuposto de seu livre provimento a existência de vínculo de confiança pessoal entre o nomeado e o nomeante, cujo poder de escolha não exclui o dever de avaliar a capacidade intelectual do escolhido para o exercício das funções. E, assim, a combinar o fator psicológico da confiança com a boa administração, que é inerente aos princípios constitucionais da eficiência e da moralidade.

Sobre o sorteio, é de se assinalar que a Constituição brasileira de 1934 previa a adoção desse sistema na composição do Tribunal Superior de Justiça Eleitoral: um terço de seus membros era sorteado dentre os Ministros da Corte Suprema; outro terço sorteado dentre os Desembargadores da Corte de Apelação do Distrito Federal; e o terço restante nomeado pelo Presidente da República, dentre seis cidadãos de notável saber jurídico e reputação ilibada, indicados em lista organizada pela Corte Suprema (art. 82, §2º, *a*, *b*, e *c*).[10] A igualdade funcional entre os magistrados nas Cortes de origem e a temporalidade de exercício das funções eleitorais quiçá tenham levado o constituinte de

---

[7] JORNAL ESTADO DE MINAS, p. 6.
[8] JORNAL ESTADO DE MINAS, p. 6.
[9] Constituição Federal, art. 37, inc. II, *in fine*.
[10] CAMPANHOLE; CAMPANHOLE. *Constituições do Brasil*, p. 684.

1934 à fixação da norma do sorteio. A partir da Carta de 1946, o sorteio deixou de existir, substituído pelo sistema de eleição (art. 110, inc. I, *a*, *b* e *c*),[11] que a Constituição de 1988 prevê no art. 119, inc. I, *a* e *b*, entre os Ministros do Supremo Tribunal Federal e os Ministros do Superior Tribunal de Justiça.

2.2 Eleição

A eleição, difundida para o provimento de cargos públicos em geral, na sua origem, era como o fruto de uma concepção extremada de democracia. Pelo sufrágio popular, elegiam-se servidores, magistrados e até agentes do culto. Garas assinala: "Em todas as peças da engrenagem a democracia eletiva procura penetrar. É o ideal, o fim a ser atingido".[12] A natureza dos serviços administrativos, comuns ou técnicos, condena o processo, observando, com efeito, Marin, que os servidores não podem ser designados por eleição popular, pois, a sua capacidade técnica não pode resultar comprovada por tal procedimento.[13]

De fato a eleição impede a verificação da capacidade e do valor pessoal do servidor, predominando na escolha do candidato sua simpatia. Assinala Jèze que os colégios eleitorais, independentemente de sua composição, ampla ou restrita, raras vezes decidem tendo em vista o valor pessoal dos candidatos, mas comumente a decisão é tomada pela simpatia que eles transmitem.[14] E acrescenta, literalmente, manifestando o seu repúdio ao sistema: "Los medios de ganar la simpatía de un colegio electoral son, ante todo, la adulación, la lisonja, la presión, la corrupción. Trátase del favoritismo electoral. El carácter, la lealtad, la conciencia, el valor personal, son secundarios; incluso, a veces, estas cualidades son obstáculos para el éxito de los candidatos ante los electores".[15]

Se o sistema de eleição já mereceu, em tempos passados, as preferências de alguns países, pelo menos em relação a certos cargos, e, atualmente, em alguns estados dos Estados Unidos, juízes estaduais são eleitos pelo voto popular para desempenho de mandato, a reação contra ele é forte, em virtude de seus inconvenientes. No Brasil, pela

---

[11] CAMPANHOLE; CAMPANHOLE. *Constituições do Brasil*, p. 478.
[12] GARAS *apud* CAVALCANTI. *Tratado de direito administrativo*, p. 175.
[13] GASCÓN Y MARÍN. *Tratado de derecho administrativo*: ..., p. 289.
[14] JÈZE. *Principios generales del derecho administrativo*, p. 20.
[15] JÈZE. *Principios generales del derecho administrativo*, p. 20-21.

nossa cultura e realidade, só é de se admitir a eleição para os cargos ou mandatos de natureza estritamente política ou de representação popular e à composição ou presidência de órgãos colegiados, neste caso, naturalmente, em processo de escolha e votação por seus próprios membros.

O método não é idôneo à seleção dos mais capazes ao exercício de cargos técnicos ou administrativos, tendo, sobretudo, a desautorizá-lo os princípios da eficiência e da moralidade, cristalizados em norma constitucional (CF, art. 37, *caput*).

O STF, ao julgar procedente ação direta de inconstitucionalidade, declarou inquinado deste vício dispositivo da Constituição Mineira (inc. VIII do art. 196), com base em que se realizava processo eleitoral na escolha dos dirigentes das escolas públicas do Estado: diretor e vice-diretor. Entendeu o Pretório Excelso que tal norma retirava do Chefe do Executivo a prerrogativa de nomear e exonerar livremente os ocupantes desses cargos, na forma do art. 37, inc. II, *in fine*, da Constituição Federal, posto que definidos ambos como de provimento em comissão.[16] *In casu* de se notar que a rejeição à regra citada decorreu da natureza dos cargos, não se cogitando do sistema em si, em relação ao qual a própria Constituição local (inc. e art. citados) buscou resguardar os interesses do ensino e da eficiência administrativa, ao determinar que, na apuração objetiva do mérito dos candidatos, se prestigiassem a experiência profissional, a habilitação legal, a titulação, a aptidão para liderança, a capacidade de gerenciamento e a prestação de serviços no estabelecimento por dois anos, pelo menos.

Não fora o vício de inconstitucionalidade apontado, a eleição dos diretores escolares poderia constituir-se em caso à parte, pelos cuidados tomados pela própria norma combatida, como recomendável, senão justificável é a escolha por órgãos ou instituições colegiadas profissionais, como conselhos, tribunais, comissões, de seus membros ou dirigentes. Com propriedade e lucidez, Brandão Cavalcanti enfatiza que "nesses casos, não se verifica propriamente uma eleição, mas um julgamento, por órgão técnico, das qualidades e habilitações dos candidatos".[17] Se permanecesse a regra constitucional referida, à eleição seguiria o ato do Governador do Estado de provimento dos cargos pelos eleitos, que se traduziria na espécie de nomeação condicionada.

---

[16] Acórdão na ADIn nº 640, julg. 15.02.1997, pub. 11.04.1997, REVISTA TRIMESTRAL DE JURISPRUDÊNCIA, p. 469.
[17] CAVALCANTI. *Tratado de direito administrativo*, p. 176.

2.3 Nomeação

A nomeação é o ato mediante o qual se realiza o provimento do cargo público pela manifestação volitiva de uma só pessoa. Pode ser livre ou condicionada. Na primeira hipótese, a liberdade de escolha é total. Jèze indica como vantagens dessa liberdade: permite a busca de indivíduos dotados de capacidade técnica e com interesse profissional voltado para o serviço público; assegura a coesão e a harmonia no seio do pessoal incumbido de realizar um serviço; propicia a responsabilidade do nomeante, caso aja inescrupulosamente ou sem consciência no exercício de seu poder discricionário.[18] E como desvantagens, aduz a possibilidade essencialmente de: excessiva submissão do servidor à chefia do serviço; favoritismo na escolha, tornando possível a nomeação por motivos de afeto pessoal, familiar ou de amizade; partidarismo político ou de fé religiosa.[19]

Nesse sentido, Brandão Cavalcanti, em proficiente lição, assevera: "A livre nomeação tem grandes vantagens para o serviço quando sujeita à discrição de um poder honesto e bem orientado. Facilita, entretanto, o filhotismo, a formação de uma oligarquia burocrática de funestas conseqüências".[20] E acrescenta que o livre provimento "depende, primordialmente, das qualidades daquele que pratica o ato, sua isenção, seus propósitos, sua categoria, sua dedicação ao interesse público, suas qualidades pessoais de escolha e seleção".[21]

A atual Constituição brasileira prevê essa modalidade de nomeação tão somente para cargos em comissão declarados em lei de livre nomeação e exoneração (art. 37, inc. II, *in fine*) e destinados apenas às atribuições de direção, chefia e assessoramento, embora, excepcionando essa liberdade de agir da autoridade nomeante, assegure o seu provimento por servidores de carreira (e, portanto, aprovados em concurso público) "nos casos, condições e percentuais mínimos previstos em lei" (art. 37, inc. V).

Na nomeação condicionada, o provimento do cargo público subordina-se a condições variáveis. Eis suas modalidades: nomeação de servidor cujo nome é escolhido e proposto por um órgão de composição política; nomeação para a qual se escolhe o servidor em uma lista com vários nomes, organizada por um órgão colegiado; nomeação

---

[18] JÈZE. *Principios generales del derecho administrativo*, p. 20.
[19] JÈZE. *Principios generales del derecho administrativo*, p. 20.
[20] CAVALCANTI. *Tratado de direito administrativo*, p. 171.
[21] CAVALCANTI. *Tratado de direito administrativo*, p. 172.

de servidor após o encaminhamento e aprovação de seu nome por um órgão eleitoral; nomeação por aprovação em concurso público. Todos esses casos estão previstos na Constituição de 1988, como se evidencia a seguir, dentre outros exemplos.

O Presidente da República nomeia: dois terços dos Ministros do Tribunal de Contas da União, depois de escolha por votação do Congresso Nacional (CF, art. 73, §2º, inc. II, c/c o art. 84, inc. XV); um quinto dos Desembargadores dos Tribunais Regionais Federais para lugares previstos para membros do Ministério Público e advogados, após lista tríplice formada pelos Tribunais dentre os indicados em lista sêxtupla pelos órgãos de representação das respectivas classes (CF, art. 94, parágrafo único); os Ministros do Supremo Tribunal Federal, depois da aprovação de sua escolha pela maioria absoluta dos Senadores (CF, art. 84, inc. XIV, e 101, parágrafo único); os servidores efetivos, diante de sua prerrogativa de prover os cargos públicos federais (CF, art. 84, inc. XXV).

O sistema de nomeação, livre ou condicionada, de todos os métodos, é o mais apropriado ao ingresso na administração pública de pessoas mais capacitadas a assegurar o melhor funcionamento possível do serviço, embora não esteja imune a equívocos ou desacertos, como favoritismo no provimento de cargos em comissão ou na faculdade da escolha e indicação de nomes por assembleias ou órgãos políticos ao provimento de certos cargos. Também, é certo que, nessa observação, não se inclui a nomeação sob condicionamento de concurso público, por constituir o procedimento mais adequado para selecionar e aferir a capacidade intelectual de candidatos a ingresso no serviço público, fundado, basicamente, nos princípios da igualdade e da moralidade.

3 Concurso público

3.1 Breve histórico

O sistema de concurso público iniciou o seu desenvolvimento na França, ao tempo de Napoleão e, embora inspirado no sentimento de igualdade entre os indivíduos, "só se impôs depois de renhidas lutas contra seus opositores beneficiados por outros sistemas".[22] Anota Jèze que a legislação francesa orientou-se no sentido de tornar o concurso processo cada vez mais generalizado ao desempenho de funções públicas, não obstante as resistências opostas por políticos desejosos de

---

[22] CRETELLA JÚNIOR. *Dicionário de direito administrativo*, p. 144.

manter a forma de nomeação discricionária, com o objetivo de conservar sua influência no recrutamento de servidores públicos.[23]

Apesar de o concurso público ter-se tornado uma ideia vitoriosa na França e em outros países europeus, o processo foi repelido, ou, na melhor das hipóteses, acolhido timidamente pelas antigas legislações da Inglaterra e da Alemanha à invocação de falhas no sistema, "afastando, por exemplo, muitas vezes, as maiores capacidades que, por modéstia ou timidez, não pretendem arriscar a reputação de que gozam, perante comissões nem sempre unanimemente idôneas",[24] conquanto "outros processos tenham levado às cátedras nomes famosos como Kant e Ihering".[25] Ainda assim, na origem histórica, entendeu-se o concurso público como sendo o modo único de seleção que tem o grande mérito de afastar cientificamente os candidatos sem o devido preparo ou capacidade intelectual para o exercício de cargo público.

Aduz Oliveira Marinho, por mais falível que seja a seleção, ainda assim o concurso é a menos imperfeita de suas formas, constituindo em si "a aplicação do princípio de igualdade de oportunidade, abolindo o privilégio dos traficantes de influência e ampliando a área do recrutamento do funcionalismo, o que propiciará melhor seleção qualitativa e abolirá o empreguismo responsável pelas distorções existentes no quadro de funcionários públicos",[26] portanto, ficando assegurados, no mínimo, a ética e a moralidade na administração pública.

3.2 Concurso público nas Constituições brasileiras pretéritas

A Constituição Imperial nada dispôs sobre o concurso público, preceituando no art. 179, inc. XIV, que "Todo o Cidadão pode ser admitido aos Cargos Públicos Civis, Políticos, ou Militares, sem outra diferença, que não seja a dos seus talentos, e virtudes".[27] Também, silenciou a primeira Constituição Republicana, no art. 73, "Os cargos públicos civis, ou militares, são acessíveis a todos os brasileiros, observadas as condições de capacidade especial, que a lei estatuir, sendo, porém, vedadas as acumulações remuneradas".[28]

---
[23] JÈZE. *Principios generales del derecho administrativo*, p. 71.
[24] CRETELLA JÚNIOR. *Dicionário de direito administrativo*, p. 144.
[25] CRETELLA JÚNIOR. *Dicionário de direito administrativo*, p. 144.
[26] MARINHO. *Estudos sobre a Constituição de 1967*, p. 87.
[27] CAMPANHOLE; CAMPANHOLE. *Constituições do Brasil*, p. 811.
[28] CAMPANHOLE; CAMPANHOLE. *Constituições do Brasil*, p. 749.

O termo concurso sem o adjetivo público apareceu pela primeira vez na Constituição de 1934, prevendo sua adoção o art. 95, §3º, para o acesso aos cargos de membros do Ministério Público Federal, e o art. 170, §2º, "a primeira investidura nos postos de carreira das repartições administrativas, e nos demais que a lei determinar, efetuar-se-á depois de exame de sanidade e concurso de provas ou títulos".[29] A Constituição outorgada de 1937 estabeleceu o "concurso de provas ou de títulos" para a primeira investidura nos cargos de carreira (art. 156, b).[30] Limitado o concurso à carreira, os cargos isolados ficaram fora dessa exigência.

A Carta de 1946 manteve a norma do concurso para "a primeira investidura em cargo de carreira e em outros que a lei determinar", sem, contudo, indicar a modalidade de certame a ser adotada, se de provas ou se de títulos (art. 186).[31] De se notar, ainda, como particularidade em relação ao texto da Constituição anterior, a possibilidade de o concurso ser obrigatório para o provimento de cargos isolados, se assim se dispusesse em lei.

Portanto, as Constituições de 1934 e de 1937, expressamente, deram acolhida ao simples concurso de títulos, mediante o emprego da conjunção "ou". A seu turno, embora omissa a Carta de 1946, não parecia vedado o concurso de títulos apenas, embora sua adoção dependesse de previsão legal no ordenamento jurídico-administrativo de cada ente federativo. E, nesse sentido, dispunha a Lei Federal nº 1.711, de 28.10.1952 — Estatuto dos Funcionários Públicos Civis da União —, ao preceituar "o concurso será de provas ou de títulos, ou de provas e títulos, simultaneamente, na conformidade das leis e regulamentos" (art. 19).[32]

A Constituição de 1967 aboliu o concurso de títulos único, ao preceituar, no art. 95, §1º, que "a nomeação para cargo público exige aprovação prévia em concurso público de provas ou de provas e títulos".[33] Pelo novo preceito constitucional, passou-se a exigir o concurso para cargo de carreira e cargo isolado, ante o emprego da expressão "cargo público", de conteúdo genérico, e, pois, abrangendo um e outro. A Emenda Constitucional nº 1 de 1969, conquanto preservasse o instituto, regrediu, ao ressalvar do seu alcance "os casos indicados em lei", prescrevendo, textualmente: "A primeira investidura em cargo público

---

[29] CAMPANHOLE; CAMPANHOLE. *Constituições do Brasil*, p. 689, 706.
[30] CAMPANHOLE; CAMPANHOLE. *Constituições do Brasil*, p. 604.
[31] CAMPANHOLE; CAMPANHOLE. *Constituições do Brasil*, p. 498.
[32] OLIVEIRA. *Estatuto dos Funcionários Públicos Civis da União*, p. 14.
[33] CAMPANHOLE; CAMPANHOLE. *Constituições do Brasil*, p. 390.

dependerá de aprovação prévia, em concurso público de provas ou de provas e títulos, salvo os casos indicados em lei" (art. 97, §1º).[34]

É de se ressaltar que, no regime da Constituição de 1946, a lei indicaria os cargos, que não fossem de carreira, a serem providos por concurso, ao passo que no regime da Carta de 1969, a norma operava de modo contrário, isto é, a lei apontaria os cargos cujo provimento se daria sem concurso. No silêncio da lei, não haveria possibilidade de prover o cargo sem o requisito constitucional do concurso, pois, não há exceção sem lei que a estabeleça.

À época, posicionaram-se as doutrina, sem discrepância, *v.g.*, de Bandeira de Melo, "enquanto se aguarda a realização de concurso para o preenchimento de cargo vago, se a Administração necessitar indeclinavelmente de elemento humano para o exercício das funções correspondentes a ele, deverá admiti-lo precariamente, sob regime jurídico trabalhista ou sob normas especiais, sem equipará-lo ao funcionário",[35] e de Lopes Meirelles, sob o regime da CLT podem ser contratados servidores "para o exercício de funções sem cargos e até mesmo, por tempo determinado, para a execução de funções relativas a cargos vagos, enquanto não se possa legalmente provê-los".[36]

Muitas dessas admissões, realizadas principalmente pelo regime da CLT, apesar da justificativa apresentada de seu caráter temporário, até o provimento de cargos vagos mediante concurso público, ou porque realizado o certame aqueles não foram providos, ou porque não se realizou o concurso, ou por mera liberalidade administrativa, acabaram por perdurar até o advento da Carta de 05.10.1988, de que resultou a permanência definitiva no serviço público pela aquisição de estabilidade dos contratados e outros admitidos pelo regime especial (art. 106, da EC nº 1/1969), que naquela data contassem pelo menos cinco anos continuados de exercício, excetuados os titulares de cargos em comissão (ADCT, art. 19, *caput*, §2º).

3.3 Concurso público na Constituição de 1988

A Constituição de 1988, no art. 37, incs. I e II, assegura a todos os brasileiros que preencham os requisitos estabelecidos em lei, assim como aos estrangeiros, na forma da lei, à ampla acessibilidade aos cargos e empregos públicos, mediante concurso público de provas ou de provas

---

[34] CAMPANHOLE; CAMPANHOLE. *Constituições do Brasil*, p. 269.
[35] BANDEIRA DE MELLO. *Apontamentos sobre os agentes e órgãos públicos*, p. 31.
[36] MEIRELLES. *Direito administrativo brasileiro*, p. 341.

e títulos, de acordo com a natureza e a complexidade das atribuições do cargo ou emprego, ressalvadas as nomeações para cargo de provimento em comissão declarado em lei de livre nomeação e exoneração. Pelo pálio da Constituição de 1969 (art. 97, §1º, *in fine*), a aprovação em concurso público era uma das condições que a lei poderia ou não exigir para a primeira investidura em cargo público. Na Carta atual, trata-se de comando expresso, inarredável, segundo o qual o concurso público é a única via constitucional para o acesso a cargo ou emprego público de exercício permanente, excluído apenas o cargo em comissão, cujo desempenho é transitório, enquanto merecer a confiança da autoridade nomeante.

Destarte, nos termos constitucionais, o concurso público antecede necessariamente o provimento do cargo efetivo, cujo regime é de natureza estatutária, como, também, é requisito para admissão em emprego público, em que a relação profissional entre o empregado e a administração pública é de natureza contratual, submissa ao regime da Consolidação das Leis do Trabalho. Excluem do concurso público o cargo em comissão, assim como a contratação por tempo determinado para atender a necessidade temporária de excepcional interesse público, na forma da lei, de competência de cada um dos entes federativos (CF, art. 37, inc. IX).

O prazo de validade do concurso público será de até dois anos, prorrogável uma vez, por igual período (CF, art. 37, inc. III). Vale dizer, o prazo poderá ser menor, porém, não maior do que dois anos, cabendo ao edital fixá-lo, a ser contado a partir da homologação do resultado. Se o edital fixa prazo igual ou menor que dois anos, o de sua prorrogação deverá ser o mesmo. Por exemplo, caso o edital tenha optado por um período menor do que o máximo constitucionalmente permitido, ou seja, de um ano, a prorrogação única possível será por igual período: um ano.

A prorrogação do prazo de validade do concurso público é uma faculdade e não um dever. Sobre esse aspecto, enfatiza Bandeira de Mello, com a propriedade que lhe é peculiar: "(...) se a Constituição conferiu liberdade para fixação de prazo original do concurso (dentro do limite de dois anos), seria um contra-senso que lhe impusesse prorrogação. É claro que se houvesse pretendido estabelecer um prazo taxativo tê-lo-ia feito, caso em que seria desnecessário falar em prorrogação. Donde, a decisão sobre isto ficará a critério da Administração, se a lei da pessoa pertinente não resolver de outro modo".[37]

---

[37] BANDEIRA DE MELLO. *Regime constitucional dos servidores da administração direta e indireta*, p. 52-53.

No art. 37, inc. IV, a Lei Maior estabelece que "durante o prazo improrrogável previsto no edital de convocação, aquele aprovado em concurso público de provas ou de provas e títulos será convocado com prioridade sobre novos concursados para assumir cargo ou emprego, na carreira". Trata-se de direito constitucional subjetivo dos aprovados em concurso anterior, os quais, dentro do prazo de validade originalmente estabelecido no edital, incluída a prorrogação, se devidamente prevista, têm prioridade à convocação sobre novos concursados para o mesmo cargo.

Em comentário esclarecedor acerca do prazo relativo ao direito de precedência na nomeação ou convocação para assumir cargo ou emprego, quando sobrevirem concursados de um novo certame realizado na vigência do anterior, Carvalho Filho observa: "A expressão *prazo improrrogável* constante do texto deve ser interpretada como o prazo dentro do qual tem validade o concurso. Aplica-se, pois, o direito de precedência na convocação tanto no prazo de validade fixado para o concurso, sem prorrogação, como no prazo de prorrogação, se tal fato ocorrer. Ambos são *improrrogáveis* e, desse modo, incide o direito de precedência".[38]

Embora possa parecer ilógico abrir-se novo concurso para cargo ou emprego, enquanto válido o certame anterior com candidatos aprovados, o fato é que tal medida não é vedada pela Constituição Federal, mas por ela admitida, ao dispor sobre o direito de precedência na convocação. Nada obstante, a Carta Política não impede que o ordenamento infraconstitucional vede a abertura de novo concurso durante o período ainda válido do anterior. Nesse rumo, a Lei Federal nº 8.112, de 11.12.1990, preceitua que "não se abrirá novo concurso enquanto houver candidato aprovado em concurso anterior com prazo de validade não expirado" (art. 12, §2º). Ao dispor assim, o legislador federal revelou bom senso no tratamento da matéria, evitando que abuso de poder possa eventualmente vir a ocorrer.

Outro aspecto a merecer destaque diz respeito à participação de deficientes em concursos públicos. Na dicção do art. 37, inc. VIII, "a lei reservará percentual dos cargos e empregos públicos para as pessoas portadoras de deficiência e definirá os critérios de sua admissão". Logo, a Constituição não dispensa os deficientes da submissão a concursos públicos, mas apenas garante-lhes a reserva de um percentual de cargos vagos, em que o seu exercício seja compatível com a deficiência.

---

[38] CARVALHO FILHO. *Manual e direito administrativo*, p. 584.

Em sintonia com a lei reguladora, o edital definirá, como cláusula essencial, a sistemática de reserva de vagas, na qual se estabelecerá que os deficientes concorrerão entre si para o provimento das vagas que lhes forem reservadas, somente sendo aprovados caso alcancem o número mínimo de pontos exigido para a aprovação dos candidatos em geral.

Não havendo deficientes inscritos, ou se houver, e sua aprovação for inferior ao número de vagas reservadas, as remanescentes serão destinadas à ocupação dos concorrentes comuns.

Ao concurso público ainda se relaciona a norma do art. 39, §3º, *in fine* "(...) podendo a lei estabelecer requisitos diferenciados de admissão quando a natureza do cargo o exigir", que, portanto, ressalvou a regra inscrita no art. 7º, inc. XXX, proibitiva da adoção de critério de admissão, seja no setor privado, seja na área pública, "por motivo de sexo, idade, cor ou estado civil". Se admissível o estabelecimento de condições diferenciadas para o provimento de cargo ou ocupação de emprego, segundo a natureza de suas funções, em razão do sexo ou da idade, de outra parte, nenhuma hipotética diferença se justificaria em relação à cor ou ao estado civil, que em nada interferem no desempenho profissional ou funcional.

Apesar de o concurso público, na sua efetiva adoção, constituir objeto de disciplina clara na Constituição Federal, por vezes surgem questionamentos em face dos princípios constitucionais da isonomia, impessoalidade — este ligado umbilicalmente àquele —, moralidade e razoabilidade, que o fundamentam, ensejando o exame seguinte de alguns de seus relevantes aspectos.

4 Concurso público de provas e títulos

O concurso de provas e títulos é uma das modalidades dispostas na Constituição Federal, de acordo com a natureza e complexidade do cargo ou emprego, na forma prevista em lei. A Constituição cuidou de estabelecer expressamente sua adoção para o ingresso na carreira da magistratura, no cargo de juiz substituto (art. 93, inc. I), e do Ministério Público (art. 129, §3º), em ambos os concursos, exigindo-se do bacharel em direito, no mínimo, três anos de atividade jurídica. Também, para o magistério, nas redes públicas, o concurso de entrada dos respectivos profissionais há de ser público e exclusivamente de provas e títulos (art. 206, inc. V). Para outras áreas, todavia, é preciso indicar os cargos e empregos públicos a serem submetidos a esse tipo de concurso, isto é, mediante lei, de natureza local, ou seja, editada por cada um dos entes federativos, no exercício de sua autonomia para organizar o seu próprio quadro de servidores, inclusive dispondo sobre as condições ao provimento ou admissão.

O concurso de provas e títulos dependerá das atribuições do cargo ou emprego, ou, para ser fiel ao texto constitucional, levar-se-á em consideração, essencialmente, a natureza ou complexidade das funções. Para tanto, o legislador deve-se conduzir criteriosamente, vale dizer, com prudência, sensatez jurídica e disposição de acatamento à finalidade da norma constitucional atributiva da discrição manejada, fixando-se nos casos em que o exercício das atribuições exija aplicação de conhecimentos especializados, de caráter técnico ou científico, a que possam contribuir os títulos. Enfim, deve o legislador pautar-se pela razoabilidade, princípio que se fundamenta "nos mesmos preceitos que arrimam constitucionalmente os princípios da legalidade (arts. 5º, II, 37 e 84) e da finalidade (os mesmos e mais o art. 5º, LXIX, nos termos já apontados)".[39]

Assim, *v.g.*, se justificável o concurso de provas e títulos para o cargo de procurador do município, de nível superior, exigindo-se ao desempenho de suas atribuições formação e conhecimentos especializados na área do direito, inaceitável esse tipo de certame para o cargo de auxiliar administrativo, em que as funções se definissem em redigir ofícios, anotar registros funcionais, cuidar da correspondência oficial e de outras tarefas similares, a cujo desempenho em nada contribuiriam títulos, de que categoria fossem. Nesse caso, além de a modalidade de certame não ser razoável, sua adoção esbarraria no princípio da impessoalidade, ao privilegiar as pessoas portadoras de títulos, em detrimento dos demais concorrentes.

O concurso de títulos, agregado ao de provas, tem caráter meramente classificatório, embora podendo influir de maneira decisiva no resultado final, objetiva o exame de elementos constituídos, os quais, na lição de Prates da Fonseca, que permanece atual, podem apresentar-se sob a forma de certificados ou títulos materiais ou consistentes em trabalhos publicados de natureza técnica ou científica, tendentes a demonstrar a capacidade do candidato na matéria pertinente às atribuições do cargo sob concurso.[40] É na fixação de títulos, não raras vezes, que ocorrem vícios de inconstitucionalidade e ilegalidade, a invalidar todo o certame ou atos do procedimento, como apresentados a seguir.

---

[39] BANDEIRA DE MELLO. *Curso de direito administrativo*, p. 100.
[40] FONSECA. *Lições de direito administrativo*, p. 162.

4.1 Título pelo tempo de serviço público

Não foram poucos os casos de editais de concurso público que, reconhecendo o tempo de serviço público ou de experiência anterior adquirida no exercício de funções, empregos ou cargos públicos como título, atribuindo-lhe pontuação, mereceram — como merecem — o repúdio da doutrina e da jurisprudência. Lopes Meirelles assinala que "desde que o concurso visa a selecionar os candidatos mais capazes, é inadmissível e tem sido julgada inconstitucional a concessão inicial de vantagens ou privilégios a determinadas pessoas ou categorias de servidores, porque isto cria desigualdade entre os concorrentes".[41]

A passo igual, em sintonia com o princípio constitucional da igualdade, Bandeira de Mello, ao prelecionar, "se o concurso é público não pode ser restringido aos que já são titulares de algum cargo, contratados ou por qualquer modo vinculados ao serviço público", acrescentando, "segue daí que também não pode ser atribuída, a quem já disponha de uma destas qualificações, posição privilegiada em relação aos demais, outorgando-se-lhes, à conta de títulos computáveis na classificação, uma soma de pontos que lhes permita disputar com vantagem o acesso aos cargos postos em certame".[42]

Só se condescenderia com a flexibilização desse entendimento no caso de a experiência obtida no exercício de funções públicas ser um indicativo válido para o desempenho do cargo sob disputa, mas, como lembra corretamente Bandeira de Mello, "em tal hipótese, seria obrigatório também computar, como título demonstrativo de experiência, atividades correspondentes exercidas no setor privado pelos demais afluentes ao concurso".[43] Embora difícil a constatação de similitude de funções em atividades das áreas pública e privada, só com a semelhança o concurso estaria isento de mácula constitucional, guardando conformidade com o princípio da isonomia.

A única exceção admitida, isto é, de contagem do tempo de serviço público como título, reside no art. 19, §1º, do ADCT da Constituição de 1988, pelo qual se estabelece que o tempo de serviço dos servidores beneficiados pela estabilidade extraordinária, prevista no *caput* do artigo, "será contado como título quando se submeterem a concurso para

---

[41] MEIRELLES. *Direito administrativo brasileiro*, p. 410.
[42] BANDEIRA DE MELLO. *Regime constitucional dos servidores da administração direta e indireta*, p. 46.
[43] BANDEIRA DE MELLO. *Regime constitucional dos servidores da administração direta e indireta*, p. 46.

fins de efetivação". A finalidade dessa norma excepcional foi facilitar a regularização nos quadros do serviço público dos servidores que ingressaram neles sem o requisito do concurso público, e que possuíam pelo menos cinco anos continuados de atividade funcional na data da promulgação da Carta.

A Lei Mineira nº 12.919, de 29.6.1998 — que dispõe sobre os concursos de ingresso e de remoção nos serviços notariais e de registro —, no art. 17, inc. I, preceitua como título a contagem do tempo de serviço prestado nessas serventias pelo titular, interino, substituto ou escrevente, norma que nos parece inquinada de inconstitucionalidade, por instituir um privilégio em proveito de certos concorrentes, ferindo, inconcebivelmente, o princípio da isonomia. Afinal o legislador e o administrador estão impedidos de criar requisitos objetivos ou subjetivos de exclusivo caráter discriminatório. Mais odioso se torna o lembrado preceito legal, caso se considere o sistema anterior, que, semelhantemente ao regime feudal, previa a livre delegação dos serviços notariais e de registro a particulares.

O STF decidiu à unanimidade na Ação Direta de Inconstitucionalidade nº 3.522-3/RS pela ofensa aos princípios da igualdade e da razoabilidade, ao considerar inconstitucionais dispositivos da Lei Estadual do Rio Grande do Sul de regulação do ingresso e da remoção nos serviços notariais e de registro, que previam como título o exercício anterior de funções cartorárias, ao fundamento de reserva de mercado injustificada.[44]

4.2 Requisitos de idade e sexo

A Constituição Federal, no art. 7º, inc. XXX, veda diferença de critério de admissão em emprego por motivo de idade e sexo. Essa norma, por força do art. 39, §2º, na sua redação original, aplicava-se aos pretendentes de cargos e empregos públicos. A rigor, essa disposição determinativa nem era necessária, de vez que aquele preceito é corolário, na esfera das relações de trabalho, do princípio fundamental da

---

[44] Ementa do acórdão: (...) "CONCURSO PÚBLICO – PONTUAÇÃO – EXERCÍCIO PROFISSIONAL NO SETOR ENVOLVIDO NO CERTAME – IMPROPRIEDADE. Surge a conflitar com a igualdade almejada pelo concurso público o empréstimo de pontos a desempenho profissional anterior em atividade relacionada com o concurso público. CONCURSO PÚBLICO – CRITÉRIOS DE DESEMPATE – ATUAÇÃO ANTERIOR NA ATIVIDADE – AUSÊNCIA DE RAZOABILIDADE. Mostra-se conflitante com o princípio da razoabilidade eleger como critério de desempate tempo anterior na titularidade do serviço para o qual se realiza o concurso público". Rel. Min. Marco Aurélio. Julg. 24.11.2005 – DJ, 12 maio 2006.

isonomia (CF, art. 5º, *caput*), portando, estendendo-se a todo o sistema de pessoal do serviço público. Não obstante, tinha-se como ponderável a ressalva das hipóteses em que a limitação de idade ou a restrição a sexo pudessem legitimar-se como imposição da natureza e das atribuições do cargo ou emprego a preencher.

Ao limite de idade, diz Bandeira de Mello, "haverá hipóteses nas quais do fator idade pode resultar uma específica incompatibilidade com algum determinado cargo ou emprego, cujo satisfatório desempenho demande grande esforço físico ou acarrete desgaste excessivo, inadequados ou impossíveis a partir de certa fase da vida", acrescentando, "não se tratará, pois, de uma pretendida limitação indiscriminada e inespecífica — inadmitida pelo Texto Constitucional — mas, pelo contrário, da inadaptação física, para o satisfatório desempenho de certas funções como conseqüência natural da idade".[45]

Esse comentário se comporta em relação a critérios de limitação da acessibilidade estabelecidos em função do sexo, asseverando o renomado mestre, "casos haverá em que o requisito em causa pode justificar-se ante a especificidade das funções, inexistindo incompatibilidade com o regramento constitucional, por não se ferir o bem jurídico que nele se busca preservar", exemplificando, com "a exigência do requisito sexo feminino para quem pretenda concorrer ao cargo de 'polícia feminina'".[46]

Não difere a lição do professor Dallari, segundo a qual "o estabelecimento de condições referentes à altura, à idade, bem como ao sexo, poderão ser lícitos ou não, caso respeitem ou violem o princípio da isonomia, isto é, caso sejam ou não pertinentes, o que se verificará em cada caso concreto", esclarecendo que "condição pertinente será somente aquela ditada pela natureza da função a ser exercida, ou seja, circunstância, fator ou requisito indispensável para que a função possa ser bem exercida, o que não se confunde com a mera conveniência da administração, nem com preferências pessoais de quem quer que seja".[47]

O STF, em acórdão prolatado no RE nº 157.863-7/DF, enfatizou que "salvo nos casos em que a limitação de idade possa ser justificada pela natureza das atribuições do cargo a ser preenchido, não pode a lei, em face do disposto nos arts. 7º, XXX, e 39, §2º, da Constituição Federal,

---

[45] BANDEIRA DE MELLO. *Regime constitucional dos servidores da administração direta e indireta*, p. 51.
[46] BANDEIRA DE MELLO. *Regime constitucional dos servidores da administração direta e indireta*, p. 52.
[47] DALLARI. *Regime constitucional dos servidores públicos*, p. 32.

impor limite de idade para a inscrição em concurso público, no caso a lei em causa (...) dispensa do limite de idade nela previsto os candidatos que já sejam servidores públicos, o que demonstra, à evidência, que a limitação da idade não é devida à natureza das atribuições dos cargos a cujo preenchimento se destina o concurso".[48] A Corte Suprema prolatou outras decisões no mesmo sentido, expressas no enunciado da Súmula nº 683 "O limite de idade para a inscrição em concurso público só se legitima em face do art. 7º, XXX, da Constituição, quando possa ser justificado pela natureza das atribuições do cargo a ser preenchido".

A construção doutrinária e jurisprudencial foi incorporada à Constituição Federal, ao dispor o art. 39, §3º, objeto de introdução pela Emenda nº 19, de 4.6.1998, que os critérios de discriminação são vedados ao se reportar ao art. 7º, inc. XXX, todavia, "podendo a lei estabelecer requisitos diferenciados de admissão quando a natureza do cargo o exigir". Embora o dispositivo constitucional se refira somente a "cargo", é claro que a norma também se aplica a emprego, sendo irrelevante a omissão. Por conseguinte, duas são as condições para o estabelecimento de critérios diferenciados: a) a natureza das atribuições do cargo ou emprego a oferecer restrições a certo limite de idade ou a sexo; b) lei dispondo de maneira específica sobre o assunto, de iniciativa do Poder Executivo.

Inadmissível, agora, em face da preceituação constitucional, o retorno à prática legislativa anterior, em que se estabelecia um limite de idade para o acesso a cargos públicos (v.g., de policial), excluindo dele o ocupante de cargo ou função pública. Tratava-se de uma discriminação arbitrária, na medida em que, dispensando-se qualquer servidor público do limite de idade, ficava claro que não eram as atribuições do cargo que exigiam o limite. Diploma legal acaso assim dispondo, a par de ofender os princípios constitucionais da isonomia e da impessoalidade, nitidamente, se reveste da figura do desvio de finalidade, ao privilegiar os que já detêm a condição de servidores públicos.

4.3 Reserva de vagas a pessoas portadoras de deficiência

A Constituição Federal dispensa tratamento próprio ao portador de deficiência, na medida em que no art. 37, inc. VIII, determina que "a lei reservará percentual dos cargos e empregos públicos para as pessoas portadoras de deficiência e definirá os critérios de sua admissão".

---

[48] STF, 1ª Turma, Rel. Min. Moreira Alves, Julg. 31.0198.93. REVISTA DE DIREITO ADMINISTRATIVO, 1994, p. 65.

A Carta não autoriza o ingresso direto dos portadores de deficiência, que, junto com os outros candidatos, deverão submeter-se ao concurso previsto, ficando reservada a eles, no certame, um percentual de vagas, compatível à deficiência física ou mental com o exercício do cargo ou emprego. O preceito constitucional não desatende ao princípio da isonomia, posto que este não apenas prevê o tratamento equivalente aos semelhantes, mas exige que sejam tratados desigualmente os desiguais, em função de suas desigualdades.

Questão importante que diz respeito à reserva de vagas para o deficiente se traduz na seguinte indagação: a matéria será disposta em lei federal de alcance nacional ou em lei editada por cada um dos entes federativos?

A Carta Magna, no art. 24, inc. XIV, e §1º, declara competir à União legislar sobre as normas gerais de "proteção e integração social das pessoas portadoras de deficiência". E, no exercício dessa competência, a União editou a Lei nº 7.853, de 24.10.1989, disciplinando a política nacional de apoio às pessoas portadoras de deficiência e sua integração social, e, portanto, estatuindo as normas gerais pertinentes, que são cogentes para a Administração Direta e Indireta de qualquer dos Poderes dos entes federativos como para as pessoas da esfera privada.

De teor abrangente no que tange ao assunto disposto, em que determina a "adoção de legislação específica que discipline a reserva de mercado de trabalho, em favor das pessoas portadoras de deficiência, nas instituições da Administração Pública e do setor privado" (art. 2º, parágrafo único, inc. III, d), a lei se fez objeto de regulamentação dez anos após sua promulgação, quando o Poder Executivo Federal editou o Decreto nº 3.298, de 20.12.1999, sob a ementa, "Regulamenta a Lei Federal nº 7.853, de 24.10.1989, dispõe sobre a Política Nacional para a integração da Pessoa Portadora de Deficiência, consolida as normas de proteção, e dá outras providências".

O Regulamento dispõe: "Art. 37 - Fica assegurado à pessoa portadora de deficiência o direito de se inscrever em concurso público em igualdade de condições com os demais candidatos para provimento de cargo cujas atribuições sejam compatíveis com a deficiência de que é portador. §1º O candidato portador de deficiência, em razão da necessária igualdade de condições, concorrerá a todas as vagas, sendo reservado no mínimo o percentual de cinco por cento em face da classificação obtida. §2º Caso a aplicação do percentual de que trata o parágrafo anterior resulte em número fracionado, este deverá ser elevado até o primeiro número inteiro subsequente".

Essas normas expressam diretrizes e princípios da Lei Federal nº 7.783, de 24.10.1989, e, portanto, de caráter geral, são destinadas a todos os entes públicos e não apenas de incidência restrita à Administração Federal. Ao regulamento é lícito desenvolver as normas legais, se implícitas no seu contexto, ou se virtualmente nele constantes, acrescendo-se o fato de que o poder regulamentar conferido constitucionalmente ao Chefe do Executivo é um direito e, ao mesmo tempo, um dever (CF, art. 84, inc. IV).

Se há leis que independem de regulamento para serem executadas, outras leis não prescindem de regulamentação para tornar possível a sua execução, de modo a desenvolver-lhes os princípios e estabelecer os pormenores de sua disciplina. Em clássica lição, enfatiza Silva Velloso: "Os regulamentos, na precisa definição de Oswaldo Aranha Bandeira de Mello, 'são regras jurídicas gerais, abstratas, impessoais, em desenvolvimento da lei, referentes à organização e ação do Estado, enquanto poder público'. Editados pelo Poder Executivo, visam a tornar efetivo o cumprimento da lei, propiciando facilidades para que a lei seja fielmente executada. É que as leis 'devem, segundo a melhor técnica, ser redigidas em termos gerais, não só para abranger a totalidade das relações que nelas incidem, senão, também, para poderem ser aplicadas, com flexibilidade correspondente às mutações de fato das quais estas mesmas relações resultam'. Por isso, as leis não devem descer a detalhes, mas, conforme acima ficou expresso, conter, apenas, regras gerais. Os regulamentos, estes sim, é que serão detalhistas. Bem por isso, leciona Esmein, 'são eles prescrições práticas que têm por fim preparar a execução das leis, completando-as em seus detalhes, sem lhes alterar, todavia, nem o texto, nem o espírito'".[49]

Pronunciou-se o Pretório Excelso: "STF – 'Decretos existem para assegurar a fiel execução das leis' (STF – Pleno – Adin nº 1.435-8/DF – Medida Liminar – Rel. Min. Francisco Rezek, Diário da Justiça, Seção I, 06 ago. 1999, p. 5). (...) 'A função do regulamento não é reproduzir, copiando-os literalmente, os termos da lei. Seria um ato inútil, se assim fosse entendido. Deve, ao contrário, evidenciar e tornar explícito tudo aquilo que a lei encerra. Assim, se uma faculdade, ou atribuição, está implícita no texto legal, o regulamento não exorbitará se lhe der forma articulada e explícita' (Ministro Carlos Medeiros Silva, RDA 33/457). (...) STF – 'Os regulamentos têm por fim tornar possível a execução ou aplicação da lei, preenchendo lacunas de ordem prática ou técnica

---

[49] VELLOSO. *Temas de direito público*, p. 421.

legítimas as regras destinadas à consecução dos objetivos visados pelo legislador. Essa é uma exigência conatural à atividade administrativa e corresponde à dinâmica do Direito' (Miguel Reale, citado no Acórdão do STF, RTJ 158/59)".[50]

O Decreto Federal nº 3.298, de 20.12.1999, ao determinar que se reserve um mínimo de cinco por cento das vagas em concurso público a deficientes e, bem assim, determinando o arredondamento para o primeiro número inteiro subsequente no caso de o percentual aplicado resultar em número fracionado, nada importando que a fração seja inferior a meio (art. 37, §§1º e 2º), desenvolve as diretrizes e os princípios da Lei Federal nº 7.783, de 24.10.1989, estabelecendo o seu efetivo cumprimento quanto à "reserva de mercado de trabalho" para os deficientes, como aclara a regra do art. 37, inc. VIII, da Constituição Federal, cujo espírito é no sentido de se reservar uma vaga nos certames pelo menos para esses cidadãos.[51]

Portanto, tais normas regulamentares se nos afiguram de amplitude geral, e, assim, impondo-se a sua observância por todas as pessoas políticas e administrativas, de modo a assegurar ao deficiente no plano nacional os direitos mínimos de acesso aos cargos e empregos públicos, em sintonia com as diretrizes e princípios da Lei Federal nº 7.783, de 24.10.1989, e de modo a não frustrar a eficácia da norma contida no art. 37, inc. VIII, da Constituição Federal. Embora, os estados e municípios possam legislar sobre a admissão de pessoal aos seus quadros funcionais, em que se inclui o deficiente, com base na autonomia político-administrativa de cada um deles, as regras especificamente focalizadas pelo seu caráter geral lhes são de obediência obrigatória.

4.4 Direito à nomeação ou expectativa de direito

O candidato aprovado em concurso público, durante o prazo de validade do certame, tem direito subjetivo à nomeação, ou há em seu favor mera expectativa de direito? A questão não é de resposta simples, com significativas divergências no campo doutrinário e jurisprudencial.

Prates da Fonseca, nos primórdios da década de 40, já observava que no período de validade do concurso o candidato tem o direito de

---

[50] MORAES. *Constituição do Brasil e legislação constitucional*, p. 1235.
[51] Essa orientação legal e constitucional foi agasalhada pelo STF, no RE nº 227.299-1/MG, Rel. Min. Ilmar Galvão, como garantia de não frustrar o comando da norma inscrita no art. 37, inc. VIII, da CF, *DJ*, 06 out. 2000. Também, no mesmo sentido, o STJ no RE em MS nº 18.669/RJ, voto do Min. Gilson Dipp, condutor do acórdão, 07.10.2004.

preferência em relação a candidatos de classificação inferior, e não o direito à nomeação.[52] Nos anos e décadas subsequentes, a doutrina pautou-se por esse entendimento, com destaque para a lição de Lopes Meirelles, ao afirmar que "vencido o concurso, o primeiro colocado adquire direito subjetivo à nomeação com preferência sobre qualquer outro, desde que a Administração se disponha a prover o cargo ou o emprego público, mas a conveniência e oportunidade do provimento ficam à inteira discrição do Poder Público".[53]

Pari passu, a jurisprudência se orientou no sentido da expectativa de direito do candidato, conforme disposto em vários acórdãos do STF, v.g.: "A aprovação em concurso gera para o candidato uma expectativa de direito à nomeação que fica sempre dependente do critério da administração no que concerne à oportunidade e conveniência".[54] O entendimento firmado se contém implicitamente na Súmula nº 15 da Suprema Corte, ao consignar que "dentro do prazo de validade do concurso, o candidato aprovado tem direito à nomeação, quando o cargo for preenchido sem observância da classificação". Na mesma linha se posicionou o STJ: "A aprovação e classificação em concurso público confere ao candidato apenas expectativa de direito à nomeação".[55]

Nada obstante, o notável Bandeira de Mello, há mais de vinte anos, reconheceu o direito à nomeação do candidato aprovado, ante a existência de fatos ou circunstâncias pelos quais a Administração revela o seu interesse em prover o cargo. Além da hipótese de preterição do candidato melhor classificado, caso em que o Poder Público, nomeando o de classificação inferior, demonstra o seu real propósito de prover um dado cargo, e assim reconhecendo àquele o direito à nomeação, o mestre enfatiza que: "a admissão de pessoal a qualquer outro título, ou a designação de outros funcionários, em desvio de função, para exercerem as correspondentes aos cargos postos em concurso, são outros tantos fatos demonstradores, e de modo inequívoco, que o Poder Público considerou necessário o preenchimento daqueles cargos e, por isso mesmo, já definiu o momento de provimento deles, ainda que se queira furtar a tal obrigação. Sempre que isto suceda, há direito dos aprovados em concurso à obtenção de suas nomeações".[56]

---

[52] FONSECA. Lições de direito administrativo, p. 164.
[53] MEIRELLES. Direito administrativo brasileiro, p. 411.
[54] STF, acórdão em RE nº 68.362/SP, 18.09.1970, Rel. Min. Thompson Flores. Revista de Direito Administrativo, 1971, p. 169.
[55] STJ, acórdão em RMS nº 1.174-0/SP, 2ª Turma, Rel. Min. José de Jesus Filho.
[56] BANDEIRA DE MELLO, Celso Antônio. Regime constitucional dos servidores da administração direta e indireta. São Paulo: Revista dos Tribunais, 1990. p. 58.

Essa sólida e judiciosa argumentação inegavelmente vem inspirando a modificação que se processa tanto na doutrina como na jurisprudência no sentido de se reconhecer o direito à nomeação do candidato aprovado e classificado em concurso público diante de situações ou atos praticados pela Administração que revelam a sua necessidade de prover o cargo, embora não o faça, optando por contratar temporariamente terceiros ou mesmo o concursado para o desempenho de funções de natureza idêntica ou similar às atribuições daquele. O STJ e o STF têm proferido decisões nesse sentido.[57]

O professor Bacellar Filho é peremptório: "(...) definido o certame, a omissão de autoridade em prover cargos vagos não ofende só ao princípio da legalidade, eis que não efetiva nomeações quando está obrigada a fazê-lo, mas também ao da eficiência quando não cumpre eficientemente o papel lhe imposto pela ordem jurídica. Outros princípios implícitos também são agredidos; (i) o da lealdade (a Administração não está sendo leal com os candidatos); (ii) o da boa-fé (pagando os emolumentos, inscreveram-se no concurso, venceram suas etapas, desvincularam-se de compromissos e obrigações, ficando alguns em precária situação por acreditarem na Administração); (iii) o da segurança das relações jurídicas (a omissão da Administração Pública traz descrédito para o princípio da segurança nas relações jurídicas na medida em que, desacreditando os concursos públicos, traz insegurança e incerteza, caracterizando uma Administração de surpresas); (iv) e o da razoabilidade (objeto conducente do concurso é o preenchimento das vagas existentes)".[58]

De fato, em face da ordem constitucional, não há mais possibilidade de protelações ou prorrogações injustificadas do prazo de validade do concurso público. Conforme os termos do art. 169, §1º, incs. I e II, da Constituição Federal, a admissão ou contratação de pessoal, a qualquer título, pelos órgãos e entidades da administração direta ou indireta,

---

[57] STJ no ROMS nº 16.632/MS – ADMINISTRATIVO. RECURSO ORDINÁRIO. CONCURSO PÚBLICO. NOMEAÇÃO. DIREITO LÍQUIDO E CERTO. VAGA. EXISTÊNCIA. CONTRATAÇÃO TEMPORÁRIA. NECESSIDADE DO SERVIÇO. Comprovada a existência de vaga e demonstrada a necessidade de pessoal, em razão da contratação temporária para exercício da função de professor do ensino fundamental, exsurge o direito líquido e certo da impetrante à nomeação no cargo para o qual fora aprovada em concurso público de provas e títulos. Rel. Min. Felix Fischer, Julg. 5.8.2004, *DJ*, 30 ago. 2004.
STF, acórdão em RE nº 192.568-0/PI – (...) CONCURSO PÚBLICO – VAGAS – NOMEAÇÃO. O princípio da razoabilidade é conducente a presumir-se, como objeto do concurso, o preenchimento das vagas existentes. Exsurge configurador de desvio de poder, ato da Administração Pública que implique nomeação parcial de candidatos. (...) 2ª Turma, Rel. Min. Marco Aurélio, Julg. 23.04.1996, *DJ*, 13 set. 1996.
[58] BACELLAR FILHO. *In*: MOTTA. (Coord.). *Concurso público e Constituição*, p. 76.

inclusive fundações instituídas e mantidas pelo poder público, só poderão ser feitas: se houver prévia dotação orçamentária suficiente para atender às projeções de despesa de pessoal e aos acréscimos dela decorrentes, e caso haja autorização específica na lei de diretrizes orçamentárias, ressalvadas as empresas públicas e as sociedades de economia mista. De outra parte, a Lei de Responsabilidade Fiscal — Lei Complementar nº 101, de 04.05.2000 —, não apenas prevê o planejamento administrativo e financeiro como fixa o limite de gastos com o pessoal.

Assim, a abertura de um concurso público é precedida de amplo estudo interno, visando estabelecer as necessidades de pessoal, existência de disponibilidades orçamentárias e impacto de novas despesas nos exercícios financeiros, atual e subsequentes. Enfim, realiza-se todo um planejamento, em que se apura a despesa e fica demonstrada a possibilidade material e orçamentária de abrir o concurso e prover as vagas que são oferecidas, de maneira que, em face das disposições constitucionais e legais, é de se concluir que não há mais improvisação na condução das coisas e interesses da Administração.

Portanto, obedecido o planejamento administrativo e financeiro, não há motivo para que não se nomeie logo os aprovados, resolvidos eventuais incidentes recursais. Tal providência não só inspira respeito e confiança nos propósitos que animam a gestão administrativa, como prestigia o princípio da boa-fé. Por isso o prazo de validade do concurso, em interpretação sistemática da Constituição Federal (arts. 37, *caput*, inc. III, e 169, §1º, incs. I e II), deve ser estabelecido por tempo razoável, o suficiente, a que a Administração processe com segurança o provimento das vagas oferecidas no concurso, admitida, excepcionalmente, a prorrogação do prazo, mediante motivação do ato, e assim procedendo transparece o exercício de seu poder-dever legal e moral.

Referências

BACELLAR FILHO, Romeu Felipe. *In*: MOTTA, Fabrício (Coord.). *Concurso público e Constituição*. Belo Horizonte: Fórum, 2005.

BANDEIRA DE MELLO, Celso Antônio. *Apontamentos sobre os agentes e órgãos públicos*. São Paulo: Revista dos Tribunais, 1984.

BANDEIRA DE MELLO, Celso Antônio. *Curso de direito administrativo*. 15. ed. São Paulo: Malheiros, 2003.

BANDEIRA DE MELLO, Celso Antônio. *Regime constitucional dos servidores da administração direta e indireta*. São Paulo: Revista dos Tribunais, 1990.

CAMPANHOLE, Hilton Lobo; CAMPANHOLE, Adriano. *Constituições do Brasil*. 14. ed. São Paulo: Atlas, 2000.

CARVALHO FILHO, José dos Santos. *Manual e direito administrativo*. 24. ed. Rio de Janeiro: Lumen Juris, 2011.

CAVALCANTI, Themístocles Brandão. *Tratado de direito administrativo*. 5. ed. Rio de Janeiro: Freitas Bastos, 1964. v. 4.

CRETELLA JÚNIOR, José. *Dicionário de direito administrativo*. 3. ed. Rio de Janeiro: Forense, 1978.

DALLARI, Adilson Abreu. *Regime constitucional dos servidores públicos*. 2. ed. São Paulo: Revista dos Tribunais, 1990.

FONSECA, Tito Prates da. *Lições de direito administrativo*. Rio de Janeiro: Freitas Bastos, 1943.

GARAS, Felix *apud* CAVALCANTI, Themístocles Brandão. *Tratado de direito administrativo*. 5. ed. Rio de Janeiro: Freitas Bastos, 1964. v. 4.

GASCÓN Y MARÍN, José. *Tratado de derecho administrativo*: principios y legislacion espanola. 10. ed. Madrid: C. Bermejo, 1948. t. I.

JÈZE, Gaston. *Principios generales del derecho administrativo*. Tradução da 3. ed. francesa. Buenos Aires: Depalma, 1949. v. 2.

JORNAL ESTADO DE MINAS. Belo Horizonte. 13 dez. 2008. 1º Caderno.

MARINHO, Armando Oliveira. *Estudos sobre a Constituição de 1967*. Rio de Janeiro: FGV, 1968.

MEIRELLES, Hely Lopes. *Direito administrativo brasileiro*. 10. ed. São Paulo: Revista dos Tribunais, 1984.

MEIRELLES, Hely Lopes. *Direito administrativo brasileiro*. 27. ed. São Paulo: Malheiros, 2002.

MORAES, Alexandre de. *Constituição do Brasil e legislação constitucional*. 2. ed. São Paulo: Atlas, 2003.

OLIVEIRA, Juarez. *Estatuto dos Funcionários Públicos Civis da União*. São Paulo: Saraiva, 1984.

REVISTA DE DIREITO ADMINISTRATIVO. Rio de Janeiro: FGV, n. 106, out./dez. 1971.

REVISTA DE DIREITO ADMINISTRATIVO. Rio de Janeiro: FGV, n. 195, jan./mar. 1994.

REVISTA TRIMESTRAL DE JURISPRUDÊNCIA. Brasília: Supremo Tribunal Federal, v. 163, mar. 1998.

VELLOSO, Carlos Mário da Silva. *Temas de direito público*. Belo Horizonte: Del Rey, 1994.

Informação bibliográfica deste livro, conforme a NBR 6023:2002 da Associação Brasileira de Normas Técnicas (ABNT):

SALGADO, Shirlayne M. F.; SALGADO, Plínio. Concurso público nas Constituições brasileiras: aspectos relevantes. *In*: PIRES, Maria Coeli Simões; PINTO, Luciana Moraes Raso Sardinha (Coord.). *Paulo Neves de Carvalho*: suas lições por seus discípulos. Belo Horizonte: Fórum, 2012. p. 251-277. ISBN 978-85-7700-599-4.

A AUTOTUTELA COMO INSTRUMENTO DE APERFEIÇOAMENTO ADMINISTRATIVO

RAQUEL MELO URBANO DE CARVALHO[1]

1 Lições primeiras – O interesse público, a transformação da Administração e o controle de legalidade

O Professor Paulo Neves Carvalho é o responsável pelo surgimento de toda uma Escola do Direito Administrativo no Estado de Minas Gerais. Inspirados por suas lições magistrais em sala de aula, buscamos nos manter fiéis aos seus princípios e valores fundamentais, tão claramente explicitados nos diversos encontros profissionais e acadêmicos em que nos debruçávamos sobre o Direito Público.

Na década de 90, ainda à frente de algumas turmas de Pós-Graduação na Faculdade de Direito da UFMG, o saudoso Mestre enfrentava, com serenidade admirável, os arroubos juvenis no sentido de que "o Direito Administrativo enfrenta grave crise" e "necessita imediatos de novos paradigmas que transformem o Estado em regulador ou apenas garantidor, com modificação acentuada no modo de controle de legalidade administrativa". Diante das atropeladas inquietudes, Paulo Neves ponderava que a transformação da Administração Pública ou da ciência jurídica permanece como um projeto teórico, se embasada

---

[1] Procuradora do Estado de Minas Gerais. Professora de Direito Administrativo. Mestre em Direito Administrativo pela UFMG. Aluna do Professor Paulo Neves Carvalho na disciplina "Direito Municipal" no mestrado da Faculdade de Direito da UFMG.

apenas em novos textos normativos que não reflitam os valores vigentes na comunidade, inspirados em leis oriundas de países de culturas diversas. Surge na lembrança esclarecimentos que reconheciam que modelos legislativos importados de outras realidades sociais não levam, por si só, à modernização e correção jurídica na atividade administrativa, tornando-a célere, eficiente e livre de corrupções. No mesmo sentido, em entrevista à TV Câmara, exibida em 08.02.2001, sobre a Lei de Responsabilidade Fiscal, acentuou que, malgrado leis bem elaboradas do ponto de vista lógico e formal sejam indispensáveis ao Estado de Direito, não são suficientes para, sozinhas, repercutirem na realidade administrativa e modificarem o comportamento dos administradores públicos, dos servidores e da sociedade.

Dessas lições, adveio a certeza de que é preciso mudar, antes de mais nada, o homem que pensa, estuda e aplica o Direito. Ademais, a estrutura estatal passa e sempre passará por ciclos, mas não há embasamento fático suficiente para a assertiva de que o Estado vivencia nas duas últimas décadas uma crise que o absolva de realizar tarefas essenciais aos cidadãos, conforme as determinações do ordenamento; não deixou de ser, pois, um Estado administrativo. Mesmo nos países em que se identifica uma redução nas suas atividades prestacionais, é claro que ele continua realizando as atribuições impostas pela Constituição e pela legislação ordinária. O compartilhamento das tarefas com a sociedade e a execução de parte delas simultaneamente com o mercado em nada afastam a gestão pública das funções imputadas, pela ordem jurídica, ao próprio Estado. Isso principalmente se se considerar as atribuições indelegáveis ao setor privado até mesmo quanto à mera execução. Assim, o Poder Público continua praticando atos unilaterais, firmando contratos administrativos e celebrando pactos conveniais para cumprir as finalidades que justificam sua existência.

Em relação à prática dos atos unilaterais, é preciso que a Administração integre a ideia de um Estado eficaz, voltado muito menos para si mesmo que para o cidadão. Pretendia Paulo Neves que a Administração Pública não se furtasse a satisfazer, de modo eficiente, as exigências presentes na realidade social. É necessário, em um novo contexto, invocar o sentimento de civilidade da população e, para tanto, é necessário proporcionar aos integrantes do corpo social transmutarem-se em efetivos cidadãos, aptos a participar e influir nos destinos globais da coletividade. Essa seria a coletividade capaz de intervir e assegurar a juridicidade do comportamento administrativo.

Uma das maiores preocupações do Professor era assegurar que nos órgãos desconcentrados das pessoas federativas descentralizadas fosse possível atuar com correção, de modo a satisfazer as necessidades da população. Sem muito esforço, é possível ouvir sua voz madura defender que é a escola da pequena cidade, é a secretaria do Município, é que está "na ponta da Administração atendendo o cidadão" que precisa saber agir corretamente e, quando errar, corrigir imediatamente o ato viciado, com o menor sacrifício possível para os cidadãos.

Antes mesmo de a autotutela assumir novos contornos e importância fundamental na evolução administrativa, Paulo Neves Carvalho defendia como uma das ideias mais importantes a do interesse público na avaliação dos fatores da nulidade, quando do exame do ato administrativo. Para ele, há que se sopesar, confrontar, sempre, a situação posta por intermédio do ato que se diz viciado com a presença do interesse público, de modo a não se invalidar apenas em nome de uma desconformidade do ato administrativo com a regra legal; o fundamental seria o ato se desfazer, ou não, em razão da presença do interesse público, entendido este como o interesse da sociedade.

Com base na noção de interesse público e de juridicidade, tem-se dois institutos, aptos a recompor a legalidade violada por um determinado vício, hoje consagrados pela doutrina contemporânea: convalidação e invalidação do ato administrativo. Isto porque, se uma desconformidade pode ser sanada, não se justifica a supressão do ato, à luz do próprio interesse social. Não há que se falar em invalidação, se o ato pode ser convalidado, ou seja, se pode ser repraticado sem vício. Reforça esta premissa o fato de o ato administrativo gozar de presunção de veracidade, atraindo a confiança dos terceiros que merecem respeito à boa-fé e à expectativa de estabilidade nas relações jurídico-administrativas. Já na hipótese de vício grave, é fundamental que, no exercício da autotutela, a Administração suprima o ato viciado, excluindo comportamento intolerável na realidade que se exige regular.

1.1 O instituto da convalidação

A convalidação não é forma de extinção de ato administrativo, mas, ao contrário, mecanismo de evitar o seu desfazimento motivado pela presença de um determinado vício. Como o vício em questão possui natureza sanável, entende-se cabível seja repetido o ato com a correção da falta apresentada, recompondo-se a juridicidade no sistema, atendida a necessidade da sociedade de estabilidade das relações jurídicas, com cumprimento do interesse público primário.

Somente em 1999 a Lei Federal nº 9.784 veio a fixar, no art. 53, que a Administração deve anular seus próprios atos quando eivados de vício de legalidade, e demonstrar, no art. 55, clara preocupação com a segurança e consistência das relações jurídicas ao estabelecer: "Em decisão na qual se evidencie não acarretarem lesão ao interesse público nem prejuízo a terceiros, os atos que apresentarem defeitos sanáveis poderão ser convalidados pela própria Administração". Tem-se consagrada a invalidação como a extinção do ato administrativo por motivo de ilegalidade e a convalidação como mecanismo de evitar o desfazimento do ato viciado, mediante a correção do defeito sanável apresentado por ele. Com o instituto da convalidação previsto no art. 55, buscou-se evitar a vulneração das relações administrativas que decorreria da extinção unilateral de qualquer ato viciado, prevendo-se o dever de sanar vício passível de correção.

A convalidação de que se trata, aqui, não é aquela decorrente do transcurso do tempo (institutos da prescrição e decadência), nem mesmo a que resulta de providência do particular, beneficiário do ato, e interessado na sua preservação (instituto do saneamento). Trata-se, aqui, da convalidação como atividade da Administração de sanar o vício de um comportamento seu passível de correção. A competência privativa para praticá-la, assim, é da própria Administração Pública, não sendo lícito pretender estendê-la ao Judiciário ou ao Legislativo, no exercício das funções típicas de cada um destes poderes.

Na estrutura administrativa, pode convalidar a própria autoridade ou órgão que praticou o ato viciado, se detém competência para sanar o vício; a autoridade ou órgão que, embora não tenham praticado o ato viciado, é quem tem capacidade e competência para suprir a falha administrativa; o superior hierárquico àquele que praticou o ato viciado; alguém a quem a lei outorgou expressa competência convalidatória; o órgão ou autoridade que delegou competência a um inferior que terminou por praticar o ato viciado e, assim, tornou necessário o exercício da autotutela pelo delegante.

Fixada a competência para convalidar, cumpre enfrentar a questão pertinente à sua obrigatoriedade ou caráter facultativo. Embora possa parecer, à primeira vista, que a convalidação é uma simples possibilidade cuja realização é deixada à livre escolha do administrador, é preciso reconhecer que toda competência outorgada a um servidor é mero instrumento de execução do dever que lhe é imposto. Sob este prisma, é necessário compreender que o "poder" de convalidar é um dever-poder de agir, como bem ensinava o Mestre Paulo Neves, invocando o magistério do também Professor Celso Antônio Bandeira de Mello. Destarte, se é possível retificar o vício que atinge um ato administrativo, não há que se falar em invalidação, devendo-se, em regra, saná-lo. Tem-se como irrelevante o fato de não haver determinação expressa da lei ordenando o dever convalidatório. Atendendo as especificidades técnicas de cada ato e atentando para o elemento ou o pressuposto atingido pelo vício, é possível definir se a convalidação é a medida que protegerá o interesse público, ou não. Em caso positivo, impõe-se como obrigatória. Se não é o mecanismo apto a proteger o interesse público primário, afasta-se tal providência, promovendo-se a necessária invalidação do ato.

A única exceção apontada por doutrina superveniente a fim de excluir a regra da obrigatoriedade de convalidação é a hipótese em que o ato apresenta vício de sujeito em ato discricionário. Neste caso, reconhece-se que optar pela convalidação, ou não, é faculdade outorgada ao agente de fato capaz e competente para praticar o ato.

Daí poder-se concluir que, em regra, a convalidação é ato vinculado da Administração. Diante da presença dos seus pressupostos específicos, a conduta pública legítima é apenas uma: sanar a falha de menor potencial gravoso. Excetua-se desta regra apenas a incompetência ou incapacidade nos casos em que há discricionariedade (no conteúdo ou no motivo). Nesta hipótese, reconhece-se faculdade de convalidar à Administração. Ou seja, é discricionária a convalidação no caso excepcional de o ato apresentar vício de sujeito e originária discricionariedade no conteúdo e/ou motivo.

Considerando-se a própria natureza dos institutos de decadência e prescrição, tem-se que a convalidação é competência a ser exercida pela Administração antes de findo o prazo de prescrição da pretensão do terceiro impugnar os vícios dos atos administrativos e do término do prazo para o exercício da autotutela administrativa. Só faz sentido falar em convalidação antes de expirado o prazo de decadência para a Administração rever os seus comportamentos desconformes com o ordenamento e antes de se findar o prazo prescricional para o terceiro prejudicado impugná-los. Depois de findos os prazos decadencial e prescricional, o ato administrativo viciado estabilizou-se pelo decurso do tempo, sendo despicienda qualquer conduta expressa da Administração no sentido de saná-lo. Em outras palavras: se o decurso do tempo sanou os efeitos do vício do ato, desnecessário que a Administração tome providências concretas cujo resultado seria idêntico suprimento.

Quando ainda cabível o ato de convalidação, porquanto não expirado o prazo de decadência e de prescrição, os seus *efeitos* são retroativos, vale dizer, a correção do vício faz com que ele se exclua desde a origem. A situação criada é aquela que teria ocorrido se jamais a desconformidade com o ordenamento tivesse atingido o ato em questão.

Por isto afirma-se que a convalidação tem efeitos *ex tunc*, retroagindo até o ato viciado para corrigir a inobservância da ordem jurídica.

Nesse contexto, surge clara a natureza constitutiva da convalidação, pois modificará a ordem jurídica suprimindo o vício de um ato administrativo que até então o contaminava. Como o seu resultado final é a preservação do ato, mediante a correção do seu defeito, fica claro o seu caráter positivo, mantida inclusive a eficácia do ato convalidado.

Os atos que podem ser convalidados são aqueles que apresentam falhas com menor potencial gravoso em face do interesse público juridicamente tutelado pelo ordenamento. As falhas que se considera de menor potencial gravoso, à luz da atual teoria das nulidades dos atos administrativos, são os vícios que atingem a forma ou as formalidades, quando não exigidas por lei, nem mesmo essenciais à perfeição do ato, e os vícios de sujeito que atinjam os atos vinculados e os atos discricionários (esta última a única hipótese em que há faculdade e não obrigatoriedade de convalidar). Os atos com vício de conteúdo, finalidade e motivo não ensejam convalidação, em face da gravidade do comprometimento de aspecto vinculado da ordem jurídica. Também não admitem convalidação aqueles atos cujos vícios de forma ou formalidade contrariam expressa exigência normativa ou aspecto essencial à sua perfeição.

Portanto, os atos que podem ser objeto de convalidação são apenas aqueles que apresentam os seguintes vícios: a) incompetência ou incapacidade (obrigatoriedade de convalidar se o ato viciado é vinculado; faculdade de convalidar se o ato viciado é discricionário); b) omissão ou má-execução da forma ou formalidades exigidas pela ordem jurídica ou essenciais à perfeição do ato (obrigatoriedade de convalidar). Além da natureza sanável dos vícios, a convalidação não pode causar prejuízo a terceiros, nem mesmo ao interesse público. O compromisso com a preservação dos interesses sociais é aspecto de que não pode se descurar o agente público, em nenhum momento da sua atuação, seja quando da atividade positiva, seja quando do controle de juridicidade realizado posteriormente. A convalidação, nessa perspectiva, surge como instrumento de aperfeiçoamento da atividade administrativa que, além de regular, cumpre a finalidade pública a se realizar na situação concreta.

1.2 A figura da invalidação

Existem situações em que o ato administrativo apresenta vícios graves que não admitem convalidação. Em razão da ilegalidade insanável que o contaminou, o ato deve ser extinto. Tal providência atende aos princípios da legalidade, da segurança jurídica, da boa-fé objetiva e da supremacia do interesse público. Não se pode deixar permanecer no ordenamento, presumindo-se legítimo, ato que contraria de modo incorrigível o sistema.

Daí definir-se a invalidação como a extinção do ato administrativo que apresenta vício insanável, com o objetivo de manter a integridade da ordem jurídica, em estrita conformidade as normas que integram o regime de direito público.

Pode ser sujeito ativo do ato de invalidação tanto a Administração Pública como o Poder Judiciário. Na expressão Administração Pública enquadram-se todos aqueles que exercem a função administrativa, vale dizer, o Executivo, bem como o Legislativo e o Judiciário quando executam a atividade administrativa. Serve-lhes de amparo a autotutela administrativa, a qual impõe a todos os entes políticos, entidades administrativas e respectivos órgãos o dever de perseguir a juridicidade. Para tanto, necessário, em determinadas circunstâncias, extinguir os atos ilegais cujos vícios mostram-se insanáveis. É irrelevante o fato de a sua atuação ocorrer espontaneamente ou mediante provocação de terceiro. Essencial é que se esteja buscando a preservação do regime jurídico-administrativo.

Ao Poder Judiciário é lícito invalidar não só no exercício da função administrativa, mas igualmente quando provocado a prestar a tutela jurisdicional. Com efeito, no exercício da função jurisdicional, impõe-se a extinção do ato que, sujeito a este controle, mostrou-se contaminado de forma incorrigível.

Definido quem, no ordenamento brasileiro, tem competência para invalidar, certo é que não cabe renúncia, pela Administração, quanto ao desempenho deste poder-dever. Afinal, também esta competência é irrenunciável e inalienável por seus titulares, apesar de legítima a delegação e avocação, se atendidos os respectivos pressupostos.

Especificamente quanto ao seu caráter obrigatório, certo é que, em regra, impõe-se a invalidação sempre que o vício que atingiu o ato for insanável, o que inviabiliza sua convalidação. Sendo assim, a regra geral é a de que não há discricionariedade em invalidar, ou não, um ato administrativo que tem uma falha incorrigível. A extinção do ato é um comportamento vinculado, de exercício obrigatório por quem esteja controlando sua juridicidade.

A única exceção, em que a doutrina atual reconhece faculdade de invalidar, ou não, o ato, é a hipótese de o vício atingir o sujeito de um ato administrativo discricionário. No caso de um ato discricionário ser praticado por alguém incapaz ou incompetente, há discricionariedade em invalidá-lo, ou não. A providência extintiva depende da escolha livre do agente que, de fato, é aquele capaz e competente para o desempenho da atribuição.

Ressalvada esta hipótese excepcional, a regra é a de que a Administração deve necessariamente invalidar o ato que apresenta um vício insanável.

Para evitar os riscos de uma atuação autoritária do Estado, comportamento sempre rechaçado pelo Professor Paulo Neves, é indispensável se oportunize, em processo administrativo anterior à invalidação, o contraditório e a ampla defesa. Para tanto, é imprescindível que seja comunicado ao terceiro o vício insanável que motiva a intenção pública de extinguir o ato, ensejando-lhe prazo para apresentar defesa e oportunidade de produzir as provas que se mostrem pertinentes diante das especificidades da realidade em questão. A decisão final deve analisar os pontos litigiosos sustentados na defesa, os quais se mostrem relevantes para justificar a invalidação, ou não, do ato. Este trâmite impede que aqueles que podem ser surpreendidos com o controle de juridicidade da Administração se surpreendam com um inesperado, unilateral e coercitivo pronunciamento extintivo de ato anterior.

No tocante aos efeitos do ato de invalidação, certo é que a doutrina clássica lhe atribuía, unissonamente, a natureza retroativa. Assim, a invalidação fulmina o vício insanável desde o início, produzindo efeitos *ex tunc*. Esta retroatividade terá função de destruir todos os fatos decorrentes do ato viciado e que já deveriam ter-se realizado se tivesse sido observada a juridicidade exigida da Administração. Ademais, tem a tarefa de construir, após o ato de invalidação, a situação que deveria ter-se tornado concreta, caso não tivesse sido praticado o ato viciado, ora objeto de extinção.

Se, p.ex., um determinado ato da Administração nomeou um candidato aprovado em terceiro lugar em um concurso público, sem que tivesse sido nomeado antes o candidato classificado em segundo lugar, certo é que se está diante de um vício de conteúdo insanável do ato de nomeação. Na hipótese de, alguns meses depois, a Administração assegurar ampla defesa aos interessados e invalidar o ato viciado, não se limitará o controle de legalidade a destruir o resultado da nomeação inconstitucional. Necessário será que a partir de então se construa, o mais próximo possível, a realidade que deveria ter ocorrido se a nomeação ilegal do terceiro colocado não tivesse sido realizada. A partir do ato de invalidação, *v.g.*, considerar-se-á nomeado o segundo colocado desde a data da nomeação em que o terceiro classificado o fora indevidamente. Outrossim, deverá ser contado, para fins de promoção por antiguidade, o tempo em que o segundo colocado não trabalhou, por ter sido desrespeitado o seu direito de ser nomeado segundo a ordem de classificação. Ainda se vislumbra o direito à indenização, com base no art. 37, §6º, da Constituição da República, pelos prejuízos materiais sofridos. Em razão de não ter trabalhado, não faz jus ao pagamento da remuneração pelo exercício do cargo. Mas, embora não faça jus à remuneração, uma vez que esta é contraprestação pelo trabalho realizado, terá direito ao ressarcimento pelos prejuízos sofridos.

A retroatividade, neste caso, além de destruir a nomeação inconstitucional do terceiro colocado, construiu, o mais próximo possível, a realidade jurídico-funcional da qual deveria o segundo classificado ter usufruído, se a ilegalidade insanável não tivesse sido praticada pela Administração.

A eficácia retroativa destrutiva e construtiva vinha sendo pacificamente proclamada tanto quando o ato a ser invalidado restringia direitos daqueles que se relacionam com a Administração como quando o ato viciado ampliava, indevidamente, o patrimônio do terceiro. Independentemente de o ato viciado, objeto de extinção, ser ampliativo ou restritivo do direito do terceiro, incidia a eficácia desconstitutiva do ato de invalidação, ou seja, a invalidação operava-se retroativamente, para destruir e construir de modo a recompor a juridicidade.

Destarte, os efeitos *ex tunc* da invalidação atingiriam atos ampliativos e restritivos de direito. Para tanto, bastaria que o vício tivesse natureza insanável e que fossem observados os limites legais, como a necessidade de observar ampla defesa e contraditório.

Denota-se, contudo, que ganhou espaço nos últimos anos posição doutrinária que passou a entender de modo diverso. O fundamento da mudança de paradigma tem sido o princípio da segurança jurídica e da boa-fé objetiva. Tais normas implícitas na Constituição da República não estariam integralmente satisfeitas apenas com a observância de processo administrativo prévio ao ato de invalidação. Isto porque não seria suficiente, para sua preservação, outorgar ao terceiro atingido pela autotutela apenas o direito de se pronunciar antes de ser invalidada a situação que apresenta defeito incorrigível. Seria necessário discutir a própria amplitude dos efeitos da invalidação.

Entende-se, segundo este novo posicionamento, que a segurança jurídica e a boa-fé objetiva impedem que se atribua, como regra, em todos os casos, eficácia retroativa ao ato de invalidação. A invalidação do ato administrativo só teria efeitos *ex tunc* na hipótese de extinguir atos restritivos de direitos. Se atingisse atos ampliativos do direito de terceiros, seus efeitos seriam apenas *ex nunc*. Em outras palavras, só teria eficácia retroativa a invalidação que atinja ato viciado restritivo de direito.

Para a incidência desta teoria, têm frisado a importância da boa-fé do beneficiário do ato ilegal. Se o terceiro, beneficiado por um ato ampliativo ilegal, estiver de boa-fé, o ato de invalidação não tem eficácia retroativa (a invalidação produz efeitos *ex nunc*). Se, entretanto, o terceiro estiver de má-fé, a invalidação retroage (a invalidação produz efeitos *ex tunc*). Diante da má-fé, portanto, a eficácia é sempre retroativa, tornando-se até mesmo irrelevante a natureza restritiva ou ampliativa do ato viciado.

Cumpre observar, na realidade administrativa, as consequências do novo entendimento: a invalidação não teria efeitos retroativos quando incidente sobre ato ampliativo de direito, se o beneficiário da ilegalidade insanável estiver de boa-fé; a invalidação tem efeitos retroativos se atinge ato restritivo de direito ou se o terceiro beneficiado pelo vício insanável está de má-fé.

Imaginando-se uma hipótese em que um servidor faça jus ao recebimento de uma vantagem remuneratória de R$100,00 e a Administração lhe defira somente R$70,00, tem-se clara a natureza restritiva do ato administrativo viciado, pois o terceiro deixa de receber mensalmente R$30,00, com flagrante violação do ordenamento. Se, após três meses, mediante regular autotutela administrativa, o Poder Público invalida o ato que indeferiu vantagem remuneratória a menor ao servidor, o ato de invalidação teria efeito retroativo, pelo que a Administração deve pagar ao servidor os R$30,00 recusados indevidamente durante três meses, num total de R$90,00.

Já no caso de o mesmo servidor que faz jus a R$100,00 ter a si deferida vantagem no montante de R$120,00, recebendo por três meses, como acréscimo indevido e ampliação ilegal do seu patrimônio, o valor R$20,00, não se reconhece eficácia retroativa à invalidação, se ausente prova de má-fé do servidor. Afinal, segundo este raciocínio, não se pode ignorar a máxima segundo a qual presume-se a boa-fé, sendo necessário prova induvidosa da má-fé para se a considerar presente. Se não houver prova clara da má-fé, o servidor não estará obrigado a devolver os R$20,00 que recebeu a mais durante três meses da Administração, pois não se atribui à invalidação eficácia retroativa. Consequentemente, a partir do ato invalidatório ele passará a receber R$100,00 (efeito *ex nunc*), mas não se submeterá à eficácia construtiva retroativa da invalidação (não há efeitos *ex tunc*) e, portanto, não estará obrigado a devolver os R$60,00 que recebeu a maior.

A crítica que se faz a esta teoria é que, em última instância, o que se sacrifica é o interesse público primário, parâmetro hermenêutico basilar do Direito Administrativo a nós incutido pelo Professor Paulo

Neves. A sociedade, para ver a juridicidade preservada, obriga-se a pagar, por meio do Estado, aquilo que é devido ao terceiro prejudicado com um vício administrativo insanável. Não há dúvida de que esta é uma premissa intocável e irrepreensível do Estado Democrático de Direito. O que não se compreende é porque esta mesma sociedade, em contrapartida, não tem direito a ver devolvido aquilo que a Administração, em conduta viciada de modo incorrigível à luz do ordenamento, pagou a um terceiro, beneficiado indevidamente por grave ilegalidade, tendo em vista que não se logrou comprovar a presença de má-fé.

Neste ponto, cumpre reconhecer a dificuldade de colacionar elementos que formem um juízo seguro de eventual má-fé daquele que se relaciona com a Administração, principalmente subjetiva. Isso porque, no Direito Administrativo pátrio, ainda é arraigada a compreensão da má-fé sob o prisma exclusivamente subjetivo. Assim, investiga-se somente o aspecto anímico do agente, vale dizer, a sua intenção. São raríssimas as situações em que elementos desta má-fé subjetiva são evidenciados de forma coesa e convincente. Na prática, a regra passa a ser que, se o ato viciado é restritivo de direito, a invalidação deixa incólume todas as consequências da ilegalidade até o momento da extinção subsequente, com flagrante prejuízo dos interesses, inclusive econômicos, da sociedade.

Não se ignora que, no Direito Administrativo, ainda se vive sob a ótica da vitimização daquele que se relaciona com o Estado, seja ele um servidor, um cidadão ou um contratado, em razão de justificadas razões históricas. No entanto, é preciso reconhecer que, em pleno século XXI, não cabe confundir Estado com os governos que transitoriamente exercem o poder. Cabe ao Estado, por meio da Administração, concretizar a proteção dos interesses de todos, mediante a satisfação das necessidades sociais. Não faz sentido entender como "vítima" da sociedade um dos seus membros que se beneficiou, ilegalmente, de um ato que tem um vício insanável à luz das normas que vinculam, igualmente, todas as pessoas, físicas e jurídicas, públicas e privadas.

Com a devida vênia dos posicionamentos em contrário, não se compreende que boa-fé e segurança jurídica são princípios aptos a excluírem a retroatividade da invalidação de atos viciados restritivos de direito, mormente em se considerando os efeitos da presunção de boa-fé e a dificuldade de se comprovar a má-fé na espécie.

De fato, ambos os princípios têm a sua força coercitiva respeitada com a outorga da ampla defesa e contraditório, em processo administrativo que anteceda o ato de invalidação. Não há qualquer repercussão direta na restrição da retroatividade que é inerente ao ato de invalidar comportamento público anterior que apresenta defeito incorrigível.

Cumprida a exigência de processo administrativo anterior à invalidação, não se pode afirmar que o terceiro viu-se surpreendido com frustração abrupta da expectativa legítima na presunção de legitimidade do ato viciado, o que preserva a segurança jurídica. Ademais, tem-se a transparência da decisão administrativa, em um processo dialético que deixa clara a boa-fé pública. Por fim, é fundamental assegurar a efetiva supremacia do interesse público primário, ou seja, o interesse de toda a sociedade, que não admite sacrifício para o benefício isolado de um de seus membros, contrariamente àquilo que o sistema lhe outorgou.

Não se pode admitir que um vício grave da Administração sacrifique toda a sociedade em favor de um indivíduo que termine "premiado" com uma ilegalidade. Impedir a retroatividade da invalidação de ato restritivo de direito significa transformar vício administrativo em sorte do terceiro que se relaciona com o Estado, deixando a sociedade refém duas vezes: primeiro, da incompetência, da desonestidade ou da inabilidade da Administração ao cumprir a ordem jurídica; segundo, da impossibilidade de recompor o patrimônio, tornando definitivo o benefício que jamais o terceiro poderia ter obtido, em flagrante comprometimento da juridicidade, da razoabilidade e da supremacia do interesse público.

Por estas razões, não se aquiesce com recente tendência a propósito da retroatividade do ato de invalidação. Entende-se que os efeitos da invalidação são, em qualquer caso, *ex tunc*. Em outras palavras, a invalidação retroage quando extingue ato viciado restritivo de direito e quando atinge ato viciado ampliativo de direito. A segurança jurídica e a boa-fé serão asseguradas, sem qualquer prejuízo, em razão do processo administrativo que se exige previamente ao controle de legalidade, como tão bem assentava Paulo Neves há mais de duas décadas. O importante, para o aperfeiçoamento da ação estatal, é que na ponderação dos sacrifícios necessários, seja eleita a alternativa que menor custos traga ao regime jurídico-administrativo como um todo.

2 A necessidade de a própria Administração assegurar a correção dos seus comportamentos – A autotutela como dever e alternativas à judicialização recorrente dos conflitos administrativos

No início da década de 90, comemorávamos em sala de aula os benefícios oriundos da Constituição de 1988, a perspectiva de uma maior conscientização social e administrativa no tocante à correção do comportamento do Estado e, acima de tudo, a vislumbrada efetividade do controle judicial, caso insuficiente o controle de legalidade pela própria Administração Pública.

Em duas décadas, de fato a sociedade brasileira paulatinamente tomou conhecimento e passou a buscar a garantia constitucional do acesso ao Poder Judiciário. Diante de conflitos de interesses nas relações privadas ou públicas, tornou-se comum que a parte que se entende prejudicada recorra ao Judiciário, buscando a solução definitiva da situação contenciosa, mediante incidência das normas do ordenamento. Trata-se de uma garantia constitucional indispensável para a regularidade do Estado Democrático de Direito.

Cumpre reconhecer que, especificamente no âmbito do Direito Administrativo, a amplitude das searas de atuação do Estado e a complexidade das relações jurídicas travadas ensejaram um aumento significativo das demandas que passaram a ser submetidas a Juízo, com o objetivo da pacificação social. Dentre as inúmeras transformações contemporâneas, destaca-se a explosão do contencioso judicial como característica da realidade administrativa no século XXI. Na seara do Direito Público, essa explosão acentuou-se na medida em que os cidadãos se conscientizaram do conteúdo de normas jurídicas. A sociedade, além de cobrar do Estado a organização dos serviços, a regulamentação dos direitos de acesso e o fornecimento adequado dos instrumentos de proteção aos seus interesses, também passou a requerer tais meios em Juízo, quando os entende inexistentes ou insuficientes.

No Direito Comparado, autores como Jacques Chevallier analisam o modelo de uma "sociedade contenciosa". Nela, todos os problemas se resolvem perante a justiça e esse é o modelo que se difunde, em graus diversos, por todos os países:

> A multiplicação das ações levadas aos tribunais mostra que o juiz está encarregado nas sociedades contemporâneas de compor as diferenças de toda ordem, em vista a preservar os equilíbrios sociais: ele se vê transferir a responsabilidade de "cortar os nós górdios da história, da moral, da economia" (A. MINC, 1998); é a ele que compete "ponderar os interesses" (C. A. MORAND, dir., 1997) e definir as soluções socialmente aceitáveis.[2]

---

[2] CHEVALLIER, Jacques. *O Estado pós-moderno*. Tradução de Marçal Justen Filho. Belo Horizonte: Fórum, 2009. p. 131-132.

Ao definir essa realidade como "judicialização da política", a doutrina assevera que "O fenômeno assim denominado pode ser caracterizado como a submissão ao Poder Judiciário de questões políticas e legislativas que, no modelo clássico de tripartição de poderes, competiria aos demais poderes a solução". Atribui-se à inércia dos demais Poderes a decisão dos temas, em caráter definitivo, pelo Poder Judiciário.[3] Referida tendência se acentuou após a Constituição de 1988, com a utilização do Judiciário como compensador dos déficits de funcionalidade dos demais Poderes.[4]

O referido contexto vem preocupando administrativistas e processualistas, uma vez que a submissão ao Poder Judiciário de grande número das relações públicas não equivale necessariamente à solução justa dos litígios, com cumprimento efetivo das normas de regência. Por conseguinte, vem sendo discutida a experiência judiciária brasileira como aquela que se reputa alternativa principal para concreção da Constituição e da legislação infraconstitucional. Autores como Rodolfo Camargo Mancuso demonstram clara preocupação com a realidade atual:

> Embora hoje se vá gradualmente reconhecendo o anacronismo de qualquer idéia de "monopólio estatal" na distribuição da justiça, não há negar que ainda assim a *cultura demandista* ou *judiciarista* ainda grassa entre nós, fazendo com que o serviço judiciário estatal seja ainda muito procurado, num crescente e incessante aumento da demanda, a que se tem tentado (equivocadamente) responder com o crescimento desmesurado do Judiciário, tudo ao final resultando na oferta de uma *justiça de massa*, prenhe de carências e deficiências diversas.[5]

A advertência doutrinária fundamenta-se na circunstância de extraordinário número de processos concentrar-se em uma fatia específica da população, enquanto a maior parte da população não tem acesso ao Judiciário, a não ser quando é compelida a usá-lo, como acontece em

---

[3] MORAIS, Dalton Santos. A atuação judicial criativa nas sociedades complexas e pluralistas contemporâneas sob parâmetros jurídico-constitucionais. *Revista Brasileira de Direito Público – RBDP*, Belo Horizonte, ano 9, n. 32, p. 179, jan./mar. 2011.

[4] THEODORO JÚNIOR, Humberto; NUNES, Dierne. BAHIA, Alexandre. Breves considerações sobre a politização do *Judiciário* e sobre o panorama de aplicação no direito brasileiro: análise da convergência entre o *civil law* e o *common law* e dos problemas da padronização decisória. *Revista de Processo*, São Paulo, ano 35, n. 189, p. 16, nov. 2010.

[5] MANCUSO, Rodolfo Camargo. A resolução dos conflitos e a função judicial no contemporâneo Estado de Direito (nota introdutória). *Revista dos Tribunais*, ano 98, v. 888, p. 10, out. 2009.

questões criminais. Outrossim, afirma-se que a Justiça é "lenta demais, inacessível aos excluídos, burocratizada, ineficiente e imprevisível".[6] Ademais, não podemos olvidar, no Brasil, do uso de judicialização em favor de grupos políticos e econômicos hegemônicos, que já possuem acesso privilegiado às arenas políticas e vêm consolidando seu poder no campo judicial.[7] Trata-se de um problema que pode vir a comprometer a efetividade de direitos fundamentais consagrados na Constituição. Não há dúvida que constitucionalizar um direito, não significa assegurar a sua concreção, mas somente a atribuição de um *status* de fundamentalidade que consubstancia o primeiro passo de um longo processo. É necessário que instituições públicas, privadas e a própria sociedade comprometam-se e se responsabilizem com a sua realização, nas searas adequadas à sua realização célere e eficaz. Considerando-se toda a estrutura estatal questiona-se, atualmente, se o Judiciário é, de fato, o melhor caminho para alcançar a realização desse conjunto de direitos, mormente em se considerando o excesso de demandas hoje submetidas à sua apreciação. Não é raro afirmar-se, hoje em dia, ser impossível conciliar uma Justiça que decide as lides artesanalmente com uma sociedade que produz conflitos jurídicos de modo industrial.

Reconhece-se que, ao tentar administrar a crise numérica dos processos (em andamento mais de 70 milhões), o constituinte revisor e o legislador ordinário, em que pesem as melhores intenções, acabaram por enveredar numa senda arriscada e enganosa que se bifurca: num flanco, a inserção de maiores dificuldades de acesso aos Tribunais da Federação (no STF, exigência de repercussão geral da questão constitucional para admissibilidade do Recurso Extraordinário, bem como edição de súmulas impeditivas de recurso); noutro flanco, a oferta de justiça de massa, estereotipada e funcionarizada.[8] Cumpre-nos refletir sobre os efeitos que decorrem dos vários mecanismos de filtragem destinados a impedir o acesso às Cortes Superiores que vêm sendo adotados e, principalmente, sobre os graves problemas já enfrentados pela massificação na prestação jurisdicional.

---

[6] MANCUSO. A resolução dos conflitos e a função judicial no contemporâneo Estado de Direito. *Revista dos Tribunais*, p. 10, 13.

[7] THEODORO JÚNIOR; NUNES; BAHIA. Breves considerações sobre a politização do *Judiciário* e sobre o panorama de aplicação no direito brasileiro: análise da convergência entre o *civil law* e o *common law* e dos problemas da padronização decisória. *Revista de Processo*, p. 50.

[8] MANCUSO. A resolução dos conflitos e a função judicial no contemporâneo Estado de Direito. *Revista dos Tribunais*, p. 16.

Outra reflexão crítica que se impõe refere-se ao fato de, com o aumento da demanda, responder-se com um incessante crescimento da base física do Judiciário (mais fóruns, mais juízes, mais equipamentos de informática; enfim, mais custeio). Essa estratégia, adverte a doutrina, aproxima-se do popular "enxugar gelo", na medida em que o aumento da oferta acaba por retroalimentar a demanda, disseminando junto à população a falácia de que toda e qualquer controvérsia pode e deve ser judicializada. Simultaneamente, volte-se à obsessiva extinção rápida dos processos, num discurso que arrisca degenerar na temível "injustiça célere", conforme expressão de Miguel Reale Júnior. A afirmação de que "a quantidade exclui a qualidade" aplica-se também no campo da distribuição da justiça, sendo necessária imprescindível mudança de mentalidade dos operadores do Direito e dos cidadãos. Essa mudança de mentalidade exige expansão da informação quanto à instituição e acesso a outros meios auto ou heterocompositivos de conflitos.[9]

No âmbito do processo civil, é comum invocar-se o cenário de pluralismo de concepções de mundo, que traz em si o cerne do dissenso racional acerca dos *standards* de valor fundamentais, como fator capaz de impedir que um sujeito solitário, órgão ou entidade possam encontrar sozinhos os valores da comunidade:

> Somente o discurso garantido pela autonomia pública dos cidadãos em um espaço processual dialógico estruturado pelas garantias (princípios) constitucionais permite a cooperação e a formação adequada dos provimentos.
>
> [...] Assim, torna-se inaceitável o entendimento que trabalha com uma separação de papéis dentro da estrutura processual, que de um lado possuiria o juiz como terceiro com acesso privilegiado ao que seria o bem comum e de outro com partes que se veriam alijadas do discurso processual, entregando seus interesses jurídicos ao critério de "bem comum" desse órgão judicial. Há de se implementar um debate processual acurado e comparticipativo para que se colham o máximo de informações e se profiram decisões fundamentadas racionalmente, especialmente, quando em discussão a aplicação de um direito fundamental.[10]

---

[9] MANCUSO. A resolução dos conflitos e a função judicial no contemporâneo Estado de Direito. *Revista dos Tribunais*, p. 12, 28.

[10] THEODORO JÚNIOR; NUNES; BAHIA. Breves considerações sobre a politização do Judiciário e sobre o panorama de aplicação no direito brasileiro: análise da convergência entre o *civil law* e o *common law* e dos problemas da padronização decisória. *Revista de Processo*, p. 18-19.

Referido debate deve encontrar espaço adequado, no qual a eficiência quantitativa (definida a partir da velocidade dos procedimentos e redução de custos, com correspondência ao conceito de eficácia da Ciência da Administração) seja acompanhada da eficiência qualitativa (vinculada à qualidade das decisões e da fundamentação). Não é raro que, no controle judicial contemporâneo, sejam tais aspectos vistos como contraditórios, na medida em que a ação rápida e barata conduziria a decisões incompletas ou incorretas, sendo necessário, para uma decisão justa, dinheiro, tempo e atividade comparticipada entre juiz e demais sujeitos do processo. A doutrina vem advertindo para o fato de que, infelizmente, em virtude de inúmeros fatores, o sistema processual brasileiro trabalha com eficiência quantitativa, o que se evidencia até pelas metas de produtividade impostas pelo CNJ.[11]

Cabe-nos, portanto, viabilizar outras possibilidades de resolver os conflitos, em vez de fazer parte de uma estrutura que apenas estimula a sua judicialização, com respostas advindas de um processo com tendência singular, orientado para eficiência quantitativa nem sempre correspondente à qualidade das decisões necessárias à sociedade. Sem tornar indispensável o crescimento físico da estrutura do Estado, cabe utilizar estruturas administrativas de órgãos já existentes, com competências especificadas em lei, e instituir procedimentos ao final dos quais se tornem concretas as prescrições constitucionais e legais vigentes.

Alguns modelos alternativos de composição de conflito como, p.ex., a arbitragem e a transação, vêm ganhando espaço e fundamentação sólida, com respeito aos princípios básicos de Direito Público. Cabe-nos, ainda, pensar em outros instrumentos que, de modo seguro, diminuam a necessidade de se recorrer ao Poder Judiciário, reduzindo as demandas àquelas que, de fato, mereçam a sua intervenção, seja pela relevância dos interesses presentes, seja pela insuficiência dos mecanismos preliminares para solucionar a situação contenciosa.

Adverte Jacques Chevallier que "Todas essas medidas não poderiam ser consideradas como o indício de um movimento de 'desjudiciarização': trata-se, ao contrário, de permitir ao aparelho judiciário funcionar, favorecendo a composição amigável dos litígios e a simplificação das formas do processo".[12] De fato, ter-se mecanismos de solução

---

[11] THEODORO JÚNIOR; NUNES; BAHIA. Breves considerações sobre a politização do *Judiciário* e sobre o panorama de aplicação no direito brasileiro: análise da convergência entre o *civil law* e o *common law* e dos problemas da padronização decisória. *Revista de Processo*, p. 20-23.

[12] CHEVALLIER. *O Estado pós-moderno*, p. 133.

de litígios além da atuação do Poder Judiciário implica oportunidade de escolha para os interessados. A existência de procedimentos e de órgãos capazes de eficientemente responder às diversas demandas permite que as partes reflitam se a melhor saída é realmente levar o conflito ao Judiciário.

Como observa Rodolfo Camargo Mancuso, permite-se a avaliação se, ao fim, "vale a pena" judicializar o conflito, considerando-se o contexto de duração excessiva e indefinida do processo, a angústia ante a imprevisibilidade do desfecho, a pendência do estado litigioso sobre a coisa ou a relação jurídica, bem como a incerteza quanto à real efetividade prática do comando após o trânsito em julgado.[13]

Especialmente no âmbito do Direito Público, cabe pensar na instituição de vias administrativas em que se possa aferir a legitimidade dos comportamentos estatais. O exercício procedimentalizado da autotutela tem o potencial não só de garantia célere da juridicidade, mas, principalmente, de viabilizar a coleta de dados técnicos e objetivos que embasem a decisão administrativa, o que implica maior segurança jurídica para os cidadãos e órgãos envolvidos.

Se se institui na estrutura da Administração Pública um espaço próprio em que os cidadãos podem apresentar seus interesses e o Poder Público analisar as circunstâncias fáticas e jurídicas pertinentes, viabiliza-se a formação de um juízo estatal devidamente fundado na realidade, nas normas e nas demandas dos interessados. Evita-se a manutenção de juízos preliminares equivocados e insuficientemente fundamentados, sendo possível a correção de eventuais erros. Ademais, as decisões tomadas ao final serão acompanhadas de todos os elementos técnicos e jurídicos que repercutem no seu conteúdo, implicando maior segurança para a população e a própria Administração Pública. Com esses dados é possível obter maior adesão social ao juízo administrativo, afinal, quem conhece as razões pelas quais uma determinada decisão foi tomada tem mais chances de por ela ser convencido, mesmo quando contrária aos seus interesses.

A possibilidade de o Estado evitar uma deliberação em caráter definitivo viciada e de os cidadãos cujos interesses foram contrariados conformarem-se com a decisão administrativa, por si só, já consiste em fator que demonstra a necessidade de se estruturar a autotutela de modo mais eficiente no mundo contemporâneo. Não se ignore que cada litígio que deixa de ser levado ao Poder Judiciário, por obter solução

---

[13] MANCUSO. A resolução dos conflitos e a função judicial no contemporâneo Estado de Direito. *Revista dos Tribunais*, p. 28.

adequada na via administrativa, equivale a uma outra demanda cujo julgamento poderá ocorrer de forma mais célere, justo e eficiente, o que é de interesse da sociedade e do Estado. Isso sem mencionar a redução dos custos com verbas honorárias, estruturação da representação dos entes administrativos, atuação de instituições como o Ministério Público e gastos com a prestação jurisdicional.

Cumpre frisar que, se após exercida a autotutela o inconformismo do interessado permanecer e ele terminar por recorrer ao Judiciário, o Poder Público terá como apresentar os sólidos fundamentos que embasaram sua recusa, facilitando a defesa por parte do órgão de representação judicial, a fiscalização pelos órgãos controladores, bem como a própria prestação jurisdicional. Ter-se-á, pois, maior credibilidade e segurança na atuação administrativa, o que resultará em maior facilidade na solução definitiva do conflito.

2.1 Dos riscos da judicialização excessiva

Decorre da realidade contemporânea o desafio de não se limitar a discussão sobre a legitimidade do controle judicial das políticas públicas, mas, sim e principalmente, de identificar quais mecanismos podem evitar que tal controle seja a única saída para as relações conflituosas do Estado. O foco sai da atuação no Estado no controle judicial das ações públicas e se volta para os meios que sejam capazes de torná-lo desnecessário na realidade administrativa.

Não há dúvida de que a atuação do Judiciário é elemento fundamental no equilíbrio dos Poderes do Estado; em contrapartida, é também preciso reconhecer que a necessidade da sua intervenção dá-se quando frustrada a concepção das normas pelo Legislativo, de modo a concretizar a Constituição e/ou quando ineficiente a atuação administrativa do Estado. Se devidamente instituída uma dada política pública em regras legais, com regulamentação adequada e comportamentos administrativos eficientes que a executem em favor da sociedade, torna-se desnecessária a atuação do Poder Judiciário. Nesse sentido, o melhor aperfeiçoamento da atividade estatal dá-se com o incremento da atividade legislativa e principalmente administrativa do Estado, reservando-se ao Judiciário a honrosa tarefa de, nas hipóteses excepcionais de desvios, intervir e fazer prevalecer a juridicidade.

É preciso que restem ao Judiciário, em registro residual, controvérsias que, em razão de fatores tecnicamente consistentes (complexidade da matéria, peculiaridade das partes, inviabilidade de solução por outras formas ou esgotamentos delas, ações ditas necessárias) efetivamente exijam passagem judiciária.[14] Nesse contexto, é claro que qualquer controle exercido pela Administração, na busca da execução adequada das suas competências, é meio eficiente para se alcançar a melhor atuação executiva do Estado. Não transferir exclusivamente para controles externos a função de viabilizar a melhor realização das tarefas administrativas é tarefa da qual o gestor público não pode se descurar. Nas estruturas da Administração e na doutrina amplia-se a ideia de não ser possível transferir ao Poder Judiciário todas as esperanças de incremento na atuação do Estado. É tarefa da própria Administração buscar o aperfeiçoamento na concepção e concreção das políticas públicas.

Com medidas dessa natureza, evita-se que o Judiciário tome para si toda a atividade governamental, desde a formatação de uma política pública até sua implementação, incluindo-se a relação entre órgãos de diversos poderes. Se atualmente não cabe sustentar imunidade de controle quanto a atos políticos ou administrativos, é igualmente intolerável um sistema que termine por transferir ao Judiciário a integralidade da competência relativa a setores fundamentais, como a prestação dos serviços públicos. O Professor paulista Gilberto Bercovici, em palestra proferida na Escola da Magistratura Regional Federal da 2ª Região (EMARF) em 27.10.2006, sublinhou que "O Poder Judiciário não é o único poder e nem é o mais importante deles todos", ao que se acrescentou: "Quanto mais a Constituição se torna objeto de interpretação exclusiva do Tribunal, mais a política democrática abandona o terreno da Constituição". Os riscos passam pela adoção, pelo magistrado, de teorias próprias de equidade e justiça não amparadas no ordenamento, com subversão das normas constitucionais e legais vigentes, sendo a atuação política subjetiva inadmissível, mormente quando significar verdadeiro arbítrio.

Sobre o problema da legitimidade democrática, Marco Antônio de Rezende Teixeira e Gustavo Alexandre Magalhães pontuam que o Chefe do Executivo é eleito pelo povo, para gerir a coisa do povo. Quando se passa para o Judiciário essa função, estar-se-ia retirando dos poderes legitimados pelo voto popular a prerrogativa de decidir de que modo os recursos públicos devem ser gastos. Afirmam, assim, não ser admissível para a democracia que quem dita política pública tenha cargo vitalício, inamovível, não estando submetido a julgamento

---

[14] MANCUSO. A resolução dos conflitos e a função judicial no contemporâneo Estado de Direito. *Revista dos Tribunais*, p. 17.

popular, como os detentores de mandato do Legislativo e Executivo. Tais impugnações acentuam-se quando se considera que mais de 70% dos magistrados presentes no XIX Congresso da Associação dos Magistrados Brasileiros, ao tomarem suas decisões, consideram que a capacidade financeira, operacional e orçamentária do Estado tem pouca ou nenhuma importância. 38,9% não consideram importantes os impactos orçamentários ao proferir uma decisão.[15]

De fato, um dos riscos presentes na judicialização excessiva é a maior dificuldade de um magistrado compreender todas as implicações da gestão governamental que implica limitações dos direitos e deveres públicos. O Executivo lida diariamente com as diversas demandas de interesse público e do interesse particular. É também esse o Poder que tem contato direto com as finanças públicas. "O Judiciário nunca terá completo conhecimento das condições materiais de que dispõe o Estado para cumprir suas várias atribuições constitucionais, e sua interferência pode causar uma má gestão do interesse público".[16]

O que alguns doutrinadores pontuam é que, por vezes, o controle do ato administrativo pelo Judiciário desconsidera, por completo, o planejamento orçamentário do ente político. Em diversas situações leva ao descumprimento da Lei Complementar nº 101, pois o Estado deverá arcar com gastos não previstos na Lei Orçamentária, sendo possível até mesmo incidência nos crimes previstos no art. 359-D do Código Penal; no art. 1º, V, do Decreto-Lei nº 201/67; no art. 10, nº 6 da Lei nº 1.079/50, bem como nos ilícitos da Lei nº 8.429/92.[17] Daí ser comum questionar a assunção de despesas sem anterior previsão orçamentária, até mesmo no tocante a processos deflagrados pelo Executivo ou a decisões judiciais, sobretudo liminares. Diante de condenações judiciais decorrentes de lides movidas individualmente, com clara repercussão orçamentária, argui-se ofensa à ordem jurídica vigente e se impugna o fato de os juízes singulares já controlarem o orçamento, em diversas realidades. Críticos denunciam que o controle judicial do orçamento vem sendo exercido da pior maneira possível, "sem que se admita estar sendo feito e, portanto, de forma acrítica e sem qualquer possibilidade de controle de racionalidade (não se preocupa em

---

[15] TEIXEIRA, Marco Antônio de Rezende. MAGALHÃES, Gustavo Alexandre. A judicialização das políticas públicas. *Revista da Procuradoria-Geral do Município de Belo Horizonte – RPGMBH*, Belo Horizonte, ano 1, n. 2, p. 153, 161, jul./dez. 2008.
[16] TEIXEIRA; MAGALHÃES. A judicialização das políticas públicas. *Revista da Procuradoria-Geral do Município de Belo Horizonte – RPGMBH*, p. 153.
[17] TEIXEIRA; MAGALHÃES. A judicialização das políticas públicas. *Revista da Procuradoria-Geral do Município de Belo Horizonte – RPGMBH*, p. 156-157.

controlar o que se finge não existir)". Reitera-se que a consequência prática é a elitização das prestações judiciais, sendo necessário impor fronteiras ao uso desmedido de instrumentos de controle judicial, sob pena de caminharmos para uma verdadeira "juristocracia".[18] São claros os riscos de criar frustração coletiva, quando patente a impossibilidade da concretização da política almejada ou, ainda pior, de desarticular a ação estatal, baseada nas políticas públicas aprovadas nas urnas.[19]

Quem realiza a atividade administrativa de modo direto, próximo da realidade social a que ela se destina, mais facilmente percebe que Estado algum é capaz de fornecer tudo (princípio da integralidade) a todos (princípio da universalidade), imediatamente. Há limitações empíricas e jurídicas que devem ser respeitadas.

Em qualquer país, é impossível que o Estado pretenda dar tudo a todos, mormente em uma época na qual as demandas tendem ao infinito. Em outras palavras, integralidade e universalidade, considerando-se o excessivo número de deveres públicos, não são faticamente exequíveis. É impossível que o Estado supra todas as necessidades de todos os cidadãos na área de educação, moradia, saneamento básico, saúde (medicamentos, exames, tratamentos, cirurgias, etc.), segurança, transporte, lazer, todas a cargo do Estado. Em toda a história, Estado algum conseguiu atender a integralidade das demandas a que todos os seus cidadãos entendem fazer jus. É preciso identificar, portanto, os paradigmas limitadores do cumprimento dos deveres estatais que estão previstos no ordenamento e que surgem da própria realidade social, o que, à obviedade, é mais facilmente e melhor capturado pela Administração Pública.

Como bem observa a doutrina contemporânea, "Não se trata de adotar qualquer corrente restritiva sobre a proteção dos direitos fundamentais, mas chamar a atenção para o comprometimento da governabilidade e respeito ao Estado Democrático de Direito". É preciso utilizar, "todos os meios disponíveis para a correta percepção da realidade, sem devaneios, falsas promessas ou jurisdição arbitrária".[20] Em razão até mesmo da teoria dos custos dos direitos, "deve-se ter

---

[18] TAVEIRA, Christiano de Oliveira. TRAVASSOS, Marcelo Zenni. O controle das leis orçamentárias à luz dos direitos humanos: reflexões teóricas e análise jurisprudencial aplicadas sobre o direito à saúde. *Fórum de Contratação e Gestão Pública – FCGP*, Belo Horizonte, ano 8, n. 92, p. 46, ago. 2009.

[19] TEIXEIRA; MAGALHÃES. A judicialização das políticas públicas. *Revista da Procuradoria-Geral do Município de Belo Horizonte – RPGMGH*, p. 156-157.

[20] GUIMARÃES, Jader Ferreira; WITZEL, Wilson José. Limitações processuais à tutela judicial do direito à saúde. *Revista de Processo*, São Paulo, ano 35, n. 179, p. 220, jan. 2010.

perfeitamente em mente que, ao se realizar a alocação de recursos no orçamento, se está verdadeiramente determinando quais direitos serão cumpridos e quais não". De fato, a doutrina vem insistindo que direitos não nascem em árvores, pois é clara a necessidade de recursos para que sejam prestadas as atividades estatais exigidas para sua efetivação. A garantia de um direito, através da alocação de fundos para prestação de atividades estatais que o garantam, necessariamente determina o não atendimento de outra pretensão jurídica, para a qual faltarão recursos, já que alocados em outros setores. Daí porque "A escolha de onde se alocar os recursos finitos dos quais dispõe o Estado representa uma ponderação entre direitos".[21] E essa ponderação, que é qualificada como escolha trágica em diversas realidades, deve se dar na esfera em que o maior número de aspectos seja considerado, da forma mais eficiente possível.

É inegável que consiste rotina diária da Administração lidar com recursos limitados que têm de ser distribuídos entre as várias necessidades básicas, segundo critérios de prioridade e razoabilidade. É ela quem lida com o cotidiano que lhe exige critérios de racionalização, padronização e razoabilidade na consecução das políticas públicas. É ela quem detém maior proximidade com os elementos que podem ser considerados em critérios racionais decisórios no âmbito do Poder Público.

Segundo Jader Ferreira Guimarães e Wilson José Witzel, a discrição, ao contrário do arbítrio, assenta-se nos valores, nas experiências e na moralidade médica, ao que acrescem haver limitações físicas, financeiras e diversos fatores humanos que interferem na compreensão da realidade, com detalhes técnicos, que muitas vezes estão além da percepção normal dos juízes, necessitando de amplo debate e instrumentos de apoio aprimorados, a fim de se preservar a segurança e justiça das decisões, ao abrigo das premissas estabelecidas na decisão acima comentada.[22] que muitas vezes estão além da percepção normal dos juízes, necessitando de amplo debate e instrumentos de apoio aprimorados, a fim de se preservar a segurança e justiça das decisões, ao abrigo das premissas estabelecidas na decisão acima comentada.[23]

---

[21] TAVEIRA; TRAVASSOS. O controle das leis orçamentárias à luz dos direitos humanos: reflexões teóricas e análise jurisprudencial aplicadas sobre o direito à saúde. *Fórum de Contratação e Gestão Pública – FCGP*, p. 37-38.
[22] GUIMARÃES; WITZEL. Limitações processuais à tutela judicial do direito à saúde. *Revista de Processo*, p. 220, 223.
[23] GUIMARÃES; WITZEL. Limitações processuais à tutela judicial do direito à saúde. *Revista de Processo*, p. 220, 223.

Em um país como o Brasil, não se pode descartar a escassez de recursos suficientes para satisfazer todos os direitos fundamentais. E, logicamente, não se pode ignorar o resultado desta escassez quando se controla políticas públicas acusadas de não prover os cidadãos com o mínimo essencial à sobrevivência digna. Como assevera Luiz Manoel Gomes Júnior, ao comentar acórdão do TJSP, "apesar da tendência natural de ser ignorada tal questão, *o que é fácil em sede de demandas individuais*, pois o orçamento do Estado (em sentido lato) é suficiente para custear qualquer tipo de tratamento, *individualmente considerado*, a escassez é algo *inexorável* e não pode ser relevada a um segundo plano, como se não tivesse qualquer relevância para o aplicador do direito".[24] Ademais, ao tutelar um direito fundamental não se pode perder de vista a existência de tantos outros direitos fundamentais como moradia, educação, preservação do meio ambiente e segurança pública, sendo necessárias informações precisas sobre cada uma dessas searas e os respectivos gastos públicos, de modo a que se tenha decisões fundamentadas jurídica, econômica e socialmente.[25] Tais aspectos podem ser colacionados e devidamente fundamentados pela Administração, quando do exercício da autotutela, de modo a, inclusive, facilitar a correção do eventual controle judiciário.

Além disso, é possível o controle da Administração, inserido numa estrutura gerencial mais ampla, defina, sem maior esforço, a existência de um direito subjetivo de um membro da sociedade com uma visão do caso concreto conexa com o contexto social em que se insere. É imperioso enquadrar necessidades individuais em uma perspectiva genérica, de modo que o interesse social mais amplo não seja sacrificado em face de uma demanda individual, cujo atendimento frustraria a própria ideia de segurança jurídica compartilhada. Inserir o ato de governo em uma perspectiva coletiva, que operacionalize o atendimento do bem comum e não apenas a satisfação de um interesse singular é tarefa mais facilmente realizada pela própria Administração do que pelo Poder Judiciário.

Não são raras as decisões judiciais que, em face de uma visão individualizada da realidade, buscam atender uma demanda específica apresentada ao Estado, a qual, em última instância, pode chegar

---

[24] GOMES JÚNIOR, Luiz Manoel. Jurisprudência comentada: saúde: tratamento médico: limites para a exigência de custeio pelo poder público: abuso de direito: inadmissibilidade. *Revista dos Tribunais*, São Paulo, v. 95, n. 844, p. 131. fev. 2006.

[25] GUIMARÃES; WITZEL. Limitações processuais à tutela judicial do direito à saúde. *Revista de processo*, p. 224, 234-235.

a comprometer todo o funcionamento do sistema cuja efetividade é indispensável na vida de inúmeros outros cidadãos. Para o gestor público é mais espontânea a percepção de que uma decisão de governo não pode inviabilizar medidas que realmente são necessárias à proteção do interesse social. Afinal, é indispensável a vinculação à efetiva necessidade da sociedade, a fim de evitar que, em razão de decisões que aparentemente atendem necessidades de um indivíduo, termine-se por viabilizar apenas a satisfação de interesses econômicos do mercado ou por colocar em risco o próprio sistema. É preciso impedir que interesses isolados comprometam o atendimento das demandas reais da comunidade, sendo teratológico viabilizar um controle voltado à exclusiva satisfação de propósitos lucrativos e egoísticos.

O resultado com que nos deparamos ao analisar o controle judicial é, muitas vezes, uma ampliação da desigualdade social já tão acentuada em nossa sociedade. No lugar da democratização do acesso aos direitos, vislumbra-se, em dadas situações, a sua elitização definitiva. Isso porque aqueles que possuem condições econômicas para recorrer ao Judiciário através de competentes profissionais são raras vezes os que mais necessitam da discussão pertinente às garantias e normas constitucionais. Os que mais necessitam de políticas eficazes implantadas pelo Estado sequer tem ciência do seu teor, o que, senão suprime, reduz significativamente as chances de pedidos judiciais que lhes favoreçam. Em determinadas realidades, pois, a microjustiça terminou por promover a macroinjustiça. Daí por que se verifica a necessidade de ser adotado mecanismo cuja utilização garanta que as escolhas realizadas atendam os cidadãos de modo geral, principalmente aqueles que, normalmente, são invisíveis a boa parte da sociedade e ao Estado.

Relembre-se que, no Brasil, a despeito do inegável crescimento significativo no acesso judicial dos últimos anos, ainda são poucos os que logram ter suas demandas encerradas pelo Poder Judiciário. Apesar da avalanche incessante de processos que se avolumam nas secretarias dos Juízos, com clara ampliação na realização do art. 5º, XXXV da Constituição, ainda é grande a parcela da população que não tem acesso à jurisdição. Para se evitar o sério risco de promover uma elitização na consecução dos princípios constitucionais, cuja efetividade se restringirá àqueles que conseguirem ter a sua demanda apresentada com lucidez e julgada com celeridade, um controle realizado pela própria Administração, atenta ao prisma coletivo, torna-se mecanismo de democratização mais eficiente e justo.

Outrossim, tem-se advertido para o fato de que qualquer forma de ditadura é reprovável, inclusive a que resulte do excesso de funções assumidas pelo Judiciário. Como explicita Jacques Chevallier, "O recurso à Justiça também produz alguns efeitos perversos, ao cristalizar os conflitos: o 'legalismo conflitual' comportará um conjunto de custos econômicos, institucionais, humanos"; donde resulta um "conjunto de críticas, cuja tonalidade varia segundo o país, indo até a denúncia do espectro do 'governo dos juízes'". O doutrinador francês explicita que o movimento de juridicização suscita fortes oposições que chegam a denunciar um "golpe de Estado pelos Juízes", os quais, protegidos pela inamovibilidade e pela irresponsabilidade, procurariam impor a sua supremacia. Nessa perspectiva, a tendência de substituir o político pelo judiciário seria indício de regressão democrática.[26]

Também sublinhando a impossibilidade de se suprimir a competência do legislador, destaca-se a doutrina portuguesa, segundo a qual

> Atribuir à competência material dos tribunais decisões sobre política económica, social ou cultural, e fazer com que os tribunais por estas respondam, viola não apenas o princípio "democrático" como o princípio da "separação de funções". Essas competências pertencem essencialmente aos órgãos politicamente conformadores, e, entre estes, em primeira linha ao legislador. Como sublinham BÖCKENFÖRDE e HESSE: a decisão sobre os direitos fundamentais sociais não se apresenta como uma questão da competência dos tribunais e do poder judicial, mas essencialmente dos órgãos politicamente conformadores.[27]

Ao tratar da judicialização dos conflitos relativos às políticas públicas e da politização das decisões judiciais, a doutrina brasileira adverte ser inadmissível um Poder querer fazer o papel de dois, ou seja, aplicar as leis e também criá-las. Em primeiro plano, "É preciso ter em mente que o Judiciário é uma criação humana e, portanto, não deve querer se arvorar no papel de oráculo de justiça divina". Ademais, "É falaciosa a idéia de se alcançar justiça social através da aplicação da visão humana do juiz, em detrimento do emprego da lei. Deste modo, o desprezo da lei nas decisões, causará um sentimento generalizado de falta de exigibilidade nos acordos. Essa imprevisibilidade ocasionará o aumento dos custos para fazer frente aos prejuízos".[28]

---

[26] CHEVALLIER. *O Estado pós-moderno*, p. 133-134, 211.
[27] QUEIROZ, Cristina. *O princípio da não reversibilidade dos direitos fundamentais sociais*: princípios dogmáticos e prática jurisprudencial. Coimbra: Coimbra Ed., 2006. p. 77.
[28] FREITAS JÚNIOR, Luís de. Riscos do Intervencionismo judicial para a segurança jurídica e efetividade da economia. *Revista da AGU*, Brasília-DF, ano 8, n. 19, p. 197-200, jan./mar. 2009.

Os juristas pátrios acentuam que decisões judiciais que interferem em políticas públicas de efetivação dos direitos sociais a prestações materiais mitigam a separação dos Poderes consagrada constitucionalmente. Marina Filchtiner Figueiredo invoca o magistério de Ariza para afirmar que o ativismo judicial em matéria de direitos sociais a prestações materiais é mais "grave" ou "arriscado", por pressupor uma substituição do juiz ao legislador e a consequente invasão das competências político-orçamentárias. Sustenta que, malgrado a garantia de um mínimo de conteúdo dos direitos sociais, sua definição é tarefa do legislador democrático, e completa: "Diante da evidência que é a escassez, não se há falar em direitos absolutos, mas em direitos 'possíveis'".[29]

Além disso, a resposta que os cidadãos requerem para suas inúmeras necessidades não passa pela construção de um sistema concentrado de poder que, em determinadas realidades, pode vir a produzir situações mais danosas ao interesse social que algumas que hoje já existem. Atente-se para o remédio concebido para curar (o eficiente controle judicial da legalidade pública), quando administrado, não venha a matar o doente (o interesse público primário). Nesse sentido, advertências do Professor Paulo Neves são retomadas por doutrina atualizada:

> Um viés da crítica que se traça ao intervencionismo judiciário na área de fornecimento de remédios é, precisamente, o de que ele põe por água abaixo tais esforços organizacionais. Autoridades e diretores de unidades médicas afirmam que, constantemente, uma ordem judicial impondo a entrega de remédio a um determinado postulante acaba por deixar sem assistência farmacêutica outro doente, que já se encontrava devidamente cadastrado junto ao centro de referência.[30]

Equacionando as observações doutrinárias mais comuns, Luís Roberto Barroso sistematiza as críticas mais comuns à judicialização excessiva. Em primeiro plano, sustenta-se que a garantia dos direitos se dará por meio de políticas sociais e econômicas, não através de decisões judiciais, mesmo porque a Constituição defere a tarefa aos órgãos executores de políticas públicas. Uma segunda vertente enfatiza que há diversas possibilidades de desenho institucional no domínio da Constituição, sendo que o Executivo possui visão global tanto dos recursos

---

[29] FIGUEIREDO, Marina Filchtiner. *Direito fundamental à saúde*: parâmetros para sua eficácia e efetividade. Porto Alegre: Livraria do Advogado, 2007. p. 148-150.
[30] GOUVÊA, Marcos Maselli. O direito ao fornecimento estatal de medicamentos. *Revista Forense*, v. 370, p. 113, nov./dez. 2003.

disponíveis quanto das necessidades a serem supridas. Nesse contexto, as decisões judiciais alteram o arranjo institucional concebido pela Constituição de 1988. Uma terceira impugnação refere-se ao fato de se retirar dos poderes legitimados pelo voto popular a prerrogativa de decidir de que modo os recursos públicos devem ser gastos. Decidir, com base em critérios razoáveis, de que modo os recursos públicos devem ser gastos, qualifica-se como atribuição popular direta ou competência a ser exercida por meio dos representantes eleitos dos cidadãos. Ademais, tem-se a crítica frequente relativa à insuficiência dos recursos públicos para atender as necessidades sociais, o que impõe ao Estado a tomada de decisões difíceis. Investir recursos em determinado setor sempre implica deixar de investi-los em outros, competência da Administração Pública. Objeção recente, segundo o constitucionalista, é o fato de as decisões judiciais provocarem desorganização da Administração, privando-a da capacidade de planejar e comprometendo a eficiência administrativa no atendimento do cidadão. Além disso, quando o Judiciário assume o papel de protagonista na implementação dessas políticas, privilegia aqueles que possuem acesso qualificado à Justiça, seja por conhecerem seus direitos, seja por poderem arcar com os custos do processo judicial. Do ponto de vista técnico, o Judiciário não tem como avaliar se determinado medicamento é efetivamente necessário para promover a saúde e a vida. Do ponto de vista da análise econômica do Direito, o benefício auferido com o resultado da prestação jurisdicional é menor do que aquele que obtido pelo investimento dos mesmos recursos em outras políticas, inclusive de prevenção.[31]

Num contexto em que os riscos são manifestos e as múltiplas demandas são complexas, para que se aperfeiçoe o equilíbrio necessário entre a quantidade das decisões que se espera do Estado e a qualidade delas, surge como mecanismo eficiente a autotutela administrativa que encontra sua legitimidade na própria exigência de legalidade e de eficiência pública. A autotutela administrativa, procedimentalizada, torna-se, assim, um instrumento da mudança desejável e necessária em setores fundamentais à população, como é o caso da saúde pública.

Decisões tomadas em sede de controle pela própria Administração permitem que sejam considerados aspectos orçamentários dificilmente passíveis de exame pelo Judiciário. Ao delimitar a obrigatoriedade pertinente aos serviços, é preciso considerar a necessidade de criar bens materiais (como a construção de edifícios, aquisição de

---

[31] BARROSO, Luís Roberto. Parecer s/nº. Da falta de efetividade à judicialização excessiva: direito à saúde, fornecimento gratuito de medicamentos e parâmetros para a atuação judicial. *Revista de Direito da Procuradoria-Geral*, Rio de Janeiro, v. 63, p. 333-337, 2008.

equipamentos), bem como de prestar serviços (como o atendimento direto ou através de programas que estabeleçam parcerias com as comunidades), todas essas providências exigem dispêndio de recursos públicos e gestão administrativa do Estado. Os gastos do erário devem se orientar pela razoabilidade e eficácia administrativa, mormente diante do excessivo número de demandas enfrentadas pelo Poder Público. Quanto maiores as demandas e sua complexidade, maior a responsabilidade do gestor encarregado da escolha pública relativa à medida a ser adotada. Não lhe é deferida a alternativa do excesso, nem mesmo da ausência ou insuficiência. Referido equilíbrio apresenta maior potencial de razoabilidade na estrutura da Administração que, com os dados recolhidos, poderá fundamentar sua decisão, a qual estará submetida, inclusive, a eventual controle pelo Judiciário.

2.3 Algumas experiências de autotutela administrativa

Com o incremento reconhecido à processualização da atividade administrativa, tem-se clara a necessidade de normatização dos atos sucessivos que, em estruturas orgânicas competentes, resultaram no exercício da autotutela. Como bem adverte Marçal Justen Filho,

> O processo administrativo não pode ser um simples arremedo de ritos, instaurado apenas em momento posterior à formação da vontade do governante.
>
> Mais precisamente, é necessário superar a concepção de que a infração ao devido processo administrativo somente vicia o ato administrativo quando o interessado demonstrar algum prejuízo. Isso equivale a reconhecer que a observância dos mecanismos de democracia é irrelevante. O devido processo administrativo é requisito inafastável do exercício democrático do poder político.[32]

A competência decisória do Estado, inclusive quando se trata de controle de juridicidade e verificação do conteúdo adequado para atos pertinentes à realização de política pública, vem sendo exercida cada vez mais de modo estruturado. Vale conferir experiências diversas como a realizada pelo Estado de Minas Gerais no setor de pessoal, pelo Município de Porto Alegre, em relação a pretensões indenizatórias, bem como pelo Estado de São Paulo, especialmente no setor de saúde pública.

---

[32] JUSTEN FILHO, Marçal. O direito administrativo de espetáculo. *Fórum Administrativo*, Belo Horizonte, ano 9, n. 100, p. 152-153, jun. 2009.

2.3.1 O Conselho de Administração de Pessoal Mineiro

No Estado de Minas Gerais, é possível relatar a experiência do Conselho de Administração de Pessoal. A propósito, o Procurador do Estado Dr. Marcelo Barroso Lima Brito de Campos publicou artigo explicitando a evolução na atuação do referido órgão, bem como alguns dos seus principais aspectos jurídicos.[33]

O Conselho de Administração de Pessoal surge como um mecanismo de controle preventivo, com competência para se pronunciar sobre controvérsias entre Administração e servidor público, sendo clara sua preocupação com os princípios da eficiência e da dignidade da pessoa humana:

> A criação, a manutenção e o funcionamento de órgãos colegiados no âmbito da Administração Pública com a finalidade de apresentar soluções (decisões) administrativas em face de controvérsias havidas entre estas e seus servidores é medida de eficiência (CF, art. 37) e de evitabilidade de lides judiciais.[34]

A instituição do Conselho de Administração de Pessoal (CAP) ocorreu pelo art. 125 da Constituição do Estado de Minas Gerais, tendo sido organizado segundo o disposto na Lei nº 4.594, de 05.10.1967. Originariamente era presidido pelo Advogado Geral do Estado e composto por um representante da Assessoria Técnico-Consultiva do Governador, um representante da Ordem dos Advogados do Brasil — seção Minas Gerais —, dois servidores públicos estaduais escolhidos pelas respectivas associações de classe, e dois técnicos de administração, indicados pelo Secretário de Estado da Administração, sendo que a um destes técnicos cabia a função de secretário executivo do órgão. A Lei nº 6.708, de 03.12.1975, alterou o *caput* do art. 3º da Lei nº 4.594/67, excluindo ao membro indicado pelo Secretário de Estado da Educação da tarefa secretário executivo do órgão.

À exceção do Presidente, o mandato dos Conselheiros era de 3 (três) anos, com a possibilidade de renovação, não restringindo a norma o número dos mandatos que cada membro poderia exercer, ou seja, não havia disposição limitativa do número de vezes que um Conselheiro

---

[33] CAMPOS, Marcelo Barroso Lima Brito de. A experiência do Conselho de Administração de Pessoal da Advocacia-Geral do Estado de Minas Gerais. *Revista Jurídica da Advocacia-Geral do Estado de Minas Gerais*, n. 1/2, p. 35-45, jan./dez. 2008.

[34] CAMPOS. A experiência do Conselho de Administração de Pessoal da Advocacia-Geral do Estado de Minas Gerais, p. 35.

poderia ser reconduzido para composição do plenário. Tal dispositivo foi mantido pelo Decreto nº 17.301/75 e teve vigência até a Lei Delegada nº 28/85 que reduziu o mandado dos membros do Conselho para 02 (dois) anos e limitou a possibilidade de recondução a apenas uma vez.

Observe-se que no primeiro momento o Conselho foi considerado um órgão administrativo ao qual competia decidir sobre as reclamações apenas dos servidores públicos estaduais contra os atos que afetassem os interesses e direitos funcionais, não havia extensão aos servidores das autarquias e das fundações públicas:

> Art. 1º O Conselho de Administração de Pessoal, instituído pelo artigo 125 da Constituição do Estado, é órgão administrativo com competência para decidir sobre as reclamações dos servidores públicos estaduais contra os atos que afetam os interesses e direitos funcionais. (Lei nº 4594/67, redação original)

Somente em 1975, com a edição do Decreto nº 17.301, é que o CAP foi definido como órgão de jurisdição administrativa intermediária, situação que persiste até hoje. Neste momento as funções de Conselheiro passam a ser declaradamente consideradas de relevante interesse público, e seu exercício, quando atribuído a servidor do Estado, passa a ser considerado prioritário em relação às atividades próprias do cargo de que é ocupante (*caput* do art. 4º do citado Decreto).

Com a Lei Delegada nº 28, de 28 de agosto de 1985, o Conselho passa a decidir reclamações dos servidores públicos civis do Estado e das autarquias estaduais, bem como dos aposentados, a saber:

> Art. 1º Ao Conselho de Administração de Pessoal, instituído pelo art. 125 da Constituição do estado e organizado pela Lei nº 4.594, de 5 de outubro de 1967, compete decidir sobre reclamações dos servidores públicos civis do Estado e das autarquias estaduais, bem como dos aposentados.

Outras introduções foram realizadas pela lei delegada: exigência de título de bacharel em direito para os representantes da Secretaria de Estado da Administração e dois anos de inscrição na OAB/MG; limitação da escolha do representante da Assessoria Técnico-Consultiva do Governador ao Quadro de Consultores; exclusão da possibilidade de nomeação os servidores que detenham poder de decisório em suas respectivas áreas de atuação; além da previsão de indicação de suplente para os Conselheiros:

Art. 2º O Conselho será composto de sete (7) membros, na forma seguinte:

I - Procurador Geral do Estado;

II - dois (2) representantes da Secretaria de Estado da Administração, possuidores de títulos de bacharel em direito e que tenham, pelo menos, 2 (dois) anos de inscrição na OAB/MG;

III - um (1) representante da Assessoria Técnico-Consultiva do Governador, escolhido dentro do Quadro de Consultores;

IV - um (1) representante da Ordem dos Advogados do Brasil – Seção de Minas Gerais;

V - dois (2) representantes dos servidores públicos civis do Estado escolhidos na forma dos §§1º, 3º e 4º do artigo 3º da Lei nº 4.594, de 5 de outubro de 1967.

§1º Não poderão ser indicados representantes da Secretaria de Estado de Administração e da Assessoria Técnico-Consultiva do Governador servidores que detenham poder decisório em suas respectivas áreas de atuação.

§2º Para cada um (1) dos membros do Conselho, será indicado um suplente.

Em 1993, por força do art. 5º da Lei Complementar nº 30, o CAP passou a ser subordinado à Procuradoria-Geral do Estado, situação mantida pela Lei Delegada nº 101, de 29 de janeiro de 2003. Importante alteração também foi realizada pelo Decreto nº 36.887, de 23 de maio de 1995, que estendeu a competência do CAP, permitindo-lhe apreciar os processos dos servidores das Autarquias e das Fundações Públicas Estaduais, bem como dos aposentados.

Em 30.07.2003 entra em vigor a Lei nº 14.696 alterando o art. 4º da Lei Delegada nº 28/85 para conferir ao Presidente ordinário em todos os julgamentos e, em caso de empate, voto de qualidade, escrito e fundamentado, bem como atribuir-lhe a competência para proferir decisões *ad referendum, in verbis*:

Art. 1º O art. 4º da Lei Delegada nº 28, de 28 de agosto de 1985, fica acrescido dos seguintes §§1º e 2º, ficando o parágrafo único transformado em §3º:

Art. 4º [...] §1º - Compete ao Presidente proferir voto ordinário em todos os julgamentos e, no caso de empate, voto de qualidade, escrito e fundamentado.

§2º Compete ainda ao Presidente, nas hipóteses e na forma prevista pelo regimento interno, proferir decisões ad referendum.

Como bem explicita Dr. Marcelo Barroso Lima Brito de Campos, trata-se de jurisdição administrativa intermediária, vale dizer, de uma instância recursal entre a primeira reclamação feita pelo servidor junto ao seu órgão ou entidade de provimento e a reclamação em grau de recurso final, a ser analisada pelo Governador do Estado em última instância.[35]

O CAP foi definido como um órgão coletivo, cujo Plenário é paritário, composto por 7 (sete) membros, a saber: Advogado Geral do Estado (Presidente), seis efetivos e seis suplentes designados pelo Governador: um representante da OAB/MG, dois oriundos da SEPLAG, um da Secretária da Fazenda e dois servidores públicos, todos preferencialmente possuidores de títulos de bacharel em direito. "O CAP tem por incumbência acolher, analisar e decidir reclamações e pleitos dos servidores, na ativa e aposentados, das Secretarias de Estado, das autarquias e das fundações públicas, em relação a atos que afetem seus direitos funcionais", donde se infere que não atinge servidores e empregados de sociedades de economia mista e empresas públicas, nem possui atribuição disciplinar.[36]

Sobre eventual conflito entre a instância administrativa e judicial, certo é que o art. 5º, XXXV da CF, não impede a autotutela pelo referido órgão colegiado. No mesmo sentido, Marcelo Barroso também pontua que o fato de a Constituição garantir a reserva de jurisdição ao Judiciário "não exclui a possibilidade de que órgão administrativo possa dizer o direito em relação a conflito de interesses, desde que este órgão não o faça com definitividade imposta, eis que a questão poderá ser apreciada e julgada pelo Judiciário, ressalvada a intangibilidade judicial do mérito administrativo (critérios de oportunidade e conveniência), sob pena de ofensa ao princípio da separação funcional dos poderes (CF, art. 2º)". Ainda conclui o citado autor:

> Em suma, a jurisdição administrativa exercida pelo Conselho de Administração de Pessoal não exclui a questão nele analisada da apreciação pelo Poder Judiciário, mas pode assumir caráter de definitividade (coisa julgada) se as partes se conformarem com sua deliberação, se ocorrer prescrição, prescrição de fundo de direito, decadência ou se se tratar

---

[35] CAMPOS. A experiência do Conselho de Administração de Pessoal da Advocacia-Geral do Estado de Minas Gerais, p. 36.
[36] CAMPOS. A experiência do Conselho de Administração de Pessoal da Advocacia-Geral do Estado de Minas Gerais, p. 36.

de matéria relativa ao mérito administrativo, no exato exercício de um controle preventivo da Administração Pública.[37]

Destaca-se como importante tarefa do Conselho de Administração de Pessoal a competência de propor ao Advogado Geral do Estado a edição de enunciados de súmulas administrativas, que funcionam não apenas como fonte jurídica orientadora/persuasiva, mas como fonte de Direito a ser efetiva e obrigatoriamente observada no âmbito estadual: "A súmula administrativa pode ser considerada um dos mecanismos de aplicação da isonomia, na medida em que visa a uniformizar as decisões sobre casos idênticos": evita contradição de julgados e, com isso, que casos idênticos sejam solucionados de maneiras diferentes.[38]

De fato, as súmulas editadas pela própria Administração evitam a repetição de litígios idênticos, muitas vezes sem chance de sucesso na prevalência no entendimento inicial do Poder Público. A súmula retifica eventual vício, pacifica tal decisão internamente e funciona com efeito intimidatório e pedagógico de práticas contrárias à Ciência Jurídica e ao interesse da própria Administração. Com a redução dos conflitos de interesses improcedentes, tem-se melhor eficiência do serviço público, maior celeridade processual, efetivação do direito de todos à razoável duração do processo, com meios de garantirem celeridade de tramitação (art. 5º, LXXVII da CF, com redação da EC nº 45/04), além de maior segurança jurídica, que dá estabilidade ao sistema, porquanto excluídas decisões sazonais em prol de interesses momentâneos divorciados do verdadeiro ideal de justiça administrativa.[39] Trata-se de experiência que pode ser reproduzida, com incremento de efetividade ainda mais significativo, em se tratando de autotutela administrativa no setor de saúde pública.

Quanto ao funcionamento do órgão, certo é que as atribuições do CAP começam pela reclamação de um servidor irresignado, com decisão de seu pleito negado por agente público estadual da Administração direta, autarquias ou fundações; prevê-se o prazo de 120 dias para apresentar reclamação ao CAP após publicação ou, se não publicado, após a ciência pelo servidor. A reclamação pode ser subscrita pelo

---

[37] CAMPOS. A experiência do Conselho de Administração de Pessoal da Advocacia-Geral do Estado de Minas Gerais, p. 37-39.

[38] CAMPOS. A experiência do Conselho de Administração de Pessoal da Advocacia-Geral do Estado de Minas Gerais, p. 37-39.

[39] CAMPOS. A experiência do Conselho de Administração de Pessoal da Advocacia-Geral do Estado de Minas Gerais, p. 39-40.

próprio servidor ou por advogado habilitado com poderes especiais (procuração), sendo simples os requisitos exigidos: reclamação em 3 vias; dados informativos sobre identidade do reclamante, situação funcional, endereço correto; indicação do ato recorrido; exposição fundamentada do direito do servidor, declaração de que não postulou o mesmo pedido em juízo:

> Essa última informação é essencial, pois é causa de não conhecimento da reclamação, uma vez que o reclamante preferiu resolver sua pretensão perante o Judiciário, que tem o poder de dizer o direito com força de coisa julgada, logo, torna-se inócua a manifestação do Conselho, até mesmo para evitar criar situações que devam ser desfeitas posteriormente com a solução judicial.[40]

Há o dever de o reclamante informar ao CAP, todo o tempo, a existência de ação judicial de teor idêntico, no todo ou em parte, ao da reclamação; isso porque, evidenciada essa hipótese, ocorrerá extinção do processo administrativo sem análise do mérito. Na ausência de ação judicial semelhante, autua-se o feito, com distribuição à assessoria para requisitar informações às autoridades e instruí-lo mediante diligências (preparação do processo para os Conselheiros julgarem). Há previsão de relatório conclusivo, bem como informação sobre deliberações similares ou idênticas, para orientar Conselheiros a manter coerência nos julgamentos, sem prejuízo da lícita convicção. Concluídos os trabalhos da assessoria, o feito será distribuído ao conselheiro relator, que tem prazo de 30 (trinta) dias para análise, eis que até o final deste prazo deverá ser incluído em pauta de julgamento.[41]

Registre-se a previsão de julgamento semanal, com quórum de instalação de maioria absoluta (quatro membros), sendo que, proclamado o resultado da votação, o conselheiro não poderá mais modificar seu voto. Há previsão de cabimento de recurso ao Governador, por parte do reclamante (se negado pedido) e por parte da Administração (se decisão favorável ao reclamante). Nesse segundo caso, o recurso é voluntário, ou seja, interposto pelo servidor que praticou o ato ou seu superior hierárquico. O prazo recursal é de 30 (trinta) dias consecutivos, sendo possível apresentação de contrarrazões também no período de 30 dias, em razão do princípio da isonomia. Se a decisão do Presidente

---

[40] CAMPOS. A experiência do Conselho de Administração de Pessoal da Advocacia-Geral do Estado de Minas Gerais, p. 37-39.
[41] CAMPOS. A experiência do Conselho de Administração de Pessoal da Advocacia-Geral do Estado de Minas Gerais, p. 41.

for favorável à Administração e ele for vencido, o recurso será de ofício (verdadeiro reexame necessário administrativo). Se não for interposto recurso, a decisão transitará em julgado na esfera administrativa.[42]

2.3.2 A Junta Administrativa de Indenizações de Porto Alegre

Além desse modelo de autotutela administrativa adotado no Estado de Minas Gerais, especificamente quanto às relações funcionais mantidas com servidores da Administração direta, autárquica e fundacional, tem-se outras estruturas adotadas por entes federativos em relação a searas diversas. Esse é o caso da Junta Administrativa de Indenizações do Município de Porto Alegre, criada pelo Decreto Municipal nº 12.619, de 28.12.1999.

A competência da Junta Administrativa de Indenizações de Porto Alegre consiste em examinar os pedidos administrativos de indenização, decorrentes de danos causados pelos órgãos da administração centralizada do Município a terceiros, segundo art. 37, §6º da Constituição. Assim resulta do art. 2º do Decreto nº 12.619/99, que evidencia a admissibilidade de reclamação direta ao Poder Público Municipal, sem necessidade de ingresso no Judiciário.

Quanto à estrutura da Junta, ocorreu instalação de duas turmas, compostas por três Procuradores Municipais cada; sendo um deles sorteado como relator, enquanto os outros dois revisam o voto e manifestam sua opinião, submetida ao Procurador-Geral do Município, autoridade que detém a palavra final.

O art. 1º do Decreto Municipal nº 12.619/99 instituiu a JAI que restou lotada junto à Procuradoria-Geral do Município, sendo constituída por seis membros, sendo três titulares e três suplentes, devendo, no mínimo, dois terços serem de Procuradores Municipais. Conforme regra do art. 3º do citado Decreto, os membros da Junta Administrativa serão designados e destituídos mediante portaria do Procurador-Geral do Município. Também o art. 2º, *caput*, do Regimento Interno da JAI fixa que 2/3 dos membros serão Procuradores Municipais, designados por portaria do Procurador-Geral do Município. É o art. 21 do Regimento Interno que estabelece ter a Junta uma secretaria, a cargo de um servidor da Procuradoria-Geral do Município, a quem caberá: I - o controle

---

[42] CAMPOS. A experiência do Conselho de Administração de Pessoal da Advocacia-Geral do Estado de Minas Gerais, p. 43.

da distribuição de processos aos membros da Junta, que deverá se dar de forma equitativa e alternada; II - a elaboração da pauta das sessões decisórias, obedecendo a ordem de apresentação dos pedidos indenizatórios; III - o acompanhamento das sessões decisórias, a confecção das respectivas atas e pareceres; IV - o envio de notificações ao requerente, nos casos previstos neste Regimento; V - o arquivamento das atas e pareceres da Junta; VI - demais diligências correlatas ou solicitadas por qualquer dos membros da Comissão; VII - elaborar o termo de quitação, a ser firmado pelo requerente em caso de procedência do pleito.

O art. 2º, §1º, do Decreto Municipal nº 12.619 prevê a competência da Junta Administrativa para diligenciar junto aos demais órgãos municipais, podendo, inclusive, requisitar a oitiva e auxílio técnico de servidores municipais, a fim de instruir o procedimento administrativo de indenização. É sua tarefa encaminhar as providências para apurar eventual falta funcional dos servidores envolvidos nos fatos, objeto de pedido indenizatório, nos termos da legislação disciplinar vigente, independente da procedência deste, bem como das medidas de exercício do direito de regresso em favor do Município (art. 2º, §2º). Observe-se, ainda que o art. 2º, §3º, veicula delegação ao Procurador-Geral da competência para deferir ou indeferir o pedido de indenização administrativa, cabendo pedido de reconsideração na espécie. No caso de deferimento do pedido de indenização no valor superior a R$10.000,00 (dez mil reais), da decisão caberá reexame necessário ao Prefeito Municipal (art. 2º, §4º).

Denota-se que o exame dos pedidos dá-se por um órgão colegiado, o que outorga maior transparência e segurança jurídica da decisão administrativa, bem como assegura a devida apuração dos eventos danosos, causas e consequências. Com efeito, para apuração de responsabilidade ressarcitória, é imprescindível o exame do nexo causal, que vincule o dano ao evento.

Nos termos do Regimento Interno da Junta Administrativa de Indenizações, o procedimento administrativo terá início com o pedido de indenização, apresentado perante o Protocolo Central da Prefeitura pelo interessado ou Procurador legalmente constituído, o qual será encaminhado diretamente à Procuradoria-Geral do Município, para distribuição à Junta (art. 7º). O pedido, ressalvada a hipótese de fato ou documento novo, deverá vir instruído pelo requerente com os documentos que pretende embasar o seu pedido e a especificação de outras provas que pretenda produzir, inclusive testemunhal (art. 7º, parágrafo único).

Após distribuição do processo a um Relator, esse procederá a um exame preliminar do processo no prazo máximo de 30 (trinta) dias, determinando as providências que entender necessárias para instrução, inclusive a oitiva de servidores municipais, se entender necessário (art. 8º). Caso sejam solicitadas informações aos órgãos da Administração Municipal, o prazo máximo para resposta será de 15 (quinze) dias, nos estritos termos em que determina o §2º do art. 8º do Regimento Interno da JAI.

Incluído o processo em pauta para audiência de instrução, deverá ser notificado o requerente, sendo certo que, em caso de a prova documental ser incontroversa, poderá ser dispensada a realização de audiência para coleta de provas testemunhais e depoimento pessoal do autor (art. 9º, *caput*, §1º e §2º do Regimento Interno da JAI).

As decisões serão tomadas pelo voto da maioria dos membros da Junta (art. 10). Encerrada a produção da prova testemunhal, o relator decidirá, ouvidos os demais membros da Comissão, a respeito da necessidade de provas complementares, podendo, inclusive, solicitar orçamentos e laudos periciais (art. 13). Se o relator e os demais membros considerarem desnecessária a produção de provas complementares, será declarada encerrada a instrução (art. 14).

Nos termos do art. 15 do Regimento Interno, o parecer da Junta será submetido ao Procurador-Geral do Município que poderá acolher, deferindo ou não o pedido de indenização administrativa, conforme competência delegada pelo §3º do art. 2º do Decreto nº 12.619, de 28.12.1999. No caso de deferimento do pedido de indenização no valor superior a R$10.000,00 (dez mil reais), da decisão do Procurador-Geral caberá reexame necessário ao Prefeito Municipal (art. 15, parágrafo único do Regimento Interno da JAI). É lícito ao Procurador-Geral requerer nova diligência ou reexame de ofício à Junta (art. 16), sendo que, com a decisão final do Procurador-Geral, o requerente será notificado, na forma prevista no art. 9º, §1º, deste Regimento (art. 17). Não havendo pedido de reconsideração do requerente, o expediente será remetido à Secretaria Municipal da Fazenda, para fins de pagamento da indenização e, em caso de indeferimento, será arquivado (art. 17, parágrafo único).

Registre-se que, conforme o art. 18 do Regimento Interno, da decisão proferida pelo Procurador-Geral somente caberá pedido de reconsideração quando o requerente demonstrar sua manifesta ilegalidade ou comprovar a ocorrência de prova ou fato novo. O pedido de reconsideração será interposto junto à secretaria da Junta (art. 19), sendo analisado e decidido pela Junta ou de ofício pelo Procurador-Geral (art. 20). Da decisão proferida em pedido de reconsideração, não caberá recurso administrativo (art. 20, parágrafo único do Regimento Interno da JAI).

A estrutura e o modo de atuação da JAI ensejam claramente a diminuição das ações judiciais em que o Município figura como réu, o que reduz os prazos judiciais e viabiliza incremento de qualidade no trabalho realizado. Além disso, tem-se clara economia decorrente do não pagamento de custas processuais, honorários advocatícios e juros sobre a indenização em face da demora no procedimento judicial. Não se ignore, ainda, que cidadãos prejudicados por omissões ou ações administrativas logram obter restituição na esfera administrativa, sem necessidade de intervenção de advogados, nem mesmo de mobilização do Judiciário. Permite-se, também que o próprio Município perceba os serviços públicos que ensejam maior número de pedidos indenizatórios e que, portanto, requerem aperfeiçoamento. Assim sendo, a atuação da Junta permite combate às deficiências nos comportamentos públicos e maior efetividade na atuação administrativa do Município.

2.3.3 O incremento na autotutela no setor da saúde pública no Estado de São Paulo

Como ocorre na maioria dos entes federativos, o Estado de São Paulo identificou uma forte tendência de os magistrados determinarem que a Administração forneça gratuitamente o que é requerido no controle judicial da saúde pública. Elucida Juliana Yumi Yoshinaga, cujo artigo doutrinário serve como substrato para a análise levada a efeito no presente subitem,[43] que o fenômeno da judicialização indiscriminada do direito à saúde, com atendimento das ordens judiciais, vem refletindo na organização e planejamento das políticas públicas, sendo possível que o fornecimento individualizado de medicamentos pelo Judiciário conduza o sistema público de saúde ao colapso.[44]

O Estado de São Paulo, em um primeiro momento, adotou estratégias tradicionais com ênfase na defesa de teses jurídicas, tais como a reserva do possível e o princípio da separação de poderes. Contudo, referida postura não apresentava permeabilidade junto ao Judiciário e o volume de ordens judiciais não cedia. Tornaram-se necessárias novas medidas, em face da tensão entre decisões judiciais e orçamentos

---

[43] YOSHINAGA, Juliana Yumi. Judicialização do direito à saúde: a experiência do Estado de São Paulo na adoção de estratégias judiciais e extrajudiciais para lidar com esta realidade. *Revista Brasileira de Direito Público – RBDP*, Belo Horizonte, ano 8, n. 30, p. 97-116, jul./set. 2010.

[44] YOSHINAGA. Judicialização do direito à saúde: a experiência do Estado de São Paulo na adoção de estratégias judiciais e extrajudiciais para lidar com esta realidade. *Revista Brasileira de Direito Público – RBDP*, p. 97-98, 101-102.

públicos, a limitação de recursos e a imprescindibilidade de realizar escolhas eficientes e complexas.[45] Não é difícil imaginar a dificuldade de realizar defesas específicas, com análises técnicas pormenorizadas, o que ensejava descrédito, perante o Judiciário, do laborioso esforço da advocacia pública. O próprio risco de perda de visibilidade, nos Tribunais, das defesas do Estado deixou evidente a necessidade de outras medidas em defesa do interesse público.

Diante do incremento das ações de medicamentos, em outubro de 2008 a Procuradoria-Geral do Estado de São Paulo instituiu dentro da Área de Contencioso da Capital um setor especializado em saúde pública. A Secretaria de Saúde investiu na criação de uma equipe multidisciplinar (Coordenação de Demandas Estratégicas do SUS – CODES) que funciona junto ao Gabinete do Secretário Estadual de Saúde. Os dois grupos especializados passaram a se comunicar. Organizou-se visita dos Procuradores à chamada "Farmácia de Ação Judicial", um centro de distribuição de medicamentos e insumos criado exclusivamente para viabilizar o atendimento de ordens judiciais. Ocorreu a implantação de um sistema informatizado para controle das ações, forjado dentro da própria Secretaria Estadual de Saúde, sem grandes custos, denominado "Sistema de Controle Jurídico" (SCJ). O *software* concentra banco de dados com as informações fundamentais como o nome do paciente, o nome do médico prescritor, a unidade de saúde de atendimento, o tipo de medicamento, material ou tratamento requerido, o tipo de enfermidade, os dados do processo judicial, o nome do advogado do paciente, o *status* do atendimento da ordem judicial, a eventual condenação solidária com outros entes federados. O acesso fácil às informações permitiu ao Estado uma visão panorâmica da judicialização.[46]

Ademais, fez-se uma parceria com a Defensoria Pública do Estado, que era a patrocinadora do maior número de causas, muitas envolvendo produtos já disponibilizados pela rede pública de saúde. Em um novo contexto, as pessoas que procuram os serviços dos defensores públicos são encaminhadas a uma triagem realizada por técnicos e farmacêuticos da Secretaria de Estado da Saúde, locados dentro do próprio prédio da Defensoria. Por meio desse atendimento

---

[45] YOSHINAGA. Judicialização do direito à saúde: a experiência do Estado de São Paulo na adoção de estratégias judiciais e extrajudiciais para lidar com esta realidade. *Revista Brasileira de Direito Público – RBDP*, p. 98, 100.

[46] YOSHINAGA. Judicialização do direito à saúde: a experiência do Estado de São Paulo na adoção de estratégias judiciais e extrajudiciais para lidar com esta realidade. *Revista Brasileira de Direito Público – RBDP*, p. 103-104.

administrativo, servidores da Secretaria Estadual de Saúde indicam ao cidadão o preciso local de sua dispensação. Se o medicamento não consta da lista oficial do SUS, mas existe terapia análoga disponível, ela é ofertada ao paciente. Se o medicamento não padronizado é a única alternativa do paciente (avaliação de médico da Secretaria de Saúde), o fornecimento se dá via procedimento administrativo inaugurado no âmbito da própria Secretaria.[47]

O Estado verificou que, das 150 a 180 ações mensais que tramitavam no Município de São Paulo, o número reduziu, em abril de 2009, para 15 a 18 ações, o que representa diminuição de 90% de litigiosidade. Reduziram-se os casos em que o demandante requer materiais ou medicamentos já fornecidos pelo SUS; também ocorreu redução de demandas baseadas em receitas médicas provenientes da rede pública de saúde, já que as pessoas assistidas pela defensoria são também usuárias dos serviços do SUS. Foram identificadas diversas demandas forjadas. Comprovou-se que não pode ser negligenciado o interesse da indústria farmacêutica na inclusão de medicamentos de sua fabricação na lista do SUS. Várias empresas investem em *marketing* para apresentar medicamentos de última geração, persuadindo com base em características supostamente inovadoras e ressaltando de forma proporcional vantagens em relação à terapêutica instituída ou produto já ofertado pelo SUS. Frise-se, ainda, a delicada proximidade entre laboratórios farmacêuticos e médicos.[48]

Com o mapeamento realizado entre 27.03.2008 e 26.04.2008 sobre o perfil dos beneficiários de decisões judiciais, constatou-se que 21,25% das ações eram propostas por advogados particulares financiados por ONGs, sendo que a maioria dos demandantes (67,65%) não sabia nem ao menos declinar o nome da associação patrocinadora. Embora não houvesse prova conclusiva de que as ONGs fossem patrocinadas pela indústria farmacêutica, é difícil acreditar que uma associação independente não somente ajude gratuitamente os cidadãos, como também arque com os custos de suas demandas judiciais.[49]

---

[47] YOSHINAGA. Judicialização do direito à saúde: a experiência do Estado de São Paulo na adoção de estratégias judiciais e extrajudiciais para lidar com esta realidade. *Revista Brasileira de Direito Público – RBDP*, p. 104-105.

[48] YOSHINAGA. Judicialização do direito à saúde: a experiência do Estado de São Paulo na adoção de estratégias judiciais e extrajudiciais para lidar com esta realidade. *Revista Brasileira de Direito Público – RBDP*, p. 105, 107-108.

[49] YOSHINAGA. Judicialização do direito à saúde: a experiência do Estado de São Paulo na adoção de estratégias judiciais e extrajudiciais para lidar com esta realidade. *Revista Brasileira de Direito Público – RBDP*, p. 108.

O cruzamento de dados e monitoramento permitiu identificar ações orquestradas que enxergam na judicialização das ações e serviços de saúde fonte infinita de obtenção de lucros, em detrimento do erário e da saúde da população. A operação policial "Garra Rufa", em 01.09.2008, identificou três organizações criminosas que atuavam no Município de Marília (médicos, advogados, ONGs e representantes de laboratório). Em relação às doenças psoríase e vitiligo, apenas em 2008 a Secretaria de Estado de Saúde de São Paulo atendeu a 3.800 ordens judiciais, dentre as quais 2.500 com origem fraudulenta, gerando prejuízo estimado de R$63.000.000,00. Alguns autores foram medicados sem apresentar qualquer tipo de enfermidade.[50]

Como resultado positivo do esforço de perseguir a correção no setor de saúde pública, foram incorporados novos medicamentos à lista do SUS. Em razão do banco de dados implantado, foi possível perceber a recorrência de pleitos legítimos e atualizar, de forma criteriosa, a lista oficial do SUS e, até mesmo, criar protocolos para tratamento de diversas enfermidades antes não abrangidas pelas políticas públicas anteriores.[51]

Ademais, a nova estrutura tornou-se um eficiente instrumento de trabalho dos Procuradores do Estado, tendo em vista acesso *on line* às informações técnicas disponibilizadas no "Sistema de Controle Jurídico", que significaram economia de tempo, com inegáveis ganhos de qualidade nas defesas. No lugar da infindável troca de ofícios entre os órgãos da Administração, a consulta *on-line* aos relatórios técnicos disponibiliza com agilidade e eficiência informações médicas necessárias à elaboração da defesa do ente federado.[52] Além de obtenção de melhores subsídios para defesa em Juízo, tem-se o ganho principal da autotutela administrativa:

> A mais recente estratégia adotada pelo Governo do Estado de São Paulo para lidar com o fenômeno da judicialização do direito à saúde é a implementação de serviço provisoriamente denominado "pedido

---

[50] YOSHINAGA. Judicialização do direito à saúde: a experiência do Estado de São Paulo na adoção de estratégias judiciais e extrajudiciais para lidar com esta realidade. *Revista Brasileira de Direito Público – RBDP*, p. 109.

[51] YOSHINAGA. Judicialização do direito à saúde: a experiência do Estado de São Paulo na adoção de estratégias judiciais e extrajudiciais para lidar com esta realidade. *Revista Brasileira de Direito Público – RBDP*, p. 110.

[52] YOSHINAGA. Judicialização do direito à saúde: a experiência do Estado de São Paulo na adoção de estratégias judiciais e extrajudiciais para lidar com esta realidade. *Revista Brasileira de Direito Público – RBDP*, p. 111.

administrativo" (em fase de elaboração), o qual foi oficialmente inaugurado em 10 de agosto de 2009.[53]

A ideia é criar uma instância administrativa para fornecimento espontâneo de medicamentos não padronizados pelo SUS, a ser considerada condição de procedibilidade das ações por medicamentos. Assim, para atendimento administrativo, o paciente deve comparecer a um posto localizado no bairro Baixada do Glicério, junto às instalações da Farmácia de Alto Custo Várzea do Carmo, munido de receita médica proveniente da rede pública ou privada:

> Nesse local, é realizado imediato cadastro do paciente, com anotação dos produtos pleiteados. Caso se trate de material já padronizado pelo SUS, será indicado local próprio para sua retirada. Cuidando-se de produto não padronizado, mas para o qual exista alternativa terapêutica fornecida pelas farmácias do complexo, o paciente será orientado a consultar seu médico sobre a viabilidade de modificar a prescrição.
>
> Por fim, caso o medicamento não seja padronizado e nem haja alternativa terapêutica fornecida pelo SUS, a pessoa será orientada a entregar ao médico prescritor um laudo de requerimento administrativo para preenchimento. Neste laudo, o profissional deve informar sobre o quadro clínico e diagnóstico encontrado, as terapias medicamentosas às quais o paciente já foi submetido, seus resultados, o princípio ativo almejado (sem possibilidade de indicar marcas) e as justificativas técnicas do tratamento indicado. Afora isso, cabe também ao médico do paciente definir, mediante argumentos de ordem eminentemente técnica, eventual urgência para apreciação daquele pleito administrativo.
>
> Mencionado pedido administrativo será analisado por equipe técnica multidisciplinar da Secretaria Estadual de Saúde, composta por médicos e farmacêuticos. Demonstrado tecnicamente que as terapias disponibilizadas pelo sistema público não são úteis ou eficazes para o tratamento daquele enfermo, o fornecimento requerido lhe será excepcionalmente franqueado. Caso contrário, a Secretaria de Saúde negará o pleito administrativo. Qualquer que seja o resultado da avaliação realizada pela equipe multidisciplinar, o mesmo será enviado ao paciente por telegrama.[54]

---

[53] YOSHINAGA. Judicialização do direito à saúde: a experiência do Estado de São Paulo na adoção de estratégias judiciais e extrajudiciais para lidar com esta realidade. *Revista Brasileira de Direito Público – RBDP*, p. 112-113.

[54] YOSHINAGA. Judicialização do direito à saúde: a experiência do Estado de São Paulo na adoção de estratégias judiciais e extrajudiciais para lidar com esta realidade. *Revista Brasileira de Direito Público – RBDP*, p. 113.

Esclareça-se que a adoção dessa estratégia não objetiva atender indiscriminadamente todos os pedidos administrativos. Na verdade, cuida-se de tentativa de racionalizar o fornecimento de medicamentos pelo Estado, selecionando demandas que alcançarão a via judicial. Sob uma nova perspectiva, o pedido administrativo transforma-se como condição de procedibilidade das ações por medicamentos, modificando-se cenários atualmente recorrentes:

a) sendo a negativa de atendimento administrativo embasada em argumentos técnicos, as demandas que aportarem ao Judiciário não poderão apresentar como causa de pedir a genérica negativa do ente estatal em disponibilizar assistência farmacêutica;

b) o acesso inicial às razões que levaram o ente estatal a negar pedido administrativo deduzido munirá o juízo da causa, ainda em sede de antecipação de tutela, de elementos técnicos para decidir com maior segurança;

c) como existe estrutura própria para formalização do pedido administrativo e a resposta negativa da equipe técnica é documentada por telegrama, os demandantes não poderão afirmar que tiveram seu pedido administrativo verbal e imotivadamente negado por funcionário da Secretaria Estadual de Saúde não identificado;

d) a análise administrativa do pleito cria controvérsia fática, que não prescinde de fase instrutória para ser dirimida; portanto, a via do mandado de segurança deixa de ser opção para o demandante que deve comprovar exaustivamente a necessidade do medicamento pleiteado;

e) na seara administrativa, o pedido deve se cingir ao princípio ativo do medicamento, sendo vedada a escolha de marca, laboratório, formato, etc.; assim, ainda que o embate judicial seja inevitável, coíbem-se as chamadas demandas dirigidas ou artificiais.[55]

Denota-se, por conseguinte, que também no setor de saúde pública tem-se um espaço adequado para resultados positivos que decorram do exercício aperfeiçoado da autotutela administrativa.

---

[55] YOSHINAGA. Judicialização do direito à saúde: a experiência do Estado de São Paulo na adoção de estratégias judiciais e extrajudiciais para lidar com esta realidade. *Revista Brasileira de Direito Público – RBDP*, p. 114.

3 Análises conclusivas sobre as experiências de controle administrativo e a autotutela na esfera administrativa como perspectiva de aperfeiçoamento administrativo

Não só em relação aos pedidos de indenização por comportamentos públicos (art. 37, §6º da CF) ou aos requerimentos dos servidores, a autotutela traz benefícios para atividade administrativa do Estado. De fato, potencial significativo de vantagens decorre quando concebida Junta Administrativa ou Câmara Técnica para atuar na saúde pública, dentre outras searas.

Lembra Rodolfo de Camargo Mancuso, que o ordenamento positivo está pontilhado de agentes, órgãos e instâncias que compõem e/ ou decidem conflitos e ocorrências, sendo seus atos revestidos de força executiva ou eficácia plena: (i) Tribunais de Contas (art. 71, §3º da CF); (ii) CADE (arts. 50, 60 da Lei nº 8.884/94); (iii) MP e demais colegitimados à ação civil pública (art. 5º, §6º, da Lei nº 7.347/85; art. 585, II, do CPC); (iv) advogados (arts. 23 e 24 da Lei nº 8.906/04); (v) administradores de imóveis (art. 585, V, do CPC; Lei nº 11.382/06); (vi) tribunais de arbitragem (art. 18 da Lei nº 9.307/96; art. 475-N, IV, do CPC); (vii) tabelionatos (Lei nº 11.441/07; arts. 982; 1.124-A do CPC).[56] Num espaço diverso, mas com igual potencialidade de resultados positivos, surge a autotutela exercida pela Administração Pública, inclusive mediante órgãos colegiados. Trata-se de mais um mecanismo para aliviar o significativo volume de demandas submetidas ao Judiciário, com concreção rápida da juridicidade e resguardo do papel dos Tribunais para questões de maior amplitude.

No mesmo diapasão, Mancuso observa:

> Os chamados meios alternativos ou complementares, ou ainda equivalentes jurisdicionais, não visam, direta ou indiretamente, *concorrer* (no sentido de disputar espaço) com a justiça institucionalizada, mas antes, e precipuamente, se oferecem como *estradas vicinais* por onde podem e devem transitar os conflitos que, por sua singeleza, valor envolvido, opção dos interessados ou outro critério consistente, consentem resolução fora e além da estrutura judiciária estatal. Se porventura não resulte dirimido o conflito nesses patamares intermediários, ele restará, quando menos, melhor definido e maturado, pavimentando o caminho

---

[56] MANCUSO, Rodolfo de Camargo. A resolução dos conflitos e a função judicial no contemporâneo Estado de Direito. *Interesse Público – IP*, Belo Horizonte, ano 12, n. 60, p. 93, mar./abr. 2010.

para que as partes decidam com mais segurança o que fazer, o que não exclui, em *ultima ratio*, o ajuizamento da demanda. [...] Aliviada a justiça estatal do peso das controvérsias resolúveis por outros meios, é razoável esperar, como externalidade positiva, que os juízes e Tribunais tenham mais tempo para o exame e deslinde de temas realmente afeiçoados à jurisdição estatal, que demandem cognição *ampla* no sentido da extensão e *exauriente*, no sentido da profundidade [...][57]

É certo que a ausência de centenas de pedidos liminares pertinentes a comportamentos públicos viabiliza uma análise mais cautelosa e específica das demandas *sub judice*. Além disso, não há dúvida de que um cidadão terá maior chance de obter, com rapidez, o que necessita na via administrativa, o que significa desburocratização essencial à realidade contemporânea. Um maior número de pedidos aviados perante o órgão administrativo viabilizará juízo a propósito da adequação, ou não, da política pública em situações específicas, o que significará autotutela administrativa concretizadora de maior eficiência. Não se ignore que estarão suprimidos processos judiciais que levam vários anos de atuação de órgão de representação judicial, atuação do Judiciário e, não raras vezes, do Ministério Público. A ausência de juros, despesas processuais, multas arbitradas em valores cada vez mais significativos, honorários advocatícios e periciais nos custos a serem suportados pelo Estado merece, igualmente, ser frisada. A isso acresce-se a exclusão de possíveis responsabilidades penais, disciplinares, civis e de improbidade administrativa no tocante aos agentes públicos envolvidos no processo.

Daí porque se entende necessário instituir mecanismo capaz de evitar a proliferação de ações judiciais com altos índices de sucumbência, significativo sacrifício a direitos fundamentais dos cidadãos e riscos de responsabilização para os agentes públicos. Para tanto, é possível, em cada esfera da federação, instituir comissão administrativa que, atentando para a peculiaridade dos órgãos e competências específicas, estude uma proposição a fim de que se institua um órgão colegiado cuja competência será a autotutela administrativa. Como advertia o Professor Paulo Neves, é preciso instrumentalizar o funcionamento dos mecanismos que resultem na melhoria da atuação da Administração. No caso específico da autotutela administrativa instrumentalizada por órgãos colegiados de controle dos comportamentos públicos impugnados como viciados, não se ignore a possibilidade de benefícios

---

[57] MANCUSO. A resolução dos conflitos e a função judicial no contemporâneo Estado de Direito. *Interesse Público*, p. 92-93.

não somente de economia pela Administração Pública e respeito à dignidade humana da população, mas de melhoria no planejamento e estruturação dos serviços e atuação direta no cotidiano social, o que exige atenção contínua do Poder Público para fins de aperfeiçoamento, tendo em vista a fundamentalidade do direito em questão.

É preciso vencer as dificuldades estatais em superar uma posição de resistência contínua que evita atitudes conciliatórias, bem como rever decisões prévias. É forte a tradição pública em ser refratária à conciliação. Identifica-se, ainda, certo comodismo quanto à composição amigável dos conflitos, numa visão de legalismo estrito que pouco estimula alternativas à solução dos inúmeros conflitos atuais. O que se proclama é a necessidade de uma revolução que crie uma cultura administrativa de resolução eficiente dos conflitos pertinentes às relações travadas com os cidadãos, com maior sucesso, junto ao Poder Judiciário, no respeito aos critérios técnicos adotados de forma motivada. Especificamente ao tratar da conciliação, Francisco Glauber Pessoa Alves sublinha que postura, ativismo e conhecimentos específicos devem ser reestudados e revisitados, junto aos diversos atores do processo, de modo a estimular condutas que, por uma questão de ética e boa-fé, além do aspecto econômico-financeiro, pode importar em vantagem para os cofres públicos.[58]

O que se concebe é discutir com o órgão competente a melhor forma de estruturar um mecanismo ágil e desburocratizado, apto a evitar os riscos da judicialização excessiva hoje presente na Administração Pública, com grave comprometimento da execução das políticas públicas.

O cidadão que se sinta lesado por uma negativa estatal poderá recorrer ao órgão colegiado, na esfera competente nos termos da descentralização levada a efeito na espécie. Poderá fazê-lo sem precisar constituir um advogado e recorrer ao Judiciário. O Poder Público, atento à ampla perspectiva do serviço em questão, avaliará tecnicamente a pertinência ou não do inconformismo apresentado, providenciando os elementos probatórios que sejam necessários à segura decisão administrativa final.

É preciso superar a ideia equivocada de que uma atuação administrativa inicial, da qual decorre, por exemplo, recusa de uma dada pretensão, necessariamente vincula o Poder Público *ad eternum*,

---

[58] ALVES, Francisco Glauber Pessoa. A conciliação e a fazenda pública no direito brasileiro. *Revista de Processo*, São Paulo, ano 35, n. 187, p. 90-91, 93, 98, set. 2010.

sem possibilidade de revisão da política adotada previamente. É admissível que pedidos apresentados pelos cidadãos provoquem até mesmo revisão de decisões técnicas de planejamento iniciais, o que é mecanismo de aperfeiçoamento próprio da realidade administrativa contemporânea. A eficiência não se coaduna com a imobilidade, nem mesmo com petrificação no agir administrativo, mormente quando este se mostra insuficiente, em momento posterior. A informalidade, simplicidade e celeridade com que poderá ocorrer maior efetividade na concretização das regras e dos princípios constitucionais vinculantes da atuação estatal exige esforço máximo de realização, principalmente se se atentar para a rapidez exigida em face das múltiplas demandas sociais hoje apresentadas aos entes públicos no tocante aos diversos serviços públicos.

É necessário definir a forma como o interessado poderá apresentar o requerimento do seu interesse, bem como o processamento subsequente ao protocolo do seu pedido. Necessário, ainda, estabelecer o meio de instrução do expediente, bem como as diligências que podem se afigurar necessárias, mormente em se considerando a variedade de aspectos técnicos presentes nessa seara. Indispensável, cumulativamente, fixar como o julgamento dar-se-á, bem como o cabimento de recurso, com previsão das condições para sua interposição e modo de processamento e decisão final.

É mister frisar a possibilidade de uso de espaço e infraestrutura já existente em órgão público que atue no setor. Cabível, ainda, o aproveitamento de servidores e advogados públicos lotados nos respectivos órgãos. Vislumbra-se a necessidade de instituição de um sistema de controle próprio, informatizado, que assegure o acompanhamento e processamento regular da demanda. O objetivo é que se tenha um serviço público eficiente, apto a cada vez mais atender às necessidades sociais básicas.

Nesse contexto, entende-se necessário que os entes federativos avaliem, na perspectiva de eficiência que lhes é imposta pelo texto constitucional, a adequação de se constituir órgãos de controle interno, para aperfeiçoamento na prestação do serviço público, conforme as normas do ordenamento de regência.

Para que se torne possível tal realidade, traz-se à tona o desafio lançado pelo Professor Paulo Neves: "Na verdade, muito pouco se sabe, a respeito de tais mecanismos, porque, em última análise, não conseguimos, ainda, detectar nossa cultura organizacional, a idéia-força capaz de impulsionar motivadamente para o resultado socialmente eficaz, à altura das legítimas aspirações, na ação do agente público".[59] Que possamos encontrar a ideia-força capaz de convencer a nossa Administração a alcançar, enfim, a juridicidade que garanta a satisfação das necessidades da sociedade brasileira. Que deixemos de ser, como ensinava o saudoso Mestre, "escravos das reformas de organogramas, sem compromisso com o essencial" para, de fato, comprometermo-nos com o desenvolvimento do homem, "para que se possa efetivamente servir à realização dos interesses coletivos, segundo políticas afeiçoadas à nossa cultura a apaixonadamente executados". Que não nos saia da memória a lembrança da importância do nosso papel, tão bem explicitado pelo inesquecível Mestre mineiro:

> Largos e certamente fecundos, os espaços que se podem confiar à reflexão, neste campo aberto de desafios, do administrador público e do administrativista; é muito importante não percam a consciência do seu papel, porque têm muito que ver com a realização ou frustração de expectativas fundamentais da sociedade.[60]

E que assim seja, Professor.

Informação bibliográfica deste livro, conforme a NBR 6023:2002 da Associação Brasileira de Normas Técnicas (ABNT):

CARVALHO, Raquel Melo Urbano de. A autotutela como instrumento de aperfeiçoamento administrativo. In: PIRES, Maria Coeli Simões; PINTO, Luciana Moraes Raso Sardinha (Coord.). *Paulo Neves de Carvalho*: suas lições por seus discípulos. Belo Horizonte: Fórum, 2012. p. 279-327. ISBN 978-85-7700-599-4.

---

[59] CARVALHO, Paulo Neves. Prefácio. In: ANASTASIA, Antonio Augusto Junho. *Regime Jurídico Único do Servidor Público*. Belo Horizonte: Del Rey, 1990.
[60] CARVALHO. In: ANASTASIA. *Regime Jurídico Único do Servidor Público*.

O PODER NO ESTADO, PODER PESSOAL E PODER INSTITUCIONAL

RICARDO ARNALDO MALHEIROS FIUZA[1]

1 Introdução

> *Onde quer que humanos associem seus esforços, vindos de onde vierem, preordenando-os à consecução de objetivos comuns, estará instalado, ainda que não claramente perceptível, o fenômeno da administração.*
>
> (CARVALHO, Paulo Neves de. Prefácio. *In*: LIMA, Rogério Medeiros Garcia. *O direito administrativo e o Poder Judiciário*. Belo Horizonte: Del Rey)

Não tive a felicidade de ser aluno do notável Professor Paulo Neves de Carvalho, figura inesquecível, em que se mesclavam, em dose certa, o humanismo, a intelectualidade e o humanitarismo.

Mas tenho a honra de ser seu discípulo perene, lembrando-me de suas conferências, de seus debates, de suas sustentações orais, de suas participações em bancas de Pós-Graduação. Suas palavras não voaram...

---

[1] Professor convidado de Teoria do Estado na Faculdade de Direito Milton Campos. Membro da Academia Mineira de Letras, da Academia Mineira de Letras Jurídicas e da Academia Mineira de Direito Militar. Integrante da Comissão de Seleção do Instituto dos Advogados de Minas Gerais. Conselheiro do Conselho de Ética Pública do Estado de Minas Gerais (CONSET). Ex-Professor da Escola de Governo e membro de seu Conselho Diretor (Fundação João Pinheiro).

Assim, foi com alegria e emoção que recebi o convite para participar, como autor, deste livro coletivo em homenagem ao Mestre do Direito Administrativo. Atribuo tal convite ao fato de ter sido eu Professor da Escola de Governo, que hoje leva, com justiça e propriedade, o seu ilustre e inspirador nome.

2 O Poder

As palavras de Paulo Neves, que citei em epígrafe, mostram, à evidência, que a *administração*, especialmente a pública, é um fenômeno a depender da associação dos humanos em prol de um objetivo comum.

Essa associação, apontada pelo Mestre, é, em linhas gerais, o próprio *Estado*, entidade coletiva jurídico-política em que vivemos nós, humanos, seja em que ponto for de nosso conturbado planeta.

A melhor definição de Estado que conheço é a de Oreste Ranelletti (nem me atrevi a fazer a minha...), por sua clareza e por trazer em seu bojo os elementos constitutivos dessa figura de personalidade jurídica de direito internacional público.

Segundo o autor das *Istituzioni di diritto pubblico*,

> Estado é um povo fixado em um *território* e organizado sob um *Poder* de império supremo e originário, para realizar, com ação unitária, os seus próprios fins coletivos.

Na mesma linha de Paulo Neves, Ranelletti explica que a *administração*, para o alcance dos objetivos comuns, depende do elemento humano, do estabelecimento em determinado local e, mais que tudo, de uma *organização de Poder*.

E aí, então, se vê que os elementos materiais do Estado (o povo e o território), são indispensáveis, sim, mas não bastantes para a vida do Estado. É necessária e imprescindível a existência do elemento formal: o *Poder*.

O *Poder* é o mais complexo e difícil de todos os assuntos relacionados com esta "ordem jurídico-política suprema" em que vivemos e da qual necessitamos. Cito sempre o pensamento de Burdeau, segundo o qual, "na organização política das sociedades, o fenômeno principal não é o Estado, é o Poder". A ênfase dada, pelo célebre autor do *Droit Constitutionnel et Institutions Politiques*, ao Poder significa que, se o estudioso do Direito Público dedicar-se a fundo a esse elemento e conseguir entendê-lo, terá compreendido o próprio Estado.

3 Poder anônimo e Poder individualizado

Com base no grande publicista francês, antes citado, sabemos que o Poder tem duas etapas: uma *pré-estatal* e outra *propriamente estatal*. Na fase pré-estatal, apresenta-se como um "Poder anônimo" ou, então, como um "Poder individualizado". O Poder anônimo é característico das sociedades tipicamente primitivas, nas quais os indivíduos atuam obedecendo a um conjunto de crenças, superstições ou costumes, "sem que seja necessária a intervenção da autoridade pessoal do chefe ou governante". O Poder individualizado caracteriza-se por sua identificação física e mental com quem o exerce. Nesse tipo, perigoso, como se vê de pronto, não se faz uma distinção entre o Poder e os agentes que o exercem. O "chefe" não é um governante que exerce o Poder, *ele é o Poder*.

Por fim, surge a etapa *estatal*, quando o Poder se institucionaliza. Ou, no dizer de José Korseniak, professor uruguaio,

> cuando el Poder se objetiva, cuando se le concibe como algo separado de la persona que lo ejerce. Ello requiere que el Poder se apoye en algo distinto de los individuos que mandan o lo ejercen y ese algo es precisamente el Estado. (*Derecho Constitucional*. Montevideo: Acali Editorial, 1978)

4 Poder pessoal e Poder institucional

Com o surgimento do Estado Moderno, entendido como "a institucionalização do Poder", aparece um necessário desdobramento entre o *titular do Poder*, que é o Estado (tendo, como fonte desse Poder, o povo) e os *agentes* do exercício desse Poder, que são os governantes. Acrescente-se: governantes que, legitimamente, exercerão o Poder por delegação popular ou por investidura legal. E ainda: o Poder, na Sociedade e *no* Estado, nos dias de hoje e para sempre, apresenta-se como *Poder pessoal* e como *Poder institucional*. Como veremos, as duas modalidades de Poder têm que conviver, mas não se confundir.

O *Poder pessoal* é aquele inerente à pessoa; é a capacidade de opção individual, que é própria do ser humano, dotado de razão. É aquela soberania individual, inalienável, de que nos fala Rousseau, e que, somada à soberania dos demais indivíduos de um grupo, virá a se transformar na *soberania coletiva* (ou soberania *nacional*, como hoje se diz), capaz de se constituir, por meio de um *contrato social*, em um Estado (são aqueles *humanos que se associam*, como falou Paulo Neves, citado no início). O *Poder pessoal*, a meu ver, continuará sempre a existir no indivíduo, mesmo *no* Estado, para suas opções particulares, pelas quais responderá.

Constituído o Estado, surge o *Poder institucional*, entendido como o Poder que a própria pessoa tem, ou exerce, porém não mais por inerência física ou mental e, sim, em virtude do cargo ou posição que ocupa na *instituição* chamada Estado.

É aquele Poder que, por exemplo, permite ao Juiz, um ser humano como os demais, julgar, em determinado ordenamento político-jurídico e dentro de sua jurisdição, o seu próprio semelhante, absolvendo-o ou condenando-o, adjudicando-lhe bens ou dele os tirando. Só o entendimento do *Poder institucional* explica o fato louvável de um ocupante de elevada posição social ou oficial, consciente das coisas públicas, compreender a exigência de exibir um documento quando instado a fazê-lo por um (simples) guarda de trânsito, no exercício pleno e legítimo de sua função (de seu *Poder institucional*). O *Poder institucional*, e não o pessoal, explica e faz entender que um sargento comande o cadete hoje e que venha a ser comandado por este amanhã, na qualidade de oficial. As *pessoas* são as mesmas, mas sua posição *institucional* inverteu-se.

5 O perigo da confusão

O grande Kelsen adverte, com toda a propriedade, que

> o verdadeiro sentido de Poder ou dominação estatal não é o de que um homem está submetido a outro, mas sim o de que todos os homens (governantes e governados) estão subordinados às normas.

Infelizmente o que se vê na prática, com certa lamentável e crescente frequência ("como nunca antes na história deste país..."), é a confusão *dolosa* dos dois tipos de Poder por quem nunca deveria fazê-la.

O art. 37 da nossa Constituição, que, evidentemente, vale para todos os agentes do Poder estatal (nos três órgãos montesquianos), manda que a administração pública seja feita com *moralidade* e *impessoalidade*!

E como Paulo Neves se batia por esses princípios! E continua batendo na memória de cada um de nós!

O cartão de crédito corporativo, o apartamento, o carro e os cargos de confiança, ditos *funcionais*, que já são benesses (pode-se até entendê-las como necessárias), evidentemente não podem ser usados como bens particulares, *pessoais*. Os contratos com empresas para execução de serviços públicos têm que existir, é lógico, mas não para propiciar vantagens pessoais e espúrias aos administradores institucionais. E o que dizer de um Ministro de Estado que se declara à Presidente da República (ao vivo — embora ele já estivesse "morto" — e em cores...).

— "Eu te amo"! É uma declaração pessoal ou institucional? E que triste ver magistrados da mais "alta toga" em discussões *pessoais* pela mídia, em dispensável emulação! É desagradável saber dos desvios de verbas oficiais, em benefício próprio, pessoal e eleitoreiro de quem os desvia, com o *Poder de seu cargo*. O uso indevido do *Poder institucional* explica um surpreendente "ministério dominó..."

Todos esses vícios de conduta, maiores ou menores, criminosos ou vexatórios, nos entristecem e nos fazem pensar na falta de preparo, de consciência ou de controle, de muitos homens públicos. Não conhecem eles nem a teoria nem a prática (ou delas convenientemente se "esquecem") da distinção entre o *Poder pessoal* (pelo qual o indivíduo deve pagar por seus atos) e o *Poder institucional* (cujo uso indevido faz padecer a *nação* e desacreditar o *Estado*).

6 Um exemplo (bom)

Em Boa Esperança, no belo sul de Minas, houve, na Velha República, um administrador municipal chamado Joaquim Cândido Neves (Neves!), o Capitão Neves. Em sua casa, havia duas escrivaninhas. Uma, sua, *pessoal*, e a outra, da Câmara, *institucional*. Caso o assunto a ser tratado fosse particular, o visitante era convidado a se assentar à primeira mesa. Na *sua* secretária, o fazendeiro Joaquim Cândido fazia negócios seus, *pessoais*, disponíveis, particulares. Na mesa da Câmara, o Capitão Neves, benemérito alcaide, só tomava decisões públicas, meditadas, *institucionais*, em benefício de sua cidade, sem disponibilidades irresponsáveis ou interesseiras.

Estão faltando mais Capitães Neves neste País...

7 Nota final

Já contei esse caso de Boa Esperança por enésimas vezes!
Pelo seu simbolismo e seu espírito, pretendo repeti-lo muito mais.
Desta vez, o faço em homenagem a Paulo Neves de Carvalho, uma *pessoa* que era uma *instituição*, sem confundir os dois conceitos.

Informação bibliográfica deste livro, conforme a NBR 6023:2002 da Associação Brasileira de Normas Técnicas (ABNT):

FIUZA, Ricardo Arnaldo Malheiros. O poder no Estado poder pessoal e poder institucional. *In*: PIRES, Maria Coeli Simões; PINTO, Luciana Moraes Raso Sardinha (Coord.). *Paulo Neves de Carvalho*: suas lições por seus discípulos. Belo Horizonte: Fórum, 2012. p. 329-333. ISBN 978-85-7700-599-4.

INTERESSE PÚBLICO/INTERESSE PRIVADO NO CONTEXTO DO ESTADO DEMOCRÁTICO DE DIREITO

ROBERTO SORBILLI FILHO[1]

1 Introdução

Os tempos haviam mudado e o velho professor não era resistente às mudanças. Mantinha o otimismo ao dizer "que as novas linhas de pensamento eram generosas", mas nunca perdia o espírito crítico e a preocupação com a efetividade das ideias, a transformação do sonho possível em realidade justa.

Em suas aulas, usava, em tom reflexivo, uma expressão atribuída à professora Maria Sylvia Zanella Di Pietro: "o interesse público não é mais prerrogativa excluvisa do Estado". O tema era sim do seu agrado, e é por isso que pretendo retomá-lo agora, nesse texto em homenagem a Paulo Neves de Carvalho.

Quem sabe nas linhas seguintes surja um pouco das lições do querido Mestre. E se elas não surgirem, ao menos fica aqui a justa homenagem ao professor que não se esquece.

---

[1] Doutor e Mestre em Direito (UFMG). Professor da Pontifícia Universidade Católica de Minas Gerais.

2 Breves digressões históricas

Em pouco mais de dois séculos, alterações nas formas de relação entre o Estado e a sociedade, além de revolucionarem o modo de interpretação e aplicação do sistema jurídico, com efeitos na sistematização de seus preceitos medulares, resultaram ainda numa espécie de troca de posições entre o Direito Público e o Direito Privado na escala de importância da ordem normativa.

Já as ideias de hoje parecem não aceitar uma rígida demarcação de espaços, menos ainda a elaboração dessa escala de importância. Aproximam-se fenômenos antes tidos como antagônicos, o público e o privado, que não mais devem viver em mundos distantes.

No plano da literatura nacional, há quem chegue a colocar em xeque um dos postulados de que a doutrina brasileira, principalmente sob a influência de Celso Antônio Bandeira de Mello, usualmente lançou mão para explicar, em boa parte, o regime jurídico de Direito Administrativo, qual seja, o princípio da supremacia do interesse público sobre o privado.[2]

No entanto, as mudanças por que passa o conceito de interesse público, conforme a ótica, podem confirmar que esse conceito sobrevive com força superior e como marco regulatório do sistema jurídico publicista, muito embora se tenha espalhado por todos os quadrantes da ordem jurídica. Tais mudanças, ademais, concebidas no âmbito de regimes políticos democráticos, mostram que a definição do que seja interesse público não deve mais ser um privilégio de poucos.

Nos finais do século XVIII, em países do mundo ocidental, as diretrizes absenteístas do liberalismo político-econômico conduziam as relações entre o Estado e a sociedade e conferiam sentido ao conceito de interesse público. Era natural que nesse período, para exercer a função de agente garantidor da ordem pública, o Estado viesse a contar com elevado número de prerrogativas legais, a colocá-lo em posição de supremacia frente aos cidadãos. O conceito de interesse público se identificava com a noção de ordem, a efetivar-se por meio de ações estatais de caráter vigilante e repressor.

Uma vez que se interditava aos Poderes Públicos intervir no plano das relações entre particulares, o espaço privado era visto como um lugar quase sagrado. Os cidadãos estavam livres para pactuar, conforme os seus interesses, os seus próprios negócios, livres para

---

[2] Ao que parece, identifica-se, equivocadamente, a supremacia do interesse público, postulado ou princípio jurídico, com uma suposta supremacia de um Estado sujeito de direitos, que, à margem do próprio Direito, adota práticas assimétricas nas suas relações com os cidadãos.

criar as "regras do jogo", situação que viria a tornar-se incompatível com o crescimento da sociedade e com o crescimento, ainda maior, das desigualdades sociais.

No decorrer dos séculos XIX e XX, fatores principalmente de ordem social e econômica contribuíram para o surgimento de novas funções estatais, na garantia do acesso ao lazer, à cultura, à habitação, à saúde, à educação etc. Ao mesmo tempo, começa o Estado a intervir, de modo mais direto, no plano das relações privadas, a normatizar a vontade individual e criar estruturas para fiscalizar as leis que regulam essa vontade, agora relativizada em prol da redução das desigualdades humanas, fenômeno especialmente manifesto no campo das relações de trabalho.[3]

Essa crescente normatização da vontade individual, com o intuito de equilibrar as relações privadas, igualmente nasce para atender ao interesse público. Protegem-se os interesses privados ao contemplar interesses que vão além e se põem acima deles mesmos. Publicizam-se interesses antes tidos como particulares, os quais, com o tempo, passam a ganhar *status* constitucional, integrando a carta de direitos fundamentais das constituições pós-liberais.

À vista dessas novas circunstâncias político-sociais, o conceito de interesse público renova-se, incorpora novos conteúdos, embora remanesça nas mãos do Estado o poder de expedir leis para dar-lhe os fins.

Todavia, especialmente a partir da segunda metade do século XX, a crítica ao paradigma político "representacional" (BONAVIDES, 1997) acena para o compartilhamento do poder político com a sociedade, donde surgem as formas diretas de participação popular e, no plano estritamente jurídico, uma perspectiva mais dialógica e menos formalista do sistema normativo. Os conteúdos do Direito, agora ampliados com a afirmação da força jurígena dos princípios (BONAVIDES, 1997), devem ser construídos por meio da interpretação. O Direito se vivifica, como nas palavras de Paulo Neves de Carvalho, ao falar do seu "Direito Administrativo Vivo". Eis aqui as novas e generosas linhas de pensamento que agradavam ao Mestre.

Ao mesmo tempo em que o conceito de interesse público vai se fazendo cada vez mais permeável às relações privadas — tão permeável que hoje se fala de uma eficácia horizontal dos direitos fundamentais

---

[3] É válido transcrever trecho de Clève: "O Estado regulará o mercado, diminuindo consideravelmente a extensão da autonomia da vontade nos negócio privados. Reprimirá certas práticas comerciais contrárias ao princípio da livre concorrência. (...) A liberdade contratual também foi limitada com o fito de oferecer às massas trabalhadoras um mínimo de dignidade" (2000, p. 38-39).

—, também a conformação do interesse público, a definição do seu conteúdo, vai deixando de ser prerrogativa única dos organismos legislativos estatais. Todos devem ser chamados a depor, organismos públicos, organizações privadas, cidadãos (HÄBERLE, 1997).

O Estado e os indivíduos devem caminhar juntos na resolução das tensões sociais, ao passo em que a autonomia individual deve conter-se em respeito à vontade do outro. Ao Estado cabe ordenar o ponto de equilíbrio das relações privadas, sempre que possível de modo consensual e dialógico; à sociedade, cabe controlar, participar e influir nas ordenações estatais. Os espaços público e privado mutuamente se invadem, deixando perguntas intrigantes: é possível formular conceitos de interesse público e de interesse privado? há como divisar caracteres próprios do regime jurídico publicista, que permitam apartá-lo do regime jusprivatista?

3 Contexto atual

Interesses privados, que recebem especial tutela da ordem normativa, notadamente por meio dos princípios e direitos fundamentais plasmados na Constituição, não deixam de ser agora interesses públicos. A relação de direitos fundamentais prevista na Constituição Brasileira de 1988 revela que a proteção destinada às liberdades humanas atende, ao fim e ao cabo, aos interesses de todo o grupo social. Esses direitos e garantias, a par de tantos outros consagrados em normas infraconstitucionais, contemplam — não custa enfatizar — interesses públicos de proteção aos indivíduos, seja em suas relações com o Estado, seja nas relações que travam entre si.

Nessa linha de raciocínio, o conteúdo dos interesses públicos será ditado pelos veículos de expressão da vontade social. Variável em razão de circunstâncias histórico-culturais, esse conteúdo há de identificar-se com tal vontade, a qual, por outro lado, não corresponde à soma dos interesses dos indivíduos e nem pode configurar, em regimes políticos democráticos e plurais, a simples vontade da maioria.

Sem descurar das formas diretas de participação popular no exercício do poder, o veículo de expressão da vontade social há de constituir-se de normas jurídicas e heterônomas,[4] normas em geral

---

[4] O conceito de heteronomia jurídica identifica-se com o sentido que Kelsen lhe atribui em sua *Teoria Pura do Direito* (2000) apenas na medida em que remete à ideia de regulação exógena, um conjunto de normas que disciplinam relações jurídicas, mas que não foram criadas pelas partes dessa relação.

concebidas por organismos diversos daqueles que integram a relação jurídica conduzida ao influxo dos interesses públicos, mesmo que todos, incluídos os partícipes dessa relação, possam manifestar-se nos processos de construção, de interpretação e de aplicação dessas normas.

A questão central é que embora capazes de influir, ocasionalmente até de decidir, os partícipes da relação jurídica não definem, com ampla liberdade, o conteúdo jurídico que regulará a sua conduta, diversamente do que ocorre na outra ponta, na qual se encontram as normas produzidas pelos próprios indivíduos, que, no gozo da sua autonomia jurídica, expressam os interesses privados.

A distinção pode afigurar-se sutil, mas é reveladora. Revela que não obstante as esferas privadas recebam o impacto de normas heterônomas que tutelam interesses públicos de proteção ao indivíduo, nelas também haverá espaço de criação normativa. Trata-se do cidadão guiando o seu destino nos vazios deixados pelo sistema normativo público (heterônomo).

Percebem-se, pois, dois universos normativos, o público e o privado, mas que mantêm uma constante comunicação.

4 Considerações finais

O interesse público há, pois, de identificar-se com a vontade social expressa em normas heterônomas e, em geral, imperativas, as quais devem ser concebidas e interpretadas em conjunto com os próprios destinatários dos seus comandos. Já o interesse privado há de identificar-se diretamente com as vontades particulares expressas em normas concebidas pelos próprios indivíduos, conforme permitido pelo direito heterônomo ou com base em normas heterônomas de caráter dispositivo (estabelecidas para suprir a vontade das partes, quando não manifestada de modo adequado).

O conceito de interesse público, portanto, remanesce com sua força superior. Até mesmo nas esferas jurídicas privadas há de prevalecer a vontade social, que limita as vontades individuais. Todavia, reitere-se, a formação da vontade social é um fenômeno extremamente complexo no âmbito de regimes juspolíticos democráticos.

Mas se o interesse público não é mais um valor presente somente nas relações jurídicas de Direito Público (aquelas que contam com a presença estatal), também não se pode negar que tal ideia é dominante no sistema normativo publicista, pois que as relações jurídicas de que o Estado participa, em ambientes políticos democráticos, devem ter como objeto o interesse da coletividade.

Por outro lado, manifesta tal conceito de interesse público a sua superioridade nas relações privadas sempre que a ordem jurídica heterônoma julgue por bem restringir as vontades individuais em favor do equilíbrio dessas mesmas relações. Mas o interesse público, nesse caso, não é, *a priori*, a figura dominante, pois divide espaço com outro valor/princípio da máxima relevância, o respeito à autonomia dos indivíduos.

Encontrar, pois, essa medida é um desafio permanente. Saber até aonde o Estado deve ir e a partir de onde se inicia o espaço da liberdade individual, dentro do qual as normas heterônomas não entram, é questão sempre em aberto. Mas afinal, o Direito é "vivo" e, portanto, instável na sua essência.

Referências

BANDEIRA DE MELLO, Celso Antônio. *Curso de direito administrativo*. 11. ed. São Paulo: Malheiros, 1996.

BONAVIDES, Paulo. *Curso de direito constitucional*. São Paulo: Malheiros, 1997.

CLÈVE, Clèmerson Merlin. *Atividade legislativa do Poder Executivo*. 2. ed. rev. atual. e ampl. São Paulo: Revista dos Tribunais, 2000.

DI PIETRO, Maria Sylvia Zanella. *Direito administrativo*. 19. ed. São Paulo: Atlas, 2006.

HÄBERLE, Peter. *Hermenêutica constitucional*: a sociedade aberta dos intérpretes da Constituição: contribuição para a interpretação pluralista e "procedimental" da Constituição. Tradução de Gilmar Ferreira Mendes. Porto Alegre: Sergio Antonio Fabris, 1997.

KELSEN, Hans. *Teoria pura do direito*. Tradução de João Baptista Machado. São Paulo: Martins Fontes, 2000.

Informação bibliográfica deste livro, conforme a NBR 6023:2002 da Associação Brasileira de Normas Técnicas (ABNT):

SORBILLI FILHO, Roberto. Interesse público/interesse privado no contexto do Estado Democrático de Direito. *In*: PIRES, Maria Coeli Simões; PINTO, Luciana Moraes Raso Sardinha (Coord.). *Paulo Neves de Carvalho*: suas lições por seus discípulos. Belo Horizonte: Fórum, 2012. p. 335-340. ISBN 978-85-7700-599-4.

ADMINISTRAÇÃO PÚBLICA – CONSENSUALIDADE E EFICIÊNCIA

SÉRGIO PESSOA DE PAULA CASTRO[1]

A propósito de se lembrar da trajetória do Prof. Paulo Neves de Carvalho e compartilhar seus ensinamentos sempre voltados para a preocupação de se cultuar a retidão da conduta em prol da boa administração, apresentam-se as reflexões que se seguem sobre novos paradigmas da Administração Pública: consensualidade e eficiência.

A dogmática administrativa estruturou-se a partir de premissas teóricas comprometidas com a preservação do princípio da autoridade, e não com a promoção das conquistas liberais e democráticas.

Em razão desta origem, afirma-se que os fundamentos do Direito Administrativo se apoiam na supremacia do interesse público sobre o interesse privado e na indisponibilidade do interesse público.

Assim, com respaldo nestes fundamentos, muitas vezes para se garantir a autoridade administrativa — algumas vezes necessária, mas nem sempre —, restringe-se liberdades individuais, em prestígio a uma Administração Pública burocrática em detrimento da realização consensual e eficiente dos anseios da coletividade.

Com o advento do Estado contemporâneo, subordinado ao regime democrático e ao Direito, e diante das necessidades crescentes de

---

[1] Mestre em Direito Administrativo pela Faculdade de Direito da UFMG. Procurador do Estado de Minas Gerais. Advogado.

uma sociedade pluralista, tem-se que, no Brasil, em meados do século XX novos paradigmas passam a ser considerados para a atuação da Administração Pública.

Estes novos paradigmas foram incorporados no texto constitucional a partir da Reforma Administrativa empreendida pela Emenda Constitucional nº 19/1998.

Exige-se uma Administração Pública que, no exercício da função administrativa, empreenda ações eficientes e eficazes para a realização efetiva do interesse público o qual contempla, no atual estágio histórico, a realização dos valores fundamentais da República Federativa do Brasil (arts. 1º e 3º da CR/88), em especial, o princípio da dignidade da pessoa humana.

Abro aqui um parêntese para realçar que não nego peremptoriamente os fundamentos do regime jurídico-administrativo por mim anunciados — supremacia do interesse público sobre o interesse privado e indisponibilidade do interesse público —, mas, sim, considero a necessidade de um novo olhar destes institutos sobre a ótica da ponderação e da proporcionalidade, sempre em relação ao caso concreto, conforme, aliás, lições da colega Raquel Melo Urbano de Carvalho[2] em seu já consagrado Curso de Direito Administrativo.

Cuida-se, em verdade, da atuação da Administração Pública não mais submissa ao mero princípio da legalidade, mas ao princípio da juridicidade, que contempla não só o legal, mas também os princípios jurídicos que se espraiam pela Constituição.

Como exemplo deste novo marco teórico, há de serem destacados os estudos pioneiros no Direito Administrativo brasileiro do Prof. Juarez Freitas[3] sobre o direito fundamental a uma boa Administração incorporando a nossa realidade os postulados da Carta dos Direitos Fundamentais da União Europeia (Carta de Nice, 2000). Ensinou o festejado jurista:

> Trata-se, então, de assumir, com todas as forças, a defesa do direito administrativo mais de Estado regulador e prestacional redistributivo de oportunidades que "de governo" vocacionado ao efêmero particularista, por melhor que seja. Força, nesse desiderato, aprofundar consideravelmente a sindicabilidade, com os olhos fitos nos princípios constitucionais, tomados como diretrizes efetivamente superiores.

---

[2] CARVALHO, Raquel Melo Urbano de. *Curso de direito administrativo*: parte geral, intervenção do Estado e estrutura da Administração. 2. ed. Salvador: JusPodivm, 2009.

[3] FREITAS, Juarez. *Discricionariedade administrativa e o direito fundamental à boa Administração Pública*. 2. ed. São Paulo: Malheiros, 2009.

Fala-se, em decorrência, na constitucionalização do Direito Administrativo, no qual a lei deixa de ser o fundamento único e último da atividade administrativa, pois a Constituição — entendida como sistema de regras e princípios — passa a constituir o cerne da vinculação administrativa à juridicidade. Na lição do Prof. Gustavo Binenbojm:[4]

> Passa-se, assim, a falar em princípio da juridicidade administrativa para designar a conformidade da atuação da Administração Pública ao direito como um todo, e não mais apenas à lei.

Esta perspectiva reduz o campo de atuação discricionária da Administração Pública. Não se distinguem mais atos administrativos puramente discricionários e vinculados, mas considera-se novo paradigma do Direito Administrativo que é a teoria de graus de vinculação à juridicidade.

Pondere-se que a constitucionalização do Direito Administrativo não se confunde com a mera incorporação do direito ordinário ao texto da Constituição ou *constitucionalização às avessas*.

Bem ao revés, o processo de constitucionalização do Direito Administrativo deve ser entendido como uma postura de releitura e redefinição de institutos e conceitos da velha dogmática da disciplina sob a ótica do sistema de princípios da Constituição, de modo a erigir, nas palavras novamente lembradas do Prof. Gustavo Binenbojm, "novos paradigmas dotados não apenas de maior consistência teórica, mas comprometidos com o sistema democrático, com a busca da eficiência como mola propulsora de desenvolvimento e, sobretudo, com o respeito, proteção e promoção dos direitos fundamentais".

Ganha, portanto, relevância na Administração Pública o consensualismo, com vistas a aproximar o cidadão das atribuições administrativas em prol da realização dos chamados "3Es", *eficiência, eficácia e efetividade*, nas ações estatais, manifestado em fenômenos como a concertação administrativa e a contratualização administrativa.

Estes novos paradigmas da Administração Pública decorrem das concepções de *Estado em Rede* e de *Governança Pública*, conforme elaboração originária de Manuel Castells.

---

[4] BINENBOJM, Gustavo. A Constitucionalização do Direito Administrativo no Brasil: um inventário de avanços e retrocessos. *Revista Eletrônica sobre a Reforma do Estado*, Salvador, n. 13, mar./maio 2008. Disponível em: <http://www.direitodoestado.com.br/rere.asp>. Acesso em: 26 set. 2011.

Estado em Rede é caracterizado pelo compartilhamento de autoridade, e *Governança Pública* implica que os governos sejam mais eficazes em um marco de economia globalizada, atuando com capacidade máxima e garantindo e respeitando as normas e valores próprios de uma sociedade democrática, priorizando a prevalência dos direitos fundamentais do cidadão.

Ou, conforme Canotilho, ao aludir à expressão *Good Governance*, cujo significado normativo seria *a condução responsável dos assuntos do Estado*.

Inaugura-se, neste cenário, a cultura do diálogo por meio do qual a Administração Pública aproxima-se do cidadão priorizando a contratualização da ação pública em contraponto à edição de atos administrativos unilaterais e imperativos.

Daí a expressão de Jean-Pierre Gaudin, eminente jurista francês, de *governar por contrato*, a qual evocaria a necessidade de o Estado continuamente estabelecer vínculos com a sociedade, como meio para a melhor consecução de suas ações e de suas decisões. O ilustre Procurador do Estado de Minas Gerais, Onofre Alves Batista Júnior,[5] em sua tese de doutoramento, enfatizou:

> Para a Administração Pública, certamente, a solução contratual desponta como alternativa de eficiência; para os administrados, a transação apresenta-se como mecanismo capaz de evitar processos administrativos ou judiciais ou, mesmo, de encerrá-los.

Logo, uma das linhas de transformação da atuação da Administração Pública consiste em evidenciar que, no âmbito estatal, em campos habitualmente ocupados pela imperatividade, há a abertura de consideráveis espaços para a consensualidade.

Ao invés do ato unilateral de imposição, adota-se o ato bilateral de consenso, favorecendo a paz social e a segurança jurídica em prol da efetivação dos valores da justiça.

O Prof. Diogo de Figueiredo Moreira Neto[6] assevera que "pela consensualidade, o Poder Público vai além de estimular a prática de condutas privadas de interesse público, passando a estimular a criação

---

[5] BATISTA JÚNIOR, Onofre Alves. *Transações administrativas*: um contributo ao estudo do contrato administrativo como mecanismo de prevenção e terminação de litígios e como alternativa à atuação administrativa autoritária, no contexto de uma Administração Pública mais democrática. São Paulo: Quartier Latin, 2007.

[6] MOREIRA NETO, Diogo de Figueiredo. *Mutações do direito administrativo*. 4. ed. Rio de Janeiro: Renovar, 2003.

de soluções privadas de interesse público, concorrendo para enriquecer seus modos e formas de atendimento".

São exemplos de mecanismos da consensualidade na Administração Pública contemporânea, conforme já enunciei, a *concertação administrativa* que, conforme Vital Moreira "é o esquema que consiste em as decisões serem apuradas como resultado de negociações e consenso estabelecido entre o Estado e as forças sociais interessadas"; e a *contratualização administrativa* que retrata a substituição das relações administrativas baseadas na unilateralidade, na imposição e na subordinação por relações fundadas no diálogo, na negociação e na troca.

Em reflexão sobre este novo cenário do Estado e da Administração Pública contemporâneos, o Prof. Diogo de Figueiredo Moreira Neto observa: "A participação e a consensualidade tornaram-se decisivas para as democracias contemporâneas, pois contribuem para aprimorar a governabilidade (eficiência); propiciam mais freios contra o abuso (legalidade); garantem a atenção de todos os interesses (justiça); proporcionam decisão mais sábia e prudente (legitimidade); desenvolvem a responsabilidade das pessoas (civismo); e tornam os comandos estatais mais aceitáveis e facilmente obedecidos (ordem e segurança jurídica)".

A consensualidade como paradigma da nova atuação da Administração Pública está estritamente vinculada ao princípio da eficiência (arts. 37, *caput* e 74, inciso II, da CR/88). O princípio da eficiência pressupõe em descobrir os caminhos mais adequados para o alcance do interesse público no caso concreto, em um contexto de harmonia, em prestígio à economicidade e à simplificação administrativa.

Enfatizam Sérgio Ferraz e Adilson Abreu Dallari[7] "que é preciso superar concepções puramente burocráticas ou meramente formalísticas, dando-se maior ênfase ao exame da legitimidade, da economicidade e da razoabilidade, em benefício da eficiência. Não basta ao Administrador demonstrar que agiu bem, em estrita conformidade com a lei; sem se divorciar da legalidade, cabe a ele [também] evidenciar que caminhou no sentido da obtenção dos melhores resultados [eficácia]".

Relaciono alguns exemplos da prática administrativa hodierna que incorporaram os paradigmas da *consensualidade* e da *eficiência* como instrumentos da atuação participativa da Administração Pública.

No âmbito do Município de Belo Horizonte, tem-se por exemplo a disciplina pela Lei Municipal nº 9.310/06 e Decreto Municipal

---

[7] FERRAZ, Sergio; DALLARI, Adilson Abreu. *Processo administrativo*. São Paulo: Malheiros, 2000.

nº 12.636/07 do instituto jurídico da *Suspensão do Processo Administrativo Disciplinar*, que visa conferir maior celeridade aos processos instaurados pela Corregedoria e permitir, em ambiente de consensualidade, a autorrecuperação do servidor nas infrações de baixo potencial lesivo à disciplina interna da Administração.

Registro que a implantação deste mecanismo consensual de solução de controvérsias no âmbito disciplinar do Município de Belo Horizonte decorre de elaboração doutrinária e atuação efetiva do Prof. Luciano Ferraz quando ocupou o cargo de Controlador-Geral do Município de Belo Horizonte e teve a oportunidade de, na prática, ver aplicada a sua tese de doutoramento intitulada *Novos rumos para o controle da Administração Pública*.

No âmbito do Estado de Minas Gerais, merece destaque no contexto da consensualidade na atuação da Administração Pública a edição do recente Decreto Estadual nº 45.602/2011, que dispõe sobre o processo de consulta pública no contexto da Administração Direta, Autárquica e Fundacional do Poder Executivo.

Nos termos do art. 3º do citado decreto estadual: "Para efeitos do presente Decreto, a consulta pública é o procedimento administrativo que permite a participação de órgãos, entidades ou pessoas naturais na elaboração de atos administrativos normativos ou de anteprojetos de lei de interesse geral e caráter especial". E seu parágrafo único: "Aplica-se, também, o procedimento da consulta pública na elaboração de atos administrativos concretos nos casos previstos em lei".

Merece, também, menção a Lei Estadual nº 12.999/1998, que criou a Agência Estadual de Regulação de Serviços Públicos (ARSE) e, em seu art. 24, previu mecanismos alternativos de solução de controvérsias valendo-se da conciliação, mediação e até da instituição de compromisso arbitral.

Ainda, no plano da legislação estadual, há de ser mencionada a Lei Estadual nº 19.477/2011 que, no Estado de Minas Gerais, dispõe sobre a adoção do juízo arbitral para solução de litígio em que o Estado seja parte quando envolver discussão a respeito de direito patrimonial disponível.

No âmbito federal, destaco, no contexto da Advocacia Pública, a criação pela AGU das Câmaras de Conciliação e Arbitragem Federal que dirimem conflitos entre entes da Administração Pública federal (órgãos e entidades da Administração indireta).

Propugna-se, atualmente, pela extensão da competência de referida Câmara para dirimir controvérsias envolvendo também a Administração Pública federal e o cidadão.

Por fim, friso que o STF, no *RE nº 253.855*, Relatora Ministra Ellen Gracie, ao analisar questão jurídica envolvendo transação administrativa realizada entre um Município e um particular, ao reconhecer a validade do negócio entabulado, incorporando os novos paradigmas da Administração Pública brasileira aqui objeto de considerações, destacou que: "há casos em que o princípio da indisponibilidade do interesse público deve ser atenuado, *mormente quando se tem em vista que a solução adotada pela Administração é a que melhor atenderá à ultimação deste interesse*".

Conforme nos ensina o poeta Fernando Pessoa: "Há um tempo em que é preciso abandonar as roupas usadas, que já tem a forma do nosso corpo, e esquecer os nossos caminhos que nos levam sempre aos mesmos lugares, é o tempo da travessia, e se não ousarmos fazê-la, teremos ficado, para sempre, à margem de nós mesmos".

As reflexões aqui sintetizadas são fruto, como dito inicialmente, sobretudo, de lembranças das lições do Prof. Paulo Neves de Carvalho, a quem se homenageia nesta coletânea de artigos e testemunhos. Aliás, o saudoso Professor sempre instigou em seus alunos a ideia de estabelecer "o tempo da travessia".

Professor sempre presente e que ensinou pelo bom exemplo, cultuou em todos os seus alunos a emoção do aprendizado do Direito Administrativo e, em sua iluminada trajetória, transformou, sempre com rigor científico, por meio de suas ações, não só o pensamento jurídico, mas, sim, a própria cultura em prol da boa Administração, da conduta séria e proba em benefício da coletividade.

Informação bibliográfica deste livro, conforme a NBR 6023:2002 da Associação Brasileira de Normas Técnicas (ABNT):

CASTRO, Sérgio Pessoa de Paula. Administração Pública: consensualidade e eficiência. *In*: PIRES, Maria Coeli Simões; PINTO, Luciana Moraes Raso Sardinha (Coord.). *Paulo Neves de Carvalho*: suas lições por seus discípulos. Belo Horizonte: Fórum, 2012. p. 341-347. ISBN 978-85-7700-599-4.

CONSÓRCIO PÚBLICO – INSTRUMENTO DA EFETIVAÇÃO DO PRINCÍPIO DA EFICIÊNCIA

VIRGINIA KIRCHMEYER VIEIRA[1]

Discorrer em homenagem ao querido e sempre presente Prof. Paulo Neves de Carvalho é atividade que executo com o máximo entusiasmo, oportunidade de participar de justo tributo ao exímio e abnegado mestre.

Em outra ocasião expressei e reafirmo, o Professor Paulo Neves é daquelas pessoas que jamais morrem, sua continuidade será verificada em cada um de seus discípulos, com a disseminação dos seus conhecimentos passados com tanta paciência, da sua dedicação aos alunos, dos seus princípios éticos jamais abalados, da sua bondade em acolher com doçura todos que o procuravam, da sua força para enfrentar os problemas e da sua alegria e vontade de viver mais e mais.[2]

Ele semeou, como fervoroso jardineiro que era, as ideias em gerações com suas lições de Direito e de vida, cuja Escola será por nossa e pelas futuras gerações eternizada.

---

[1] Mestre em Direito Administrativo pela UFMG. Especialista em Direito Municipal pelo JN&C IDM. Gerente de Atividades em Controle Externo da Procuradoria-Geral de Belo Horizonte.

[2] VIEIRA. O princípio da continuidade do serviço público. *Revista de Direito Municipal – RBDM*, p. 37.

1 Introdução

Em abril de 2002, no 1º Congresso Mineiro de Direito Municipal, o Professor Paulo Neves de Carvalho proferiu palestra intitulada "Gestão Associada de Serviços Públicos: Consórcios Intermunicipais", cujo conteúdo foi publicado na *Revista de Direito Municipal* à época.

Os ensinamentos lá explanados constituem a síntese da sua peregrinação nos grotões mineiros e em diversos tablados, no intuito de difundir a matéria de forma a conscientizar os operadores do Direito da importância do novel formato de associativismo: consórcios públicos.

Já nas primeiras palavras fica evidente a sua inigualável competência pragmática, sempre exercitada nas salas de aulas, apresentando, desde logo, o conceito do tema em pauta, como forma de nivelar e aproximar a plateia.

O tema consórcios públicos, atualmente, está capitulado pela Lei nº 11.107, de 06 de abril de 2005, editada a partir do Projeto de Lei nº 148/01, substitutivo do Projeto de Lei nº 1.071/99.

E, como sempre, o Professor Paulo Neves tinha razão — os fatos antecedem às leis —, na medida em que a referida Lei nº 11.107/05 (regulamentada pelo Decreto n º 6.017/07) foi editada imprimindo segurança jurídica às parcerias firmadas, com base exclusivamente no art. 241 da Constituição da República, com redação dada pela Emenda Constitucional nº 19/98.

No âmbito do Estado de Minas Gerais, a matéria está disciplinada pela Lei nº 18.036/09, que segue a mesma sistemática da lei federal.

A partir do dispositivo constitucional, o Prof. Paulo Neves de Carvalho asseverou: Salta aos olhos a relevância constitucional transcrita, na conformação de um futuro carregado de cooperação das entidades públicas, políticas e administrativas, entre si, com a utilização dos consórcios e convênios.[3]

E esse futuro realmente chegou com entes associados, e tem a ver com a obrigação de se assegurar a continuidade da prestação do serviço público — que é apenas atividade administrativa que atende objetivamente à necessidade coletiva —, com eficiência e economicidade.

---

[3] CARVALHO. Gestão Associada de Serviços Públicos: consórcios Intermunicipais. *Revista de direito municipal – RBDM*, p. 55.

2 Consórcios públicos – Contornos gerais

A Constituição da República, reformada pela Emenda Constitucional nº 19/98, previu a gestão associada de serviços públicos, por meio de consórcios públicos e convênios de cooperação entre os entes federados.

Trata-se do exercício em conjunto da competência de prestação de serviços públicos, do esforço de se materializar o federalismo de cooperação.

Antes da EC nº 19/98 e do advento da legislação infraconstitucional sobre a matéria, não se cogitava a constituição de pessoa jurídica para gerir os serviços prestados em parceria.

Assim, a lei federal tem o escopo de regular, de forma geral, a formação do pacto cooperativo (lei nacional).[4]

Com a inovação legislativa, o gerenciamento partilhado de serviços públicos pode ser exercido por dois ou mais entes políticos.

O consórcio público poderá adquirir personalidade de Direito Privado ou de Direito Público, a depender da opção dos entes que o integrarem.

Na hipótese de ser constituído com personalidade jurídica de Direito Público, o consórcio integrará a administração indireta de todos os entes da Federação consorciados (art. 6º, §1º, da Lei nº 11.107/05), mediante a vigência das leis de ratificação do protocolo de intenções — instrumento que antecede a celebração do contrato de criação do consórcio público.

Revestindo-se de personalidade jurídica de Direito Privado, o consórcio público deverá observar o regramento da legislação civil, mas também cumprirá normas de Direito Público relativas à licitação, celebração de contratos, prestação de contas e admissão de pessoal (art. 6º, §2º, da Lei nº 11.107/05). Destaca-se a impropriedade técnica da lei ao omitir que os consórcios públicos de Direito Privado também fazem parte da administração indireta dos entes consorciados. Isso porque não é o regime jurídico que faz essa distinção, mas sim a descentralização administrativa da gestão dos serviços públicos compartilhados, razão pela qual os consócios públicos de Direito Privado também integram a administração indireta.[5]

---

[4] CARVALHO FILHO, José dos Santos. *Manual de direito administrativo*. Rio de Janeiro: Lumen Juris, 2008. p. 205.

[5] Nesse sentido: ARAÚJO; MAGALHÃES. Convênios e consórcios como espécies contratuais e a Lei nº 11.107/2005. *In*: PIRES; BARBOSA (Coord.). *Consórcios públicos*: instrumento do federalismo cooperativo, p. 134.

No que concerne ao cumprimento das regras licitatórias, houve a ampliação dos valores das modalidades para os consórcios públicos, de forma que o valor da dispensa de licitação foi majorado — o dobro dos valores mencionados no *caput* do art. 23, da Lei nº 8.666/93, quando formado por até 3 (três) entes da Federação, e o triplo, quando formado por maior número.

Certo é que a intenção do legislador é estimular a associação cooperativa dos entes, de modo a criar meios mais céleres, econômicos e eficientes para a prestação dos serviços públicos.

3 Consórcios públicos e o princípio da eficiência

A eficiência foi inserida no art. 37, *caput*, da Constituição da República, como princípio de observância obrigatória pela Administração Pública direta e indireta de qualquer dos Poderes da União, dos Estados, do Distrito Federal e dos Municípios, ao lado dos princípios da legalidade, impessoalidade, moralidade e publicidade.

Referido princípio foi introduzido expressamente pela Emenda Constitucional nº 19/98, mas sua observância sempre permeou os atos da Administração Pública, isso porque, nas palavras do Professor Paulo Neves de Carvalho, princípio não é sinônimo de direito positivo, princípio é a construção da vida; não é opção, é mandamento nuclear do ordenamento jurídico.

Germana de Oliveira Moraes[6] destaca que, no Estado de Direito, o direito por regras cedeu lugar ao direito por princípios. Posicionamento comungado por Celso Antônio Bandeira de Mello,[7] ao lecionar que a desatenção ao princípio implica ofensa não apenas a um específico mandamento obrigatório, mas a todo o sistema de comandos.

Assim, a concretização do princípio da eficiência na Administração Pública não faz parte da discricionariedade do administrador. Ao contrário, o gestor deve buscar formas e alternativas para que a eficiência possa ser revelada em todos os seus matizes.

O princípio da eficiência tem a ver com economicidade e produtividade.[8]

A economicidade na administração pública significa analisar parâmetros entre custo e benefício dos atos administrativos, por isso

---

[6] MORAES. *Controle jurisdicional da Administração Pública*, p. 19.
[7] BANDEIRA DE MELLO. *Curso de direito administrativo*, p. 943.
[8] MARINELA. *Direito administrativo*, p. 43.

denota examinar o mérito. Já a produtividade está atrelada à quantidade associada aos meios empregados.

Nesse viés, a eficiência também significa avaliar o binômio custo/benefício. Trata-se da ponderação entre os custos razoáveis da máquina administrativa e os resultados obtidos.

Se o custo se deu pelo menor valor possível, mas não se alcançou o objetivo estabelecido, significa dizer que o princípio da eficiência não foi cumprido.

A gestão associada de serviços públicos foi inserida na Constituição da República de 1988 sob o mesmo panorama do princípio da eficiência — ambas integraram o texto da reforma administrativa do Estado (EC nº 19/98) —, a partir da qual o conceito de administração gerencial, com a busca por resultados, passou a embasar os atos do Poder Público.

A modernização da administração pública ocupava o ponto central da reforma administrativa, como forma de possibilitar a participação da sociedade na defesa dos interesses comuns.

É nesse cenário que os consórcios públicos podem ser valorosos instrumentos de efetivação do princípio da eficiência.

Isso porque os consórcios públicos visam à união de entes para a gestão e prestação compartilhadas de serviços públicos. A partir da constituição de uma terceira pessoa jurídica, com esse objetivo específico, abre-se a possibilidade de se reduzir os custos daquele serviço e aumentar os resultados.

Significa dizer que por meio dos consórcios públicos é possível um incremento quantitativo e qualitativo na prestação dos serviços públicos, ou seja, pode-se aumentar o número de cidadãos atendidos e melhorar a execução dos serviços prestados.

Para além da desburocratização da gestão individualizada dos serviços, o controle também é compartilhado, razão pela qual a probabilidade de haver desvirtuamentos fica mitigada, o que aumenta os resultados positivos.

Verifica-se, pois, que o conteúdo dos consórcios públicos amolda-se perfeitamente ao conceito de eficiência, o que equivale a dizer que os consórcios públicos podem ser eficaz instrumento de efetivação do princípio da eficiência.

4 Considerações finais

Diante das ideias aqui lançadas, tem-se que o administrador público moderno, a par das necessidades e interesses dos cidadãos e submissos aos regramentos, deve ampliar sua visão gerencial, a fim de alcançar meios que favoreçam o desenvolvimento integral da sociedade.

E, nessa síntese, tem-se que os consórcios públicos podem ser um dos mecanismos capazes de conferir eficiência à prestação dos serviços públicos.

Assim, pode-se dizer que a eficiência consiste exatamente no olhar ampliado do gestor, na busca em proporcionar a um maior número de pessoas serviços públicos de excelência, por meio do efetivo compartilhamento dos custos e benefícios.

Nessa assentada, cabível as sempre sábias palavras do Professor Paulo Neves de Carvalho: "Alguém que está numa mata e só fica abraçado ao tronco de uma árvore não vê a mata, não vê o problema macro. Não podemos ficar agarrados numa árvore, temos que ter visão da mata. A mata do Direito Administrativo é a sociedade".

Referências

ARAÚJO, Florivaldo Dutra de; MAGALHÃES, Gustavo Alexandre. Convênios e consórcios como espécies contratuais e a Lei nº 11.107/2005. *In*: PIRES, Maria Coeli Simões; BARBOSA, Maria Elisa Braz (Coord.). *Consórcios públicos*: instrumento do federalismo cooperativo. Belo Horizonte: Fórum, 2008.

BANDEIRA DE MELLO, Celso Antônio. *Curso de direito administrativo*. 25. ed. São Paulo: Malheiros, 2008.

CARVALHO FILHO, José dos Santos. *Manual de direito administrativo*. Rio de Janeiro: Lumen Juris, 2008.

CARVALHO, Paulo Neves. Aulas no curso de Pós-Graduação em direito da Universidade Federal de Minas Gerais. Disciplina Direito Municipal, em 2000. Anotações pessoais da autora.

CARVALHO, Paulo Neves. Gestão associada de serviços públicos: consórcios intermunicipais. *Revista de Direito Municipal – RBDM*, Belo Horizonte, n. 7, p. 51-62, jan./mar. 2003.

MARINELA, Fernanda. *Direito administrativo*. 5. ed. Niterói: Impetus, 2011.

MORAES, Germana de Oliveira. *Controle jurisdicional da Administração Pública*. São Paulo: Dialética, 1999.

VIEIRA, Virginia Kirchmeyer. O princípio da continuidade do serviço público. *Revista de Direito Municipal – RBDM*, Belo Horizonte, v. 5, n. 12, p. 37-41, abr./jun. 2004.

Informação bibliográfica deste livro, conforme a NBR 6023:2002 da Associação Brasileira de Normas Técnicas (ABNT):

VIEIRA, Virginia Kirchmeyer. Consórcio público: instrumento da efetivação do princípio da eficiência. *In*: PIRES, Maria Coeli Simões; PINTO, Luciana Moraes Raso Sardinha (Coord.). *Paulo Neves de Carvalho*: suas lições por seus discípulos. Belo Horizonte: Fórum, 2012. p. 349-354. ISBN 978-85-7700-599-4.

SOBRE OS AUTORES

Alberto Guimarães Andrade
Procurador do Estado de Minas Gerais. Mestre em Direito Administrativo pela UFMG. Advogado-Geral Adjunto do Estado de Minas Gerais.

Alécia Paolucci Nogueira Bicalho
Advogada pela Faculdade de Direito Milton Campos. Colaboradora efetiva dos periódicos: *Revista de Licitações e Contratos, Revista de Direito Administrativo, LRF, Boletim de Direito Administrativo, Boletim de Licitações e Contratos, Boletim de Direito Municipal, Revista JLM de Licitações e Contratos, Boletim de Licitações e Contratos, Fórum Administrativo, Fórum de Contratação e Gestão Pública*. Membro do Conselho Editorial da *Revista Síntese – Licitações, Contratos e Convênios*. Diretora Secretária do Instituto Mineiro de Direito Administrativo (IMDA); Consultora de entidades públicas e privadas na área de especialização de Direito Administrativo.

Ana Luiza Gomes de Araujo
Graduada em Direito e em Administração Pública pela Escola de Governo Professor Paulo Neves de Carvalho da Fundação João Pinheiro. Pós-Graduada em Direito Público pela PUC Minas. Mestre em Direito Administrativo pela UFMG. Servidora Pública do Estado de Minas Gerais. Professora de cursos de Pós-Graduação na Escola de Governo Professor Paulo Neves de Carvalho.

Célia Pimenta Barroso Pitchon
Ouvidora Geral do Estado de Minas Gerais.

Cristiana Fortini
Doutora em Direito Administrativo pela UFMG. Professora Adjunta de Direito Administrativo da UFMG. Controladora Geral do Município de Belo Horizonte. Coordenadora de Direito Administrativo da Escola Superior da OAB/MG. Diretora Secretária do Instituto Brasileiro de Direito Administrativo. Ex-Procuradora-Geral Adjunta de Belo Horizonte. Ex-Presidente do Instituto Mineiro de Direito Administrativo.

Daniela Mello Coelho Haikal
Doutora e Mestra em Direito Administrativo pela UFMG. Professora do Curso de Direito da FEAD e de Cursos de Pós-Graduação. Servidora de carreira do Tribunal de Contas do Estado de Minas Gerais.

Deborah Fialho Ribeiro Glória
Advogada. Professora de Direito Administrativo e Direito Municipal. Mestre em Direito Administrativo pela UFMG. Especialista em controle externo pela PUC Minas, Especialista em contabilidade governamental pela UFMG.

Edimur Ferreira Faria
Mestre e Doutor pela UFMG. Professor da Graduação e Pós-Graduação na PUC Minas.

Efigenio Meira
Procurador do Estado de Minas Gerais aposentado.

Eurico Bitencourt Neto
Mestre em Direito Administrativo pela UFMG. Doutorando em Ciências Jurídico-Políticas pela Universidade de Lisboa. Subsecretário de Casa Civil do Governo de Minas Gerais.

Flávio Henrique Unes Pereira
Mestre e doutorando em Direito Administrativo pela UFMG. Coordenador e professor do curso de Pós-Graduação do IDP. Secretário de Estado Adjunto de Casa Civil e de Relações Institucionais de Minas Gerais.

Florivaldo Dutra de Araújo
Mestre e Doutor em Direito Administrativo pela UFMG. Professor de Direito Administrativo na UFMG. Procurador da Assembleia Legislativa de Minas Gerais.

Heloisa Helena Nascimento Rocha
Doutora e Mestra em Direito Constitucional pela UFMG. Docente colaboradora da Fundação João Pinheiro. Servidora de carreira do Tribunal de Contas do Estado de Minas Gerais.

Jaqueline Grossi Fernandes Carvalho
Bacharel em Direito pela Faculdade de Direito da UFMG (dez. 1984). Especialista em Direito Administrativo pela mesma Faculdade (1987). Especialista em controle externo pela PUC Minas, em convênio com Escola de Contas do Tribunal de Contas do Estado de Minas Gerais (1996). Servidora do TCEMG. Ocupante do cargo efetivo de Técnico do Tribunal de Contas desde 1986, tendo exercido funções diretivas e de assessoramento naquela Instituição.

José Anchieta da Silva
Mestre em Direito Comercial pela Universidade Federal de Minas Gerais. Membro do IAMG.

José Fernandes Filho
Ex-Presidente do Tribunal de Justiça do Estado de Minas Gerais.

José Nilo de Castro
Advogado municipalista. Mestre e especialista em Direito Público pela UFMG. Doutor de Universidade, especialização em Direito Administrativo, e Doutor de Estado, especialização em Direito Público, pela Université de Paris II (Panthéon-Assas). Ex-Professor Adjunto de Direito Administrativo da Faculdade de Direito Milton Campos (BH). Membro do Instituto dos Advogados de Minas Gerais e da Academia Mineira de Letras Jurídicas. Sócio-fundador e Ex-Presidente do Instituto Brasileiro de Direito Municipal (IBDM). Sócio-fundador e Ex-Diretor Executivo do Instituto Brasileiro de Direito Administrativo (IBDA). Sócio-fundador, Ex-Diretor Secretário e Ex-Presidente do Instituto Mineiro de Direito Administrativo (IMDA). Fundador e Presidente do Instituto de Direito Municipal (JN&C-IDM). Fundador e Diretor da *Revista Brasileira de Direito Municipal – RBDM*.

Juarez Freitas
Professor da PUCRS e da UFRGS. Pós-Doutor na Universidade Estatal de Milão. Presidente do Instituto Brasileiro de Altos Estudos de Direito Público. Autor, entre outras obras, do livro *Sustentabilidade: direito ao futuro* (2. ed. Fórum, 2012), que recebeu a Medalha Pontes de Miranda, da Academia Brasileira de Letras Jurídicas.

Lakowsky Dolga
Assessor da Presidência do Tribunal de Justiça do Estado de Minas Gerais. Professor aposentado de Direito Administrativo, na Faculdade Milton Campos.

Lourdes Ivo de Sousa
Graduada em Letras. Natural de Felisburgo, Cidade do coração – Ataléia. Subordinada à Assessoria do Governador do Estado de Minas Gerais.

Luciana Moraes Raso Sardinha Pinto
Doutora e Mestre em Direito Administrativo pela UFMG. Servidora efetiva do TCEMG. Diretora-Geral da Escola de Governo Professor Paulo Neves de Carvalho da FJP. Professora no Mestrado e na Graduação da Fundação João Pinheiro.

Luciano do Carmo
Bacharel em Ciências Contábeis e Atuariais pela UFMG. Extensão em Administração pela Universidade de Toledo (Estados Unidos). Ex-Professor de Administração nas Escolas de Engenharia e Farmácia da UFMG. Diretor Administrativo do Metrô em Belo Horizonte. Especialista em Treinamento Industrial.

Luciano Ferraz
Advogado. Chefe do Departamento de Direito Público na UFMG. Professor Adjunto de Direito Administrativo na UFMG.

Maria Coeli Simões Pires
Advogada. Mestre e Doutora em Direito. Professora Adjunta de Direito Administrativo da Faculdade de Direito da UFMG. Secretária de Estado da Casa Civil e de Relações Institucionais de Minas Gerais.

Maria de Lourdes Flecha de Lima Xavier Cançado
Mestre em Direito Administrativo pela Universidade Federal de Minas Gerais. Membro do IAMG. Professora Universitária.

Maria Fernanda Pires de Carvalho Pereira
Mestre em Direito Administrativo pela UFMG. Sócia da Carvalho Pereira, Pires Advogados Associados. Ex-Juíza do TRE/MG. Diretora do Instituto Mineiro de Direito Administrativo (IMDA). Professora de Direito Administrativo.

Maria Tereza Fonseca Dias
Mestre e Doutora em Direito Administrativo pela UFMG. Professora Adjunta da Faculdade de Direito da UFMG e da Universidade FUMEC. Assessora Especial da Prefeita de Contagem.

Marilda de Paula Silveira
Mestre e doutoranda em Direito Administrativo pela UFMG. Professora de Direito Administrativo do IDP. Advogada.

Misabel Abreu Machado Derzi
Ex-aluna do Professor Paulo Neves. Professora Titular de Direito Financeiro e Tributário da UFMG. Professora Titular da Faculdade de Direito Milton Campos/MG. Advogada. Consultora de Empresas.

Mônica Aragão Martiniano Ferreira e Costa
Mestre em Direito Administrativo pela Faculdade de Direito da UFMG. Professora de Teoria Geral do Estado na Faculdade de Direito Milton Campos.

Oscar Corrêa Júnior
Formado em Direito pela UFMG. Advogado.

Pedro Paulo de Almeida Dutra
Doutor em Direito Administrativo pela Universidade de Paris. Professor Titular de Direito Administrativo da UFMG. Advogado.

Plínio Salgado
Professor da Faculdade de Direito Milton Campos. Controlador Geral do Estado.

Raquel Dias da Silveira
Aluna e orientanda do Professor Paulo Neves de Carvalho. Mestre e Doutora em Direito, área de concentração Direito Administrativo, pela Universidade Federal de Minas Gerais.

Raquel Melo Urbano de Carvalho
Procuradora do Estado de Minas Gerais. Professora de Direito Administrativo. Mestre em Direito Administrativo pela UFMG. Aluna do professor Paulo Neves Carvalho na disciplina "Direito Municipal" no mestrado da Faculdade de Direito da UFMG.

Ricardo Arnaldo Malheiros Fiuza
Professor convidado de Teoria do Estado da Faculdade de Direito Milton Campos. Membro da Academia Mineira de Letras, da Academia Mineira de Letras Jurídicas e da Academia Mineira de Direito Militar. Integrante da Comissão de Seleção do Instituto dos Advogados de Minas Gerais. Conselheiro do Conselho de Ética Pública do Estado de Minas Gerais (CONSET). Ex-Professor da Escola de Governo e membro de seu Conselho Diretor (Fundação João Pinheiro).

Roberto Sorbilli Filho
Doutor e Mestre em Direito (UFMG). Professor da Pontifícia Universidade Católica de Minas Gerais.

Rogério Medeiros Garcia de Lima
Desembargador do Tribunal de Justiça de Minas Gerais. Doutor em Direito Administrativo pela UFMG. Professor de cursos de Graduação e Pós-Graduação em Direito.

Sérgio Pessoa de Paula Castro
Mestre em Direito Administrativo pela Faculdade de Direito da UFMG. Procurador do Estado de Minas Gerais. Advogado.

Shirlayne M. F. Salgado
Bacharela em Direito pela Faculdade Milton Campos.

Tatiana Martins da Costa Camarão
Mestre em Direito Administrativo pela UFMG. Professora Universitária e Coordenadora dos Cursos de Direito Público da Fundação Escola do Ministério Público do Estado de Minas Gerais.

Vicente de Paula Mendes
Doutor em Direito Público pela UFMG. Professor Adjunto de Direito Administrativo nos cursos de Graduação e Pós-Graduação na UFMG.

Virginia Kirchmeyer Vieira
Mestre em Direito Administrativo pela UFMG. Especialista em Direito Municipal pelo JN&C IDM. Gerente de Atividades em Controle Externo da Procuradoria-Geral de Belo Horizonte.

Esta obra foi composta em fonte Palatino Linotype, corpo 10
e impressa em papel Offset 75g (miolo) e Supremo 250g (capa)
pela Paulinelli Serviços Gráficos Ltda.
Belo Horizonte/MG, agosto de 2012.